R 데이터 분석

기초에서 회귀까지

윤지성 지음

한나래 아카데미

R 데이터 분석 기초에서 회귀까지

2020년 1월 10일 1판 1쇄 박음
2020년 1월 20일 1판 1쇄 펴냄

지은이 | 윤지성
펴낸이 | 한기철

펴낸곳 | 한나래출판사
등록 | 1991. 2. 25. 제22-80호
주소 | 서울시 마포구 토정로 222, 한국출판콘텐츠센터 309호
전화 | 02) 738-5637 · 팩스 | 02) 363-5637 · e-mail | hannarae91@naver.com
www.hannarae.net

ISBN 978-89-5566-232-0 93310

* 이 도서의 국립중앙도서관 출판예정도서목록(CIP)은 서지정보유통지원시스템 홈페이지(http://seoji.nl.go.kr)와 국가자료공동목록시스템(http://www.nl.go.kr/kolisnet)에서 이용하실 수 있습니다.(CIP제어번호: CIP2019053583)

이 책은 통계분석이 필요하지만 어디서부터 어떻게 시작해야 할지 모르는 이들을 위해 고민한 흔적이다. 통계 전공자 수준의 목표가 아니라 일반 사용자 수준의 목표, 즉 잘 알고 있는 데이터를 분석하고 응용할 수 있도록 안내하고 도움을 주고자 한다. 누구나 그렇듯 시작은 서툴기만 하다. 당연히 R을 처음 배우는 사람도 마찬가지다. 어떤 이들은 4차산업혁명이라는 변화가 반갑지 않다고 한다. 그들은 통계학도 어려운데 추가로 소프트웨어까지 다뤄야 하는 현실에 막막함을 느낀다고 하소연한다. 그럴 때면 필자는 전혀 그럴 필요가 없다고 안심시킨다. 다만 본인의 관심사나 속해 있는 직군에서의 큰 흐름을 이해하고, 거창한 인공지능이나 머신러닝과 같은 분석이 아닌 스스로가 활용 가능한 수준에서 통계분석을 할 수 있으면 족하다고 말한다. 만약 그것으로 부족하다고 생각된다면, 반드시 필요한 몇몇 기초 개념을 알고 적용할 수 있으면 더할 나위 없다고 말해준다.

이 책은 파이썬(python)의 IDE(통합개발환경)로 널리 알려진 주피터 노트북(jupyter notebook)을 기반으로 각 분석마다 마크다운(markdown)을 사용한 표와 그래프를 활용하여 문서화하는 데 방점을 두고 있다. 또한 R 분석 결과와 SPSS 분석 결과를 비교함으로써 R 분석 결과에 대한 신뢰성을 다시 확인하고자 하였다. 아울러 심화 과정에서는 RStudio를 통해서도 문서화 작업을 해볼 수 있도록 관련 내용을 소개하였다.
이 책의 각 단계별 내용을 살펴보면 다음과 같다.

- 도입 단계인 1부 기초 사용법 부분에서는 jupyter notebook 설치 및 사용법을 설명하고 기초통계량을 산출하는 내용을 담았다.
- 2부 통계분석 부분에서는 모수적 방법론을 중심으로 분석 목적과 목표를 수립하는 데 중요한 항목들을 정리하고, 실제 데이터를 분석하고 그래프와 markdown을 이용하여 결과를 표로 표현할 수 있는 방법을 기술하였다. 또한 각 분석의 끝에는 분석 결과에 대한 종합적 해석을 담았으며 사용한 패키지와 함수를 요약해 학습에 도움이 되고자 하였다.

- 3부 심화과정 부분에서는 R 분석 시 필요한 데이터에 대한 구조적 이해와 특징을 살펴보고 기본 패키지(base, stats 등)에 대한 내용을 자세히 다루었다. 아울러 인덱싱(indexing)과 조건문을 활용한 데이터 정제와 파생, 결측값과 대체, 패키지 관리와 외부데이터 불러오기/저장하기 등 데이터 분석을 위해 필요한 심화 내용까지 빠짐없이 다루고자 하였다. 또한 python의 jupyter notebook과 RStudio의 기능을 활용하여 다양한 문서로 변환하고 표를 작성해보는 등 실제 분석 결과를 공유하는데 필요한 세부적인 내용들을 포함하였으며, 최근 널리 사용되고 있는 dplyr 패키지를 다루어 실전 감각을 익히고자 하였다. 덧붙여 비모수통계분석과 시각화에 필요한 색(color)과 그래프의 기본 모양과 설정에 대해서도 자세히 설명하고자 하였다.
- 실전문제 부분에서는 서울시에서 2015년 실행한 사회복지실태조사 데이터를 활용하여 결과표를 요약하고 데이터 추출/파생 관련 문제를 제시하였다. 또 실제 사회과학 설문지를 제시하고 이를 일련의 과정으로 분석하도록 구성하였다.

이 책은 데이터분석에 입문하려는 이들의 답답함을 일정 부분 해소해주고 '나도 할 수 있다'는 용기를 북돋워주고 싶다는 바람에서 시작된 작업의 결과물이다. 아울러 추후 심화된 통계분석과 최신 방법론을 다루고 싶은 필자의 첫걸음이기도 하다. 아무쪼록 독자들이 이 책을 통해 R을 활용한 데이터 분석의 세계에 즐겁게 입문할 수 있기를 바란다.

마지막으로, 여러 날 원고와 씨름하는 동안 늘 옆에서 든든하게 응원해준 사랑하는 아내 원정과 아들 준호, 그리고 양가 부모님께 진심으로 감사의 마음을 전한다. 언제나 전력으로 응원해주는 이재호 대표와 SA컨설팅 임직원들, 보잘것없는 능력임에도 책의 출판을 허락해주신 한나래출판사 한기철 대표님과 조광재 상무님 이하 임직원분들께도 감사의 마음을 전한다.

2020년 1월

윤지성

contents

PART 1.

기초 사용법

ch.1 사용 프로그램 소개

1 우리는 왜 R을 사용하는가?

R은 뉴질랜드 오클랜드대학교 통계학과의 로버트 젠틀맨(Robert Gentleman)과 로스 이하카(Ross Ihaka) 교수가 개발한 통계 프로그램이다. GPL(General Public License)을 바탕에 두고 무료로 배포하고 있어 개인과 단체(기업 포함) 누구나 자유롭게 사용할 수 있다. 다양한 통계분석과 계산, 최신의 알고리즘과 분석기법 등을 사용할 수 있으며 여러 가지 시각화 기능도 활용할 수 있다. 또한 윈도우즈, 리눅스, 맥과 같이 주로 많이 사용하는 OS환경에서 구동하므로 기존의 컴퓨터 환경에서도 얼마든지 프로그램을 이용할 수 있다. CRAN(the Comprehensive R Archive Network)에 등록된 패키지만 1만 개 이상으로 빅데이터뿐만 아니라 다양한 분야에서 필요로 하는 최신 통계분석을 지원한다. 특이한 점은 In-Memory 방식[1]으로 데이터를 저장 · 관리하기 때문에 컴퓨터의 하드웨어적인 요구사항으로는 하드디스크(HDD) 용량보다 RAM 용량을 상대적으로 더 많이 요구하는 편이다.

1 컴퓨터 주기억장치인 HDD나 SSD와 같은 저장장치에 저장하여 불러오는 방식이 아니라 RAM을 기반으로 필요한 데이터를 불러와 사용하고 전환하는 방식.

[표 1-1] R 프로그램의 장점과 단점

장점	단점
• 무료 • 다양한 패키지(분석방법) • 한글 지원 • 화려한 그래프 기능 • 다양한 기업/기관에서 사용 • 활발한 커뮤니티(국내외) • 다양한 컴퓨터 언어와 호환	• 코딩 방식의 프로그램 • 통계분석을 위한 프로그램 • 버전에 따른 패키지 사용 유무 • A/S 불가(서비스 지원 없음) • 하드웨어 성능 수준

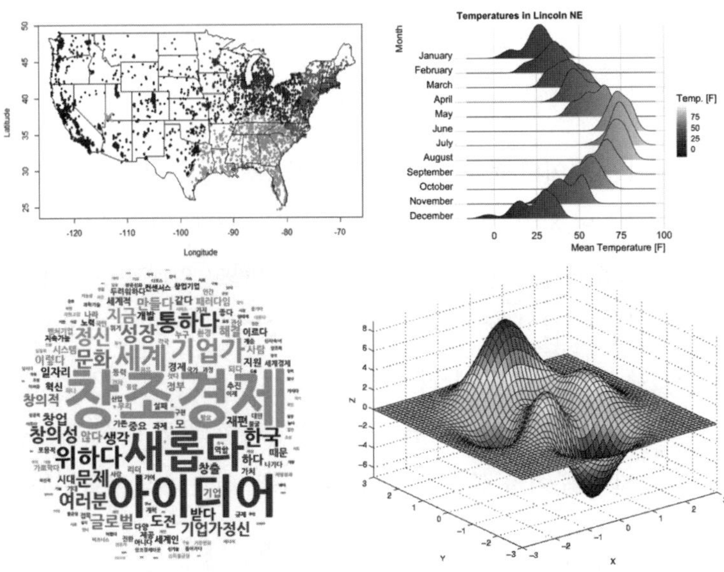

[그림 1-1] R 프로그램을 활용한 다양한 이미지

물론 R이 최고의 통계프로그램이라고 단정 짓기는 어렵다. 분명 단점도 존재한다. 예컨대 불특정 다수가 라이브러리 및 함수를 직접 개발하고 공유하기 때문에 상용프로그램 수준보다 오류를 해결하는 것이 만만치 않다. 또한 특정한 버전에서만 작동하는 라이브러리와 함수가 있어 버전 관리가 필요하다. 최근의 R 사용자들은 깃허브(GitHub)와 같은 프로그램에 업로드해서 실시간으로 코드를 관리하거나 라이브러리나 특정 함수를 업로드해 공유하기도 한다.

1) 우리는 왜 분석을 하는가?

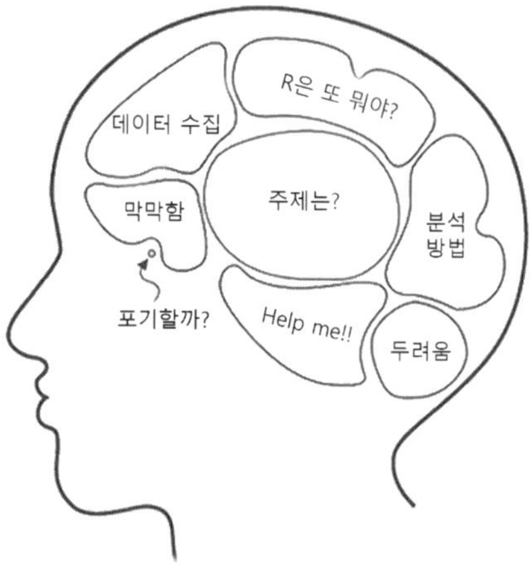

오늘날 우리 사회는 데이터 분석 결과를 믿고 따르는 데 주저함이 없다. 그만큼 데이터와 분석에 대한 인식이 확고하다. 아울러 4차산업과 연관된 IT 분야나 통계학을 전공하고 데이터 관련 직종에 종사하는 이들이 점점 증가하고 있다. 트렌드를 선도하는 데이터 분석자가 되려면 자신이 왜 데이터 분석을 하려는지 명확한 목적이 있어야 한다. 또한 데이터 분석은 객관성을 부여하는 하나의 방법론으로, 이 과정이 합리적이고 과학적이라고 받아들여지기 위해서는 다른 이들도 납득할 만한 분석 결과를 제시할 수 있어야 한다. 다시 말해 분석자 본인뿐만 아니라 분석 결과를 받아들이는 사람들의 시각에서도 생각할 수 있어야 한다.

2) 데이터 분석을 잘하려면?

여러분은 스스로 라면을 잘 끓인다고 생각하는가? 그렇다면 라면을 잘 끓이기 위해서 가장 중요한 것은 무엇이라고 생각하는가? 염도를 고려한 물의 양, 면을 먼저 넣느냐 스프를 먼저 넣느냐 하는 조리 순서, 고춧가루 한 스푼이나 식초 한 방울과 같은 자신만의 노하우, 계란을 넣느냐 넣지 않느냐 풀어서 넣느냐 그냥 넣느냐의 문제 등등. 라면을 맛있게 끓이는 방법은 사람마다 집집마다 지역마다 그것도 아니면 그날의 느낌에 따라 다르다. 저마다 라면을 즐기는 방법이 천차만별인데 봉지 뒷면에 조리법을 적어 둔 이유는 무엇일까? 아마도 라면이 애용되기 시작한 초기에는 조리법을 전달하는 것이 궁극적으로 소비자가 라면을 더 찾게끔 하는 전략이었을지도 모른다. 남녀노소 누가 끓여도 표준화된 라면 맛을 느낄 수 있어야 다수의 구매로 이어질 테니 말이다. R을 활용한 데이터 분석에도 그와 같은 표준화된 방법, 즉 기초적인 사용법이 있다. R의 기본 함수와 데이터 구조, 데이터 핸들링, 추가적으로 최근 많이 사용하는 dplyr 등에 대한 사용 방법을 익혀야 한다.

현재의 데이터 분석(또는 데이터 과학)은 수리적 개념과 컴퓨터 프로그래밍이 합쳐진 형태로 발전하고 있다. 따라서 단지 데이터를 특정 통계분석에 적용하여 결과물을 산출하는 것만으로는 데이터 분석의 큰 의미가 없다. 데이터를 수집한 후 분석에 적합한 형태로 변환하여 최종적으로 분석을 수행하고, 이를 바탕으로 표 · 그림 · 수치 등을 제시하며 다양한 방식으로 보고서를 작성하고 공유할 수 있어야 한다. 결국 통계분석의 목적은 의사결정을 돕는 데 있기 때문이다.

이와 다른 관점에서의 접근도 있다. 어떤 이는 기초적인 통계 개념과 수식에 대한 이해가 데이터 분석에 가장 먼저 필요한 능력이라고 조언하고, 또 다른 이는 통계는 차근차근 배우면 되는 것이며 한 번에 끝낼 수 없는 분야이므로 분석을 실행하기 위한 DB나 서버 또는 다양한 분석 프로그램을 배우라고 추천한다. 아마도 그 의미는 조언하는 사람 스스로 부족하다고 생각하는 부분을 먼저 준비하라는 뜻이거나, 혹은 그와 반대로 잘하는 부분을 부각하라는 뜻일지도 모른다. 그래서 필자는 이렇게 말한다. 본인이 잘하는 것부터 명백히 다져놓고 그 외 필요하다고 생각되는 것으로 영역을 넓혀가는 것이 좋다고. 잘하고 못하는 것, 좋아하고 싫어하는 것을 가장 잘 알고 있는 사람은 그 누구도 아닌 본인이다. 잘하는 것부터 해야 흥미를 느끼고 중간에 포기하지 않을 수 있다. 그런데 만약 통계학을 배우지 않았고 프로그램을 다뤄본 경험도 없다면 어떻게 해야 할까? 그렇다면 먼저 프로그램 사용 능력을 향상시키면 된다.

어떤 이들은 이렇게 말한다. 시작은 반이 아니라 시작일뿐이라고, 늦었다고 생각하면 진짜 늦은 것이라고. 희망을 무참히 짓밟는 듯하지만, 어떻게 생각하면 지극히 현실적이고 맞는 말이다. 추운 겨울이 지나고 새로운 시작을 알리는 봄바람이 불어오듯이 4차산업혁명과 함께 데이터 분석의 바람이 불어오고 있다. 이제 그 바람을 피해 도망가지 말고 기분 좋게 맞이해야 할 시간이 온 것이다.

2 R과 RStudio 그리고 jupyter notebook

RStudio는 R을 보다 편하게 사용할 수 있도록 돕는 통합개발환경(IDE)[2]이다. 데이터 불러오기, 저장하기, 내보내기 같은 반복적 작업을 쉽게 할 수 있으며 스크립트, 분석 결과, 경로, 그래프, 도움말 등이 한 화면에 표시되는 사용자 중심의 구성으로 되어 있다. 또한 Rmarkdown 패키지를 통해 markdown[3] 기능을 사용할 수 있으며 python의 코드도 라인별로 실행해서 결과를 볼 수 있다.

jupyter notebook은 python뿐만 아니라 다양한 프로그램과 호환 가능하다. 가장 큰 특징은 markdown이라는 문서변환 언어를 개별적으로 실행하면서 눈으로 직접 확인할 수 있다는 것이다. 이에 본서에서는 보다 다양한 접근을 할 수 있는 jupyter notebook을 기본으로 R을 사용할 것이며 RStudio에 대한 사용법도 간단히 정리하고자 한다.

[그림 1-2] 주피터 노트북의 활용

2 코딩, 디버그, 컴파일, 배포 등 프로그램 개발에 관련된 모든 작업을 하나의 프로그램 안에서 처리하는 환경을 제공하는 소프트웨어이다.

3 일반 텍스트 문서의 양식을 편집하는 문법 기능으로 readme 파일이나 온라인 문서, 또는 일반 텍스트 편집기로 문서 양식을 편집할 때 주로 쓰인다. markdown을 이용해 작성한 문서는 html과 같은 다른 문서 형태로 쉽게 변환할 수 있다.

R은 패키지(package)로 구성된 통계분석 프로그램으로 여러 개의 함수와 도움말, 예제(설명과 데이터, script)를 포함하고 있다. 예를 들어, 우리가 자동차를 구매한다고 생각해보자. 자동차의 기본 옵션은 엔진과 기본 프레임, 수동 에어컨과 스페어타이어, 라디오 정도이다. 여기에 내비게이션, 선루프, 후방카메라, 자동에어컨, 가죽시트, 주차보조시스템 등은 옵션이지 반드시 선택해야 하는 것은 아니다. 이와 같이 R도 기본적인 프로그램을 사용할 수 있도록 돕는 기본 함수 덩어리가 탑재되어 있다. 여기에 사용자의 입맛에 맞게 라이브러리와 패키지 또는 특정 함수를 추가하여 분석할 수 있다. 다만 특정 버전만 활용할 수 있는 호환성, 특정 패키지의 함수를 사용하려면 그와 연결된 다른 패키지가 설치되어야만 하는 등의 조건이 따를 수 있다.

3 패키지(package)와 함수(function) 이해하기

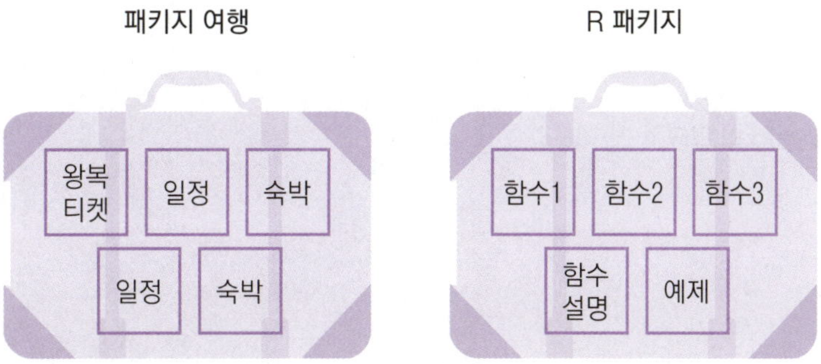

[그림 1-3] 패키지와 함수

패키지는 여러 개의 함수를 모아놓은 덩어리 개념이다. 여행에 빗대어 생각해보면 자유 여행과 패키지 여행은 전혀 다르다. 자유 여행은 교통, 숙소 등 다양한 예약과 준비가 필요한데, 패키지 여행은 왕복 비행기 티켓부터 식사와 호텔, 모든 일정을 포함한다. R도 이와 유사하다. 분석에 필요한 여러 개의 함수를 모아놓은 것을 패키지라고 한다. 따라서 패키지를 설치해야만 함수를 사용할 수 있다. 또한 패키지 중에서는 다른 패키지의 함수와 연결된 경우도 있다. 이런 경우 여러 개의 패키지가 설치되어야 한다.

함수는 미리 저장된 명령어다. 사무용 프로그램인 엑셀(Excel)을 떠올려보자. 엑셀에서는 데이터의 합계를 계산하고자 할 때 sum이라는 함수, 즉 미리 저장된 명령어를 사용한다. 이러한 함수 덕분에 분석자는 코딩을 길게 하지 않고 보다 효율적으로 분석할 수 있다.

1) R 프로그램 둘러보기

R은 다음과 같이 직관적인 사용이 가능하다.

```
#1부터 5까지 더하기
1+2+3+4+5
```

```
[1] 15
```

```
x<-c(1:5) #x라는 변수에 1, 2, 3, 4, 5를 입력한 후
sum(x) #기본 내장 함수 중 sum을 활용하여 합계를 계산하는 방식
```

```
[1] 15
```

```
mean(x) #변수x의 평균
```

```
[1] 3
```

R 패키지는 install.package("패키지이름")로 설치할 수 있다. 또한 패키지들끼리 영속성이 있어서 특정 패키지를 설치하면 다른 패키지도 덩달아 같이 설치되는 경우도 있다. 이와 다르게 한 번에 여러 개의 패키지를 설치하고자 할 때는 install.package(c("패키지1","패키지2","패키지3"))와 같이 묶어서 설치할 수도 있다. installed.packages() 함수를 이용하여 설치되어 있는 패키지 정보도 확인해볼 수 있다.

```
#check.packges라는 데이터로 기존설치패키지 정보를 저장
check.package<-data.frame(installed.packages())

#첫번째 열에 대해서 데이터의 6개만 확인
head(check.package[1])
```

```
          Package
abind      abind
acepack    acepack
afex       afex
agricolae agricolae
AlgDesign AlgDesign
aod        aod
```

현재 설치된 패키지가 총 347개인 것을 알 수 있다.

```
nrow(check.package) #설치된 패키지의 개수 확인
```

```
[1] 347
```

설치된 패키지 중 3.5.3 버전의 패키지가 240개로 가장 많은 것으로 나타났다(독자들의 사용환경이 반영되므로 패키지의 개수와 버전은 다를 수 있다).

```
#가장 많은 패키지를 보유한 버전과 그 개수 확인
which.max(table(check.package$Version))
```

```
3.5.3
 240
```

이때 다음과 같이 순위별로도 패키지를 확인해볼 수 있는데, R이 업데이트된다고 해서 설치된 모든 패키지가 업데이트되지는 않는다는 것에 주의해야 한다.

```
#가장 많은 순위별로 패키지 확인
data.frame(head(sort(table(check.package$Version), decreasing = T), 5))
```

```
   Var1 Freq
1 3.5.3   15
2 1.0.0    8
3 1.0.1    6
4 1.0.2    5
5 1.2.0    5
```

다음의 패키지가 본서에서 주로 다루는 것이다. 이외에도 각 분석마다 사용되는 패키지를 소개하고 활용하는 방법을 제시하여 분석의 편의를 돕고자 한다.

- base
- graph
- stats
- dplyr
- psych
- kableExtra, ztable
- ggplot2

ch.2 프로그램 설치

1 anaconda::jupyter notebook 설치하기

① anaconda(www.anaconda.com) 사이트에 접속하고 상단에 있는 다운로드 버튼을 클릭한다.

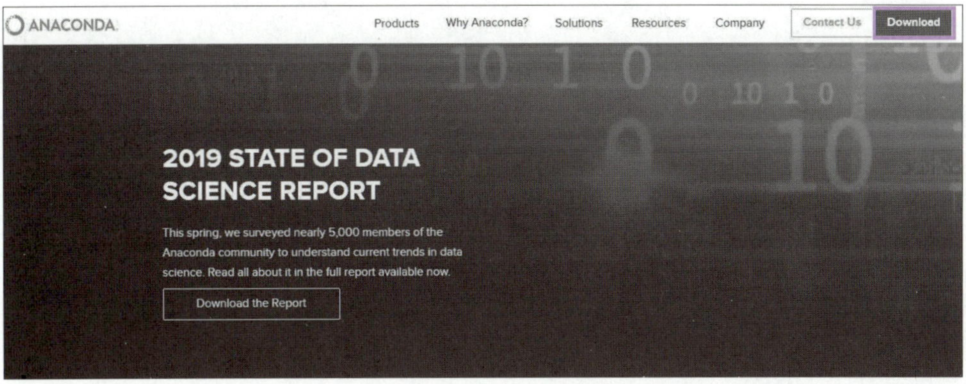

② python 3.7에서 본인의 운영체제 및 bit에 맞는 다운로드 버튼을 클릭한다.

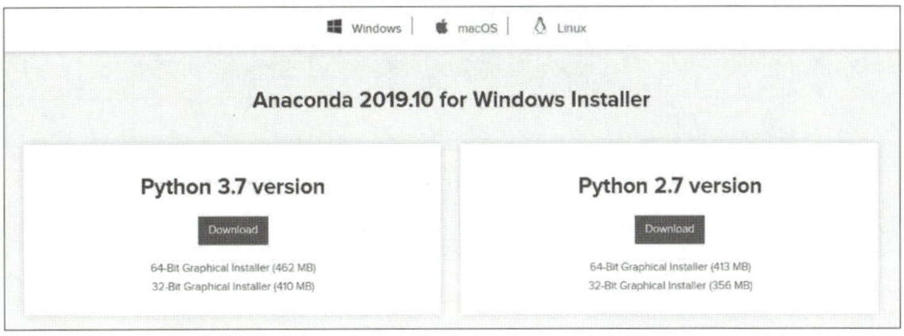

③ 파일을 다운로드하거나 실행을 눌러 설치를 시작한다.

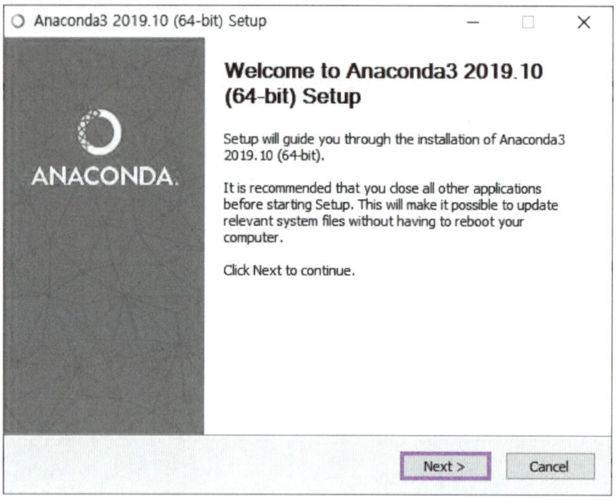

④ 지속적으로 next 버튼을 눌러 설치를 종료한다.

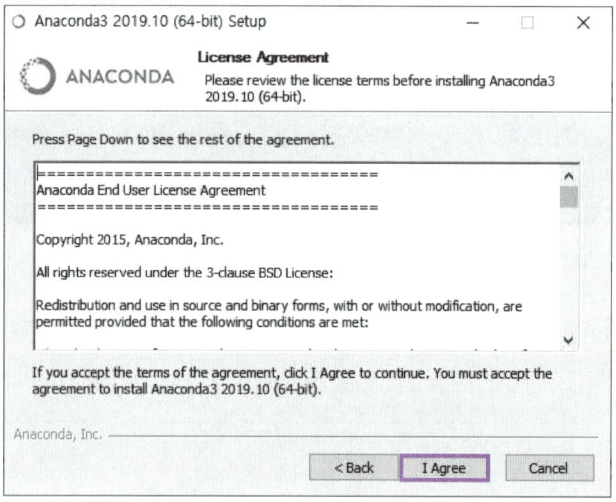

⑤ 개인용 PC일 경우에는 'just me'로 공용일 경우에는 'all user'로 설정한다.

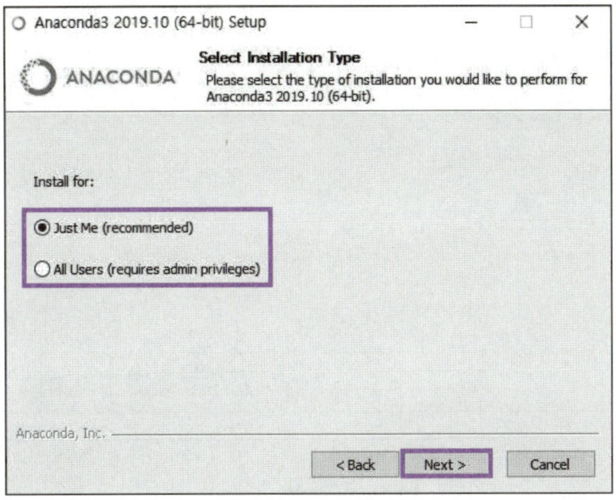

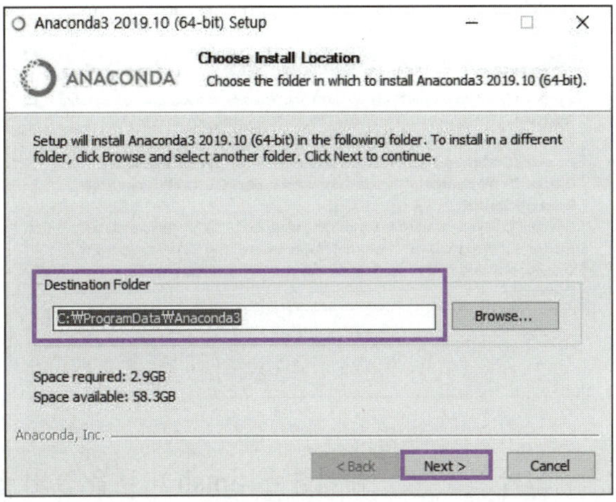

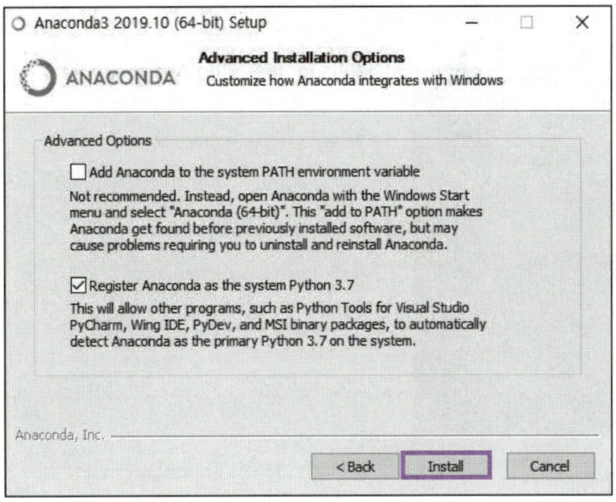

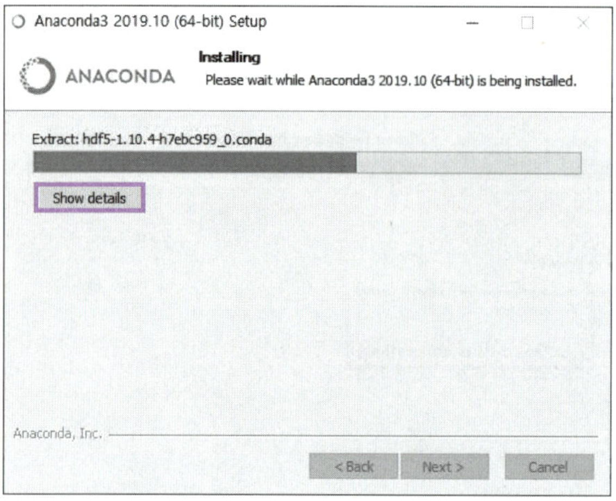

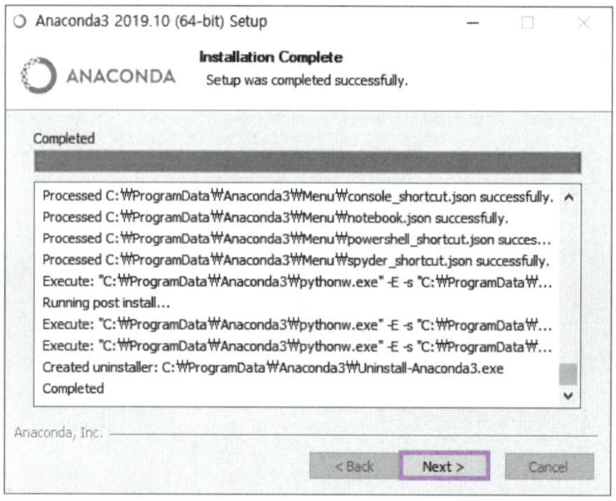

⑥ 설치가 완료되면 체크박스를 모두 해제한 후 finish 버튼을 눌러 설치를 마친다.

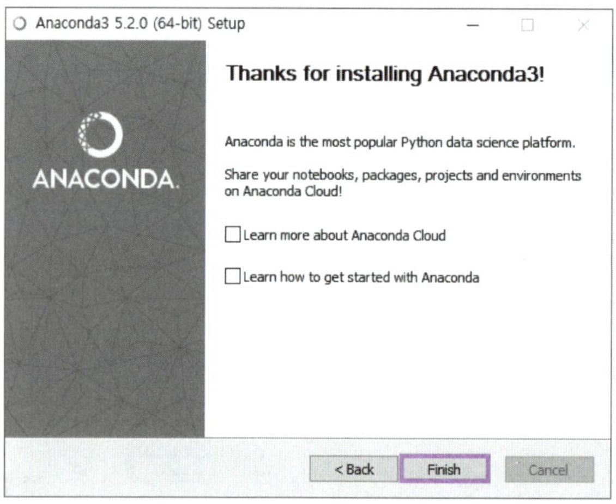

2 anaconda 설치 후 R 설치 방법

① [시작]에서 anaconda3를 클릭하고 anaconda prompt를 실행한다.

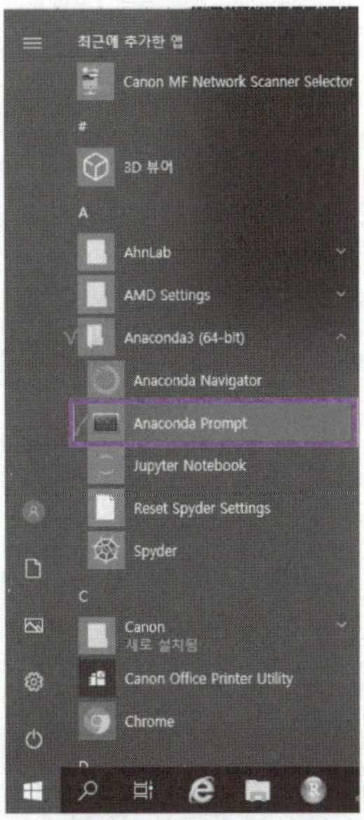

② 프롬프트(prompt) 화면에 'conda install -c r r-essentials'과 같이 입력하고 enter를 누른다.

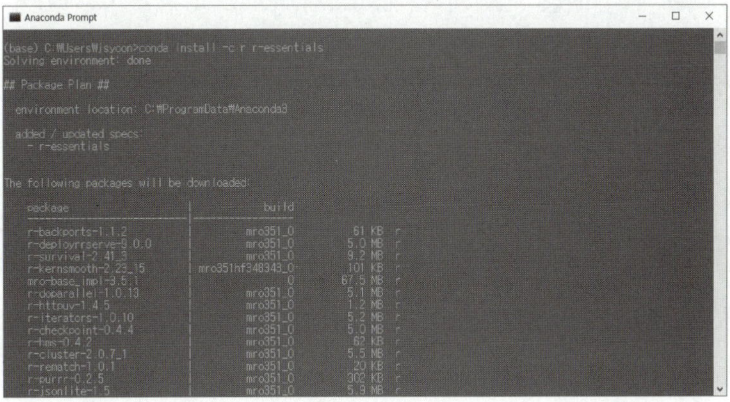

③ 과정 진행 중 y/n? 선택에서 y 또는 enter를 누르면 자동으로 진행된다.

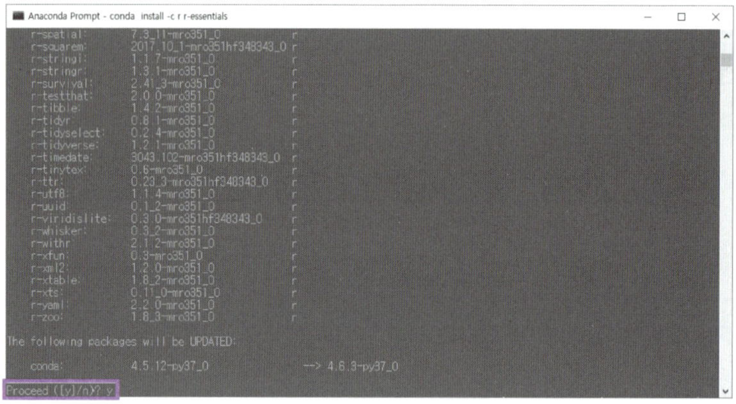

④ 설치가 완료된 후 exit라고 입력하면 anaconda prompt를 종료하게 된다.

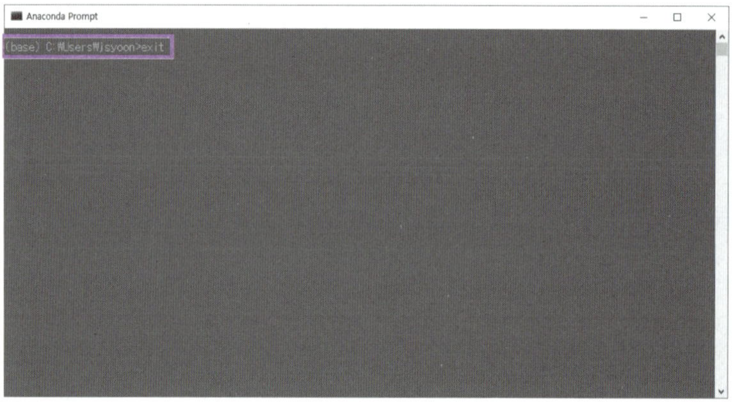

그 후, 다음과 같은 과정을 거치면 jupyter notebook을 통해 R 을 실행할 수 있다.

① 다시 [시작]에서 anaconda3를 클릭하고 anaconda prompt를 실행한다.

② 프롬프트 화면에 아래와 같이 입력한다.

```
d: #D드라이브로 이동
cd python #pyhon이라는 폴더로 이동
jupyter notebook #jupyter notebook 실행
```

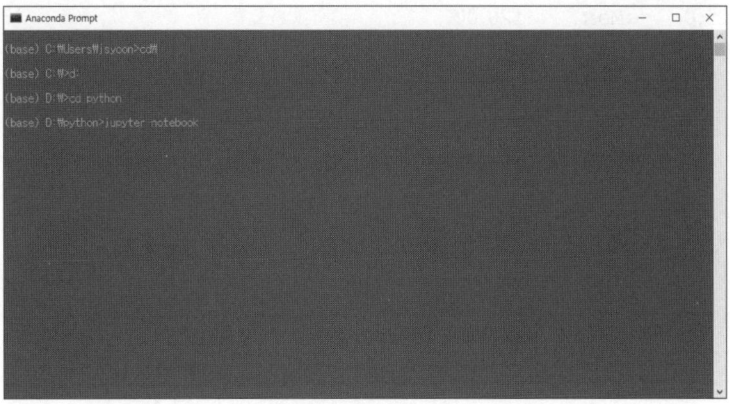

③ jupyter notebook이 실행된다.

④ new 버튼을 클릭해서 원하는 커널(kernel)을 선택하여 시작할 수 있다. 기본적으로 pyhon이 설정되어 있는 상태이며 다양한 커널을 추가할 수 있다. 이때 R을 선택하면 기본 코드는 R이 된다. 이에 입력창에 R 코드를 입력하면 바로 아래와 같은 결과를 실행할 수 있다. 코드 입력 후에는 shift와 enter를 동시에 눌러주면 라인(line)마다 결과를 확인할 수 있다.

```
summary(cars)
```

```
     speed           dist
Min.   : 4.0    Min.   :  2.00
1st Qu. :12.0   1st Qu. : 26.00
Median :15.0    Median : 36.00
Mean   :15.4    Mean   : 42.98
3rd Qu. :19.0   3rd Qu. : 56.00
Max.   :25.0    Max.   :120.00
```

3 이미 R이 설치된 경우 anaconda 설치 후 연동 방법

① R 또는 RStudio를 관리자 권한으로 실행하고 아래 코드를 실행한다.

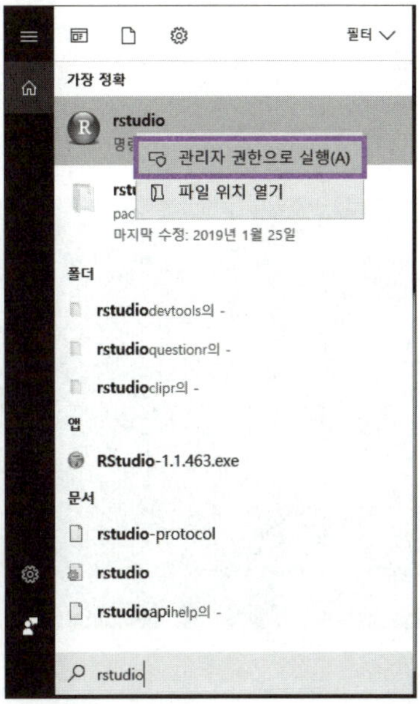


```
install.packages("devtools")
devtools::install_github("IRkernel/IRkernel")
IRkernel::installspec()
```

그 후 다음과 같은 과정을 거치면 jupyter notebook을 통해 R을 실행할 수 있다.

① 다시 [시작]에서 anaconda3를 클릭하고 anaconda prompt를 실행한다.

② 프롬프트 화면에 아래와 같이 입력한다.

```
d: #D드라이브로 이동
md python #pyhon이라는 폴더를 생성
cd python #pyhon이라는 폴더로 이동
jupyter notebook #jupyter notebook 실행
```

③ jupyter notebook이 실행된다.

④ new 버튼을 클릭해서 원하는 커널을 선택하여 시작할 수 있다. 기본적으로 pyhon이 설정되어 있는 상태이며, 다양한 커널을 추가할 수 있다. 이때 R을 선택하면 기본 코드는 R이 된다. 이에 입력창에 R 코드를 입력하면 다음과 같은 결과를 실행할 수 있다. 코드 입력 후에는 shift와 enter를 동시에 눌러주면 라인마다 결과를 확인할 수 있다.

4 에러 대처 방법

1) 임의로 경로를 추가하는 방법

anaconda와 R을 동시에 설치할 때 에러(error)가 발생하는 경우도 해당된다. R에서 해당 패키지가 설치되지 않을 경우 경로를 설정해야 한다.

① [내 pc]에서 마우스를 우클릭한 후 [속성]을 클릭한다.

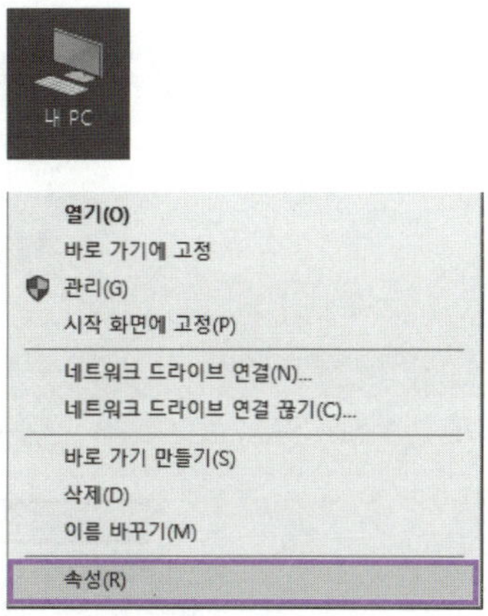

② [고급 시스템 설정]을 누른다.

③ [환경 변수] 클릭 후 사용자 변수에서 path 누르고 [편집]을 누른다. 이때 경로는 사용자마다 다를 수 있다.

– Anaconda 폴더의 경로(C:\Users\jsyoon\Anaconda3)
– Library 경로(C:\Users\jsyoon\Anaconda3\Library\bin)
– Scripts 경로(C:\Users\jsyoon\Anaconda3\Scripts)

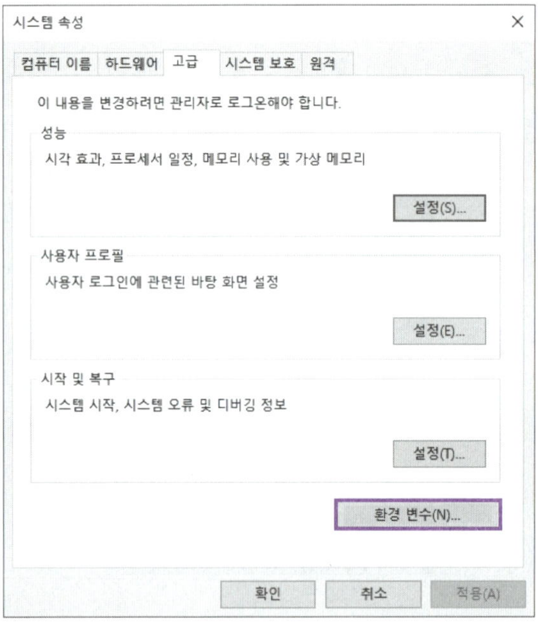

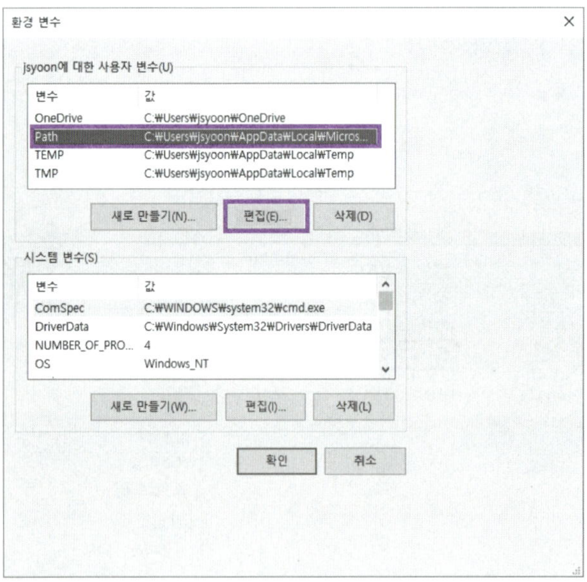

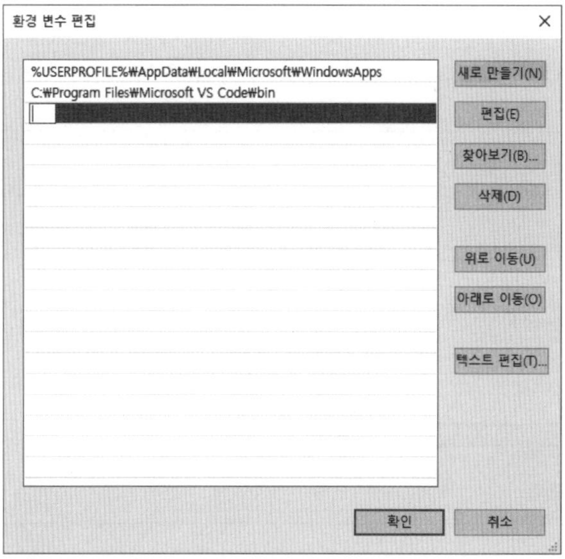

④ [시작] 옆에 있는 돋보기 모양의 찾아보기 아이콘을 클릭한 후 아래 'anaconda3'이라고 입력한다. 해당 위치로 이동해 마우스를 좌클릭하면 해당 위치의 폴더로 이동할 수 있다.

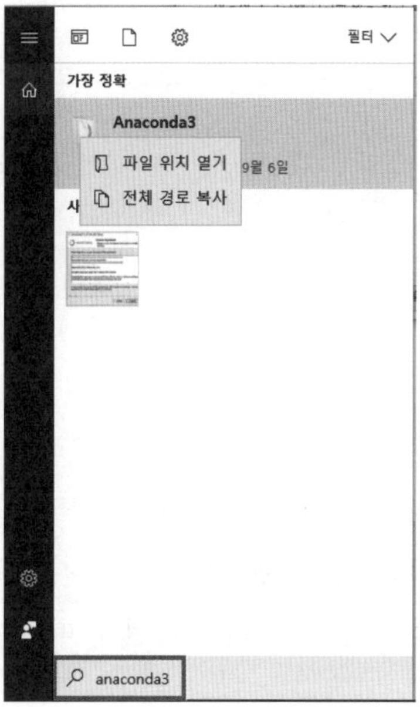

⑤ 해당 위치에 마우스 커서를 올려놓고 우클릭을 하면 해당 주소를 복사할 수 있는 형태로 변경된다.

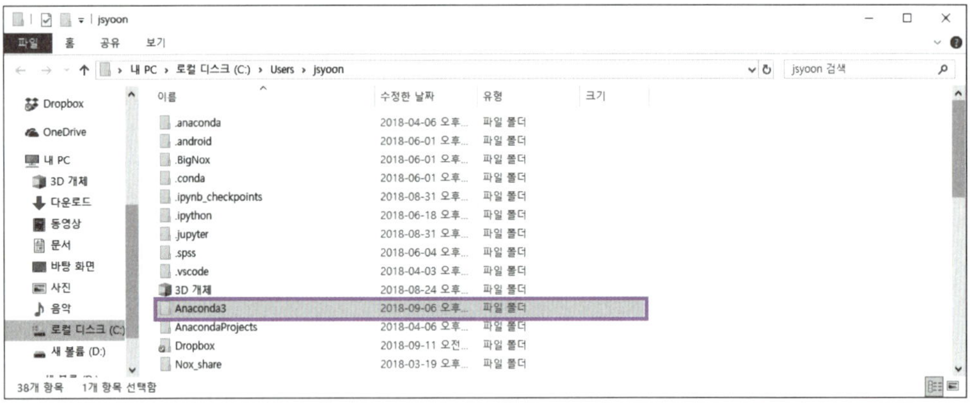

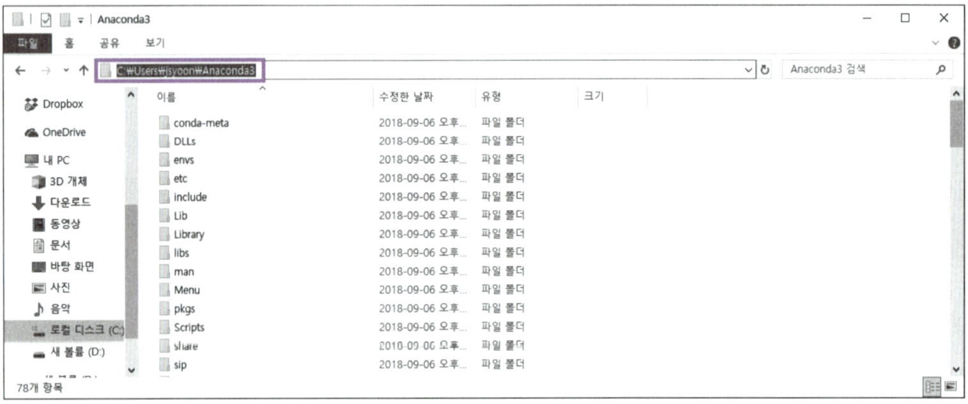

5 그 외 설정

1) 시작 폴더 변경 방법 (바로가기 속성 활용)

시작 폴더란 jupyter notebook의 파일이 관리(저장/불러오기 등)되는 폴더를 말한다. Windows에서 jupyter notebook을 실행하는 경우에 시작 폴더를 설정하지 않으면 항상 최상위 폴더에 내가 작업한 결과물들이 관리된다. 따라서 해당 내용에 대한 설정이 반드시 필요하다.

① Windows 메인화면의 [시작]에서 anaconda3을 선택한다.

② jupyter notebook으로 마우스를 이동하고 우클릭을 한다.

③ 중간에 '자세히'를 선택하고 파일 위치 열기를 클릭한다.

④ jupyter notebook 바로가기 아이콘을 우클릭한 후 [속성]으로 이동한다.

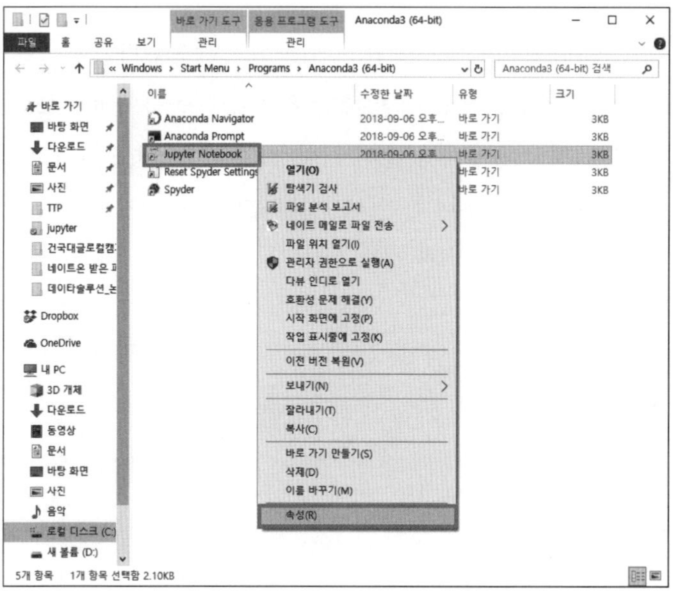

⑤ [속성]에서 '시작 위치'에 원하는 위치를 입력한다. 예를 들어, d드라이브에 python 폴더를 '시작 위치'로 지정하고 싶으면 D:\python으로 입력한다.

⑥ 이후에는 jupyter notebook이 지정된 시작 폴더로 적용된다.
그 외에도 jupyter prompt에서 직접 해당 위치로 이동하여 jupyter notebook이라고 입력하면 해당 위치에서 시작 폴더로 설정되어 열리기도 한다. 다만 늘 같은 방법을 사용하기에는 번거로우니 한 번에 적용하고 사용하도록 하자.

ch.3 jupyter notebook 실제 사용하기

1 메뉴 바(menu bar) 소개

1-1 메인 페이지

jupyter notebook을 설치하고 실행하는 방법은 앞서 정리하였다. 이번 장에서는 기본적인 사용법과 주로 많이 쓰는 단축키에 대해서 알아보고자 한다. jupyter notebook을 실행시키면 다음과 같은 메인 페이지 화면이 나온다(그림은 해당 화면의 상단 부분임).

오른쪽 상단의 upload는 기존에 작업하던 파일이 있는데 그 위치가 현재 메인에 표시되지 않은 경우, 해당 파일을 사용할 수 있도록 jupyter notebook 메인에 불러올 때 사용하는 메뉴이다. 그 옆에 위치한 new는 다양한 커널(kernel)을 활용하여 새로운 파일이나 폴더 등을 만들 때 사용하는 메뉴이다.

새 파일을 생성하는 경우를 살펴보자. 다음과 같이 new 버튼을 클릭하고 원하는 작업을 선택하면 되는데, 작업마다 새로운 폴더(디렉토리)를 생성해서 결과를 저장하는 것을 추천한다.

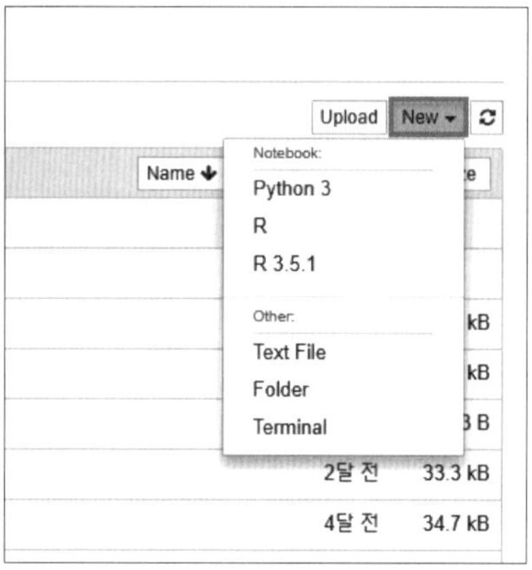

새롭게 생성한 폴더나 파일의 이름은 모두 untitiled 형태로 표기된다. 이를 선택하여 상단의 rename 버튼을 클릭하면 새로운 이름으로 변경할 수 있다. 이렇게 각 분석마다 폴더를 만들어 사용하고 그것을 클라우드 폴더에 공유하게 되면, 어느 곳에서나 원활한 작업을 할 수 있다. 물론 jupyter notebook이나 R과 같은 주변 환경 설정이 동일한 상태여야 한다.

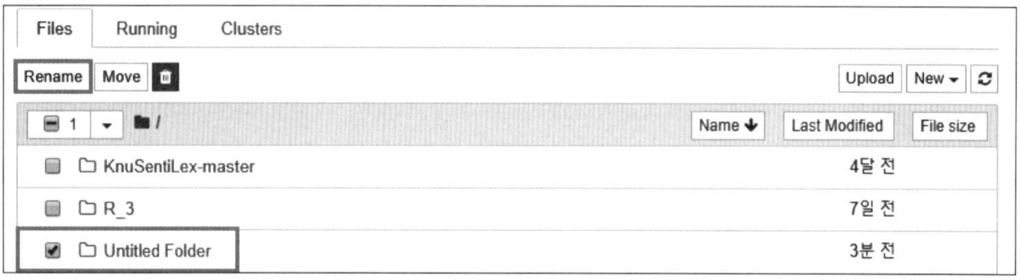

일단 폴더의 이름을 test로 변경하였다. 변경 후 폴더를 클릭하여 메인 페이지에서 test 폴더 안으로 이동한다.

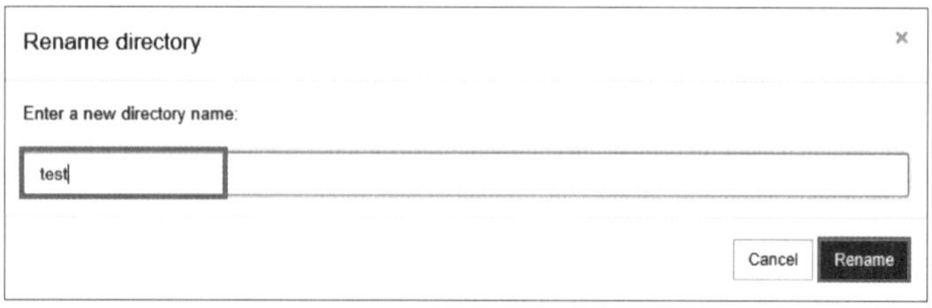

1-2 폴더에서 파일 생성

이제 새로운 파일을 생성해보자. 다시 new를 클릭하고 R 버전을 클릭한다. 이미 최신 버전이 설치된 경우에는 R 이외에도 R 3.6.1과 같은 커널명이 보이지만, 그렇지 않은 경우에는 R을 선택하면 된다. 커널이라는 용어가 생소하겠지만, 쉽게 생각해서 내가 작업하고자 하는 주된 프로그램이라고 보면 된다.

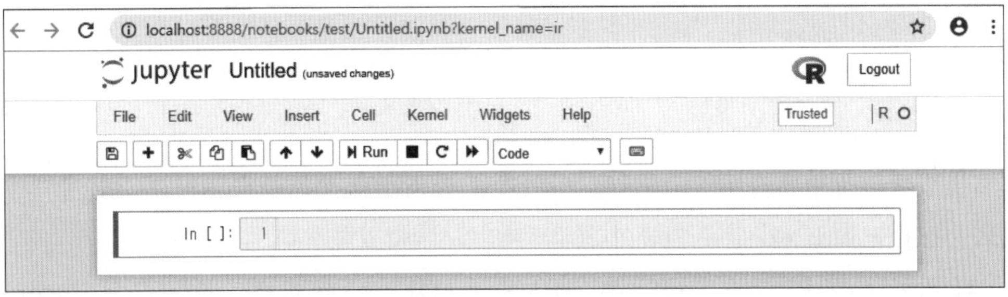

1-3 주로 사용하는 기능(단축키)[1]

주로 사용하는 기능 위주로 먼저 익혀 jupyter notebook을 충분히 사용하게 되면 메뉴보다는 단축키를 사용하는 경우가 더 많을 것이다. 따라서 아이콘 위주로 설명하고자 한다. 제시한 기능은 jupyter notebook을 사용하는 데 최소한의 기능이므로 이에 대해서 반드시 알아야 한다.

첫 번째로 알아야 할 기능은 저장이다. jupyter notebook이 수시로 자동저장되긴 하지만, 중요한 작업을 마친 후에는 디스크를 꼭 눌러주는 작업을 해야 한다. 이른바 덮어쓰기 방식으로 저장되므로 다른 이름으로 저장을 원할 경우 file 메뉴를 활용하면 된다 (ctrl+s) .

1 https://www.cheatography.com/weidadeyue/cheat-sheets/jupyter-notebook/pdf_bw/

두 번째로 기억해야 할 기능은 코드라인(code line)을 추가하는 것이다. [그림 3-1] 왼쪽 두 번째에 있는  아이콘 클릭 시 코드라인이 아래 방향으로 하나씩 추가된다(코드라인에서 esc 입력 후 b). 만약 코드라인을 위로 추가하고 싶다면 코드라인에서 esc 입력 후 a를 입력하면 된다.

[그림 3-1] notebook 아이콘

세 번째는 잘라내기 기능으로  아이콘을 이용한다. 윈도우 운영체제 기반에서 주로 사용하는 ctrl+x와 같은 기능이다(코드라인에서 esc 입력 후 c).

네 번째는 복사 기능(코드라인에서 esc 입력 후 c)이고, 다섯 번째는 붙여넣기 기능이다(코드라인에서 esc 입력 후 shift + v).

이외에도 라디오컨트롤과 유사한 코드라인에 대한 실행 버튼(shift+enter), 일시정지 버튼(코드라인에서 esc 입력 후 i+i), 커널 재시작하기(코드라인에서 esc 입력 후 0+0) 버튼 등이 있다.

[그림 3-1] 오른쪽 세 번째에 있는  아이콘은 빨리감기가 아니라 현재 사용하는 주 커널을 다시 시작하고 모든 코드라인을 실행하라는 의미의 버튼이다. 간혹 프로그램이 무겁거나 for문과 같은 반복문의 오류로 커널을 다시 시작해야 할 일이 있는데 그런 경우에 사용한다.

그 옆에 는 현재 선택한 커널인 R을 활용하겠다는 의미이며(코드라인에서 esc 입력 후 y), 이를 markdown으로 변경(코드라인에서 esc 입력 후 m)하여 입력할 수 있다.

jupyter notebook의 새로운 파일을 생성하면, 바로 프로그램을 확인하는 것이 아니라 간단한 설정과 그 방법을 익혀야 한다. 또한 코드라인의 환경이 command mode와 edit mode와 같이 두 가지 형태를 번갈아가며 사용하므로 이에 대한 방법을 익혀야 한다.

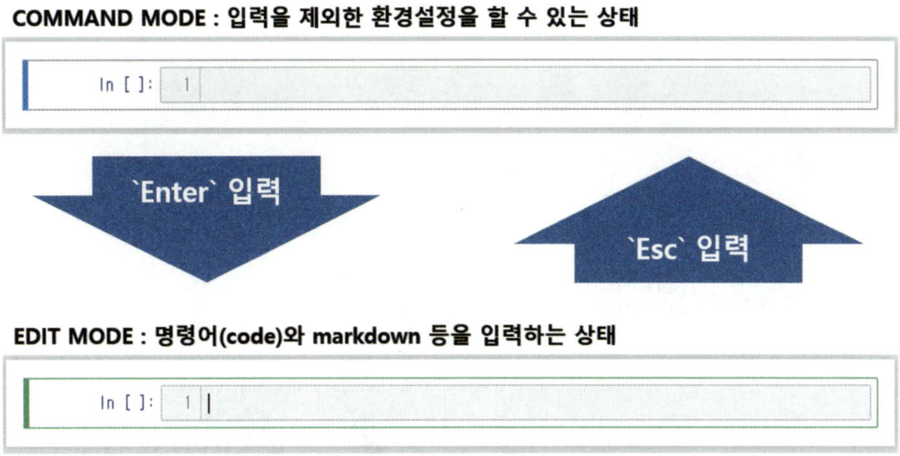

jupyter notebook을 처음 실행시키면 다음과 같이 코드라인의 왼쪽에 파란색 막대가 보인다. 이와 같은 상태가 command mode이다. command mode에서는 코드라인을 복사하거나 병합하고, jupyter notebook의 환경설정을 하거나 markdown 형태로 코드라인의 속성을 바꾸는 등 입력을 제외한 여러 가지 설정을 할 수 있다.

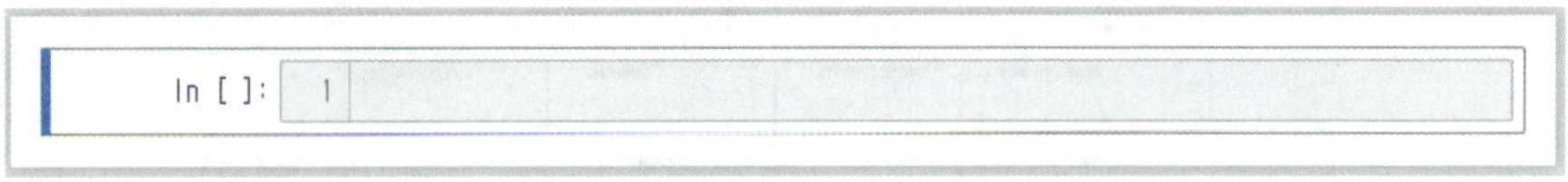

command mode에서 enter를 입력하거나 마우스 좌클릭 시 edit mode로 코드라인이 변한다. 이때는 왼쪽 막대기가 초록색으로 변한다. edit mode는 명령어(code)를 입력하거나 markdown으로 변경하여 텍스트를 작성할 수 있는 환경이다.

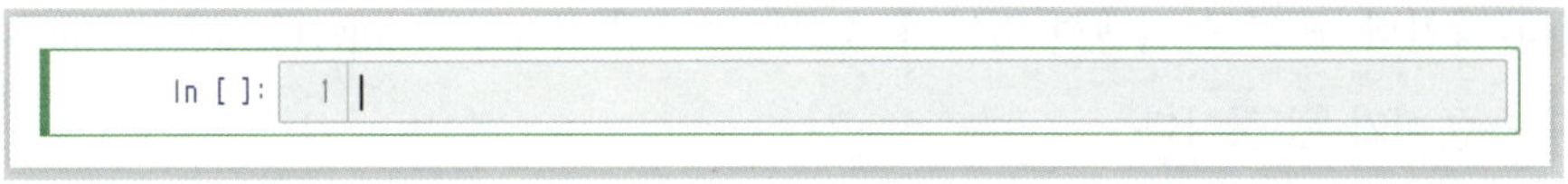

기본 설정이 code인 코드라인에 다음과 같이 입력해보자.

```
data(iris)
plot(iris)
```

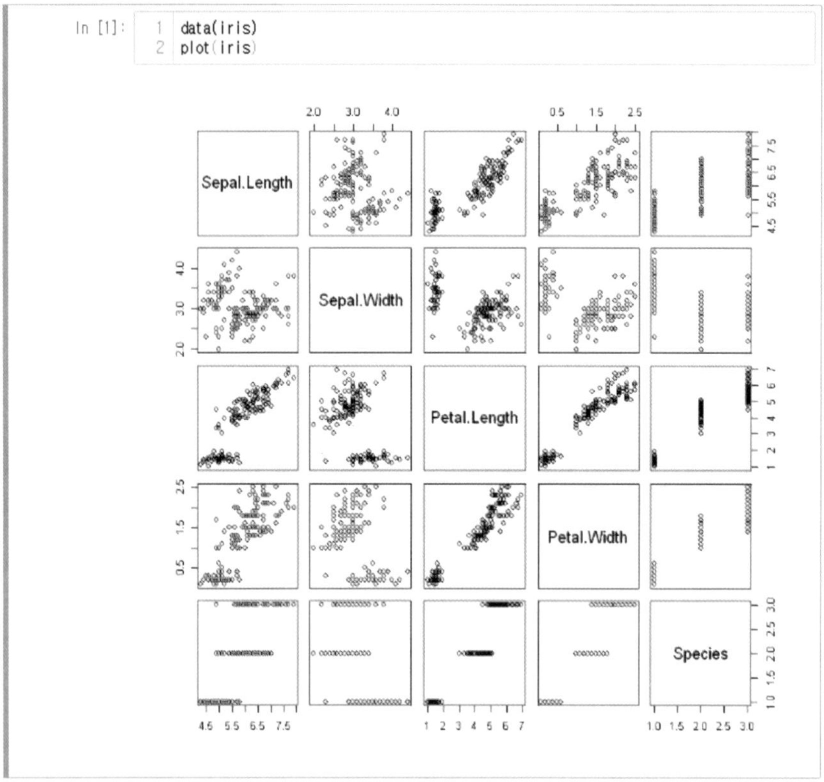

실행을 위해서 shift + enter를 입력해보자. ln[1]은 첫 번째 실행한 코드라인이라는 의미로 이 숫자는 순차적으로 증가한다. 추후 html 포맷으로 작업한 것을 내보낼 때도 같이 따라간다. 코드를 실행한 결과가 출력되었다면 이제부터 jupyter notebook으로 R을 다룰 준비가 된 것이다.

edit mode에서 version이라고 입력해보자.

```
version
```

```
platform       x86_64-w64-mingw32
arch           x86_64
os             mingw32
system         x86_64, mingw32
status
major          3
minor          6.1
year           2019
month          07
day            05
svn rev        76782
language       R
version.string R version 3.6.1 (2019-07-05)
nickname       Action of the Toes
```

다음과 같이 R은 대문자와 소문자를 구분하는 코드를 사용하므로 주의해야 한다.

```
VERSION
```

```
Error in eval(expr, envir, enclos): 객체 'VERSION'를 찾을 수 없습니다
```

edit mode 중 code가 설정되어 있는 코드라인에서 사용하는 #은 실제 코드로 실행되지 않으므로 추가적인 설명을 붙일 수 있다.

```
version #R 버전 확인
```

```
platform       x86_64-w64-mingw32
arch           x86_64
os             mingw32
system         x86_64, mingw32
status
major          3
minor          6.1
year           2019
month          07
day            05
svn rev        76782
language       R
version.string R version 3.6.1 (2019-07-05)
nickname       Action of the Toes
```

R을 배포하고 관리하는 R재단은 매년 2회 정기 업데이트를 하고 있다. 따라서 버전이 높아짐에 따라 지원하는 패키지의 기능이나 함수의 코드방식이 변경되거나 삭제 · 추가될 수 있으므로 관심을 갖고 사용해야 한다. 이를 위해 버전 관리를 하는 깃(Git)과 깃허브(GitHub)가 널리 알려져 있으며, 추가적으로 가상환경을 구성해서 버전별로 분석에 활용하고자 도커(doker)와 같은 플랫폼을 이용하는 사용자도 늘고 있는 추세이다. 물론, 전문적으로 분석을 다루는 데이터 과학자나 관련 종사자가 아니라면 전체적으로 필요하지는 않으니 추후에 또 다른 이슈가 생겼을 때 활용하기 바란다.

ch.4 markdown 사용법

1 markdown 기초 사용법[1]

1) 글자 크기

글자 크기를 변경할 때는 글 앞에 #을 입력하면 된다. 이때 #의 개수에 따라서 크기가 점점 작아진다.

가나다라

가나다라

가나다라

가나다라

가나다라

가나다라

2) 글자 강조

*진하게 진하게

~~가운데 빗금~~

~~가운데 빗금~~

`음영`

`음영`

기울기

기울기

---

1 https://www.markdownguide.org/getting-started/

실습 ABCD 글자를 변환하시오.

1. 두 번째로 큰 글자 크기
2. 빗금을 긋기
3. 음영 처리
4. 진하게
5. 위 조건을 모두 표시해보시오.

3) 목록 구성

+ 또는 –를 글의 처음에 입력하면 적용된다.

- ABCD

같은 방법으로 1. 을 입력할 경우에도 자동으로 순서가 적용된다.

1. A
2. B

Tab 키를 활용하여 하위 목록을 생성할 수 있다.

1. A
   - AA
   - AB
2. B
   - BB
   - BC

4) 줄바꿈

space bar를 두 번 눌러 입력해주고 enter를 누르면 줄이 바뀐다.

```
가나다라
마바사
```

추가적으로 쓰고 있는 줄에서 한 줄 건너띄기를 하고자 할 경우 enter를 두 번 누른다.

```
가나다라

마바사
```

또는
과 같은 html 문법을 활용하여도 줄바꿈이 된다.

```
가나다라<br>
마바사
```

5) 들여쓰기

본문 작성 시 들여쓰기 기능이 필요한 경우가 생긴다. 들여쓰기는 html 문법인 을 4번 반복하는 것으로 대체할 수 있다.   과 같이 작성하면 들여쓰기가 된다.

6) 이미지

- 이미지 불러오기(markdown)

이미지를 불러오는 방식은 다음과 같이 처리할 수 있다. 파일 형식은 png, jpeg를 가장 많이 사용한다. 리눅스 사용자는 png와 PNG가 다르므로 주의해야 한다.

```
![이미지캡션](이미지주소/파일이름.파일형식)
```

- 이미지 불러오기(html)

```
<img src="이미지주소/파일이름.파일형식">
```

• 드롭박스에서 이미지 불러오기

이미지를 첨부하고자 할 경우에는 다음과 같다. 그 외 개인 클라우드 서비스에서는 각각 개별적인 규칙을 따를 수 있으므로 주의해야 한다.

```
[![이미지캡션](이미지주소/파일이름.파일형식)](이미지출처)
```

드롭박스에서 이미지를 가져오기 위한 규칙은 다음과 같다.

① www 대신 dl로 수정한다. (반드시 필요함)

② 이미지 뒤에 있는 dl=0은 삭제한다.

• 이미지 불러오기(markdown)

markdown 방법으로 이미지를 통한 링크 방법도 다음과 같다.

```
[![이미지캡션](이미지주소/파일이름.파일형식)](인터넷주소)
```

다음과 같이 연결하면 anaconda 홈페이지로 이동한다.

```
[![이미지](https://www.anaconda.com/wp-content/uploads/2018/06/cropped-
Anaconda_horizontal_RGB-1-600x102.png)](https://www.anaconda.com)
```

• 이미지 링크(html)

html 문법으로 이미지를 통한 링크 방법은 다음과 같다.

```
<a href="인터넷주소"><이미지첨부></a>
```

이를 적용한 내용은 아래와 같다.

```
<a href="https://www.anaconda.com"><img src="https://www.anaconda.com/
wp-content/uploads/2018/06/cropped-Anaconda_horizontal_RGB-1-600x102.
png"></a>
```

• 이미지 크기 조정(html)

불러온 이미지에 대한 크기를 이미지 원본 크기가 아닌 각각의 크기를 조정하고 싶다면, 경우에 따라 markdown 문법이 먹히지 않을 때가 있으니 다음과 같이 html 문법으로 이미지를 불러오고 활용하기를 추천한다. width="50%" height="50%"와 같이 분석자에 의해 지정할 수 있는데 이미지 실제 크기(100%)에 비례하여 출력할 수 있다.

```
<img src="이미지주소/파일이름.파일형식" width="300" height="300">
```

• 이미지 정렬(html)

이미지를 정렬할 때도 마찬가지로 html 문법을 활용한다. 이미지 호출 html img 코드에 앞서 style="float: right;"을 입력하면 원하는 위치로 정렬할 수 있다. 이때 left 또는 center와 같이 입력하면 된다. 기본(default)은 center이다.

```
<style="float: right;" img src="이미지주소/파일이름.파일형식" width="50%"
height="50%">
```

7) 표 만들기

가장 기본적인 옵션은 열에 대한 정렬이다.

- |:—-| : 열 왼쪽 정렬(left)
- |:—:| : 열 가운데 정렬(center)
- |—-:| : 열 오른쪽 정렬(right)

사실 일일이 손으로 그려 만드는 것은 쉽지 않은 일이다. 표를 만들기 원한다면 '표 만들기'와 같은 사이트를 활용하길 바란다. 조건에 맞게 해당 옵션을 선택하고 표를 만들기 위해서는 generator 버튼을 누르고 copy to clipbord 버튼을 누른 후, 원하는 코드라인에 붙여넣기(ctrl+v 또는 우클릭 후 붙여넣기)를 하면 표 형식을 넣을 수 있다. 그 외 값은 직접 입력해주면 된다.

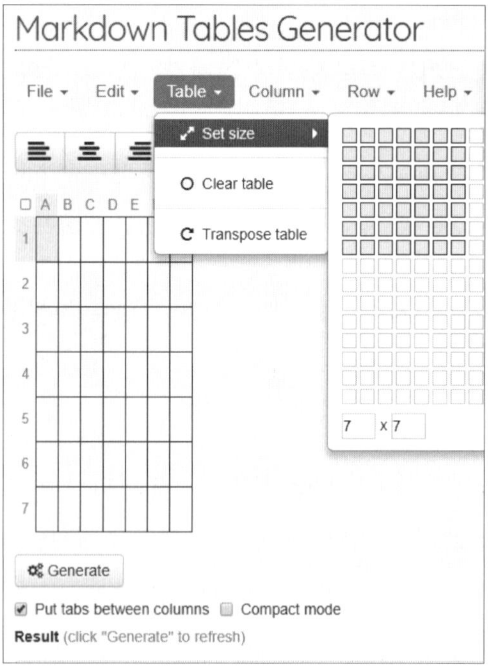


```
|A|B|C|
|:- |:-:|-: |
| 왼쪽|가운데|오른쪽|
|123|$\alpha + \beta$|~~ABC~~|
```

A	B	C
왼쪽	가운데	오른쪽
123	$\alpha + \beta$	~~ABC~~

이처럼 jupyter notebook을 사용하는 것은 코드와 그래프, 표 등의 출력 결과를 활용한 문서 작성에 보다 특화된 방법이 될 수 있다. 물론 이 방법 이외에도 최근에는 RStudio에서 Rmarkdown 문서를 활용한 방법을 사용하는 이가 적지 않은데, 한 가지 프로그램을 잘 다루게 되면 (약간의 차이만 있으니) 모든 방법들을 응용할 수 있게 된다.

8) 수식(첨자, 그리스로마자, 분수, 행렬 등)[2]

$ $ 안에 latax 방식으로 특수문자와 수식을 입력할 수 있다. 다만, 수식을 입력하기 위해서는 추가적으로 $\ $와 같이 \를 추가해야 그리스로마자의 특수문자를 입력할 수 있다. 경우에 따라 한자변환키를 활용할 수도 있지만, 다른 포맷으로 변환할 때를 고려해서 latax 방식으로 입력하는 것을 추천한다.

- 첨자

`$R^{2}$`라고 입력하면 R^2과 같이 위첨자를 사용할 수 있다.
`$x_{i}$`라고 입력하면 x_i와 같이 아래첨자를 사용할 수 있다.

- 수식을 정중앙(center)에 배치

`$\sigma^{2}$` 이와 같이 작성할 경우 본문 내용에 σ^2과 같이 포함된다.
만약 `$$\sigma^{2}$$`라고 입력하면 줄이 바뀌면서 수식만 표현된다.

$$\sigma^2$$

- 루트(root)

`$\sqrt{}$`를 이용하면 $\sqrt{(a-b)^2+(c-d)^2}$ 과 같이 표현할 수 있다.

- 분수(fractions)

분수는 `$\frac{분자}{분모}$` 방식으로 표현할 수 있다.

`$\sqrt{\frac{\pi}{\sin\theta}}$`: $\sqrt{\frac{\pi}{\sin\theta}}$

2 https://en.wikibooks.org/wiki/LaTeX/Mathematics

• 행렬(matrix)

행렬은 다음과 같이 표현할 수 있다. 이때 {ccc}는 각 열을 중앙정렬(center의 c임)하라는 것이며, {rrr}은 3개 열을 right(오른쪽 정렬), {lll}은 3개 열을 left(왼쪽 정렬)하라는 의미이다.

```
$I = \left[\begin{array}{ccc}
1&0&0\\
0&1&0\\
0&0&1
\end{array}\right]$
```

그 밖의 다양한 수식 표현은 latex 문법을 따르므로 'latex expression'과 같은 검색어로 찾아볼 수 있다.

9) 수평선 긋기

수평선을 그으면 본문 간에 구분을 할 수 있다. ---,***를 입력하면 수평선이 그어진다. 또한 여러 겹으로 인용문을 만들 수 있다.

```
> 가나
>>다라
>>>마바사
```

ch.5 설문 설계 기본 원칙

1 설문 설계에 필요한 개념

1-1 주제와 가설 그리고 연구 문제

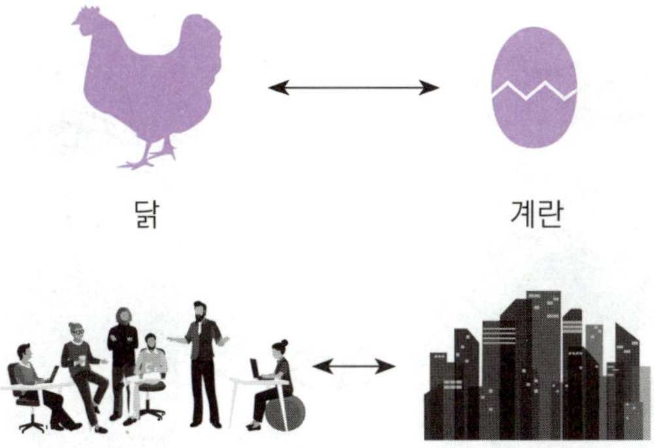

주제란 상황, 문제를 보는 관점에 따라 다르게 설정할 수 있다.

'닭이 먼저인가? 계란이 먼저인가?' 쉽게 답하기 어렵다. 어떤 관점에서 문제를 바라보는가에 따라서 답변은 다를 것이다. 주제란 연구를 하고자 하는 목표이자 본질이다. 주제를 선정하는 작업은 생각보다 훨씬 더 어렵다. 최신 유행을 따르기에는 해당 분야에 대한 연구들이 이미 너무 많고, 최신 기법을 써서 분석을 하기에는 어디서부터 어떻게 풀어나가야 할지 막막하기 때문이다. 사회과학 연구를 할 때 연구자들이 가장 많이 따르는 방법은 먼저 저명한 학자나 선배들이 연구했던 분야 중 관심 있는 분야를 찾은 후 그것을 창조적으로 모방하여 전보다 보완된 상태로 세상에 내놓는 것이다.

1-2 조작적 정의

설문분석(questionnaire analysis)은 분석 목적(주제)에 맞는 가설을 설정하고, 설문문항을 설계하여 조사 · 분석하고, 결과를 문서화하고 공유하는 단계로 구분된다. 이때 설문분석에서는 주제를 관통하는 명확하고 구체적인 개념(concept)이 반드시 필요하다. '당신은 현재 행복하다고 생각하는가?'라는 하나의 문항으로는 행복을 측정할 수 없다. 행복을 측정하고 싶다면 먼저 행복이란 무엇인지를 명확하게 정의할 수 있어야 한다. 행복은 누구나 이해하고 공감할 수 있는 추상적 개념이다. 또한 개인마다 아주 주관적인 기준에 의해 정의할 수밖에 없는 상대적 개념이기도 하다. 이를 일반화하여 누구나 공감할 수 있는 행복의 개념을 정의하는 것과 행복의 범위나 정도, 기준을 측정 가능한 수치(척도화)로 표현해낼 수 있느냐는 별개의 문제다.

상대적 개념인 행복을 정의하고 측정하기 어렵지만, 설문분석을 통해 조작적 정의로 접근할 수 있다. 이때 연구자와 응답자의 관점이 다를 수 있으므로 이를 확인하는 과정이 필요하다.

행복을 어떻게 정의할 것인가에 대한 접근은 조작적 정의(operational concept)에 해당한다. 이러한 조작적 정의는 주제와 가설에 대한 직접적인 영향력을 행사하기 때문에 연구와 분석의 수준에 대한 객관성을 이끌어나가는 아주 중요한 요소로 작용한다. 조작적 정의는 설문분석 이외에도 거의 모든 분석의 성패를 가르는 핵심이다.

한편, 조작적 정의를 본인이 만족할 만한 수준에서 완료하였더라도 실제 연구자의 생각과 응답자들의 생각이 일치하는지를 확인하는 과정을 필수적으로 거쳐야 한다. 이를 위해 먼저 설문문항을 만들어 예비조사를 실시하고, 신뢰도(신뢰도 분석)와 타당도(탐색적 또는 확인적 요인분석)를 확보하는 작업을 진행해야 한다. 그 후 실제 설문문항에 포함해야 할 문항들을 골라내거나 수정하는 과정을 거쳐 본 조사에 임해야 한다. 만약 예비조사를 실시하지 않는다면 분석 결과에 대한 신뢰성 문제에서 자유로울 수 없다.

사회과학 연구에서 특히 설문연구를 진행할 때에 조작적 정의를 규정 짓고 확립하기 위해서는 그에 따르는 세부적인 요인이 필요하다. 이를 하위요인이라고 하는데, 예를 들면 행복을 정의할 때 다음과 같은 하위요인으로 구분해놓을 수 있다.

- factor 1: 경제적 행복
- factor 2: 직업적 행복
- factor 3: 가족, 친구와의 관계적 행복
- factor 4: 취미, 운동으로 인한 행복

⋮

하위요인이 구성된 경우라도 몇 개의 하위요인이 적절한 것인가, 다음으로 다룰 충분한 데이터의 정도는 어느 정도인가는 사실 연구자들에게 항상 고민되는 물음이다. 충분하다는 것은 부족하지 않아야 한다는 것인데, 문항 설계에서 너무 많은 문항이 만들어지면 응답자들이 오히려 감당하기 어렵기 때문에 적절한 정도를 찾는 것이 쉽지 않다. 하위요인의 개수는 연구분야에서 다뤄야 하는 핵심 내용이 포함된 상태여야 하는데, 최근에는 단순히 단일한 조작적 정의를 여러 개의 하위요인으로 구성하는 논문보다는 여러 개의 개념을 활용하고 그 개념들에 하위요인이 포함된 다소 복잡한 형태로 연구와 논문이 진행되고 있다.

1-3 좋은 데이터와 나쁜 데이터

좋은 데이터와 나쁜 데이터를 구분할 수 있는가? 만약 그렇게 할 수 있다면 그 기준은 무엇인가? 분석 결과 자체가 갖는 설득력이나 득실의 정도, 분석자의 의도와 일치하는 수준 등으로 판단할 수 있을 것이다. 설문이나 실험을 하는 사회과학 분야에서 좋은 데이터란, 모집단의 정보를 충분히 반영하면서 한쪽으로 편향되지 않은 것이어야 하고 그 수가 충분히 많아야 한다고들 말한다. 그런데 '충분히 많아야 한다'는 것은 과연 어떠한 정도를 의미하는 것일까? 다음 절에서는 이 문제에 대해 논해보자.

1-4 충분한 데이터란?

혼자서 치킨 한 마리를 다 먹을 수 있는가? 혹시 그 양이 부족하거나 너무 많지는 않은가? 충분하다는 것은 지극히 상대적인 개념이다. 데이터에 있어서 충분함이라는 의미 역시 경우에 따라 다르다. 데이터를 분석하고자 할 때는 분석 목적과 단계별 목표를 명확히 수립한 후 충분한 데이터를 확보해야 한다. 이때 가장 범하기 쉬운 잘못은 단순히 데이터의 개수[1]가 많은 것에 집중하는 것이다. 물론 분석에서 데이터 개수가 많으면 장점으로 작용할 수 있다. 하지만 데이터 수가 많다고 해서 무조건 좋은 분석 결과를 이끌어낼 수 있는 것은 아니다. 예를 들어, 농업의 생산성을 확보하기 위해 기상정보를 예측한다고 가정할 때 예측 이전 시점 10년 동안에 대한 일자별 강수량 데이터만 있는 것보다는 수온이나 기온과 같이 온도와 관련된 데이터, 다양한 기상경보 횟수와 지역별 댐 수문 개방 횟수와 같은 다양한 정보를 같이 확보하고 있다면 보다 정확한 예측이 가능할 것이다.

시계열적인 접근[2]으로 데이터를 분석하는 경우를 가정해보자. 예를 들어, 어떤 주식 데이터가 1,000개 있다면 충분한 데이터를 확보한 것인가? 1956년 대한증권거래소에서 주식시장이 개장된 이래로 같은 종목이 현재까지 판매되고 있다면 충분하다고 할

1 표본의 크기, 케이스, 행(row)의 개수와 같은 의미다.

2 동일한 간격의 시차로 발생한 데이터들의 특성과 패턴을 분석하는 통계분석방법이다.

수 있는가? 주식데이터가 IMF 이전인 1993년부터 현재까지의 것이라면 어떠한가?

충분한 데이터는 단순히 데이터의 개수 이외에도 다양한 부분을 고려해야 한다. 전수데이터를 사용하여 실시간으로 분석한다는 빅데이터 분석도 데이터 수집 시점에 민감하다. 만약 1,000개의 주식데이터가 주 단위로만 구성되어 있다면 어떠한가? 또는 데이터에 누락된 주가 있다면 통계분석 결과가 달라질까? 이외에도 GNI나 미국달러 환율, 국제유가 등의 데이터를 주식 데이터와 마찬가지로 1,000개의 시점이 모두 일치하는 상태로 보유하고 있다면 통계분석 결과가 달라질 수 있을까?

다른 경우를 살펴보자. 어떤 기업이 자사 제품을 사용하는 고객들의 만족도를 조사하기 위해 설문분석을 하고자 한다. 일반적으로 설문조사에서는 조사대상을 모두 조사하는 전수조사보다는 표본의 크기를 선정하는 데 경제적, 시간적으로 상당한 이점이 있는 표본조사를 선호한다. 그래서 대부분의 기업은 1,000명에서 많게는 2,000명 이내의 고객을 통계적인 가정들을 바탕으로 계산된 충분한 조사대상자라 판단하고 만족도 조사를 실시한다.

그럼에도 불구하고 충분한 데이터에 대한 의문은 쉽게 가시지 않는다. 그렇다면 많은 문항을 설문에 포함한다면 모든 문제가 해결될까? 여러분들이 온갖 사항을 고려해 만든 100문항짜리 설문에 사람들이 성실히 응답할 것이라고 생각하는가? 물론 응답자가 공감할 만큼 충실한 답례품을 준비한다면 결과가 달라질 수 있겠지만 대개는 그러지 않을 가능성이 더 크다. 또한 문항을 많이 만들려면 다양한 개념들을 정리하고 관계성을 면밀히 따져야 하기 때문에 오히려 더 어려움을 겪을 수 있다.

통계적으로 충분한 데이터란 '정규성과 같은 통계적 가정을 깨뜨리지 않을 수 있을 정도로 많은'이라는 의미를 지닌다. 그렇다고 너무 많은 수의 데이터가 필요한 것은 아니다. 빅데이터의 관점에서 데이터는 많을수록 좋겠지만, 일반적인 통계학에서는 데이터가 많아질수록 통계적 유의성이 나타나는 경향이 뚜렷해지기 쉬우므로 주의가 필요하다. 통계학에 무게를 둔 충분히 좋은 데이터는 현실적으로 얻기 힘든 경우가 많다. 단순히 데이터의 숫자를 그 개수로 판단하지 말고, 데이터가 갖는 항목(변수)의 개수도 고려하길 바란다.

ch.6 올바른 통계분석의 해석과 적용

통계분석 결과를 해석할 때는 통계적 유의성이 아니라 왜 그 분석을 했는가에 주목해야 한다.

1 기본 개념

옷장에 옷을 어떻게 정리하느냐에 따라 원하는 옷을 한 번에 꺼내 입을 수 있듯이 체계적이고 효과적인 통계분석을 위해서는 몇 가지 개념들에 대한 정리가 필요하다.

1-1 표본추출과 확률표본

모집단 중 일부를 추출하는 작업을 표본추출이라고 하는데, 이러한 표본(sample)을 추출하기 위해서는 모집단(population)에 대한 정의가 사전에 완료되어야 한다. 모집단은 너무 광범위하게 설정하거나 너무 소극적으로 설정하지 않도록 주의해야 한다. 예를 들어, 대한민국 대학생들의 편의점 이용 만족도를 조사한다고 해보자. 이때 대학생이라는 집단에 취업예정자나 졸업예정자, 휴학생과 같이 구분될 수 있는 개념들을 모두 포함할 것인지 아닌지에 따라 모집단은 달라진다. 또한 전국의 대학생이라고 했을 때 전국에 등록된 대학생 전체를 모집단으로 할 것인지, 조사 가능한 17개 주요 시도 대학생만을 모집단으로 고려할 것인지 등을 명확히 정의해야 한다.

표본추출 시 충족되어야 할 중요한 두 가지 조건이 있다. 첫 번째는 데이터가 한쪽으로 치우친 값으로 추출되지 않도록 하는 불편성(unbiasness)이고, 두 번째는 추출된 데이터가 모집단의 정보와 다르지 않아 모집단과 같은 의미를 지닐 수 있는지에 대한 대표성(representative)이다. 그리고 이러한 조건을 만족하기 위한 가장 기본적인 표본추출 방법이 바로 임의(무작위, 무선, random) 추출이다. 임의추출은 특정 데이터가 추출될 때 동일한 확률로 추출되는 것을 의미하는데, 보통 동전 던지기나 상자에서 공 꺼내기, 주사위 등으로 설명한다.

1-2 확률과 정규분포

확률은 특정한 사건(event)에 대한 가능성을 표현하는 방식을 말하며 이는 명확한 의사결정을 돕기 위해 주로 백분율(%) 또는 0과 1 사이의 숫자로 표현한다. 예컨대 "동전을 한 번 던지는 경우 앞면이 나타날 확률은 1/2이다"와 같은 표현이나 "내일 기상청 예보에 의한 강수확률은 60%이다"와 같은 경우도 이에 해당한다. 동전 던지기에서 100회, 1000회와 같이 지속적으로 횟수를 늘려가면서 던진다고 해보자. 반복적인 동전 던지기에 의해 앞면이 나오는 경우에 대한 확률은 동전 던지기 횟수가 많아질수록 1/2에 가깝게 수렴하는 결과가 나오게 된다. 이때 우리는 이와 같은 상황을 반복된 실험에 대한 상대도수의 극한 개념으로 설명할 수 있다.

그렇다면 분포는 어떤 뜻인가? 분포는 말 그대로 데이터의 퍼진 정도를 의미한다. 어떤 A기업에서 1,000명의 직원을 대상으로 키(cm)를 조사한 결과 최솟값이 150cm이고 최댓값이 190cm가 나왔다고 해보자. 이를 8등분(5cm 단위 구분)하여 해당 영역에 있는 인원수를 표의 형태로 구성해 도수분포표를 만들었을 때, 각 영역별 인원이 전체 인원 1,000명을 기준으로 계산되는 비율을 상대도수라고 한다. 이를 히스토그램으로 표현하면 양 끝은 인원수가 상대적으로 적고 평균을 포함하는 중심영역은 상대도수가 크게 나타나는 형태를 생각해볼 수 있다. 이와 같이 특정 사건(특정 키의 영역)에 포함될 확률(전체 인원 중 해당 인원)을 히스토그램과 같이 표현하면 전체 데이터에 대한 분포를 확인할 수 있다. 즉 상대도수를 활용한 확률분포로 이해할 수 있다.

이와 같은 확률분포 중에서 널리 사용되고 있는 분포가 정규분포이다. 정규분포는 평균을 중심으로 좌우 대칭인 종-모양(bell-shape) 형태로, 평균영역에 대한 확률이 다

동전 던지기에서 앞면이 나올 확률은 1/2인가?

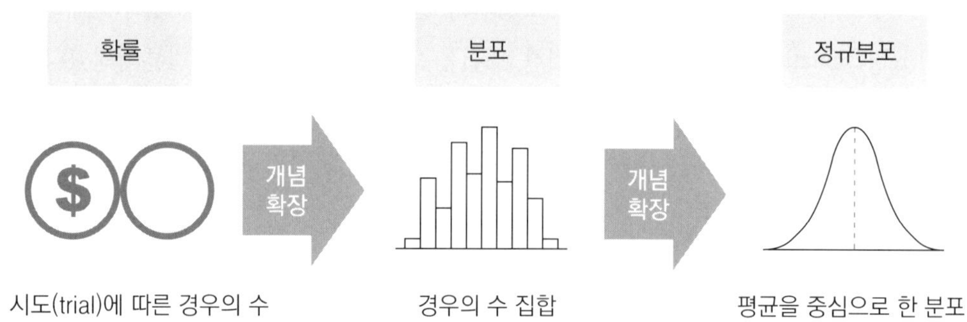

[그림 6-1] 확률과 확률분포의 개념 확장

른 영역에 비해서 더 큰 확률로 나타난다. 이러한 정규분포의 특성을 갖는 데이터를 다시 평균을 0으로, 분산을 1로 표준화한 분포를 '표준정규분포'라고 한다. 통계학에서는 데이터가 정규분포를 따르는 경우 표준정규분포 형태로 변형하여 확률을 계산하고 제시한다.

1-3 귀무가설(H_0)과 대립가설(H_1)

통계적 가설검정(statistical hypothesis test)은 개별적인 특수한 사실이나 현상에 대해서 열거하는 귀납법적 추론의 특수한 형태로 이해할 수 있다. 통계적 가설검정을 위해서는 귀무가설(H_0)과 대립가설(H_1)이 필요하다. 일반적으로 귀무가설(H_0)은 익히 알려진 사실 또는 현재까지 받아들여지고 있는 정설 등의 의미를 지니며, 대립가설(H_1)은 그와 반대되는 주장과 의견을 의미한다.

일반적인 귀무가설(H_0)은 "차이가 없다", "다르지 않다", "같다", "관계가 없다"로 표현되고, 대립가설(H_1)은 "차이가 있다", "다르다", "같지 않다", "관계가 있다"로 표현된다.

1-4 검정통계량과 양측검정

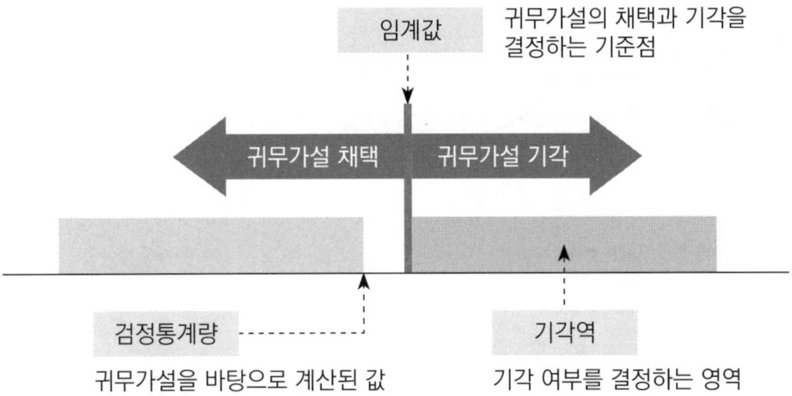

[그림 6-2] 검정통계량과 기각역

검정통계량에서 검정(test)은 가설검정을 의미하며 통계량(statistics)은 추출된 표본을 활용하여 계산할 수 있는 값을 의미한다. 이러한 검정통계량은 표준정규분포를 따를 때는 z값, t분포를 따를 때는 t값, F분포를 따를 때는 F값으로 불린다.

검정통계량은 [그림 6-3]과 같이 확률분포의 특정 위치를 의미한다.

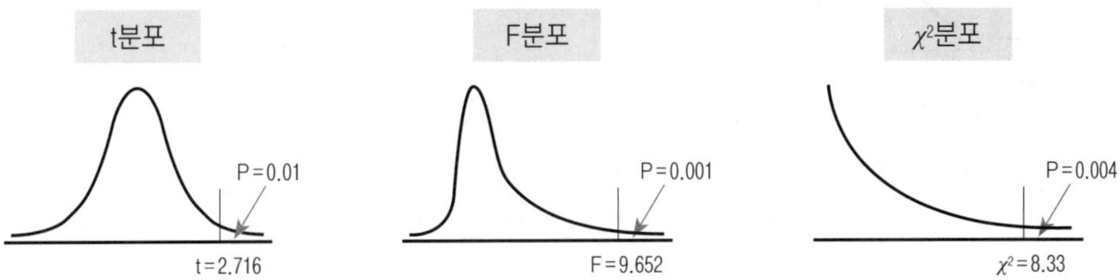

[그림 6-3] 대표적인 확률분포와 검정통계량

가설검정은 기각역의 방법, 유의확률의 방법, 신뢰구간의 방법과 같이 다양하다.

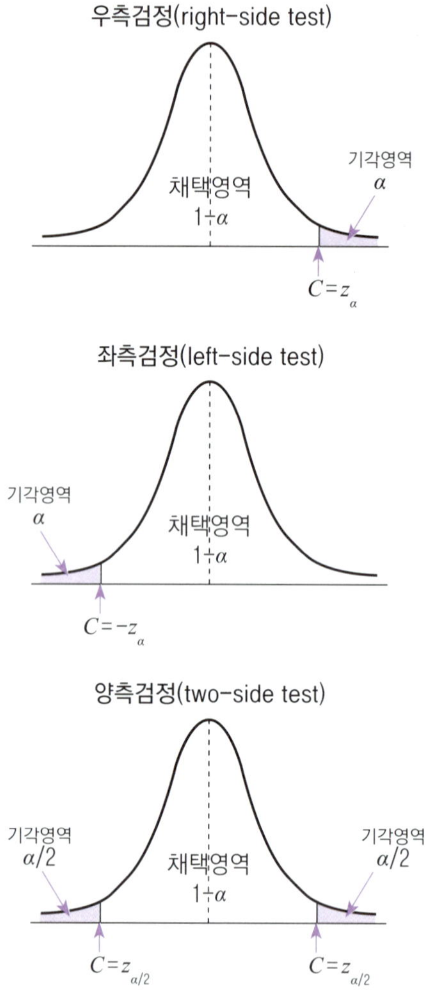

$$Z = \frac{X - \mu}{\sigma}$$

① P(Z ⟨ 0) = P(Z ⟩ 0) = 0.5
② P(Z ⟨ −1.645) = P(Z ⟩ 1.645) = 0.05
③ P(Z ⟨ −1.96) = P(Z ⟩ 1.96) = 0.025
④ P(Z ⟨ −2.57) = P(Z ⟩ 2.57) = 0.005
⑤ P(−1.645 ⟨ Z ⟨ 1.645) = 0.90
⑥ P(−1.96 ⟨ Z ⟨ 1.96) = 0.95
⑦ P(−2.57 ⟨ Z ⟨ 2.57) = 0.99

[그림 6-4] 가설검정의 유형

위의 그림과 같이 분포의 양쪽 영역을 고려하는 방식을 '양측검정'이라고 하고, 왼쪽이나 오른쪽의 영역만 고려하는 방식을 '단측검정'이라고 한다. 이때 그림에서 색이 칠해진 영역은 검정통계량보다 큰 부분을 모두 누적한 것으로 확률값으로 표현할 수 있다. 양측검정은 '차이가 없다와 있다'를 확인하는 검정이라면, 단측검정은 이미 알려진 의견이나 주장보다 새롭게 주장하고자 하는 것이 '더 크거나 작다'는 것을 확인하는 검정이다.

1-5 유의확률(p)과 유의수준(α)

유의확률(p, p-value)은 귀무가설(H_0, 차이가 없음)이 참(true)인 상황에서 귀무가설을 채택(accept)할 확률을 의미한다. 이를 바꿔 말하면 현재까지 알려진 주장이나 의견이 사실(true)이라는 것에 대한 확률을 의미한다. 따라서 유의확률이 클수록 기존에 알려진 주장이나 의견이 사실(true)이라는 것을 의미한다.

유의확률에 대한 채택 여부를 결정하는 기준이 바로 유의수준(제1종오류, α)이다. 예컨대 취업을 하려 해도 최소한의 요건이나 기준이 있듯이, 통계분석 후 가설검정을 할 때도 이와 같이 우리가 주장하는 대립가설을 채택하기 위한 최소한의 기준이라는 개념으로 바라볼 수 있는 것이 유의수준이다.

1-6 1종오류(α)와 2종오류(β)의 관계

[표 6-1] 가설검정과 오류

검정 결과	H_0 참(true)	H_1 참(true)
H_0 채택	참(true)	2종오류(β 오류)
H_1 채택	1종오류(α 오류)	참(true)

1, 2종오류: 가설 검정 시 발생할 수 있는 오류
1종오류: P(H_0를 기각 | H_0가 참일 때) = α
2종오류: P(H_0를 채택 | H_0가 거짓일 때) = β

1종오류는 유의수준(α)과 같은 의미이고 2종오류는 1종오류와 정반대 개념이다. 1종오류가 귀무가설이 참일 때 귀무가설을 기각할 확률이라면, 2종오류는 대립가설이 참일 때 귀무가설을 채택할 확률을 의미한다. 예를 들어, 범죄 가능성이 있는 피의자에 대한 판결을 한다고 생각해보자.

- 귀무가설(H_0): 피의자는 무죄이다. (무죄추정의 원칙)
- 대립가설(H_1): 피의자는 유죄이다.

이때 발생하는 1종오류(α)는 귀무가설이 참인 상황에서 귀무가설을 채택하지 않고 대립가설을 채택할 확률을 의미하므로 피의자가 무죄임에도 유죄라는 판결을 내리는 것이다. 2종오류(β)는 귀무가설이 거짓인 상황(대립가설이 참)에서 귀무가설을 채택하는 것이므로 피의자가 유죄인 상황임에도 무죄로 판결을 내리는 것을 의미한다. 이와 같은 상황에서는 죄가 있는 사람이 죄가 없게 되어 또 다른 피해자가 발생할 수 있는데, 이와 같은 판결은 범죄자를 다시 사회로 돌려보내는 것과 다른 죄가 없는 누군가가 죄를 덮어쓸 수 있는 상황이 되어 좋은 판결이라고 하기 어렵다.

계속해서 통계분석에서 자주 등장하는 검정력에 대해서 살펴보고자 한다. 검정력(power)은 2종오류(β)와 관계가 있으며 다음과 같다.

$$POWER = 1 - \beta$$

검정력은 분석자가 주장하는 상황, 즉 대립가설이 참일 때 가설검정에서 대립가설을 채택할 확률을 의미한다. 앞의 가설검정에 빗대어보자면 피의자가 유죄인 상황일 때유죄라는 판결을 내리는 상황을 의미하며, 검정력이 크다는 것은 그 상황에 대한 2종오류가 작다는 것을 의미하므로 검정력이 클수록 연구자에게 유리해진다. 일반적으로 검정력은 0.8 또는 0.85 이상을 요구한다.

1-7 신뢰구간

신뢰구간(confidence interval)은 모집단의 모수(parameter)가 특정 구간(범위) 안에 포함될 가능성이 있는 구간을 의미한다. 이는 특정 값을 추정하는 점추정과 다르게 일정한 구간을 추정하는 구간추정의 개념과 같다. 예를 들어 A제조업체에서 생산하는 타이어의 평균 두께가 목표 품질에 부합하는지 알고 싶은 경우 생산되는 타이어에 대한 랜덤 표본을 추출했을 때 표본 평균의 두께가 52mm이고 95% 신뢰구간이 (50mm, 54mm)라면, 생산되는 모든 타이어의 평균 길이가 50mm와 54mm 사이에서 제조되고 있다는 것에 대해 95% 정도 신뢰한다고 할 수 있다.

μ

P

$$\bar{x} \pm z_{2/\alpha} \times s/\sqrt{n}$$

$$\bar{x} \pm t_{2/\alpha} \times s/\sqrt{n}$$

$$\hat{p} \pm z_{\alpha/2} \times \sqrt{\frac{\hat{p}(1-\hat{p})}{n}}$$

$$\hat{p} \pm t_{\alpha/2} \times \sqrt{\frac{\hat{p}(1-\hat{p})}{n}}$$

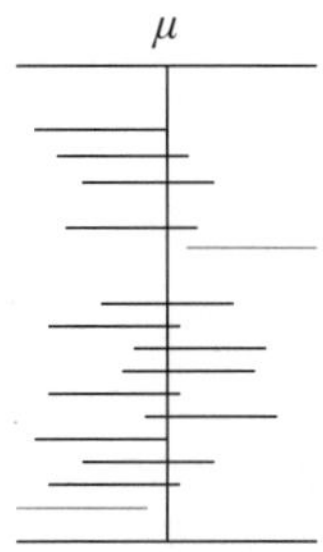

[그림 6-5] 신뢰구간

2 해석과 적용

2-1 유의확률(p)값이 작을수록 좋다?!

유의확률(p)값은 무조건 작을수록 좋을까? 연구자가 내세운 대립가설을 채택한다는 의미에서 보면 유의확률(p)값이 작을수록 연구자에게 유리한 것은 사실이다. 다음 등분산에 대한 가설을 살펴보자.

- 귀무가설(H_0): 등분산이다.
- 대립가설(H_1): 등분산이 아니다.

이와 같은 상황에서도 유의확률(p)값이 작은 것이 유리한가? 그렇지 않다. 분석마다 귀무가설과 대립가설이 다를 수 있다.

[표 6-2] 가설검정의 해석

성별	평균	표준편차	T	P
남	4.89	1.35	-0.897	0.673
여	4.73	1.47		

성별에 따라서 남자와 여자의 특정한 만족도 점수에 차이가 있는지를 확인해본 결과가 앞의 표와 같다. 제시된 유의확률(p)은 0.673으로 일반적인 유의수준 0.05보다 더 크다. 따라서 성별에 따라서 통계적인 평균 차이가 없는 것으로 나타났다고 할 수 있다. 하지만 통계분석 결과가 반드시 유의한 차이가 있어야 하는 것은 아니다. 이에 대한 해석을 '남자와 여자의 평균점수는 5점 만점 중 4.7 이상으로 나타나 대체적으로 만족하고 있다'고 할 수 있다. 통계분석 결과가 항상 유의한 차이가 있어야 한다는 고정관념은 오히려 분석 결과에 포함되어 있는 다양한 정보를 읽어내지 못하게 하는 방해물이 될 수도 있다.

2-2 구간추정에 대한 해석

구간추청(interval estimate)은 신뢰구간과 그 의미가 같다. 평균 비교의 영역에서 기준집단과 비교집단 간 평균 차이 값이 0을 포함하는지 그러지 않은지로 판단한다. 구간추정의 하한과 상한의 범위가 0을 포함한다는 것은 평균 차이 값이 0을 신뢰구간 영역에 포함시키고 있다는 의미로, 통계적 가설검정 영역에서는 차이가 없다고 판단할 수 있다. 반면 이 범위를 벗어나는 경우에는 통계적 차이가 있다고 판단한다.

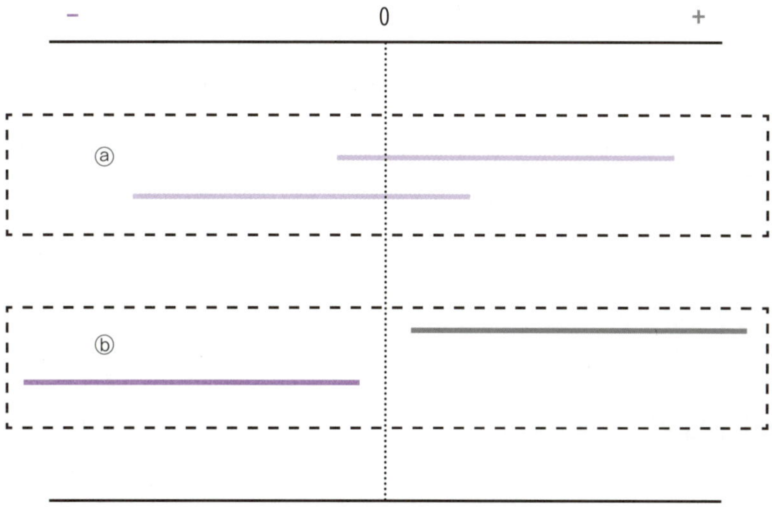

[그림 6-6] 구간추정(신뢰구간)의 가설검정

그림에서 ⓐ는 구간추정에 0을 포함하는 형태로, 평균 차이를 보는 가설검정에서는 통계적인 평균 차이가 없다고 할 수 있다. 또한 회귀분석과 같은 영향력 검정에서 특정 독립변수에 대한 회귀계수의 구간추정 결과라면, 독립변수가 종속변수에 영향을 주지 못한다는 의미로 해석할 수 있다. ⓑ는 -영역에 구간추정의 범위가 형성되거나 + 범위에 형성되는 형태로, 연구자가 고려한 가설에 따라 분석 결과에 대하여 긍정적 또는 부정적 의미로 해석할 수 있다. 다만, ⓐ와는 다르게 통계적으로 유의한 평균 차이가 난다고 할 수 있다. 그리고 독립변수가 종속변수에 영향을 주는 것으로 나타났음을 의미하며, 부호에 따라 음(negative)의 영향 또는 양(positive)의 영향을 주는 것으로 해석할 수 있다.

ch.7 데이터 코딩(입력)하기

통계분석을 하기 위해서 설문의 내용을 입력하는 것을 보통 코딩(coding)이라고 부른다. 분석 초보자에게는 코딩이 상당히 복잡하게 생각되겠지만, 알고 보면 시간과 인내가 필요할 뿐이지 사실 누구나 할 수 있는 작업이다. 이번 장에서는 설문조사나 실험연구에서 수집한 데이터를 입력하는 방법에 대해 다루고자 한다. 엑셀이 아니라 노트패드(notepad)와 같은 텍스트 파일로도 가능하지만 여기에서는 범용성이 좋은 엑셀을 사용하고자 한다.

1 일반적인 설문조사

일반적인 설문조사에 사용되는 문항의 종류는 다양하지만, 간단히 두 가지로 구분하고자 한다.

- 숫자형
  - 리커트 척도 (일반적인 만족도)
  - 객관식 문항 (보기 항목 선택)
  - 우선순위 문항 또는 다중 선택 문항

- 문자형 (직접 입력)
  - 응답자의 주관적 의견 기재
  - 기타 문항에 대한 직접 기재

이때 변수명은 되도록이면 분석자가 쉽게 알아볼 수 있도록 통일성을 부여하는 것이 좋고, R로 통계분석을 하기 위해서는 영문으로 변수명을 지정하는 것이 좋다. 또한 각 데이터에 대한 PK(primary key) 정보가 담기도록 특정한 변수를 추가해야 한다. 일반적으로 ID라는 변수로 PK 변수의 역할을 하도록 하며 숫자를 1부터 데이터의 개수까지 나열하여 서로 중복되지 않도록 관리한다.

R은 대문자와 소문자를 구분하도록 셋팅된 프로그램이라서 변수명 입력 시 주의해야 한다. 또한 변수명을 너무 길게 입력하거나 특수문자나 숫자를 변수명 첫 글자로 지정하지 않도록 주의해야 한다. 공백(space)은 변수명을 생성할 때 실수하기 가장 쉬운 것 중 하나로 변수명 입력 시에는 공백이 없어야 한다. 다만, 데이터를 입력할 때는 결측값(NA)일 때 공백으로 입력해야 한다.

R에서 변수명 입력 시 주의해야 할 사항을 다시 한 번 정리하면 아래와 같다.

- 엑셀 첫 행에 변수명을 입력하기
- ID를 가장 먼저 입력하기
- 대문자, 소문자를 구분하여 입력하기
- 특수문자, 숫자가 변수명 첫 글자에 위치하지 않도록 입력하기
- 공백 없이 변수명 입력하기
- 결측값(NA)은 공백으로 입력하기

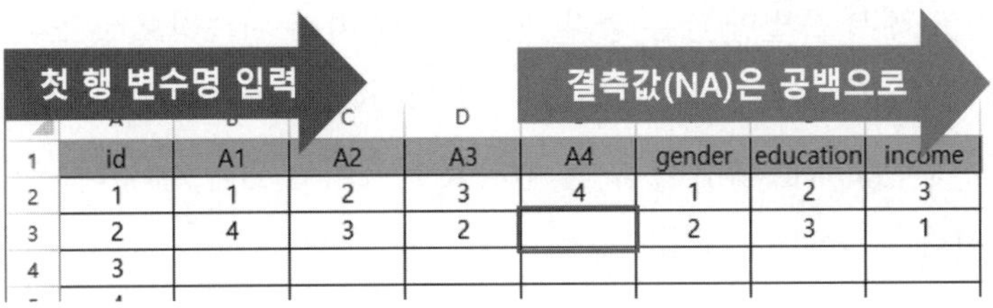

	id	A1	A2	A3	A4	gender	education	income
2	1	1	2	3	4	1	2	3
3	2	4	3	2		2	3	1
4	3							

[그림 7-1] 일반적인 데이터 코딩(입력)

입력을 마친 후 파일은 .csv로 저장하여 사용하면 된다(파일 → 다른 이름으로 저장 → 폴더 또는 경로 선택 → 저장하고자 하는 파일명 입력 → 파일형식 CSV 선택 → 저장).

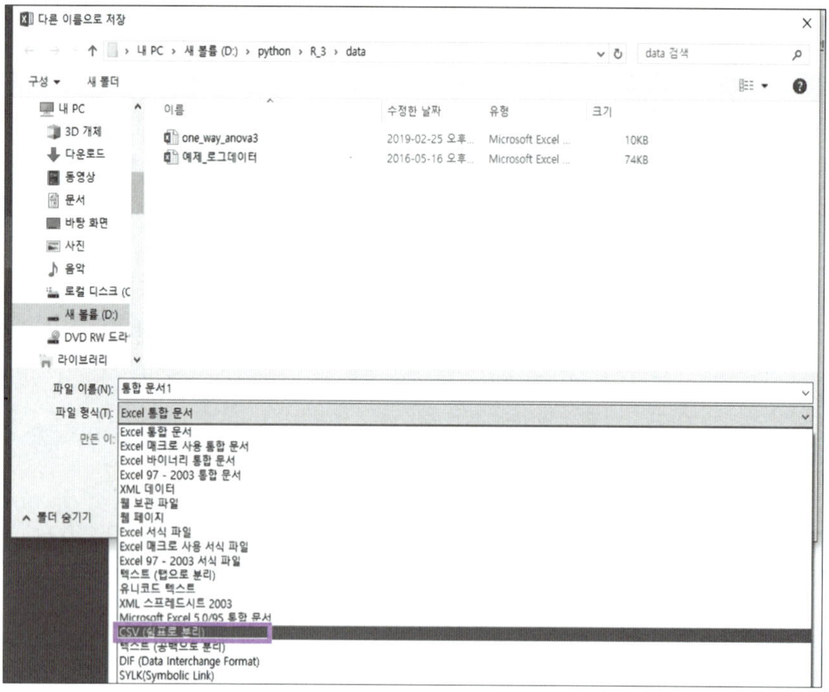

[그림 7-2] CSV 파일로 저장

2 실험데이터

실험데이터라고 해서 특별할 것은 없다. 단, 시간에 따라 지속적으로 조사한 데이터의 경우 별도의 시트(sheet)가 아니라 하나의 단일 시트로 저장하는 것을 추천한다. 그리고 집단변수와 구분변수에 대해서는 좀 더 주의를 기울이면 된다. 데이터 입력 후 저장은 .csv 파일로 한다.

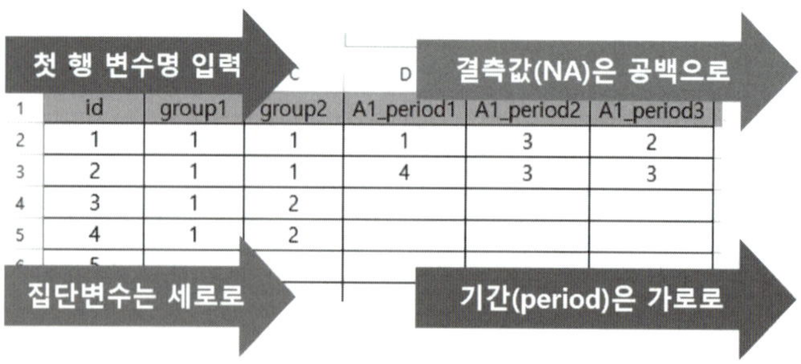

[그림 7-3] 실험데이터 데이터 코딩(입력)

ch.8 기술통계량

1 기본 개념

기술통계량(describe statistics)은 우리가 흔히 알고 있는 평균이나 분산, 중위수, 빈도 등과 같은 데이터를 숫자로 요약한 값이다.

1-1 왜 기술통계량을 산출하는가?

기술통계량을 산출하는 이유는 데이터를 쉽고 편하게 이해하기 위해서다. 10개의 데이터를 갖는 특정 변수는 이해하기 쉽다. 그런데 1만 개의 행으로 구성된 데이터는 확인하는 것조차 쉽지 않다. 이와 같은 경우 기술통계량을 통해 데이터의 특성을 이해할 수 있다. 예를 들어, 성적 데이터의 범위가 넓게 형성되었다면 학생들의 수업 이해도에 대한 편차가 있다고 생각할 수 있다. 이때 평균이 Q2(중위수)에 한참 못 미치는 정도라는 조건이 추가된다면, 학생들을 위해 수업의 난이도를 조정해야 한다는 결론을 이끌어낼 수 있다. 이처럼 기술통계량은 1차원적인 각각의 통계량값으로만 어느 정도 데이터에 대한 이해를 돕는 역할을 한다.
대표적인 기술통계량에는 다음과 같은 것들이 있다.

- 평균, 중위수, 최빈값: 데이터의 중심을 설명하는 통계량
- 표준편차, 분산, 변동계수: 데이터의 퍼진 정도를 설명하는 통계량
- 첨도, 왜도: 정규성 여부를 판단할 때 주로 사용하는 통계량

2 연속형 기술통계량

2-1 기본 함수

다음과 같이 기본 함수로도 기술통계량을 산출할 수 있다.

```
mean(iris[,1]) #평균 산출
```

```
[1] 5.843333
```

```
sd(iris[,2]) #표준편차 산출
```

```
[1] 0.4358663
```

이제 한 번에 다양한 정보를 확인할 수 있는 몇 가지 함수와 대표적인 패키지를 이용해서 그 결과를 살펴보자. 패키지를 설치하지 않고 사용할 수 있는 기술통계량에 대한 함수는 summary()이다. 그 결과를 살펴보면 다음과 같이 연속형 데이터에 대해서는 최솟값, 1사분위수, 중위수, 3사분위수, 최댓값을 보여주고 범주형 데이터는 각 집단마다의 빈도를 출력해준다. 또한 결측값(not available, NA)이 있는 경우 결측값의 개수를 산출한다.

```
summary(iris) #기술통계량 산출
```

```
 Sepal.Length      Sepal.Width    …    Petal.Width         Species
 Min.    :4.300   Min.    :2.000  …   Min.    :0.100   setosa     :50
 1st Qu. :5.100   1st Qu. :2.800  …   1st Qu. :0.300   versicolor :50
 Median  :5.800   Median  :3.000  …   Median  :1.300   virginica  :50
 Mean    :5.843   Mean    :3.057  …   Mean    :1.199
 3rd Qu. :6.400   3rd Qu. :3.300  …   3rd Qu. :1.800
 Max.    :7.900   Max.    :4.400  …   Max.    :2.500
```

집단별 통계 수치나 값을 확인하기 위해서는 다음과 같이 별도의 확인 과정을 거쳐야 한다.

```
#특정 집단만 추출한 기술통계량 산출
summary(iris[iris$Species=="setosa",])
```

또는 다음과 같이 aggregate() 함수를 이용해 그룹별 기술통계량을 산출할 수 있다.

```
aggregate(연속형 변수 ~ 범주형 변수, #순서상으로 연속형 ~ 범주형
          data=사용데이터, #사용 데이터
          기술통계량함수, #sum, mean, sd, min, max, quantile 등
          na.rm=T) #결측값 결과에서 제외
#집단별 평균
aggregate(Sepal.Length ~ Species, data=iris, mean, na.rm=T)
```

```
     Species  Sepal.Length
1     setosa         5.006
2 versicolor         5.936
3  virginica         6.588
```

2-2 psych::describe() 함수

psych::describe() 함수를 통해서 기술통계량을 산출할 수 있다. psych::describe()라는 표현은 psych라는 패키지의 describe() 함수를 사용하겠다는 의미다. 이를 위해서는 먼저 psych 패키지를 설치해야 한다.

```
install.packages("psych")
library(psych) #패키지 호출
describe(iris) #기술통계량 산출
```

```
             vars   n  mean   sd  median trimmed  mad … kurtosis   se
Sepal.Length    1 150  5.84 0.83    5.80    5.81 1.04 …    -0.61 0.07
Sepal.Width     2 150  3.06 0.44    3.00    3.04 0.44 …     0.14 0.04
Petal.Length    3 150  3.76 1.77    4.35    3.76 1.85 …    -1.42 0.14
Petal.Width     4 150  1.20 0.76    1.30    1.18 1.04 …    -1.36 0.06
Species*        5 150  2.00 0.82    2.00    2.00 1.48 …    -1.52 0.07
```

psych::describeBy() 함수를 사용하면 각 그룹에 따라 기술통계량을 산출할 수 있다.

```
describeBy(iris$Sepal.Length, #기술통계량 확인 데이터
           group=iris$Species) #기술통계량 구분 그룹
```

```
Descriptive statistics by group
group: setosa
  vars  n mean   sd median trimmed mad min max range skew kurtosis   se
X1    1 50 5.01 0.35      5       5 0.3 4.3 5.8   1.5 0.11    -0.45 0.05
------------------------------------------------------------------------
group: versicolor
  vars  n mean   sd median trimmed  mad min max range skew kurtosis   se
X1    1 50 5.94 0.52    5.9    5.94 0.52 4.9   7   2.1  0.1    -0.69 0.07
------------------------------------------------------------------------
group: virginica
  vars  n mean   sd median trimmed  mad min max range skew kurtosis   se
X1    1 50 6.59 0.64    6.5    6.57 0.59 4.9 7.9     3 0.11     -0.2 0.09
```

2-3 dplyr::summarise() 함수

dplyr 패키지를 이용해서도 다음과 같이 여러 줄의 코드를 입력해서 기술통계량을 산출할 수 있다. dplyr 패키지에 대한 자세한 사용법은 뒷부분에서 상세히 다루고자 한다. dplyr 패키지를 사용하기 위해서는 install.packages("dplyr")로 먼저 패키지가 설치된 상태여야 한다.

```
library(dplyr)
iris %>%
group_by(Species) %>%
summarise(n=n(),
    mean = mean(Sepal.Length, na.rm = T),
    sd = sd(Sepal.Length, na.rm=T),
    variance = sd^2) %>%
select(Species, n, mean, sd, variance)
```

```
  Species       n  mean    sd  variance
1 setosa       50  5.01 0.352     0.124
2 versicolor   50  5.94 0.516     0.266
3 virginica    50  6.59 0.636     0.404
```

2-4 moonBook::mytable() 함수

다음과 같이 devotools 패키지를 먼저 설치해야 깃허브(GitHub)에 공유된 moonBook 패키지를 설치할 수 있다. moonBook::mytable() 함수를 이용하면 다음과 같이 간단히 결과를 산출할 수 있다.

```
#패키지 설치 및 호출
#if(!require(devtools)) install.packages("devtools")
#devtools::install_github("cardiomoon/moonBook")
library(moonBook)
```

데이터프레임을 활용하여 다음과 같은 간단한 함수로 기술통계량을 산출할 수 있다.

```
mytable(iris)
```

```
  Descriptive Statistics
---------------------------------
                   N     Total
---------------------------------
Sepal.Length      150    5.8 ± 0.8
Sepal.Width       150    3.1 ± 0.4
Petal.Length      150    3.8 ± 1.8
Petal.Width       150    1.2 ± 0.8
Species           150
 - setosa                50(33.3%)
 - versicolor            50(33.3%)
 - virginica             50(33.3%)
---------------------------------
```

추가적으로 특정 집단에 대한 기술통계량은 다음과 같은 함수식(formula)을 사용하면 된다. Species는 범주형 변수이며 ~.은 그 외 모든 변수를 의미한다.

```
mytable(Species ~., data=iris)
```

```
     Descriptive Statistics by 'Species'
_____________________________________________________________
                 setosa   versicolor  virginica    p
                 (N=50)     (N=50)      (N=50)
-----------------------------------------------------
Sepal.Length   5.0 ± 0.4  5.9 ± 0.5   6.6 ± 0.6  0.000
Sepal.Width    3.4 ± 0.4  2.8 ± 0.3   3.0 ± 0.3  0.000
Petal.Length   1.5 ± 0.2  4.3 ± 0.5   5.6 ± 0.6  0.000
Petal.Width    0.2 ± 0.1  1.3 ± 0.2   2.0 ± 0.3  0.000
-----------------------------------------------------
```

앞의 범주형 변수를 다음과 같이 +로 추가하면 mytable() 함수는 다음과 같이 유의확률(p)을 포함한 가설검정 결과가 나타난다.

```
car<-MASS::Cars93
mytable(AirBags+Origin ~ Price, data=car)
```

```
        Descriptive Statistics stratified by 'AirBags' and 'Origin'
______________________________________________________________________
                None                     Driver & Passenger        Driver only
   ---------------------------- ---------------------------- ------------
        USA     non-USA    p      USA    non-USA      p         USA   non-USA   p
       (N=16)   (N=18)           (N=9)    (N=7)               (N=23)   (N=20)
----------------------------------------------------------------------
Price 13.3 ± 3.5 13.0 ± 5.1 0.846 24.6 ± 9.7 33.2 ± 14.8 0.179 19.9 ± 7.2 22.8 ± 9.2 0.253
----------------------------------------------------------------------
```

3 범주형 기술통계량

범주형 기술통계량은 빈도와 %와 같은 요약값을 말한다.

3-1 base::table() 함수

```
table(iris$Species) #빈도표 출력
```

```
 setosa  versicolor virginica
     50          50        50
```

```
prop.table(table(iris$Species)) #%출력
```

```
   setosa  versicolor  virginica
0.3333333   0.3333333  0.3333333
```

```
#행 결합
rbind(table(iris$Species),
   prop.table(table(iris$Species)))
```

```
         setosa  versicolor virginica
[1,] 50.0000000  50.0000000 50.0000000
[2,]  0.3333333   0.3333333  0.3333333
```

with() 함수로 table() 함수에 사용하는 데이터셋을 공통으로 정의하였고, table() 함수 안의 행과 열에 대한 데이터를 입력하여 다음과 같은 간단한 교차표도 산출할 수 있다.

```
cross.table<-with(car, table(AirBags, Origin))
cross.table
```

```
                    Origin
AirBags              USA non-USA
  Driver & Passenger   9       7
  Driver only         23      20
  None                16      18
```

prop.table() 함수를 이용해서 위에서 산출한 교차표에 대한 행%는 숫자 1을 추가로 입력하면 산출할 수 있다. 열%를 산출하고자 하는 경우에는 2로 입력하면 된다.

```
prop.table(cross.table,1)
```

```
                    Origin
AirBags                   USA   non-USA
 Driver & Passenger  0.5625000  0.4375000
 Driver only         0.5348837  0.4651163
 None                0.4705882  0.5294118
```

3-2 gmodels::CrossTable() 함수

MASS::Cars93 데이터를 이용해서 교차표를 산출하고자 한다. 교차표는 행과 열을 갖는 2차원 형태의 통계표로서 빈도표를 행이나 열 방향으로 확장된 형태로 이해할 수 있다.

```
#패키지 설치 및 호출

if(!require(gmodels)) install.packages("gmodels")
```

```
library(gmodels)
CrossTable(x=car$AirBags,  #행 데이터
     y=car$Origin, #열 데이터
     digits=2, #소수점 설정
     prop.r = T, #행%
     prop.c = T, #열%
     prop.t = T, #전체%
     format = "SPSS") #출력형태 SPSS, SAS
```

```
 Cell Contents
|-------------------------|
|                   Count |
| Chi-square contribution |
|             Row Percent |
|          Column Percent |
|           Total Percent |
|-------------------------|

Total Observations in Table:  93

                   | car$Origin
       car$AirBags |       USA |   non-USA | Row Total |
-------------------|-----------|-----------|-----------|
Driver & Passenger |         9 |         7 |        16 |
                   |      0.07 |      0.07 |           |
                   |    56.25% |    43.75% |    17.20% |
                   |    18.75% |    15.56% |           |
                   |     9.68% |     7.53% |           |
-------------------|-----------|-----------|-----------|
       Driver only |        23 |        20 |        43 |
                   |      0.03 |      0.03 |           |
                   |    53.49% |    46.51% |    46.24% |
                   |    47.92% |    44.44% |           |
                   |    24.73% |    21.51% |           |
-------------------|-----------|-----------|-----------|
              None |        16 |        18 |        34 |
                   |      0.14 |      0.15 |           |
                   |    47.06% |    52.94% |    36.56% |
                   |    33.33% |    40.00% |           |
                   |    17.20% |    19.35% |           |
-------------------|-----------|-----------|-----------|
      Column Total |        48 |        45 |        93 |
                   |    51.61% |    48.39% |           |
-------------------|-----------|-----------|-----------|
```

코드 정리

■ 실습 데이터

– iris

– MASS::Cars93

■ 기술통계량 산출

– base::summary()

– psych::describe()

– base::table(), base::prob.table()

■ 집단별 기초통계량 산출

– base::aggregate()

– psych::describeBy()

– dplyr::group_by() + dplyr::summarise()

– moonBook::mytable()

– gmodels::CrossTable()

PART 2.

통계분석

ch.9 요인분석

1 기본 개념

데이터를 활용하는 거의 대부분의 분석에서 평균은 대푯값으로 활용된다. 평균이 대푯값이 될 수 있는 이유는 데이터들의 정보를 전달할 때 정보의 누락(오차)이 최소화된 상태이기 때문이다.

1-1 왜 요인분석을 하는가?

요인분석도 평균과 같은 방식으로 요약의 의미로 이해할 수 있다. 단, 데이터를 요약하는 것이 아니라 여러 개의 변수(컬럼)를 요약한다는 면에서 다르다. 변수를 요약한다는 것은 결국 변수의 개수를 줄인다는 것이며 이로써 분석의 효율성(모수 추정의 간소화)이 증가하게 된다. 물론, 평균과 같이 대표성을 갖는다는 것은 정보의 누락이 최소화될수록 적절한 요인분석을 했다고 볼 수 있다.

요인분석은 차원(변수)의 공통성(유사성)을 찾아 최소한의 차원(변수)으로 축약함으로써 분석의 효율성을 높이고자 하는 통계분석방법이다. 이러한 방법은 접근하는 시각에 따라 다음의 두 가지 형태로 구분한다.

- 탐색적 요인분석(Exploratory Factor Analysis, EFA)은 말 그대로 변수를 축약할 때에 발생할 수 있는 모든 경우의 수를 고려하는 방식이다. 따라서 미리 정해진 요인이 없이 전체 데이터를 활용한다. 주로 척도문항을 설계할 때 사전조사의 시점에 목표 표본 중 20~30% 내외를 먼저 조사하고 적절한 문항을 골라내기 위한 작업에 사용하는 요인분석 방법이다.
- 확인적 요인분석(Confirmatory Factor Analysis, CFA) 또는 확증적 요인분석은 연구자가 변수들과 요인의 연결을 미리 정해놓고 이를 확인하는 방식의 요인분석 방법이다.

두 접근방법 모두 상관관계 또는 공분산관계로 판단하여 요인을 구성하게 된다. 전자는 주로 SPSS나 SAS와 같은 프로그램으로 분석하고 후자는 Amos나 mplus, smart PLS와 같은 프로그램으로 분석한다.

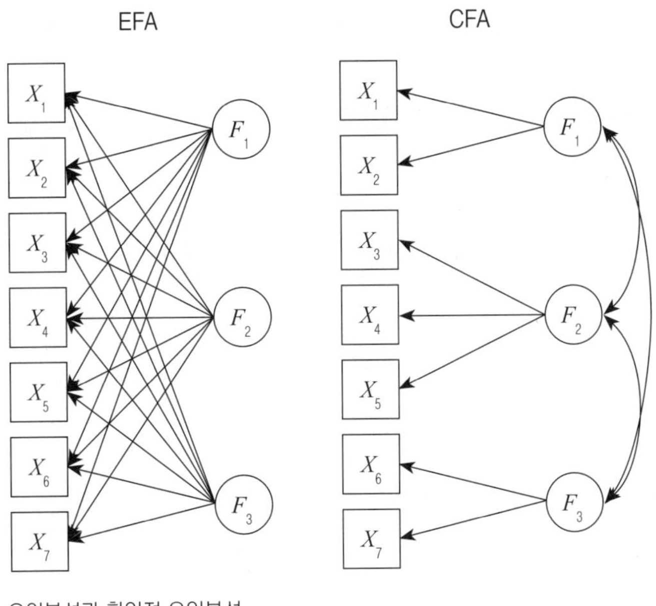

[그림 9-1] 탐색적 요인분석과 확인적 요인분석

1-2 통계적 접근

탐색적 요인분석은 '탐색한다'는 의미 그대로 미정인 상태에서 출발한다. 변수들의 공통성을 미리 염두해두고 접근하는 것이 아니라, 상관관계(공분산관계)를 통해서 변수를 저차원으로 사영(projection)시켜 요인을 추출한다.

확인적 요인분석은 이미 특정한 요인으로 변수가 정해진 상태에서 출발한다. 변수들이 정해진 요인이 있기 때문에 요인으로 제시하기에 알맞은 적합도가 있는지 확인하는 방식이다. 일반적으로 구조방정식(Structure Equation Modelong, SEM)으로 확인한다.

요인분석의 적용 가능성 점검

- 표본의 크기: 일반적으로 50~100 이상, 분석하려는 변수 수의 약 4~5배 정도로 표본을 관찰한다.
- 변수: 등간척도 이상의 연속형 변수이어야 하고 정규분포를 이루어야 한다. 각 변수의 관찰치는 상호 독립적이며 각 변수의 분산은 같아야 한다.

※ Bartlett의 단위행렬점검, 고윳값점검, 공통변량점검, 잔영상관행렬점검, KMO의 표본적합도 점검

↓

요인추출

- 요인추출방법 결정: 주대각성분분석법, 최소제곱법, 최우추정요인추출법, 주축요인추출법, 알파요인추출법, 이미지요인추출법
- 요인의 수 결정: 최소고윳값 기준, 스크리검정, 통계적 가설검정, 분산의 비율, 선행이론

↓

요인회전

- 필요에 따라 요인회전 실시: 쿼티맥스회전, 배리맥스회전, 프로멕스회전, 이쿼스맥스회전, 오브리민회전
- 회전 후 요인 적재값 확인

↓

결과 확인

- 요인점수의 계산

[그림 9-2] 탐색적 요인분석의 단계

1-3 용어 정리

요인분석에서 사용하는 기본 통계 용어는 다음과 같다.

- 변수(variable): 개별 설문문항
- 요인(factor): 직접 관측된 것이 아니고 변수들의 공통성을 통해 얻게 되는 것으로 잠재변수(latent varable)라고도 한다.
- 요인적재값(factor loadings): 변수들과 요인들 간 상관계수 행렬
- 고윳값(eigen value): 각 요인으로 설명할 수 있는 변수들의 분산 총합(모든 변수의 초기 고윳값은 1). 예를 들어 5개 문항으로 요인분석을 한다고 해보자. 이때 각각의 고윳값은 1이므로 전체 고윳값의 합은 5가 된다. 만약 5개의 문항을 1개의 요인으로 생성할 수 있다면 고윳값은 최소 3, 즉 전체 5개의 문항에 대한 정보(분산)의 60% 이상이어야 요인분석의 의미가 생긴다(만약 50% 이하의 정보를 취하는 수준이라면, 절반의 정보를 희생하면서까지 요인분석을 하는 것은 의미가 없을 것이다).
- 공통성(communality): 추출된 요인들에 대해서 특정 변수의 정보를 얼마나 표현할 수 있는가를 나타내는 비율. 이 비율이 0.4 이하의 값일 경우 특정 문항을 제거하는 방식으로 요인분석을 한다.
- 회전(rotate): 추출된 요인을 바탕으로 저차원에 사영된 변수의 관계성을 극대화하기 위한 움직임이다.

1-4 요인분석에서 회전이 반드시 필요한가?

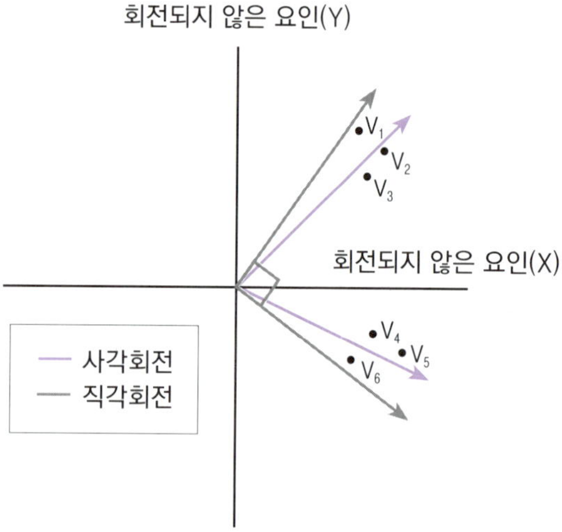

[그림 9-3] 요인분석의 회전

요인분석에서 회전(rotation)은 특정한 축(기준)을 바탕으로 위치를 변경하는 것을 뜻한다. 회전의 목적은 개별 요인들의 관계성을 보다 극대화하여 다른 요인들과 떨어뜨려 놓음으로써 쉽게 구분하기 위함이다. 이와 같은 결과는 탐색적 요인분석을 진행할 때 회전 전후의 요인적재량값을 통해서 확인할 수 있다.

가장 많이 알려진 회전방법으로는 배리맥스회전(varimax rotation, 직교회전)과 오블리민회전(oblique rotation, 사교회전)이 있다. 배리맥스회전은 각 요인이 다른 요인과 독립적인 상태라는 것을 전제로 한다. 이때 통계에서 '독립적'이라는 의미는 상관관계가 0인 경우에 해당한다. 최근에는 요인들 간의 독립을 전제로 한 배리맥스회전보다 요인들은 현실적으로 항상 통계적인 독립을 전제하기 힘들다는 생각에서 오블리민회전을 선호하기도 한다.

2 분석 준비

요인분석을 위한 패키지가 다양하게 존재한다. 그중에서도 대표적인 패키지인 psych를 활용한 요인분석을 진행해보자.

```
# install.packages("psych")
library(psych)
head(bfi)
```

	A1	A2	A3	A4	A5	⋯	O1	O2	O3	O4	O5	gender	education	age
61617	2	4	3	4	4	⋯	3	6	3	4	3	1	NA	16
61618	2	4	5	2	5	⋯	4	2	4	3	3	2	NA	18
61620	5	4	5	4	4	⋯	4	2	5	5	2	2	NA	17
61621	4	4	6	5	5	⋯	3	3	4	3	5	2	NA	17
61622	2	3	3	4	5	⋯	3	3	4	3	3	1	NA	17
61623	6	6	5	6	5	⋯	4	3	5	6	1	2	3	21

data(package="패키지 이름")를 입력하면 패키지에 포함된 데이터의 기본 정보를 확인할 수 있다.

```
# bfi 25 Personality items representing 5 factors
data(package="psych")
```

데이터에 대해 보다 자세한 설명을 확인하려면 library() 함수로 패키지를 로딩한 상태에서 help(데이터명) 함수를 사용하면 된다.

```
help(package = "psych")
help(bfi)
```

```
starting httpd help server ... done
```

2-1 데이터 설명

SAPA(Synthetic Aperture Personality Assessment)는 웹 기반 개인의 성격을 평가하는 프로젝트로 그중 25개의 항목을 가져온 것이다. 인구학적 특성인 성별과 연령, 교육수준을 포함하고 있으며, 신뢰도 분석과 요인분석, 문항반응이론 등의 분석이 가능한 데이터다.

25개 문항은 5개의 요인으로 구성할 수 있으며 다음과 같다.

- 호감적 성향(agreeableness)
- 양심적 성향(conscientiousness)
- 외향적 성향(extraversion)
- 신경증적 성향(neuroticism)
- 개방적 성향(opennness)

※ 반드시 확인해야 할 것은 역문항(inverse questionary)이다!

1) 데이터 구조

describe() 함수로 기초통계량을 확인하고 str() 함수로 데이터 이름과 형태를 확인한다.

```
round(describe(bfi), 3)

       vars  n     mean  sd    median …    skew   kurtosis
se
A1     1     2784  2.41  1.41  2      …    0.82   -0.31    0.03
A2     2     2773  4.80  1.17  5      …    -1.12  1.05     0.02
A3     3     2774  4.60  1.30  5      …    -1.00  0.44     0.02
A4     4     2781  4.70  1.48  5      …    -1.03  0.04     0.03
A5     5     2784  4.56  1.26  5      …    -0.85  0.16     0.02
⋮      ⋮     ⋮     ⋮     ⋮     ⋮           ⋮      ⋮        ⋮
```

```
O1           21   2778    4.82   1.13        5  ⋯  -0.90        0.42   0.02
O2           22   2800    2.71   1.56        2  ⋯   0.58       -0.81   0.03
O3           23   2772    4.44   1.22        5  ⋯  -0.77        0.30   0.02
O4           24   2786    4.89   1.22        5  ⋯  -1.22        1.08   0.02
O5           25   2780    2.49   1.33        2  ⋯   0.74       -0.24   0.02
gender       26   2800    1.67   0.47        2  ⋯  -0.73       -1.47   0.01
education    27   2577    3.19   1.11        3  ⋯  -0.05       -0.32   0.02
age          28   2800   28.78  11.13       26  ⋯   1.02        0.56   0.21
```

```
str(bfi)
```

```
# 'data.frame':  2800 obs. of 28 variables:
$ A1        : int 2 2 5 4 2 6 2 4 4 2 ...
$ A2        : int 4 4 4 4 3 6 5 3 3 5 ...
$ A3        : int 3 5 5 6 3 5 5 1 6 6 ...
$ A4        : int 4 2 4 5 4 6 3 5 3 6 ...
$ A5        : int 4 5 4 5 5 5 5 1 3 5 ...
   ⋮
$ O1        : int 3 4 4 3 3 4 5 3 6 5 ...
$ O2        : int 6 2 2 3 3 3 2 2 6 1 ...
$ O3        : int 3 4 5 4 4 5 5 4 6 5 ...
$ O4        : int 4 3 5 3 3 6 6 5 6 5 ...
$ O5        : int 3 3 2 5 3 1 1 3 1 2 ...
$ gender    : int 1 2 2 2 1 2 1 1 1 2 ...
$ education: int NA NA NA NA NA 3 NA 2 1 NA ...
$ age       : int 16 18 17 17 17 21 18 19 19 17 ...
```

결측값에 대한 일반적인 처리 방법은 다음과 같다.

- 결측값 확인 후 대체
- 결측값 행 전부 제거

본 요인분석에서는 결측값이 하나라도 있는 행을 제거한 상태에서 분석을 진행하고자 한다. 결측을 제거하는 방법 중 두 가지를 소개하면 다음과 같다.

• na.omit() 함수

```
bfi.0<-na.omit(bfi)
dim(bfi.0)
```

```
[1] 2236  28
```

• complete.cases() 함수

```
bfi.1<-bfi[complete.cases(bfi),]
dim(bfi.1)
```

```
[1] 2236  28
```

2-3 역문항 변환

설문 응답의 역문항을 help(bfi)로 살펴보면 다음과 같다.

- gender Males = 1, Females =2
- education 1 = HS, 2 = finished HS, 3 = some college, 4 = college graduate, 5 = graduate degree
- age age in years

또한 describe() 함수를 통해서 다음과 같이 개별적인 변수의 정보를 한눈에 확인할 수 있다. 이때 리커트척도 변수들은 모두 최솟값이 1, 최댓값이 6으로 나타난다. 다만 평균이 4점대 이상이 대부분인데, 이 중 특이하게 2점대로 나타나는 변수들이 있다는 것은 결국 역문항일 가능성이 있다는 얘기다. 물론 설문을 설계한 연구자는 당연히 이미 역문항에 대해 알고 있어야 한다.

```
A1, C4, C5, E1, O2, O5가 역문항이다.
```

다음과 같이 기술통계량을 통해 평균값을 확인해보면 역문항의 느낌이 오는가?

```
round(describe(bfi.1), 2)
```

	vars	n	mean	sd	median	…	skew	kurtosis	se
A1	1	2784	2.41	1.41	2	…	0.83	-0.31	0.03
A2	2	2773	4.80	1.17	5	…	-1.12	1.05	0.02
A3	3	2774	4.60	1.30	5	…	-1.00	0.44	0.02
A4	4	2781	4.70	1.48	5	…	-1.03	0.04	0.03
A5	5	2784	4.56	1.26	5	…	-0.85	0.16	0.02
⋮	⋮	⋮	⋮	⋮	⋮		⋮	⋮	⋮
O1	21	2778	4.82	1.13	5	…	-0.90	0.43	0.02
O2	22	2800	2.71	1.57	2	…	0.59	-0.81	0.03
O3	23	2772	4.44	1.22	5	…	-0.77	0.30	0.02
O4	24	2786	4.89	1.22	5	…	-1.22	1.08	0.02
O5	25	2780	2.49	1.33	2	…	0.74	-0.24	0.03
gender	26	2800	1.67	0.47	2	…	-0.73	-1.47	0.01
education	27	2577	3.19	1.11	3	…	-0.05	-0.32	0.02
age	28	2800	28.78	11.13	26	…	1.02	0.56	0.21

역문항을 변경해서 사용하는 방법에는 ① 새로운 변수를 추가하여 역문항을 만드는 것과 ② 기존 변수를 변경하여 역문항을 만드는 것이 있다. 두 가지 방식을 모두 적용할 수 있는데 SPSS를 사용할 경우에는 ①번 방식을 소개하겠지만 R을 사용하는 경우에는 ②번 방식을 사용하고자 한다. 다만, 두 방법 모두 새롭게 데이터를 생성하여 적용한다는 전제하에서 진행해야 한다. 이를 위해 dplyr 패키지를 이용하였다.

```
library(dplyr)
bfi.2<bfi.1 %>% mutate(A1=7-A1,
         C4=7-C4,
         C5=7-C5,
         E1=7-E1,
         O2=7-O2,
         O5=7-O5) %>% select_all
describe(bfi.2)
```

	vars	n	mean	sd	median	…	skew	kurtosis	se
A1	1	2236	4.63	1.39	5	…	-0.88	-0.17	0.03
A2	2	2236	4.83	1.16	5	…	-1.15	1.14	0.02
A3	3	2236	4.63	1.29	5	…	-1.03	0.56	0.03
A4	4	2236	4.75	1.45	5	…	-1.09	0.23	0.03
A5	5	2236	4.58	1.26	5	…	-0.88	0.24	0.03
⋮	⋮	⋮	⋮	⋮	⋮		⋮	⋮	⋮
O1	21	2236	4.82	1.12	5	…	-0.91	0.47	0.02
O2	22	2236	4.31	1.55	5	…	-0.61	-0.77	0.03
O3	23	2236	4.48	1.19	5	…	-0.79	0.40	0.03
O4	24	2236	4.95	1.18	5	…	-1.26	1.26	0.02
O5	25	2236	4.54	1.33	5	…	-0.78	-0.16	0.03
gender	26	2236	1.67	0.47	2	…	-0.73	-1.47	0.01
education	27	2236	3.19	1.11	3	…	-0.06	-0.33	0.02
age	28	2236	29.51	10.66	26	…	1.08	0.72	0.23

3 분석

3-1 탐색적인 방법 – 요인 수 찾기

```
fa.parallel(데이터, fm = "ml", # minres, ml, wls, gls, pa
                     fa = "fa") # pc, both
```

psych 패키지의 fa.parallel() 함수를 사용하여 factor 수를 지정하지 않더라도 컴퓨터 시뮬레이션에 의해서 요인의 숫자를 찾는 분석을 수행할 수 있다. 통계분석은 AIC나 BIC와 같은 정보(분산의 크기)와 관련된 통계량을 기준으로 모형의 적절성을 평가하기도 한다. 이는 요인분석의 조건을 바꿔가며 여러 번 실행하지 않더라도 컴퓨터 시뮬레이션을 수행하여 추정분산이 최소화된 것을 찾아주는 방식의 함수로 이해하면 된다.

1) psych 패키지를 활용한 요인추출방법

먼저, 요인회전방법과 요인추출방법을 명확히 구분할 수 있어야 한다. 앞서 설명한 배리맥스나 오블리민 방법은 요인회전방법이지 요인추출방법이 아니다. 요인추출이 먼저이고 회전은 나중이다. 많은 분석자들이 요인추출방법은 정해진 바가 있는 것으로 이해하지만, 사실 요인추출방법에 대한 선택은 이론적인 배경을 충분히 감안한 상태에서 이루어져야 한다. 그러나 현실적으로 통계 비전공자들이 통계적 방법론을 적용하는데 대하여 모든 내용을 알고 적용하기는 쉽지 않다.

- fm="method"
- minres: 최소제곱법(Minimum Residual Factor Analysis)
- pa: 주축요인법(Principal Axis Factor Analysis)
- wls: 가중최소제곱법(Weighted Least Squares Factor Analysis)
- gls: 일반화최소제곱법(Generalized least Squares Factor Analysis)
- ml: 최대우도법(Maximum Liklihood Factor Analysis)
- alpha: 알파추출법(Alpha Factor Analysis)
- 그 밖에 minrank, old.min, minchi 등의 방법이 있다.

fa는 고윳값(eigen value) 계산방법을 의미한다. fa의 옵션은 세 가지로 ① pc는 주성분추출법(principal components)을 의미하고 ② fa는 주축요인 추출법(principal axis factor analysis)을 의미한다. ③ both는 pc와 fa에 대한 두 가지 결과를 모두 포함한다.

fa.parallel()는 병렬 계산된 요인의 수에 대한 정보와 이를 시각화한 스크리도표(scree plot)를 제시한다. 스크리도표(scree plot)란 고윳값을 Y축, 변수의 수를 X축으로 하여 고윳값이 1을 넘어서는 요인의 개수 정보를 제공하는 도표이다.

```
fa.parallel(bfi.2[,1:25], fm = "ml", fa = "pc")
```

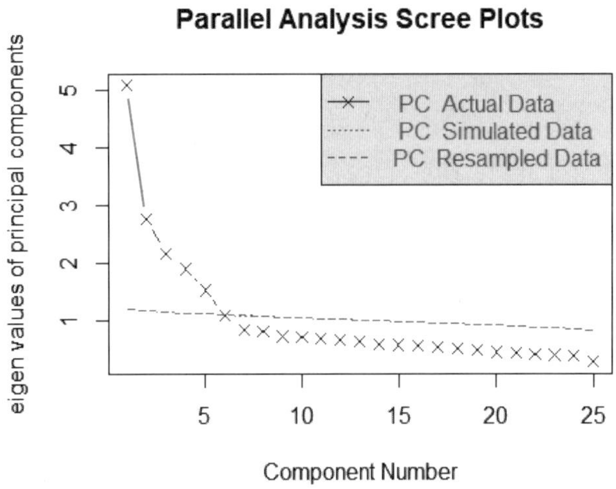

[그림 9-4] 스크리도표

위의 그림에서 보라색 선은 실제 데이터의 고윳값(eigen value)을 나타내고, 두 개의 점선이 겹쳐진 선은 시뮬레이션 및 랜덤 추출된 데이터의 결과를 나타낸다. 이때 고윳값이 1에 대해서 가로 방향으로 선을 그어 시뮬레이션에 의한 요인의 개수(component number)를 확인할 수 있다. 그림상에서는 총 5개 요인이 적합한 것으로 나타난다.

계속해서, 요인축의 회전을 위해 GPArotation 패키지를 설치해야 한다.

```
# install.packages("GPArotation")
library(GPArotation)
efa.1 <- fa(bfi.2[,1:25], nfactors = 5, rotate = "Varimax", fm="pa")
efa.1
```

```
Factor Analysis using method = pa
Call: fa(r = bfi.2[, 1:25], nfactors = 5, rotate = "Varimax", fm = "pa")
Standardized loadings (pattern matrix) based upon correlation matrix
      PA2   PA1   PA3   PA5   PA4    h2    u2   com
A1  -0.16 -0.07 -0.05  0.40  0.09  0.20  0.80   1.5
A2  -0.02  0.17  0.11  0.63  0.06  0.44  0.56   1.2
A3  -0.04  0.27  0.09  0.66  0.07  0.53  0.47   1.4
A4  -0.09  0.18  0.20  0.45 -0.12  0.30  0.70   2.0
A5  -0.15  0.35  0.06  0.55  0.08  0.46  0.54   2.0
 ⋮      ⋮     ⋮     ⋮     ⋮     ⋮     ⋮     ⋮     ⋮
```

```
O1  -0.02  0.18  0.13  0.06  0.51  0.32  0.68   1.4
O2  -0.19 -0.01  0.12 -0.12  0.47  0.28  0.72   1.6
O3   0.02  0.26  0.07  0.14  0.62  0.48  0.52   1.5
O4   0.18 -0.24 -0.03  0.14  0.36  0.24  0.76   2.7
O5  -0.10 -0.02  0.07  0.00  0.54  0.31  0.69   1.1

                       PA2  PA1  PA3  PA5  PA4
SS loadings           2.68 2.38 1.97 1.94 1.59
Proportion Var        0.11 0.10 0.08 0.08 0.06
Cumulative Var        0.11 0.20 0.28 0.36 0.42
Proportion Explained  0.25 0.23 0.19 0.18 0.15
Cumulative Proportion 0.25 0.48 0.67 0.85 1.00

Mean item complexity = 1.6
Test of the hypothesis that 5 factors are sufficient.

The degrees of freedom for the null model are 300 and the objective
function was 7.41 with Chi Square of 16484.78
The degrees of freedom for the model are 185 and the objective function
was 0.63

The root mean square of the residuals (RMSR) is 0.03
The df corrected root mean square of the residuals is 0.04

The harmonic number of observations is 2236 with the empirical chi square
1046.45 with prob < 3.1e-120
The total number of observations was 2236 with Likelihood Chi Square =
1400.57 with prob < 1.5e-185

Tucker Lewis Index of factoring reliability = 0.878
RMSEA index = 0.054 and the 90 % confidence intervals are 0.052 0.057
BIC = -26.23
Fit based upon off diagonal values = 0.98
Measures of factor score adequacy
                                 PA2 PA1 PA3 PA5 PA4
Correlation of (regression) scores with factors  0.92 0.87 0.86 0.85 0.83
Multiple R square of scores with factors         0.85 0.75 0.74 0.72 0.69
Minimum correlation of possible factor scores    0.70 0.51 0.48 0.44 0.39
```

고윳값도 다음과 같이 산출할 수 있다.

```
evalues<-data.frame(values=efa.1$values)
head(evalues, 5)
```

```
    values
1 4.5313448
2 2.2795494
3 1.5482866
4 1.2645515
5 0.9179246
```

names() 함수를 이용해서 공통성(communality)만 추출한다면 다음과 같은 방식도 가능하다.

```
communality<-data.frame(communality=efa.1$communality)
head(communality, 5)
```

```
  communality
A1   0.1979448
A2   0.4404826
A3   0.5261465
A4   0.2989853
A5   0.4553652
```

요인점수(score)만 추출한다면 다음과 같이 요인점수만 활용하는 것도 가능하다.

```
efa.1_score<-efa.1$scores
head(efa.1_score)
```

```
            PA2        PA1        PA3         PA5        PA4
[1,]  0.3293538  1.0804286  1.2758071  0.01410207  0.3109727
[2,]  0.5125911 -1.1719282 -0.7096038 -1.98662165 -0.4724512
[3,] -0.1124285  0.3072193 -0.2280532 -0.09804096 -0.3190248
[4,] -0.2272823  0.2183050  0.7569641 -1.69783158 -0.2975382
[5,] -1.0864148  0.1842724 -1.6886107  0.59033182  0.4430289
[6,]  1.0499684  0.1965803 -0.3199167  1.05179626  0.8466460
```

psych 패키지를 이용해서 결과를 도출할 때는 print() 함수의 sort=T 옵션을 사용하여 요인적재량을 내림차순으로 보기 좋게 정렬함과 동시에 cutoff = 옵션으로 지정한 값 이하의 값을 삭제하여 출력할 수 있다.

```
print(efa.1$loadings, sort=T, cutoff = 0.35)
```

```
Loadings:
     PA2    PA1    PA3    PA5    PA4
N1  0.812
N2  0.771
N3  0.724
N4  0.554  -0.405
N5  0.514
E1          0.550
E2         -0.688
E3          0.511
E4          0.627         0.365
```

```
C1                  0.542
C2                  0.636
C3                  0.555
C4                  0.627
C5                  0.556
A2                          0.628
A3                          0.663
A5                          0.549
O1                                 0.514
O3                                 0.618
O5                                 0.541
A1                          0.398
A4                          0.449
E5            0.492
O2                                 0.470
O4                                 0.360

       PA2    PA1    PA3    PA5    PA4
SS loadings    2.675  2.375  1.969  1.937  1.585
Proportion Var0.107  0.095  0.079  0.077  0.063
Cumulative Var0.107  0.202  0.281  0.358  0.422
```

학술연구에서 사용하는 거의 대부분의 요인분석은 주성분 분석 방법으로 수행해왔다. 다만, 주성분이라는 것이 pa(principal axis)로 오해하기 쉬운데 해당 방법은 주성분을 이용하는 것은 맞지만 우리가 일반적으로 아는 그 주성분방법은 아니다. 일반적인 주성분방법으로 분석하기 위해서는 바로 principal() 함수를 사용해야 한다. 최근에는 최대우도추정(Maximum Likelihood Estimation, MLE) 방법으로 요인분석을 하는 것이 더 적절하다는 의견도 있다.

```
efa.pca<-principal(bfi.2[,1:25], nfactors = 5, rotate = 'varimax')
efa.pca
```

```
Principal Components Analysis
Call: principal(r = bfi.2[, 1:25], nfactors = 5, rotate = "varimax")
Standardized loadings (pattern matrix) based upon correlation matrix
     RC2   RC1   RC3   RC5   RC4   h2   u2  com
A1  -0.14 -0.13 -0.08  0.64  0.14 0.47 0.53  1.3
A2   0.04  0.23  0.13  0.70  0.04 0.57 0.43  1.3
A3   0.01  0.36  0.10  0.68  0.03 0.60 0.40  1.6
A4  -0.06  0.20  0.25  0.53 -0.19 0.42 0.58  2.1
A5  -0.13  0.43  0.07  0.57  0.04 0.53 0.47  2.0
 ⋮     ⋮     ⋮     ⋮     ⋮     ⋮    ⋮    ⋮    ⋮
O1   0.00  0.26  0.13  0.01  0.60 0.44 0.56  1.5
O2  -0.22 -0.02  0.10 -0.12  0.61 0.44 0.56  1.4
O3   0.04  0.37  0.06  0.09  0.64 0.56 0.44  1.7
O4   0.27 -0.26 -0.05  0.23  0.49 0.44 0.56  2.7
O5  -0.10 -0.01  0.04  0.03  0.68 0.48 0.52  1.1


                       RC2  RC1  RC3  RC5  RC4
SS loadings           3.18 3.13 2.60 2.32 2.16
Proportion Var        0.13 0.13 0.10 0.09 0.09
Cumulative Var        0.13 0.25 0.36 0.45 0.54
Proportion Explained  0.24 0.23 0.19 0.17 0.16
Cumulative Proportion 0.24 0.47 0.67 0.84 1.00

Mean item complexity =  1.5
Test of the hypothesis that 5 components are sufficient.

The root mean square of the residuals (RMSR) is  0.06
 with the empirical chi square  4214.68  with prob <  0

Fit based upon off diagonal values = 0.93
```

요인적재값만 출력하기 위해서 다음과 같은 방식으로 요인적재값을 정렬하고 cut-off값을 설정하여 확인한다.

```
print(efa.pca$loadings, cutoff = 0.45, sort=T)
```

```
Loadings:
      RC2     RC1     RC3     RC5     RC4
N1  0.808
N2  0.794
N3  0.795
N4  0.647
N5  0.629
E1          0.669
E2         -0.727
E3          0.643
E4          0.695
E5          0.594
C1                  0.651
C2                  0.732
C3                  0.680
C4                  0.686
C5                  0.626
A1                          0.637
A2                          0.703
A3                          0.676
A4                          0.529
A5                          0.566
O1                                  0.596
O2                                  0.608
O3                                  0.643
O5                                  0.683
O4                                  0.495

                 RC2   RC1   RC3   RC5   RC4
SS loadings    3.179 3.129 2.599 2.324 2.162
Proportion Var 0.127 0.125 0.104 0.093 0.086
Cumulative Var 0.127 0.252 0.356 0.449 0.536
```

3-3 KMO(Kaiser-Meyer-Olkin)[1]

KMO는 표본의 적절성을 확인하기 위한 값으로 최소 0.6 이상, 일반적으로는 0.8 이상인 경우 요인분석에 적합하다고 판단한다.

```
KMO(bfi.2[,1:25])
```

```
Kaiser-Meyer-Olkin factor adequacy
Call: KMO(r = bfi.2[, 1:25])
Overall MSA = 0.85
MSA for each item =
  A1   A2   A3   A4   A5   C1   C2   C3   C4   C5   E1   E2   E3   E4   E5
0.74 0.83 0.87 0.87 0.90 0.84 0.79 0.85 0.82 0.86 0.84 0.88 0.89 0.88 0.89
  N1   N2   N3   N4   N5   O1   O2   O3   O4   O5
0.78 0.78 0.86 0.89 0.86 0.86 0.78 0.83 0.78 0.76
```

3-4 Bartlett's Sphericity test

바틀렛의 구형성 검정(Bartlett's Sphericity test)은 현재 데이터로 요인분석을 수행하는데 문제가 없는지 적합성을 확인하는 검정으로, 각 변수들에 공통요인(상관관계)이 존재하는지를 확인한다. 이때 유의확률(p-value)이 0.05보다 작으면 통계적으로 요인분석에 적합한 것으로 받아들인다.

- 귀무가설(H_0): 상관행렬이 단위행렬이다. (변수들은 서로 독립이다.)
- 대립가설(H_1): 상관행렬은 단위행렬이 아니다. (독립이 아니다.)

1 Cerny, C. A., & Kaiser, H. F. (1977). A study of a measure of sampling adequacy for factor-analytic correlation matrices. *Multivariate Behavioral Research*, 12(1), 43-47.

통계에서 독립은 공분산 및 상관관계를 이해하는 데 중요한 개념이다. 두 변수의 공분산이 0이면 상관관계는 자연스럽게 0이 되지만, 상관관계가 0이라고 해서 공분산이 반드시 0이 되지는 않는다. 이때 공분산은 두 변수의 관계를 방향성으로 나타내는 값이며, 상관관계는 이러한 공분산을 표준화하여 직선의 관계성으로 설명하는 통계량이다.

```
cortest.bartlett(bfi.2[,1:25])

R was not square, finding R from data
$chisq
[1] 16484.78

$p.value
[1] 0

$df
[1] 300
```

내용 요약

- 실습 데이터: psych::bfi
- psych 패키지
  - fa.parallel(데이터, fa = "요인", fm = "요인추출법") 임의의 요인 수 찾기
  - fa(데이터, nfactor = 요인 개수, rotate ="회전방법", fm = "요인추출법")
    기본 탐색적 요인분석
    - fm="method"
    - minres: 최소제곱법(Minimum Residual Factor Analysis)
    - pa: 주축요인법(Principal Axis Factor Analysis)
    - wls: 가중최소제곱법(Weighted Least Squares Factor Analysis)
    - gls: 일반화최소제곱법(Generalized least Squares Factor Analysis)
    - ml: 최대우도법(Maximum Liklihood Factor Analysis)
    - alpha: 알파추출법(Alpha Factor Analysis)
    - 그 밖에 minrank, old.min, minchi 등의 방법이 있다.
  - principal(데이터, nfactor=요인 개수, rotate="회전방법") 주성분분석방법
  - print() 결과 표현
- GPAtotation 패키지 – 요인회전을 위한 패키지

※ 주축요인법과 주성분법은 방법이 다른 것임을 인지하고 진행해야 한다.

참고자료

- https://www.statmethods.net/advstats/factor.html
- https://www.promptcloud.com/blog/exploratory-factor-analysis-in-r/
- https://www.r-bloggers.com/factor-analysis-with-the-principal-factor-method-and-r
- https://www.r-bloggers.com/exploratory-factor-analysis-in-r/
- http://minato.sip21c.org/swtips/factor-in-R.pdf
- https://www.rdocumentation.org/packages/psych/versions/1.8.10/topics/principal
- https://www.rdocumentation.org/packages/psych/versions/1.8.10/topics/fa

ch.10 신뢰도 분석

신뢰도 분석은 요인(factor)에 대한 일관성을 살펴보는 분석이다. 같은 요인 내에서의 높은 일관성은 결국 유사한 관찰값(측정값)을 필요로 하는 것이며, 각 요인에 포함된 개별 변수의 유사한 정도는 결국 분산과 같은 데이터의 퍼짐 정도에서 그 의미를 유추해 볼 수 있다.

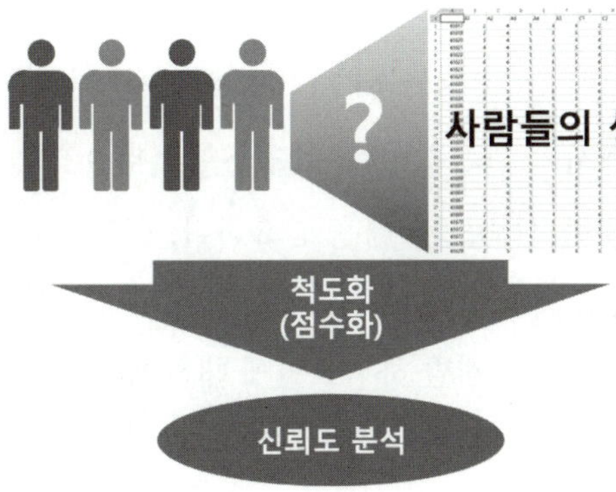

1 기본 개념

친구나 동료, 주변의 지인들과 같이 가까운 사람들에 대한 믿음이 어느 정도인지를 묻는 설문 문항이 있다고 하자. 이때 0~100% 사이로 그 정도를 설명해야 한다면 몇 % 정도일 때 신뢰할 만하다고 하겠는가? 사실, 우리가 알고 있는 신뢰(믿음)의 정도는 아주 단순히 믿는가와 믿지 않는가로 구분하는 이분법적 판단이 보통이다.

통계에서 말하는 신뢰도 분석의 내적합치도(Cronbach's α)는 설문 문항과 같은 변수를 단위로 접근하는 개념이다. 따라서 개별 변수에 대한 신뢰도를 확인하는 것은 어려우며 동일한 개념 덩어리(요인)로 구성된 변수들을 모두 활용해서 하나의 신뢰도를 산출한다. 앞서 다뤘던 요인분석은 공통성을 바탕으로 여러 개의 문항을 하나의 요인(동일한 개념 덩어리)으로 축약하는 분석을 의미한다. 신뢰도라는 것은 일관성을 확인하는 것이므로 일관성에 대해서는 개별 요인에 대한 일관성을 확인하는 것이며, 각각의 개념으로 이미 나뉜 문항을 전부 투여한 전체 신뢰도를 확인하는 것은 신뢰도 분석의 취지에 맞지 않는 것으로 판단한다. 따라서 필자는 전체 문항을 투입한 전체 신뢰도를 제외하고 각 요인의 수만큼만 신뢰도 분석을 실시하는 것을 추천한다.

1-1 왜 신뢰도 분석을 하는가?

신뢰도 분석은 사회과학 분야 중 설문지 연구나 특정 실험연구에서 주로 사용하는 분석방법이다. 신뢰도 분석에서는 관찰값이나 응답값을 바탕으로 통계분석을 실시하기 때문에 수집된 데이터에 대한 신뢰도가 매우 중요하다. 한편, 사회과학분야에서는 개별적인 문항들에 대해서 점수화(scoring)를 목적으로 두고 분석을 진행하기 때문에 점수의 일관성이 확인되어야 비로소 개별 하위요인에 대하여 의미 부여가 가능한 것으로 해석한다. 이때 주의할 것은 신뢰도의 일관성 개념과 요인분석의 공통성 개념에는 다소 차이가 있다는 것이다. 시종일관 같은 형태의 응답값을 갖는 데이터라면 일관성이 높아 신뢰도가 높을 수 있지만, 연구자에 의해 설계된 개별 문항에 대해서는 두 개념 간에 차이가 발생할 수 있으므로 혼동하지 말아야 할 것이다.

1-2 통계적 접근

신뢰도는 오차(error)와 관련이 있다. 오차는 실제값과 관찰값(측정값)의 차이에 의해 발생하는 것으로, 이 오차값을 최소화하면 신뢰도가 높아지고 결국 신뢰도 값은 1에 가깝게 나타나게 된다. 이와 반대로 오차가 크다는 것은 실제값과 관찰값(측정값)의 차이가 큰 것을 의미하며 신뢰도는 0에 가까운 값으로 나타나게 된다. 이때 문항의 내적합치도(Cronbach's α)는 특정 요인이 5개의 문항으로 구성된 경우 설문을 5번 했다고 가정하고 각 문항의 변동(분산 개념)이 크면 신뢰도가 떨어지는 것으로 판단하는 방식으로 오차를 활용한다. 따라서 신뢰도 분석은 변동성을 계산하기 위해서 2개 이상의 연속형 변수를 확보한 상태에서 분석 가능하다.

신뢰도 분석은 다음과 같은 몇 가지로 알려져 있다.

재검사 신뢰도 (test-retest reliability)	- 가장 고전적인 방법 - 동일 설문을 같은 응답자에게 실시함 - 동일 설문 응답이 같으면 신뢰도는 1이 됨 - 기억효과로 신뢰도가 과대 추정될 수 있음
동형검사 신뢰도 (equivalent from reliability)	- 유사한 설문을 개발하여 동일 응답자에게 적용함 - 같은 수준의 설문 개발에 대한 현실적 어려움이 있음 - 기억효과를 배제할 수 있음
반분 신뢰도 (split-half reliability)	- 홀수와 짝수 형태 등으로 설문문항을 절반으로 구분하여 실시함 - 구성된 두 부분에 대한 상관계수로부터 신뢰도 추정값을 도출함 - 스피어만-브라운 공식 - 수능시험의 홀수와 짝수 같은 형태 - 설문을 나누는 것에 따라 신뢰도 추정값이 달라짐
문항내적합치도 (inter-item consistency reliability)	- 일반적으로 크론바흐 알파라고 함 - 한 개의 설문문항을 한 개의 설문지로 가정함 - 설문문항이 10개일 경우 설문조사를 10번 했다고 가정함 - 사회과학에서 가장 많이 사용하는 신뢰도 분석임

이 중에서 우리는 문항내적합치도라고 하는 크론바흐 알파(Cronbach's alpha)를 가장 많이 사용한다. 신뢰도 분석 시 고려해야 할 점은 문항의 개수를 너무 많이 작성하지 않는다는 것이다. 다음의 표를 확인해보자.

[표 10-1] 신뢰도의 과추정 원인

		문항 간 상관계수 ρ					
		0.0	0.2	0.4	0.6	0.8	1.0
문항수(N)	2	0.0	0.33	0.57	0.75	0.89	1.0
	6	0.0	0.60	0.80	0.90	0.96	1.0
	14	0.0	0.78	0.90	0.95	0.98	1.0
	22	0.0	0.85	0.94	0.97	0.99	1.0
	30	0.0	0.88	0.95	0.98	0.99	1.0

위 표에서 볼 수 있듯이 상관계수가 작다고 하더라도 문항수가 충분히 많으면 신뢰도는 커진다. 즉 설문지의 문항 개수가 많아질수록 신뢰도는 1에 가까운 값으로 나타난다. 따라서 각 요인 구성 시 개별문항의 개수는 최소 4개에서 최대 8개 이내로 구성하는 것을 추천한다. 예를 들어 문항이 너무 많거나 적어도 요인분석과 신뢰도 분석에서 모두 문제가 발생할 수 있다. 문항이 적으면 신뢰도가 떨어지는 문항을 제거할 경우 요인분석의 요인 구성에 문항이 1~2개 정도로 작은 수준으로 묶일 가능성이 있다. 이럴 경우 1~2개의 문항이 어떤 개념이나 특성을 설명해야 하기 때문에 논리적 약점이 될 소지가 있다. 문항이 많을 경우에는 엉뚱한 문항이 요인으로 묶일 가능성이 더 커진다. 이는 다시 신뢰도 분석과 서로 상이한 결과로 나타날 수 있어 연구자 입장에서 원하는 분석 결과와 달라질 수 있다.

1) 역문항 처리

역문항(inverse questionare)은 반드시 확인하고 데이터를 일정한 방향(direction)으로 정렬한 상태에서 분석을 진행해야 한다. 다음과 같은 2개의 리커트 척도 5점짜리 설문(매우 만족은 5, 매우 불만족은 1)이 있다고 해보자. 이때 연구자가 두 번째 설문을 역문항으로 설정했다고 해보자.

① 요즘 직장생활에 대해서 행복을 느낀다.
② 요즘 취미생활에 대해서 지루함을 느낀다.

첫 번째 설문의 경우 응답값이 5점으로 갈수록 긍정적 의미를 나타내고, 두 번째 설문은 응답값이 1점으로 갈수록 긍정적 의미를 나타낸다. 이때 매우 그렇다는 응답에 대해서는 각각 5점과 1점으로 응답하게 되어 4점이라는 차이가 발생한다. 이 차이가 일관성을 확인하는 신뢰도의 값을 저하시키는 원인이 될 수 있으므로 설문 응답에 대하여 긍정과 부정의 방향성을 한쪽 방향으로 통일시켜주는 작업을 해야 하는데 이를 역문항 처리라고 한다.

역문항 처리는 설문을 활용한 분석 특성상 결측값 처리만큼 중요한 사전 작업이며, 신뢰도 분석뿐만 아니라 요인분석과도 밀접한 연관이 있어 사전에 역문항 처리를 항상 확인하고 분석해야 한다.

2) 역문항 확인

신뢰도 분석뿐만 아니라 설문을 활용한 분석을 하는 거의 대부분의 경우에는 참고논문이나 유사 연구를 확인해야 한다. 이때 가장 먼저 살펴봐야 하는 것이 바로 설문문항이다. 설문문항의 경우 연구자의 의도와 가장 유사하거나 충분히 활용할 만큼 가치 있는 것을 찾아 보다 창의적인 연구로 방향을 잡는 데 기초로 삼아야 한다. 이때 참고자료의 설문문항과 신뢰도 분석표를 통해 역문항 여부를 확인해야 한다.

다음은 문항 번호와 수, cronbach's α까지 우리가 신뢰도 분석과 관련하여 참고자료(reference)에서 가장 많이 보는 형태 중 하나다.

[표 10-2] 신뢰도 테이블

문항 번호	문항 수	Cronbach's α
1, 2*, 3*, 4, 5	5	0.789
6, 7, 8*, 9*, 10*	5	0.794
11, 12, 13, 14, 15	5	0.833

*는 역문항 표시임

1-3 가설 설정

신뢰도 분석에서는 특별히 유의확률(p)을 사용하지 않으므로 통계적 가설검정을 실시하지 않는다. 다만, 신뢰도는 0에서 1 사이의 값으로 표현되므로 그에 해당하는 기준으로 사용 가능 여부를 결정하고 해석하게 된다. 이때 신뢰도 값이 0.7 이상이면 어느 정도 신뢰도가 있다고 판단하는 경향이 있다.[1] 이는 학문 분야마다 그 기준이 다를 수 있으므로 반드시 확인하고 진행하길 바란다.

2 분석 준비

2-1 데이터 설명 및 구조

먼저, pysch 패키지를 호출한다. 데이터는 앞서 진행했던 탐색적 요인분석과 같은 것을 사용하므로 데이터에 대한 설명과 구조는 생략한다.

```
library(psych)
bfi.1<-bfi
head(bfi.1)
```

	A1	A2	A3	A4	A5	…	O1	O2	O3	O4	O5	gender	education	age
61617	2	4	3	4	4	…	3	6	3	4	3	1	NA	16
61618	2	4	5	2	5	…	4	2	4	3	3	2	NA	18
61620	5	4	5	4	4	…	4	2	5	5	2	2	NA	17
61621	4	4	6	5	5	…	3	3	4	3	5	2	NA	17
61622	2	3	3	4	5	…	3	3	4	3	3	1	NA	17
61623	6	6	5	6	5	…	4	3	5	6	1	2	3	21

1 Kline, T. J. (1999). The team player inventory: Reliability and validity of a measure of predisposition toward organizational team-working environments. *Journal for Specialists in Group Work*, 24(1), 102–112.

psych::describe() 함수로 살펴본 결과 최솟값은 1, 최댓값은 6으로 나타났다. 이때 26번째 열인 gender와 27번째 열인 education은 각각 범주형 데이터(factor)이므로 기술통계량에 대해서 신경 쓸 필요가 없으며, 28번째 age는 신뢰도 분석에 직접적으로 사용하지 않으므로 역시 고려하지 않아도 된다.

```
describe(bfi.1)
```

#	vars	n	mean	sd	median	…	skew	kurtosis	se
A1	1	2784	2.41	1.41	2	…	0.83	-0.31	0.03
A2	2	2773	4.80	1.17	5	…	-1.12	1.05	0.02
A3	3	2774	4.60	1.30	5	…	-1.00	0.44	0.02
A4	4	2781	4.70	1.48	5	…	-1.03	0.04	0.03
A5	5	2784	4.56	1.26	5	…	-0.85	0.16	0.02
⋮	⋮	⋮	⋮	⋮	⋮		⋮	⋮	⋮
O1	21	2778	4.82	1.13	5	…	-0.90	0.43	0.02
O2	22	2800	2.71	1.57	2	…	0.59	-0.81	0.03
O3	23	2772	4.44	1.22	5	…	-0.77	0.30	0.02
O4	24	2786	4.89	1.22	5	…	-1.22	1.08	0.02
O5	25	2780	2.49	1.33	2	…	0.74	-0.24	0.03
gender	26	2800	1.67	0.47	2	…	-0.73	-1.47	0.01
education	27	2577	3.19	1.11	3	…	-0.05	-0.32	0.02
age	28	2800	28.78	11.13	26	…	1.02	0.56	0.21

2-2 역문항 처리

sapply() 함수를 사용해서 다음과 같이 최댓값을 계산할 수 있다. 같은 방법으로 최솟값도 확인해볼 수 있다.

```
sapply(bfi.1[,1:25][complete.cases(bfi.1[,1:25]),], max)
```

```
A1 A2 A3 A4 A5 C1 C2 C3 C4 C5 E1 E2 E3 E4 E5 N1 N2 N3 N4 N5 O1 O2 O3 O4 O5
 6  6  6  6  6  6  6  6  6  6  6  6  6  6  6  6  6  6  6  6  6  6  6  6  6
```

이어서 역문항 처리를 별도로 진행한다. 역문항에 대해서 보다 직관적인 형태로 분석하기 위해서 dplyr 패키지를 사용한다. 이때 select_all은 특정 변수만 선택하는 것이 아니라 기존의 모든 변수를 선택하겠다는 의미이다. 역문항 처리를 위해 최댓값인 6에 1을 더한 7에서 개별 값들을 빼주는 방식으로 진행한다. 개별 문항에 대해서 일일이 코딩된 응답값을 변경하는 것보다 어떤 면에서는 효율적일 수 있으므로 분석할 때의 편의를 위해 기존에 알려진 방법 이외의 방법으로 제시한 것이다.

```
library(dplyr)
bfi.2<-bfi.1 %>% mutate(A1=7-A1, #6점 만점이므로, 7점에서 빼준다
              C4=7-C4,
              C5=7-C5,
              E1=7-E1,
              O2=7-O2,
              O5=7-O5) %>% select_all #모든 변수 선택
describe(bfi.2)
```

	vars	n	mean	sd	median	…	skew	kurtosis	se
A1	1	2784	4.59	1.41	5	…	-0.83	-0.31	0.03
A2	2	2773	4.80	1.17	5	…	-1.12	1.05	0.02
A3	3	2774	4.60	1.30	5	…	-1.00	0.44	0.02
A4	4	2781	4.70	1.48	5	…	-1.03	0.04	0.03
A5	5	2784	4.56	1.26	5	…	-0.85	0.16	0.02
⋮	⋮	⋮	⋮	⋮	⋮		⋮	⋮	⋮
O1	21	2778	4.82	1.13	5	…	-0.90	0.43	0.02
O2	22	2800	4.29	1.57	5	…	-0.59	-0.81	0.03
O3	23	2772	4.44	1.22	5	…	-0.77	0.30	0.02
O4	24	2786	4.89	1.22	5	…	-1.22	1.08	0.02
O5	25	2780	4.51	1.33	5	…	-0.74	-0.24	0.03
gender	26	2800	1.67	0.47	2	…	-0.73	-1.47	0.01
education	27	2577	3.19	1.11	3	…	-0.05	-0.32	0.02
age	28	2800	28.78	11.13	26	…	1.02	0.56	0.21

2-3 결측값 제외

bfi 데이터의 모든 결측케이스는 731개로 나타난다.

```
sum(is.na(bfi.2))
```

```
[1] 731
```

물론, 신뢰도 분석 시에 결측이 없는 케이스만을 선택하여 완전한 형태의 데이터를 사용해야 한다. 다만, 신뢰도는 각 요인별 항목에 따라서 산출하는 값이므로 개별 값에 대해서 결측을 제외한 상태로 분석해야 한다. 예를 들어, A1~A5, B1~B5까지 총 2개의 요인이 있다고 해보자. 이때 모든 케이스에 대해서 하나라도 결측이 있는 데이터를 제외하고 분석하는 것이 아니라, 각 요인별로 A1~A5까지의 케이스 중에서 결측이 있는 것만 제외하고 분석하므로 B1~B5까지의 케이스 중 결측이 있는 것과는 케이스 수가 다를 수 있다. 따라서 해당 내용에 주의하고 분석해야 한다. 다음과 같이 A1~A5까지의 유효 케이스는 2709개다.

```
sum(complete.cases(bfi.2[,1:5]))
```

```
[1] 2709
```

complete.cases() 함수를 활용하여 각각의 요인별로 새로운 데이터를 생성하여 사용하면 된다.

```
agree <- bfi.2[,1:5][complete.cases(bfi.2[,1:5]),]
nrow(agree)
```

```
[1] 2709
```

```
conscientious <- bfi.2[,6:10][complete.cases(bfi.2[,6:10]),]
extraversion <- bfi.2[,11:15][complete.cases(bfi.2[,11:15]),]
neuroticism <- bfi.2[,16:20][complete.cases(bfi.2[,16:20]),]
openness <- bfi.2[,21:25][complete.cases(bfi.2[,21:25]),]
```

3 분석

3-1 psych::alpha()를 이용한 분석

psych 패키지에서는 alpha() 함수를 이용해서 신뢰도 분석을 할 수 있다. 이는 우리가 잘 알고 있는 cronbach's alpha에서 alpha를 떠올려 생각하면 좋다. 함수는 아주 간단한 형태로 다음과 같이 각각 별도로 묶어낸 요인들에 대해서 분석을 진행하면 된다. 이를 보다 간단히 하기 위해서는 분석 결과의 구조를 이해하고 for()문과 같은 반복문을 사용해서 원하는 결과를 이끌어내는 것도 좋은 방법이다.

```
print(alpha(agree, #데이터
      title="agree"), #분석 제목
   digits=3)
```

```
Reliability analysis agree
Call: alpha(x = agree, title = "agree")

 raw_alpha std.alpha G6(smc) average_r S/N     ase mean    sd median_r
      0.704     0.714   0.683     0.332 2.49 0.00907 4.64 0.901    0.338

 lower alpha upper   95% confidence boundaries
0.686 0.704 0.722

 Reliability if an item is dropped:
   raw_alpha std.alpha G6(smc) average_r  S/N alpha se   var.r med.r
A1     0.718     0.725   0.673     0.397 2.64  0.00889 0.00660 0.375
A2     0.618     0.627   0.580     0.296 1.68  0.01206 0.01673 0.287
A3     0.601     0.613   0.558     0.284 1.58  0.01263 0.00918 0.321
A4     0.687     0.694   0.650     0.362 2.27  0.00995 0.01562 0.365
A5     0.645     0.657   0.606     0.324 1.91  0.01128 0.01246 0.338
```

```
Item statistics
        n raw.r std.r r.cor r.drop mean   sd
A1  2709  0.579  0.569  0.380   0.311  4.59  1.40
A2  2709  0.728  0.748  0.666   0.563  4.80  1.18
A3  2709  0.762  0.768  0.711   0.589  4.60  1.30
A4  2709  0.655  0.631  0.471   0.395  4.68  1.49
A5  2709  0.686  0.698  0.594   0.487  4.55  1.26

Non missing response frequency for each item
        1     2     3     4     5     6 miss
A1 0.029 0.080 0.121 0.144 0.296 0.330    0
A2 0.017 0.046 0.055 0.199 0.369 0.314    0
A3 0.033 0.062 0.075 0.203 0.356 0.271    0
A4 0.048 0.079 0.066 0.164 0.236 0.407    0
A5 0.022 0.068 0.092 0.222 0.350 0.247    0
```

SPSS 출력 결과와 비교해보면 다음과 같다. 이때 SPSS에서는 '항목 제거 시 척도' 옵션을 선택하여 출력 결과에는 각 항목을 제거했을 때의 cronbach's α가 제시된다. 해당 내용은 그림의 맨 마지막 항목 총계 통계량에서 마지막 열의 값이다.

케이스 처리 요약

		N	%
케이스	유효	2709	96.8
	제외됨[a]	91	3.3
	전체	2800	100.0

a. 목록별 삭제는 프로시저의 모든 변수를 기준으로 합니다.

신뢰도 통계량

Cronbach의 알파	항목 수
.704	5

항목 총계 통계량

	항목이 삭제된 경우 척도 평균	항목이 삭제된 경우 척도 분산	수정된 항목-전체 상관계수	항목이 삭제된 경우 Cronbach 알파
A1	18.63	14.922	.311	.718
A2	18.42	13.944	.563	.618
A3	18.62	13.028	.589	.601
A4	18.54	13.718	.395	.687
A5	18.67	14.071	.487	.645

SPSS 신뢰도 분석 결과

다음과 같이 참조(indexing)하면 SPSS와 같은 결과의 cronbach's α를 추출할 수 있다.

```
round(alpha(agree)$total$raw_alpha, 6)
```

```
[1] 0.703756
```

또한 '항목 제거 시 척도'에 해당하는 cronbach's α는 다음과 같이 참조할 수 있는데 SPSS와 그 결과에 큰 차이가 없는 것으로 나타난다.

```
round(alpha(agree)$alpha.drop[1], 3)
```

```
  raw_alpha
A1     0.718
A2     0.618
A3     0.601
A4     0.687
A5     0.645
```

요인분석과 신뢰도 분석은 상호 보완적인 관계로 진행되어야 한다. 따라서 특정 문항이 삭제되어야 할 경우 요인분석과 신뢰도 분석에 모두 반영되어 결과가 제시되어야 한다.

내용 요약

- 실습 데이터: psych::bfi
- psych
  - describe(): 기초 통계량
  - alpha(): 문항내적합치도(cronbach's α)
- dplyr
  - mutate(): 새로운 변수 파생(계산)
  - select_all: 모든 변수 선택

참고자료

- https://cran.r-project.org/web/packages/psych/psych.pdf
- https://pixabay.com

ch.11 카이제곱검정 (gmodels 패키지를 바탕으로)

범주형 데이터(discrete data)는 연속형 데이터(continuous data)와는 대조적인 특성을 지닌 데이터 유형이다. 통계학에서는 데이터 유형을 다음 그림과 같이 크게 2가지로 구분한다. 데이터로 평균을 산출했을 때 평균 자체의 의미를 부여할 수 있는지 여부에 따라 불가능한 경우 범주형(이산형) 데이터로, 가능한 경우 연속형 데이터로 구분할 수 있다. 따라서 분석에 관심 있는 대부분의 사람들은 필수적으로 데이터 유형을 정리해야 한다.

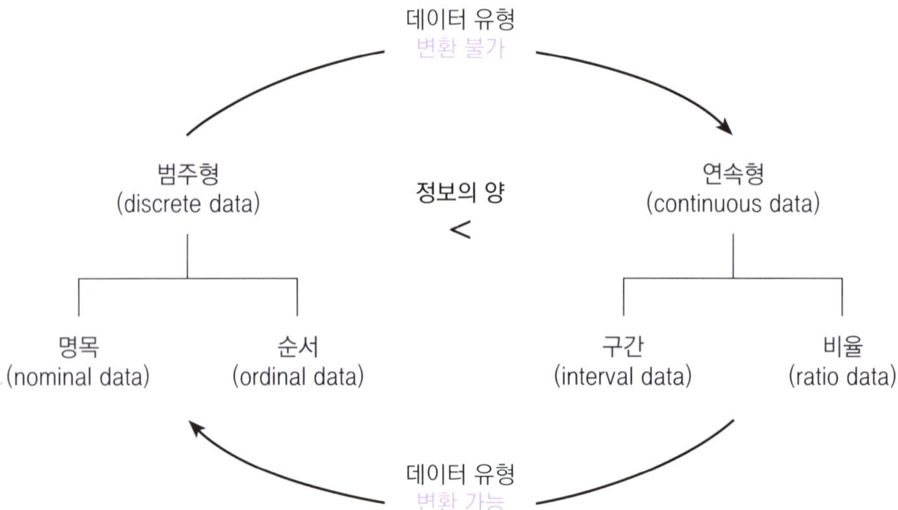

[그림 11-1] 데이터 유형

이번 장에서는 범주형 데이터만 있는 경우 어떤 분석을 할 수 있고, 어떻게 분석하는지 살펴보고자 한다. 빈도분석에서 교차분석 그리고 카이제곱검정에 이르는 일련의 과정을 이해하면 기본적인 범주형(이산형)으로만 구성된 데이터에 대한 분석을 정리할 수 있다.

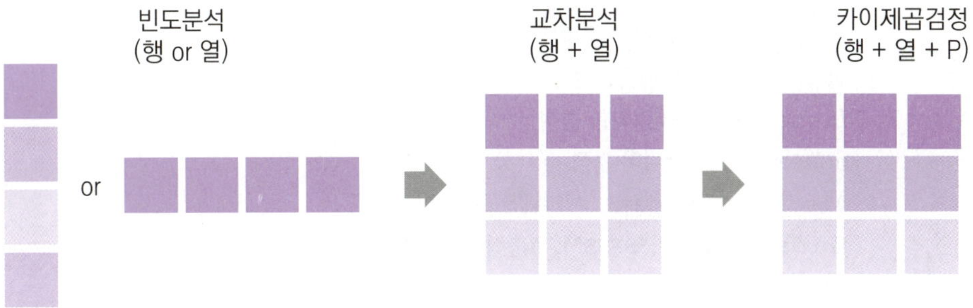

[그림 11-2] 범주형(이산형) 분석의 확장 단계

빈도분석은 행 또는 열의 한 방향으로 데이터의 요약된 N, %를 제시하는 분석방법이다. 여기에 행과 열이 완전하게 제시된 분석방법이 교차분석이다. 교차분석은 빈도분석과 마찬가지로 N, %를 제시하는 분석이다. 카이제곱검정은 피어슨(Pearson)이라는 통계학자가 제시한 방법으로 교차분석에 유의확률(p)을 추가한 형태로 이해할 수 있다. 유의확률(p)이 추가되었다는 것은 가설검정을 위한 분석이라는 것을 의미한다.

1 적용 함수

gmodels 패키지는 기본 함수인 table 함수에 비해 출력 결과의 형태가 상용프로그램(SPSS, SAS)에 가깝다.

```
CrossTable(x, #행변수
           y, #열변수
           digits=3, #소수점
           expected=F, #기대빈도
           prop.r=T, #행%
           prop.c=T,#열%
           prop.t=T, #전체%
```

```
        prop.chisq=T, #개별 카이제곱검정
        chisq = F, #카이제곱검정
        fisher=F, #피셔 정확한 검정
        mcnemar=F, #맥니마 검정
        missing.include=F, #결측값 포함여부
        format=c("SAS","SPSS"), #출력결과 형식
        dnn = NULL, #분석 title
        ...)
```

2 분석 준비

2-1 데이터 구조

기초통계량 및 결측값을 확인한다.

```
library(MASS)
car<-Cars93
```

psych::describe(car)와 str(car)를 추가적으로 실행하여 데이터에 대한 기초통계량과 유형을 살펴본다. 가장 기본적인 내장 함수인 summary()로도 기초통계량을 확인해볼 수 있다. 이어서 데이터에 포함되었을지 모를 결측값의 개수를 확인한다.

```
sum(is.na(car))
```

```
[1] 13
```

결측값을 갖는 변수(column)의 위치를 확인한다. 확인된 결측값은 대체하여 사용하거나 해당 케이스를 제외하고 분석할 수 있다. which() 함수를 통해 car 데이터 중 23, 24번째 변수에 결측값이 있는 것을 확인한다.

```
which(colSums(is.na(car))>0)
```

```
Rear.seat.room Luggage.room
            23           24
```

경우에 따라서는 확인한 변수 중에서 몇 번째 행에 결측값이 있는지 세밀하게 확인해야 한다.

```
#which 함수를 이용하여 23, 24번째 변수 중 결측값이 있는 행 확인
which(is.na(car[,23])==T | is.na(car[,24])==T)
```

```
[1] 16 17 19 26 36 56 57 66 70 87 89
```

2-2 데이터 설명

미국의 1993년 소비자 보고서와 PACE 구매 가이드를 참고로 하여 랜덤하게 선정된 자동차를 제시하고 있다. manufacturer(제조업체), model(모델), type(유형), price(가격, 최소가격과 최대가격의 평균가격) 등의 27개 변수와 93개 데이터로 구성되어 있다. 1993년 미국에서 판매 중인 93대의 자동차 중 SUV는 제외한 데이터다. 보다 자세한 사항은 help(data=Cars93)로 확인할 수 있다.

3 분석

3-1 table() 함수

with() 함수와 table() 함수를 이용한 교차표를 출력한다.

```
chi.1<-with(car, table(Type, Origin))
chi.1
```

```
        Origin
Type     USA  non-USA
Compact    7        9
Large     11        0
Midsize   10       12
Small      7       14
Sporty     8        6
Van        5        4
```

addmargins() 함수를 이용해서 빈도표에 대한 행과 열 합계를 산출할 수 있다. addmargins() 함수는 기본적으로 sum() 함수를 반환하여 결과를 산출하는데, 이를 FUN= 옵션으로 반환하는 함수를 변경할 수 있다. 예를 들어, mean으로 입력하면 행과 열의 평균값이 각각 산출되는 방식이다.

```
addmargins(chi.1)
```

```
        Origin
Type     USA  non-USA Sum
Compact    7        9  16
Large     11        0  11
Midsize   10       12  22
Small      7       14  21
Sporty     8        6  14
Van        5        4   9
Sum       48       45  93
```

3-2 prob.table() 함수

prob.table() 함수에서 1은 행(row)% , 2는 열(column)%을 출력하라는 의미다.

```
prop.table(chi.1,1)
```

```
      Origin
Type          USA   non-USA
Compact 0.4375000 0.5625000
Large   1.0000000 0.0000000
Midsize 0.4545455 0.5454545
Small   0.3333333 0.6666667
Sporty  0.5714286 0.4285714
Van     0.5555556 0.4444444
```

```
prop.table(chi.1,2)
```

```
      Origin
Type           USA    non-USA
Compact 0.14583333 0.20000000
Large   0.22916667 0.00000000
Midsize 0.20833333 0.26666667
Small   0.14583333 0.31111111
Sporty  0.16666667 0.13333333
Van     0.10416667 0.08888889
```

prob.table() 함수에서 다음과 같이 숫자 옵션을 사용하지 않는 경우에는 전체(total)에 대한 %를 산출하라는 의미이다.

```
p.table<-prop.table(chi.1)
p.table
```

```
        Origin
Type           USA    non-USA
Compact 0.07526882 0.09677419
Large   0.11827957 0.00000000
Midsize 0.10752688 0.12903226
Small   0.07526882 0.15053763
Sporty  0.08602151 0.06451613
Van     0.05376344 0.04301075
```

또는 다음과 같이 round() 함수와 addmargins() 함수를 이용하여 행과 열에 대한 백분율(%) 합계를 산출할 수 있다.

```
addmargins(round(p.table*100, 2))
```

```
    Origin
Type      USA non-USA    Sum
Compact  7.53    9.68  17.21
Large   11.83    0.00  11.83
Midsize 10.75   12.90  23.65
Small    7.53   15.05  22.58
Sporty   8.60    6.45  15.05
Van      5.38    4.30   9.68
Sum     51.62   48.38 100.00
```

3-3 margin.table() 함수

개별적인 합계를 구하는 방법은 margin.table() 함수를 이용하는 것이다. 이때 table() 함수와 prob.table() 함수로 나타난 표(테이블) 형태를 활용해야 하며, 마찬가지로 옵션 1은 행(row) 방향을, 2는 열(column) 방향에 대한 합계를 의미한다.

```
margin.table(chi.1,1)
```

```
Type
Compact Large Midsize  Small Sporty  Van
     16    11       22      21      14    9
```

```
margin.table(chi.1,2)
```

```
Origin
  USA  non-USA
   48       45
```

prob.table() 함수를 이용한 결과 표에 대해서 합계를 계산하기 때문에 방향에 대한 지정이 필요하며, 마찬가지로 옵션 1은 행 방향을, 2는 열 방향에 대한 합계를 의미한다.

```
margin.table(p.table,1)
```

```
Type
  Compact      Large    Midsize      Small     Sporty        Van
0.17204301 0.11827957 0.23655914 0.22580645 0.15053763 0.09677419
```

```
sum(margin.table(p.table,1))
```

```
[1] 1
```

```
margin.table(p.table,2)
```

```
Origin
     USA  non-USA
0.516129 0.483871
```

```
sum(margin.table(p.table,2))
```

```
[1] 1
```

3-4 xtabs() 함수

Type + Origin은 각각 행과 열을 의미하며 data=로 분석에 사용하는 데이터를 지정할 수 있다. 아래의 결과는 table() 함수로 출력한 결과와 차이가 없다. 또한 행이나 열에 대한 %를 계산하고 싶다면 prob.table()이나 margin.table() 함수를 이용하면 된다.

```
xtabs(~ Type + Origin, data=car)

    Origin
Type     USA  non-USA
Compact    7        9
Large     11        0
Midsize   10       12
Small      7       14
Sporty     8        6
Van        5        4
```

3-5 chisq.test() 함수를 이용한 카이제곱검정

피어슨의 카이제곱검정(Pearson's Chi-squared test)을 수행하며 출력 결과는 카이제곱값(χ^2)과 자유도, 유의확률(p)을 제시해준다.

```
chisq.test(chi.1, correct = T)

Warning in chisq.test(chi.1, correct = T): Chi-squared approximation may be
incorrect

 Pearson's Chi-squared test

data: chi.1
X-squared = 14.08, df = 5, p-value = 0.01511
```

3-6 gmodels 패키지를 활용한 교차분석 및 카이제곱검정

교차분석 및 카이제곱검정에 가장 많이 쓰이는 패키지 중 하나가 바로 gmodels이다. 출력 결과가 SAS, SPSS와 같은 상용프로그램과 유사하게 나타나 비교적 결과를 확인하기 쉽다.

```
#install.packages("gmodels")
library(gmodels)
result<-with(car, CrossTable(Type, Origin,
             digits=2, #소수점
             expected=F, #기대빈도
             prop.r=T, #행%
             prop.c=F, #열%
             prop.t=F, #전체%
             prop.chisq=F, #개별카이제곱값
             fisher=T, #피셔의 정확한 검정
             chisq=T, #카이제곱검정
             missing.include=F, #결측값포함여부
             format="SAS")) #SAS, SPSS형태로 출력
```

```
Warning in chisq.test(t, correct = FALSE, ...): Chi-squared approximation
may be incorrect

 Cell Contents
|-------------------------|
|                       N |
|           N / Row Total |
|-------------------------|

Total Observations in Table: 93
```

```
             | Origin
        Type |       USA |   non-USA | Row Total |
-------------|-----------|-----------|-----------|
     Compact |         7 |         9 |        16 |
             |      0.44 |      0.56 |      0.17 |
-------------|-----------|-----------|-----------|
       Large |        11 |         0 |        11 |
             |      1.00 |      0.00 |      0.12 |
-------------|-----------|-----------|-----------|
     Midsize |        10 |        12 |        22 |
             |      0.45 |      0.55 |      0.24 |
-------------|-----------|-----------|-----------|
       Small |         7 |        14 |        21 |
             |      0.33 |      0.67 |      0.23 |
-------------|-----------|-----------|-----------|
      Sporty |         8 |         6 |        14 |
             |      0.57 |      0.43 |      0.15 |
-------------|-----------|-----------|-----------|
         Van |         5 |         4 |         9 |
             |      0.56 |      0.44 |      0.10 |
-------------|-----------|-----------|-----------|
Column Total |        48 |        45 |        93 |
-------------|-----------|-----------|-----------|

Statistics for All Table Factors

Pearson's Chi-squared test
------------------------------------------------------------
Chi^2 =  14.07985     d.f. =  5     p =  0.01511005

Fisher's Exact Test for Count Data
------------------------------------------------------------
Alternative hypothesis: two.sided
p =  0.007247667
```

3-7 str()의 활용

결과값의 구조를 확인하고 특정값만 산출할 수 있다.

```
#p값만 산출
round(result$chisq$p.value, 3)
```

```
[1] 0.015
```

어떻게 우리가 접하는 보고서(논문)와 같은 정형화된 형태의 표를 만들 수 있는가? 왜 우리가 정형화된 형태로 표를 만들어야 하는가? 앞서 우리가 확인해봤던 str() 함수를 이용하면 결과를 표 형식으로 제시할 수 있다. xtabs() 함수를 이용한 교차표를 만든 후 gmodels 패키지와 차이점을 비교해보자.

```
xtab<-xtabs(~ Type + Origin, data=car)
xtab
```

```
         Origin
Type      USA  non-USA
 Compact    7        9
 Large     11        0
 Midsize   10       12
 Small      7       14
 Sporty     8        6
 Van        5        4
```

```
library(knitr)
kable(xtab, format = "markdown")
```

```
          USA  non-USA
Compact     7        9
Large      11        0
Midsize    10       12
Small       7       14
Sporty      8        6
Van         5        4
```

이번에는 일반적으로 사용하는 형식으로 카이제곱검정을 정리해보자.

```
row.name<-data.frame(row.name=c(rep("Compact",2),
          rep("Large",2),
          rep("Midsize",2),
          rep("Small",2),
          rep("Sporty",2),
          rep("Van",2)))
row.name
```

```
  row.name
1  Compact
2  Compact
3    Large
4    Large
5  Midsize
6  Midsize
7    Small
8    Small
9   Sporty
10  Sporty
11     Van
12     Van
```

```
b.table<-rbind(result$t[1, ], result$prop.row[1,],
  result$t[2, ], result$prop.row[2,],
  result$t[3, ], result$prop.row[3,],
  result$t[4, ], result$prop.row[4,],
  result$t[5, ], result$prop.row[5,],
  result$t[6, ], result$prop.row[6,])
b.table<-data.frame(b.table)
b.table$row.total<-rowSums(b.table)
b.table<-round(b.table, 2)
b.table
```

```
     USA  non.USA  row.total
1   7.00     9.00         16
2   0.44     0.56          1
3  11.00     0.00         11
4   1.00     0.00          1
5  10.00    12.00         22
6   0.45     0.55          1
7   7.00    14.00         21
8   0.33     0.67          1
9   8.00     6.00         14
10  0.57     0.43          1
11  5.00     4.00          9
12  0.56     0.44          1
```

```
table.chi<-data.frame(row.name,
    b.table,
    chisq.= c(round(rep(result$chisq$statistic,12),3)),
    P = c(round(rep(result$chisq$p.value,12),3)),
        star = (ifelse(result$chisq$p.value<0.05,"*",
             ifelse(result$chisq$p.value<0.01,"**",
                ifelse(result$chisq$p.value<0.001,"***",
                   ifelse(result$chisq$p.value<0.0001),"0.000","no"))))
  )
table.chi
```

```
  row.name   USA  non.USA  row.total  chisq.      P  star
1  Compact  7.00     9.00         16   14.08  0.015     *
2  Compact  0.44     0.56          1   14.08  0.015     *
3    Large 11.00     0.00         11   14.08  0.015     *
4    Large  1.00     0.00          1   14.08  0.015     *
5  Midsize 10.00    12.00         22   14.08  0.015     *
6  Midsize  0.45     0.55          1   14.08  0.015     *
7    Small  7.00    14.00         21   14.08  0.015     *
8    Small  0.33     0.67          1   14.08  0.015     *
9   Sporty  8.00     6.00         14   14.08  0.015     *
10  Sporty  0.57     0.43          1   14.08  0.015     *
11     Van  5.00     4.00          9   14.08  0.015     *
12     Van  0.56     0.44          1   14.08  0.015     *
```

```
library(kableExtra)
kable(table.chi, format = "markdown", #html, latex, markdown 형식으로 변환
      caption = "chi-squared test", caption.position="c", align = "c") %>%
##표의 제목설정, 정렬
 kable_styling(bootstrap_options = "condensed", # striped, bordered,
hover, condensed , responsive
         full_width = F, #표의 사이즈
        font_size = 15) %>% #글자 크기
 collapse_rows(columns = c(1,5:7), valign = "middle") %>% #같은 값을 기준으로 열병합
 footnote(general = "p<0.05 *, p<0.01**, p<0.001***",
     general_title = "Sig. " ) #footnote생성
```

row.name	USA	non.USA	row.total	chisq.	P	star
Compact	7.00	9.00	16	14.08	0.015	*
Compact	0.44	0.56	1	14.08	0.015	*
Large	11.00	0.00	11	14.08	0.015	*
Large	1.00	0.00	1	14.08	0.015	*
Midsize	10.00	12.00	22	14.08	0.015	*
Midsize	0.45	0.55	1	14.08	0.015	*
Small	7.00	14.00	21	14.08	0.015	*
Small	0.33	0.67	1	14.08	0.015	*
Sporty	8.00	6.00	14	14.08	0.015	*
Sporty	0.57	0.43	1	14.08	0.015	*
Van	5.00	4.00	9	14.08	0.015	*
Van	0.56	0.44	1	14.08	0.015	*

다음과 같이 손수 markdown 표 형식으로 만드는 것이 시간적으로 더 빠를 수 있지만 여러 번 반복해야 할 때는 오히려 더 번거로울 수 있다. 이런 경우 어떤 방법을 선택할 것인가? kableExtra 패키지 사용법을 충분히 익혀둔다면 원하는 형태의 표를 직접 생성하고 추후에도 같은 코딩으로 좀 더 쉽게 표를 생성할 수 있다. 한편으로는 사용 프로그램들이 주는 편안함을 느끼는 계기가 될 것이다.

```
|\\          |        USA | non-USA | Row Total | $ \chi^2 $|          p |
------------:|----------:|----------:|----------:|----------:|----------:|
Compact|  N |          7 |        9 |        16 |    14.079 |    0.0151 |
       |  % |       0.44 |     0.56 |      0.17 |           |           |
Large  |  N |         11 |        0 |        11 |           |           |
       |  % |       1.00 |     0.00 |      0.12 |           |           |
Midsize|  N |         10 |       12 |        22 |           |           |
       |  % |       0.45 |     0.55 |      0.24 |           |           |
Small  |  N |          7 |       14 |        21 |           |           |
       |  % |       0.33 |     0.67 |      0.23 |           |           |
Sporty |  N |          8 |        6 |        14 |           |           |
       |  % |       0.57 |     0.43 |      0.15 |           |           |
Van    |  N |          5 |        4 |         9 |           |           |
       |  % |       0.56 |     0.44 |      0.10 |           |           |
Column Total|         48 |       45 |        93 |           |           |
```

	USA	non-USA	Row Total	$ ^2 $	p
Compact	N	7	9	16	14.079
%	0.44	0.56	0.17		
Large	N	11	0	11	
%	1.00	0.00	0.12		
Midsize	N	10	12	22	
%	0.45	0.55	0.24		
Small	N	7	14	21	
%	0.33	0.67	0.23		
Sporty	N	8	6	14	
%	0.57	0.43	0.15		
Van	N	5	4	9	
%	0.56	0.44	0.10		
Column Total	48	45	93		

내용 요약

- 실습 데이터: MASS::Cars93
- table(): 빈도 구하는 함수
- with(): 파일명을 반복적으로 사용하지 않기 위한 함수
- prob.table(): 표의 퍼센트(%)를 산출하는 함수
- addmargins(): 표의 행과 열의 합계를 분석 결과에 제시하는 함수
- margin.table(): 표의 합계를 구하는 함수
- chisq.test(): 카이제곱검정을 하는 함수
- gmodels 패키지

```
with(데이터, CrossTable(행, 열,
                        digits=2, #소수점
                        expected=F, #기대빈도
                        prop.r=T, #행%
                        prop.c=F, #열%
                        prop.t=F, #전체%
                        prop.chisq=F, #개별카이제곱값
                        fisher=T, #피셔의 정확한 검정
                        chisq=T, #카이제곱검정
                        missing.include=F, #결측값포함여부
                        format="SAS")) #SAS, SPSS형태로 출력
```

ch.12 t검정

t검정(t-test)은 오늘날 가장 많이 쓰이는 통계분석기법 중 하나로, 영국의 양조기술자였던 윌리엄 실리 고셋(William Sealy Gosset, 필명 student)이 만든 t분포를 사용한다. 소표본(30개 미만)에서도 집단 간 평균 비교를 할 수 있도록 고안된 분석방법이다.

1 기본 개념

1-1 왜 t검정을 하는가?

비교를 하는 이유는 무엇인가? 비교대상과 원대상 간의 차이를 확인하고 그것이 통계적인 의미(수준)에서 차이가 있는지를 살펴보기 위해서라고 정의할 수 있다. 통계에서 가장 기본적인 비교는 평균비교이며 그중에서도 가장 기본이 되는 분석방법이 바로 t검정이다. 분석방법을 설명할 때 보통 비교하고자 하는 집단이 2개일 때는 t검정을 하고 3개 이상일 때는 분산분석(anova)을 한다고 이야기한다. 사실 2개 집단에 대한 가설검정에 있어 t검정과 일원배치분산분석은 결과가 같다. 다만 t검정 중 일표본 t검정은 집단이 하나일 경우에 적용하는데, 주로 사용하지 않기 때문에 위와 같은 방식으로 설명하는 것이다.

1-2 통계적 접근

비교 집단을 어떻게 볼 것인가에 따라서 t검정은 일표본 t검정, 독립표본 t검정, 대응표본 t검정으로 구분한다. 가장 많이 쓰이는 순으로 나열하면 독립>대응>일표본 순이다.

- 일표본 t검정(one sample t-test): 모집단의 정보를 알고 있을 때 수집한 표본의 평균과 일치하는지 여부를 확인하는 검정
- 독립표본 t검정(independent t-test): 독립적인 두 집단의 평균 차이를 비교하기 위한 검정 (예: 상위집단/하위집단, 남자/여자 등)
- 대응표본 t검정(paired t-test): 동일한 대상자를 대상으로 사전/사후 같은 2개의 결과를 비교하기 위한 검정 (예: 사전/사후, 97년/98년)

t검정에 사용하는 그래프는 다음과 같이 확인해볼 수 있다. 이때 d.f.(degree of freedom)는 자유도로 데이터의 개수와 관련 있는 통계량이다. 결과에서 마찬가지로 데이터가 적은 경우에는 꼬리 부분이 상대적으로 더 두껍게 보이며, 데이터가 많을수록 꼬리 부분이 정규분포로 수렴하는 형태로 나타난다. 꼬리 부분이 상대적으로 두꺼운 이유는 중심보다는 주변부의 확률이 더 클 수 있다는 점을 나타내는 것으로 불확실성에 대한 여지를 둔 것으로 이해할 수 있다.

```
#t분포와 정규분포 그리기
curve(dt(x, 100),
   from = -4, to = 4,
   col = "black",
   xlab = "quantile",
   ylab = "density",
   lty = 1, lwd = 2)

curve(dt(x, 30),
   from = -4, to = 4,
   col = "red",
   add = T,
   lty = 2,
   lwd = 2)
```

```
curve(dt(x, 10),
   from = -4, to = 4,
   col = "blue",
   add = T,
   lty = 5,
   lwd = 2)

legend("topright",
    legend = paste0("DF = ", c(10, 30, 100)),
    col = c("blue", "red", "black"),
    lty = c(5,2,1),
    lwd = 2)
```

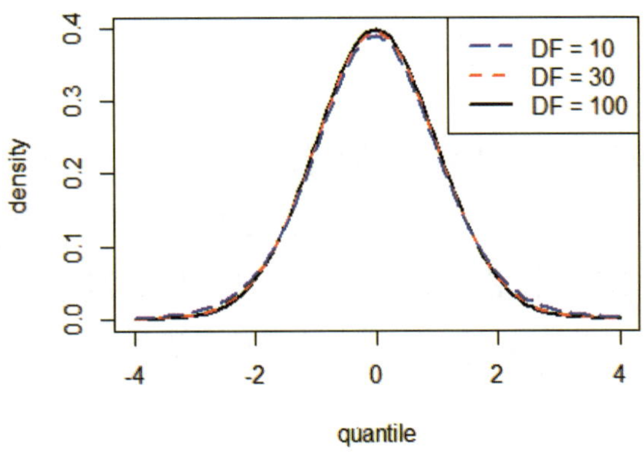

[그림 12-1] 표본의 크기에 따른 정규분포화

요컨대 t검정은 30개 이하의 소표본과 그 이상의 표본에서 사용할 수 있는 평균비교 방법이다. 단, 데이터의 개수가 적거나 평균이 치우친 경우처럼 비모수(non-parametric)적인 접근을 해야 할 때가 있는데, 보통 표본의 개수가 10개 이하인 경우가 그렇다. 이때 비모수 분석은 평균을 비교하는 것이 아니고 순위(rank)를 비교하는 방식이기 때문에 해석 시 평균 차이에 대한 통계적 유의성에 대한 해석은 삼가야 한다.

두 집단 간 평균 비교의 이해를 돕기 위해 다음과 같이 데이터를 t분포의 형태로 표현하였다. 이때 ⓐ와 ⓑ는 그림에서 보는 것과 마찬가지로 평균 차이의 정도가 같다고 해보자. 그럼에도 불구하고 육안으로 식별했을 때 어떤 그림이 평균 차이가 있는 것처

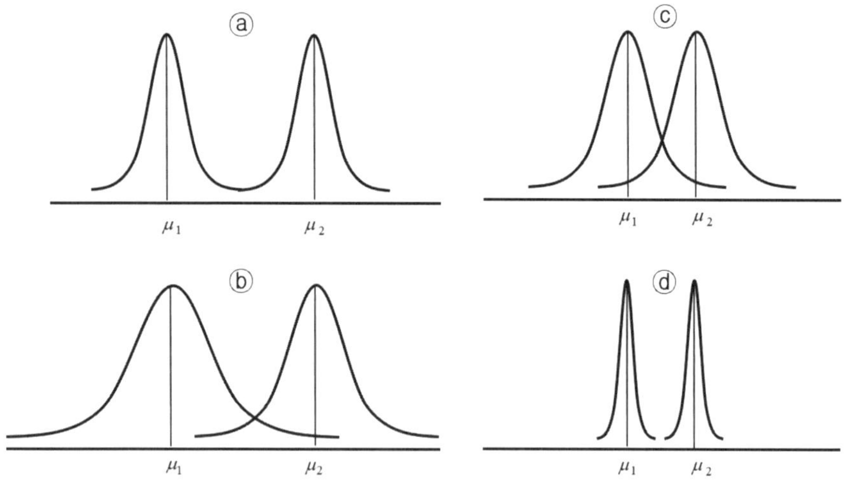

[그림 12-2] t분포

럼 보이는가? 둘 중에서는 ⓑ가 상대적으로 평균 차이가 더 있는 것처럼 보인다. 그 이유는 무엇인가? ⓑ의 그림에서는 두 집단의 표준편차 또는 분산과 같이 데이터가 퍼진 정도가 서로 다르기 때문이다. 왼쪽의 μ_1의 표준편차가 오른쪽의 μ_2의 표준편차보다 더 큰 것으로 보인다. 즉 분산의 크기가 두 집단이 서로 동일한 수준이 아닐 때, 통계적으로 차이가 나타나지 않을 수 있다는 의미이다.

계속해서 ⓒ와 ⓓ를 살펴보자. ⓒ와 ⓓ 역시 평균 차이의 정도가 같다고 해보자. 그림에서 평균 차이가 나타나 보이는 그림은 무엇인가? ⓒ가 아니라 ⓓ가 상대적으로 통계적인 차이가 있는 것처럼 보인다. ⓒ에 비해서 ⓓ는 표준편차가 상당히 작은 편이다. 표준편차가 너무 작아 두 집단의 데이터는 서로 공통된 부분이 보이지 않으므로 통계적으로 차이가 있다고 결론 내릴 수 있다.

평균 비교의 영역에서는 이와 같이 표준편차(또는 분산)의 의미를 이해하고 접근하는 것이 상당히 중요하다. 이는 계속해서 살펴볼 분산분석이나 회귀분석뿐만 아니라 최근에 사용하는 복잡한 통계분석에서도 그 의미가 상당히 중요하다.

1-3 가설 설정

t검정에는 3가지 형태가 있다. 물론 모두 가설검정을 위해서 귀무가설(H_0)과 대립가설(H_1)이 필요하다. 귀무가설은 '공통적으로 평균에 대한 차이가 없다, 같다, 다르지 않다'와 같이 설정하며, 대립가설은 '각각 평균에 대한 차이가 있다, 같지 않다, 다르다'와 같이 설정한다(단, 양측가설의 경우에만 해당됨).

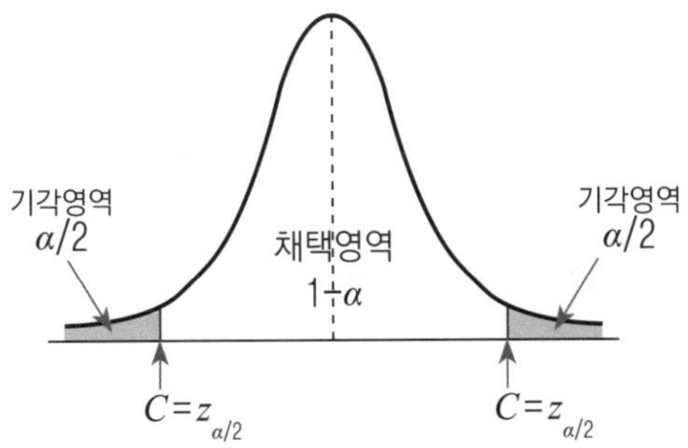

[그림 12-3] 양측검정

t검정에 대한 일반적인 가설(양측)은 다음과 같다.

- H_0: 각 집단 간 평균 차이가 없다.
  - 일표본: $\mu_0 = \mu_1$
  - 독립표본: $\mu_a = \mu_b$
  - 대응표본: $\mu_{pre} = \mu_{post}$
- H_1: 각 집단 간 평균 차이가 있다.
  - 일표본: $\mu_0 \neq \mu_1$
  - 독립표본: $\mu_a \neq \mu_b$
  - 대응표본: $\mu_{pre} \neq \mu_{post}$
- p값 > 유의수준(α) → H_0 채택(accept) → 평균 차이가 없다
- p값 < 유의수준(α) → H_0 기각(reject) → 평균 차이가 있다

2 분석하기

2-1 일표본 t검정 실습 데이터: t_test.csv

jupyter notebook은 특정 폴더를 생성하고 폴더 안에 새로운 pynb 파일을 만들면 자동으로 작업폴더(working directory)가 설정된다.

```
t.test(데이터,
        mu=,
        conf.level=,
        alter=c("greater", "less", "two.sided"),
        na.action=c(T,F),
        ...)
```

```
test.1<-read.csv("D:/python/R_3/data/t_test.csv", header=T)
library(psych)
round(describe(test.1), 2)
```

	vars	n	mean	sd	median	trimmed	mad	…	kurtosis	se
Type	1	60	1.50	0.50	1.5	1.50	0.74	…	-2.03	0.07
Calories	2	60	137.48	29.91	141.0	137.04	36.32	…	-1.02	3.86
Sodium	3	60	435.68	100.12	401.0	430.25	116.38	…	-0.85	12.93

```
str(test.1)
```

```
'data.frame':   60 obs. of 3 variables:
 $ Type    : int 1 1 1 1 1 1 1 1 1 1 ...
 $ Calories: int 186 181 176 149 184 190 158 139 175 148 ...
 $ Sodium  : int 495 477 425 322 482 587 370 322 479 375 ...
```

```
summary(test.1)
```

```
   Type       Calories       Sodium
Min.   :1.0  Min.   : 86.0  Min.   :253.0
1st Qu. :1.0  1st Qu. :110.0  1st Qu. :359.0
Median :1.5  Median :141.0  Median :401.0
Mean   :1.5  Mean   :137.5  Mean   :435.7
3rd Qu. :2.0  3rd Qu. :153.5  3rd Qu. :513.0
Max.   :2.0  Max.   :190.0  Max.   :664.0
```

```
test.1$Type<-as.factor(test.1$Type)
str(test.1)
```

```
'data.frame':   60 obs. of  3 variables:
 $ Type    : Factor w/ 2 levels "1","2": 1 1 1 1 1 1 1 1 1 1 ...
 $ Calories: int  186 181 176 149 184 190 158 139 175 148 ...
 $ Sodium  : int  495 477 425 322 482 587 370 322 479 375 ...
```

```
t.test(test.1$Calories, mu=140)
```

```
 One Sample t검정

data:  test.1$Calories
t = -0.65184, df = 59, p-value = 0.517
alternative hypothesis: true mean is not equal to 140
95 percent confidence interval:
 129.7577 145.2090
sample estimates:
mean of x
 137.4833
```

```
t.test(test.1$Sodium, mu=430)
```

```
One Sample t검정

data: test.1$Sodium
t = 0.43971, df = 59, p-value = 0.6618
alternative hypothesis: true mean is not equal to 430
95 percent confidence interval:
 409.8204 461.5463
sample estimates:
mean of x
 435.6833
```

t검정을 실행할 때 다음과 같은 옵션을 통해서 가설검정의 기준을 새롭게 조정할 수 있다. 예를 들어, 신뢰수준(confidence level)을 수정하면 동시에 1종오류(type 1 error)가 변경되어 신뢰구간(confidence interval)을 바탕으로 가설검정을 실시할 수 있고, na.action = T를 활용하면 결측값을 제외한 상태에서 분석할 수 있다.

1) 신뢰수준과 신뢰구간

신뢰수준은 신뢰구간 안에 모수(parameter)를 포함할 확률을 의미한다. 일반적으로 사용하는 신뢰수준 95%는 구간추정이 모수를 포함할 확률이 95%라는 의미로 다음과 같이 표현한다.

$$(1 - \alpha)100\%$$

이때 α는 1종오류라고도 하는데 귀무가설(H_0)이 참(True)일 때 귀무가설을 기각할 수 있는 최대 허용확률을 의미한다. 유의수준과 신뢰수준의 합은 항상 1이 되어야 하며, 유의수준(α)이 정해질 경우 신뢰수준과 이에 해당하는 신뢰구간의 폭도 일정해진다.

$$\overline{X} \pm z_{\frac{a}{z}} \times \sqrt{n}$$

흔히 신뢰구간이 넓게 형성되어야 좋은 것으로 생각할 수 있다. 그런데 신뢰구간이 넓어질수록 거의 대부분의 표본 통계량이 신뢰구간 안에 포함되어 사실상 신뢰구간이라는 것이 큰 의미가 없게 된다.

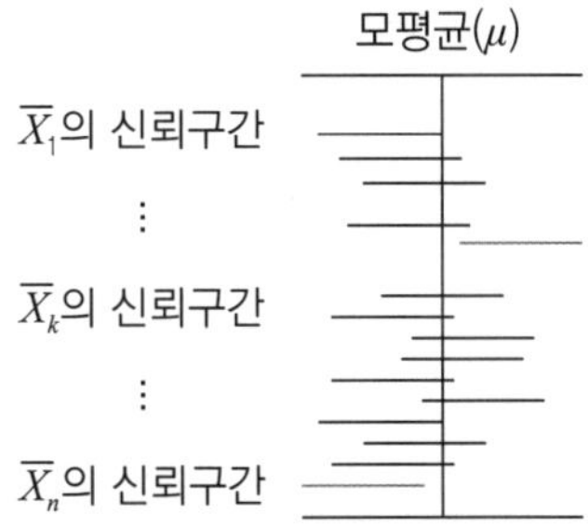

[그림 12-4] 신뢰구간

그래서 신뢰수준의 정도(유의수준과의 관계)에 따라서 신뢰구간의 범위를 고민하는 것이다. 이러한 원리는 인간관계에 빗대어 생각해볼 수 있다. 각계각층의 많은 이들과 교류하는 사람은 실제로 마음을 툭 터놓고 고민을 나눌 진실된 벗을 만나기가 오히려 쉽지 않을 수 있다. 신뢰수준이 작을수록, 표본의 크기가 클수록, 표준편차가 작을수록 신뢰구간의 길이는 짧아진다(추정의 정확도는 높아지지만 확신의 정도(신뢰수준)는 낮아진다).

```
test.1_copy<-test.1
test.1_copy$Calories[1]<-NA
head(test.1_copy, 3)
```

```
  Type  Calories  Sodium
1    1        NA     495
2    1       181     477
3    1       176     425
```

```
t.test(test.1_copy$Calories, mu=140, conf.level = 0.99, na.action = T)
```

```
One Sample t검정

data:  test.1_copy$Calories
t = -0.87025, df = 58, p-value = 0.3877
alternative hypothesis: true mean is not equal to 140
99 percent confidence interval:
 126.4425 146.8795
sample estimates:
mean of x
  136.661
```

다음과 같이 분석 결과에 대한 개별적인 값들을 추려낼 수 도 있다. 필요한 값이 있다면 추려내서 사용하면 된다.

```
t.1<-t.test(test.1_copy$Calories, mu=140, conf.level = 0.99, na.action = T)
str(t.1)
```

```
List of 9
 $ statistic  : Named num -0.87
  ..- attr(*, "names")= chr "t"
 $ parameter  : Named num 58
  ..- attr(*, "names")= chr "df"
 $ p.value    : num 0.388
 $ conf.int   : num [1:2] 126 147
  ..- attr(*, "conf.level")= num 0.99
 $ estimate   : Named num 137
  ..- attr(*, "names")= chr "mean of x"
 $ null.value : Named num 140
  ..- attr(*, "names")= chr "mean"
 $ alternative: chr "two.sided"
 $ method     : chr "One Sample t검정"
 $ data.name  : chr "test.1_copy$Calories"
 - attr(*, "class")= chr "htest"
```

2-2 독립표본 t검정 실습 데이터: t_test.csv

독립표본은 서로 다른 특성을 갖는 표본을 말한다. 예를 들어, 생물학적으로 남자와 여자는 서로 다른 특징을 지니고 있다. 또는 비행기를 타본 사람과 한 번도 타보지 못한 사람과 같이 경험에 대한 유무도 구분 가능하다. 이와 같이 서로 다른 특성을 갖는 두 표본의 평균을 비교하는 분석방법을 우리는 독립 t검정이라고 한다.

1) 분산의 동질성(등분산) 검정(homogeneity of variance)

등분산(equal variance, 等分散)은 말 그대로 개별 집단(그룹)의 관측값에 대하여 분산의 형태가 같다는(동일한 무리의 분산이라는) 의미이다. 서로 다른 2개의 집단에 대한 비교이기 때문에 분산(또는 표준편차와 같은 데이터의 퍼짐 정도)은 동일한 정도이길 원한다. 그래서 독립 t검정에서 등분산의 개념이 등장하는 것이다. 똑같은 변동폭(분산 또는 표준편차)을 가지고 있다면 순수한 평균 차이를 확인할 수 있다.

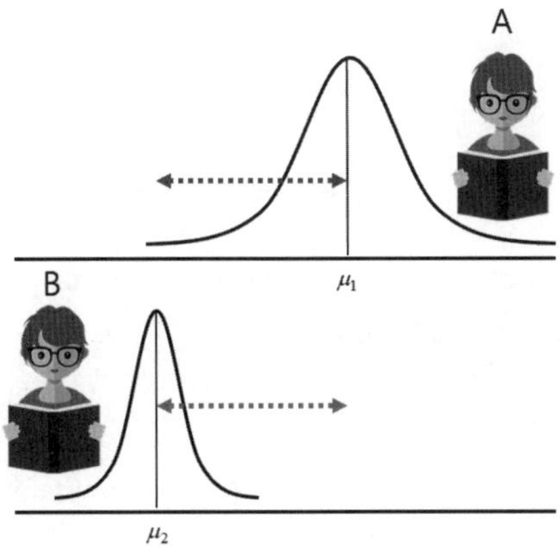

[그림 12-5] 등분산의 이해

위 그림을 예로 들어보자. 일란성 쌍둥이인 A군과 B군은 각각 다른 고등학교에 다닌다. A는 반에서 항상 1~2등을 놓치지 않으며 전교 10등 안에 드는 공부 잘하는 학생이다. 이와 다르게 B군은 반에서 10등 정도를 하고 전교에서는 순위가 한참 밀려나 있다. 아무래도 쌍둥이다 보니 주변에서 "A는 잘하는데 B는 왜 못하니?"라는 말을 자주 하는데, 이러한 비교를 B는 순순히 받아들일 수 있을까?

같은 학교, 같은 반, 동일한 선생님에게 수업을 받는다면 어느 정도 일리 있는 비교가 될 것이다. 그러나 전혀 다른 집단에 속해 있는 둘을 비교하기는 쉽지 않다. 평균 비교는 상대적 비교가 아니라 절대적 비교를 하고자 평균 이외의 모든 것을 통제한 상황에서 동일한 조건하에 오로지 평균만 비교하는 방식을 취한다. 결국 등분산은 절대적인 평균 비교를 위한 조건(가정)인 것이다.

등분산을 검정하는 방법은 다양하지만 주로 F검정과 Bartlett 검정, Levene 검정을 사용한다. 다만, F검정과 Bartlett 검정은 정규성을 전제로 하는 데이터에 대해서만 정확한 검정이 가능하다고 알려져 있다. 반면 Levene 검정은 정규성이 아닌 경우에도 사용할 수 있는 방법으로 알려져 있어 SPSS에서도 독립 t검정에서는 Levene 검정 결과를 제시한다.

```
t.test(연속형 데이터 ~ 그룹,
    conf.level=,
    alter=c("greater", "less", "two.sided"),
    var.equal=c(T,F),
    na.action=c(T,F),
    ...)
```

```
test.2<-test.1
test.2$Type<-ifelse(test.2$Type==1,"beef","poultry")
test.2$Type<-factor(test.2$Type)
str(test.2)
```

```
'data.frame':   60 obs. of 3 variables:
 $ Type     : Factor w/ 2 levels "beef","poultry": 1 1 1 1 1 1 1 1 1 1 ...
 $ Calories: int  186 181 176 149 184 190 158 139 175 148 ...
 $ Sodium  : int  495 477 425 322 482 587 370 322 479 375 ...
```

```
head(test.2, 3)
```

```
  Type  Calories  Sodium
1 beef       186     495
2 beef       181     477
3 beef       176     425
```

```
var.test(Calories~Type, data=test.2)
```

```
F test to compare two variances

data: Calories by Type
F = 0.86825, num df = 29, denom df = 29, p-value = 0.7062
alternative hypothesis: true ratio of variances is not equal to 1
95 percent confidence interval:
 0.4132571 1.8241928
sample estimates:
ratio of variances
     0.8682515
```

```
#install.packages("lawstat")
library(lawstat)
levene.test(test.2$Calories, test.2$Type,
      location="mean",
      correction.method="zero.correction")
```

```
Classical Levene's test based on the absolute deviations from the
mean ( zero.correction not applied because the location is not
set to median )

data: test.2$Calories
Test Statistic = 0.68672, p-value = 0.4107
```

비교를 위해서 SPSS에서 같은 데이터를 분석한 결과를 첨부하였다.

독립표본 검정

		Levene의 등분산 검정	
		F	유의확률
Calories	등분산을 가정함	.687	.411

```
t.test(Calories ~ Type, var.equal=T, data=test.2)
```

```
 Two Sample t검정

data: Calories by Type
t = 6.2333, df = 58, p-value = 5.604e-08
alternative hypothesis: true difference in means is not equal to 0
95 percent confidence interval:
 25.50276 49.63057
sample estimates:
  mean in group beef mean in group poultry
            156.2667              118.7000
```

2-3 대응표본 t검정 실습 데이터: paired_test.csv

과거에는 대응표본 t검정을 paired라는 영어 표기의 의미를 살려 '짝진 표본'이라고도 불렀다. 짝을 이룬다는 의미는 학교생활에서의 짝궁과 같은 개념으로 생각하면 된다. 다음 그림을 살펴보자.

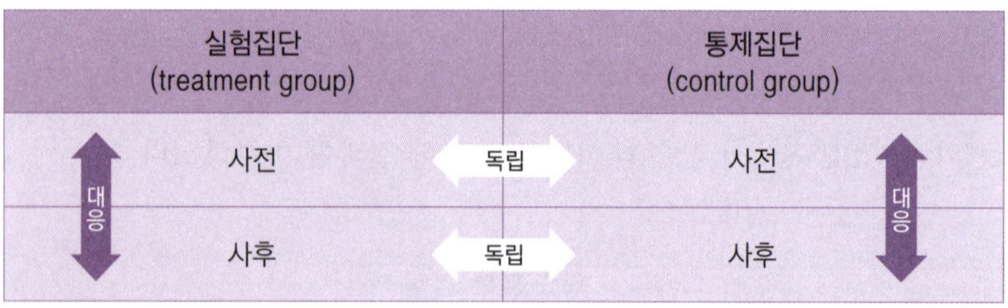

[그림 12-6] 실험연구와 t검정

위 그림은 독립 t검정과 대응 t검정을 실험연구 분석에서 어떻게 사용하는지 정리해 놓은 것이다. 실험집단 내에서의 사전과 사후는 대응 t검정으로 분석하고, 통제집단의 사전과 사후도 대응 t검정으로 분석한다. 같은 집단 내에서라는 의미는 다음과 같다. 실험집단은 특별한 처치(treatment)를 실시한 집단을 말하는데, 일반적으로 사전에는 처치를 하지 않고 사후에 측정하기 전에 처치를 진행해서 변화량을 살펴본다. 이와 반대로 통제집단은 어떠한 처치도 진행하지 않고 순수하게 시간의 경과에 따라 실험집단의 처치에 대한 효과와 비교하기 위해 구성한 집단이다. 따라서 같은 특성을 갖는 집단 내에서의 평균 비교는 대응 t검정으로 한다.

독립 t검정은 실험집단의 사전과 통제집단의 사전에 대한 비교, 실험집단의 사후와 통제집단의 사후에 대한 평균 비교에 사용하는 방법이다. 이때 실험집단과 통제집단의 사전 간 비교는 조금 특별하다. 처치에 대한 효과성을 비교할 때 결국은 사전과 사후에 대한 비교가 가장 중요하다고 생각할 수 있지만, 실험집단의 사전과 통제집단의 사전에 대한 사전 동질성을 먼저 검토하고 진행해야 한다.

실험집단과 통제집단은 같은 출발선(baseline)에서 시작하길 바란다. 비록 실험집단과 통제집단이 전혀 다른 대상자일지라도 신체적 특성과 처치를 받아들이는 모든 기본 조건이 동일한 상태에서 실험연구를 해야 객관적인 결론에 다다를 수 있기 때문이다. 만약 사전 동질성 검정에서 통계적인 유의성이 보인다면, 사전의 값을 통제변수로 한 공분산분석(ancova)을 실시하여 사후에 대한 평균 차이를 확인하는 방법도 고려해볼 만하다.

```
t.test(데이터1, 데이터2,
   conf.level=,
   alter=c("greater", "less", "two.sided"),
   na.action=c(T,F),
   ...)
```

먼저, 분석에 사용할 데이터를 불러온다.

```
test.3<-read.csv("D:/python/R_3/data/paired_test.csv", header=T)
```

test.3의 기초통계량을 산출하고자 pysch::describe()를 사용한다.

```
describe(test.3)
```

```
    vars   n   mean    sd  median  trimmed   mad … kurtosis   se
사전   1  42  50.55 15.62   47.05    49.17 15.12 …    -0.08 2.41
사후   2  42  52.24 15.01   53.15    51.75 14.08 …    -0.33 2.32
```

```
str(test.3)
```

```
'data.frame':  42 obs. of 2 variables:
 $ 사전: num 38.4 46.2 72.5 38 82.8 33.9 50.4  35 32.8 60.1 ...
 $ 사후: num 27.7 57.2 57.9 38 57.9  32 40.6 33.1 26.8 53.2 ...
```

```
library(dplyr)
```

사전과 사후의 변수명을 각각 pre, post 영문으로 변경하기 위해 dplyr 패키지의 rename() 함수를 사용한다. 한글로 구성되어 있는 변수명은 되도록 영문으로 바꿔 사용하기를 추천한다.

```
test.3<- test.3 %>%
rename (pre = "사전",
    post= "사후")
names(test.3)
```

```
[1] "pre" "post"
```

계속해서, 일표본 t검정과 대응표본 t검정이 분석적인 부분에서는 크게 다르지 않음을 보이기 위해 다음과 같이 pre와 post의 차이인 d를 생성한다. d(pre-post)의 평균이 0인지 아닌지 확인하는 가설검정과 대응표본 t검정 결과를 비교하면 일표본적인 접근으로 대응표본의 결과를 이끌어낼 수 있어 대응표본과 일표본의 원리를 파악할 수 있다.

```
d<-test.3$pre-test.3$post
t.test(d, mu=0)
```

```
 One Sample t검정

data: d
t = -0.84929, df = 41, p-value = 0.4007
alternative hypothesis: true mean is not equal to 0
95 percent confidence interval:
 -5.702262  2.326071
sample estimates:
mean of x
-1.688095
```

```
t.test(test.3$pre, test.3$post, paired=T)
```

```
 Paired t검정

data: test.3$pre and test.3$post
t = -0.84929, df = 41, p-value = 0.4007
alternative hypothesis: true difference in means is not equal to 0
95 percent confidence interval:
 -5.702262  2.326071
sample estimates:
mean of the differences
        -1.688095
```

3 표 만들기

R의 분석 성능은 SPSS나 SAS 같은 상용프로그램과 큰 차이가 없다. 다만 분석 결과를 표로 제시하는 수준은 차이가 있다. Rmarkdown을 이용해 word, pdf, html 등의 문서로 변환할 수 있지만 분석 결과가 상용 프로그램처럼 정형화된 표로 출력되는 것이 아니라 텍스트 기반의 결과를 보여주는 방식이므로 생산성에 대한 상대적 약점을 갖는다. 따라서 이번에는 R을 경험해본 사용자라면 누구나 고민해봤을 만한 '표 만들기' 내용을 다루고자 한다.

3-1 kableExtra 패키지 활용

table() 함수에서 파생된 kableExtra 패키지를 활용한 출력 결과는 곧바로 표로 나타나는 것이 아니라 다시 한 번 markdown 형식으로 변환하는 과정을 거쳐야 우리가 확인할 수 있는 표 형식으로 나타난다. jupyter notebook의 경우에는 기본적으로 markdown을 지원하므로 위와 같은 결과물을 markdown으로 변환하여 실행해 볼 수 있다. 그러나 format="html"로 변경하면 다음과 같은 형식으로 출력된다. 그 외 xtable, ztable 등 표를 만들고 편집할 수 있는 패키지가 있다.

```
des.3<-describe(test.3)
des.3<-round(des.3[,2:4], 2)
rownames(des.3) <- NULL
des.3<-data.frame(group=c("pre", "post"), des.3)
des.3
```

```
  group  n   mean    sd
1   pre  42  50.55  15.62
2  post  42  52.24  15.01
```

```
t.3<-t.test(test.3$pre, test.3$post, paired=T)
str(t.3)
```

```
List of 9
 $ statistic   : Named num -0.849
  ..- attr(*, "names")= chr "t"
 $ parameter   : Named num 41
  ..- attr(*, "names")= chr "df"
 $ p.value     : num 0.401
 $ conf.int    : num [1:2] -5.7 2.33
  ..- attr(*, "conf.level")= num 0.95
 $ estimate    : Named num -1.69
  ..- attr(*, "names")= chr "mean of the differences"
 $ null.value  : Named num 0
  ..- attr(*, "names")= chr "difference in means"
 $ alternative: chr "two.sided"
 $ method      : chr "Paired t검정"
 $ data.name   : chr "test.3$pre and test.3$post"
 - attr(*, "class")= chr "htest"
```

```
table.3<-data.frame(des.3,
         t=rep(round(t.3$statistic, 3),2),
         df=rep(t.3$parameter,2),
         p=rep(round(t.3$p.value,4),2),
         ci_L=rep(round(t.3$conf.int[1], 2),2),
         ci_U=rep(round(t.3$conf.int[2], 2),2),
         star = rep((ifelse(t.3$p.value<0.05,"*",
                ifelse(t.3$p.value<0.01,"**",
                   ifelse(t.3$p.value<0.001,"***","no")))),2)
  )
table.3
```

```
  group  n  mean    sd      t df      p ci_L  ci_U  star
1   pre 42 50.55 15.62 -0.849 41 0.4007 -5.7  2.33    no
2  post 42 52.24 15.01 -0.849 41 0.4007 -5.7  2.33    no
```

```
library(kableExtra)
kable(table.3, format = "markdown", #html, latex, markdown 형식으로 변환
      caption = "Paired t검정", #표의 제목설정
      align=rep("c", 10)) %>% #10개의 열에 대한 정렬 center, right, left
 kable_styling(bootstrap_options = "condensed", # striped, bordered,
hover, condensed, responsive
                  full_width = F, #표의 사이즈
                 font_size = 15) %>% #글자 크기
 collapse_rows(columns = 5:10, valign = "middle") %>% #같은 값을 기준으로 열병합
 footnote(general = "p<0.05 *, p<0.01**, p<0.001***",
          general_title = "Sig. " ) #footnote생성
```

```
group  n   mean    sd      t     df      p    ci_l  ci_l.1  star
  pre  42  50.55  15.62  -0.849  41   0.4007  -5.7    2.33    no
 post  42  52.24  15.01  -0.849  41   0.4007  -5.7    2.33    no
```

markdown에서 임의로 표를 작성하고자 한다면 다음과 같은 방식으로 가능하다. jupyter notebook에서는 코드라인을 markdown으로 지정한 후 다음과 같이 입력해야 표를 확인할 수 있다.

```
|group |  n | mean |   sd |      t | df |      p | ci_l | ci_l.1 | star |
|:-----:|:--:|:-----:|:-----:|:------:|:--:|:------:|:----:|:------:|:----:|
|  pre | 42 | 50.55 | 15.62 | -0.849 | 41 | 0.4007 | -5.7 |   2.33 |   no |
| post | 42 | 52.24 | 15.01 | -0.849 |    |        |      |        |      |
```

3-2 ztable 패키지 활용 (RStudio 사용자)

다음은 ztable 패키지로 간단하게 실행해본 결과이다. 표와 관련된 패키지의 옵션이나 함수는 저마다 다른 부분이 있으므로 반드시 도움말을 참고하기 바란다.[1] 결과표를 만드는 패키지도 다양하므로 선택의 문제가 따른다.

```
library(ztable)
library(magrittr)

#ztable()의 결과를 word 파일로 변환하기 위한 패키지
#install.packages(c("officer", "flextable"))
library(officer)
library(flextable)
```

ztable() 실행 결과를 ztable2flextable() 함수를 사용하면 word에 표를 그릴 수 있다.

```
options(ztable.type="markdown") #출력유형 설정
t.table<-ztable(head(table.3),align="c")
ztable2flextable(t.table)#word 용 테이블로 변환
```

group	n	mean	sd	t	df	p	ci_l	ci_l.1	star
pre	42.00	50.55	15.62	-0.85	41.00	0.40	-5.70	2.33	no
post	42.00	52.24	15.01	-0.85	41.00	0.40	-5.70	2.33	no

1 ztable 관련 정보는 https://cran.r-project.org/web/packages/ztable/vignettes/ztable.html을 참고한다.

4 그래프 그리기

4-1 graph:boxplot() 활용

graph 패키지를 활용하면 대부분 원하는 수준의 그래프를 그릴 수 있다. 하지만 보다 직관적이고 다양한 기능을 이용하는 사용자의 경우 그 외 그래프 패키지를 써보는 것도 좋은 방법이다. 그래프를 한 화면에 모두 그리기 위해 기본 설치된 stack() 함수를 이용하여 패키지를 설치하지 않고 데이터를 길게 이어붙이는 방법을 설명하고자 한다. reshape2 패키지의 melt() 함수를 활용하여 같은 작업을 할 수 있다.

```
stack.2 <- data.frame(stack(test.2[,-1]), Label=test.2[1]) #데이터를 길게 이어붙이기
head(stack.2, 3)
```

```
  values       ind  Type
1    186  Calories  beef
2    181  Calories  beef
3    176  Calories  beef
```

:는 상호작용항(interaction term)을 만드는 R 문법으로, 두 변수를 연결해준다.

```
boxplot(values ~ Type:ind, #연속형 데이터 ~ 범주형데이터
        data=stack.2, #사용데이터
        col=c(rep(c("hotpink","skyblue"),2 )), #색상
        main="all variables of box-plot") #그래프 제목
```

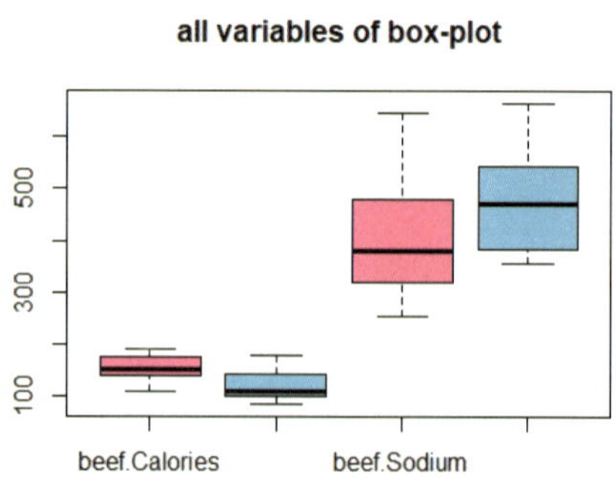

개별적인 상자그림의 색을 채우기 위해 조건문인 ifelse() 함수를 사용하여 특정 조건에 해당하는 상자그림만 색을 채울 수도 있다. 다음과 같이 test.2$Type의 level(요인의 수준)이 beef인 경우에는 하늘색(skyblue)을 채우고, 그렇지 않은 경우에는 분홍색(pink)을 채우라는 것이다.

• col=ifelse(levels(test.2$Type)=="beef","skyblue","pink")

이처럼 색 채우기 옵션 col=은 분석자가 어떤 방식으로 응용하느냐에 따라서 다소 까다롭고 복잡해 보일 수 있지만, 분석자가 원하는 그래프의 형태를 자유롭게 만들어 낼 수 있다는 측면에서는 장점이 있다. R의 그래픽이 좋다는 평가 뒤에는 수동으로 조정 가능한 방식이라는 의미가 숨어 있다.

```
par(mfrow=c(1,2), pty = "s") #그래프 옵션 1행 2열로 그리기, 정사각형태 그리기
boxplot(Calories~Type,data=test.2, #연속형 ~ 범주형
        col=ifelse(levels(test.2$Type)=="beef","skyblue","pink"),
#ifelse를 이용한 조건별 색 넣어주기
        main="Calories") #타이틀

boxplot(Sodium~Type,data=test.2, #연속형 ~ 범주형
        col=ifelse(levels(test.2$Type)=="beef","skyblue","pink"),
#ifelse를 이용한 조건별 색 넣어주기
        main="Sodium") #타이틀
```

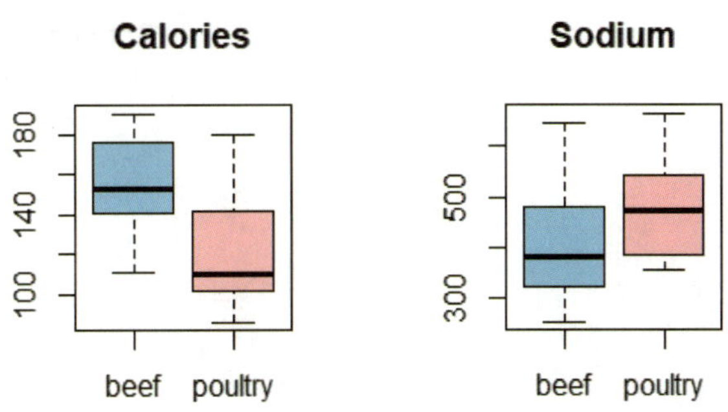

4-2 ggplot2 패키지 활용

ggplot2 패키지는 가장 대표적인 R 그래프 패키지로 알려져 있다. 항상 R 버전에 맞춰 꾸준히 업그레이드되고 공유되기 때문에 편하게 활용할 수 있다.

```
library(ggplot2) #그래프 공간 분할
library(grid)
library(gridExtra) #그래프 그리기
box.1<-ggplot(test.2, aes(x=Type,y=Calories, color=Type)) +
       geom_boxplot(show.legend = F) + # 상자그림 그리기, 범례 감추기
       ggtitle("Calories") + #그래프 제목
       theme(plot.title = element_text(hjust = 0.5)) + #그래프 제목 가운데 정렬
       coord_fixed(ratio = 1/50) #그래프 비율에 따른 크기 조정

box.2<-ggplot(test.2, aes(x=Type,y=Sodium, color=Type)) +
       geom_boxplot(show.legend = F) + # 상자그림 그리기, 범례 감추기
       ggtitle("Sodium") + #그래프 제목
       theme(plot.title = element_text(hjust = 0.5)) + #그래프 제목 가운데 정렬
       coord_fixed(ratio = 1/200) #그래프 비율에 따른 크기 조정

indep.graph<-grid.arrange(box.1, box.2, ncol = 2, #그래프를 열에 2개씩 배치
             bottom = textGrob("independent t검정" # 공통제목을 추가 top, bottom
                        ,gp=gpar(fontsize=20,font=3))) #추가된 텍스트의 크기와 폰트종류
```

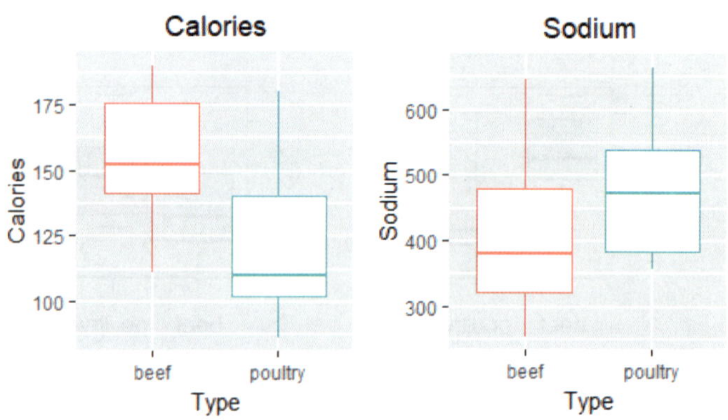

```
indep.graph
```

```
TableGrob (2 x 2) "arrange": 3 grobs
  z     cells    name              grob
1 1 (1-1,1-1) arrange      gtable[layout]
2 2 (1-1,2-2) arrange      gtable[layout]
3 3 (2-2,1-2) arrange text[GRID.text.129]
```

다음과 같이 (상자그림이 아니라) 히스토그램을 그려서도 결과를 확인해볼 수 있다.

```
ggplot(data=test.2, aes(Calories,color=Type)) +
  geom_histogram(aes(y=..density..), #..count..는 빈도, ..density..는 상대도수(밀도)
                 binwidth=5, #히스토그램의 너비
                 fill="skyblue", #히스토그램 채우기 색지정
                 col="NA", #히스토그램 외곽선 색지정
                 alpha = .6) + #색깔 진하기 숫자가 높을 수록 진해짐
  geom_line(stat="density", size=1, lty=2)+#상대도수(밀도) 선그리기, size설정,
lty=선 형태
  ggtitle("histogram of Calories") + #그래프 제목
  theme(plot.title = element_text(hjust = 0.5)) + #그래프제목 가운데 정렬
  facet_wrap( ~ Type) #그룹별 그리기
```

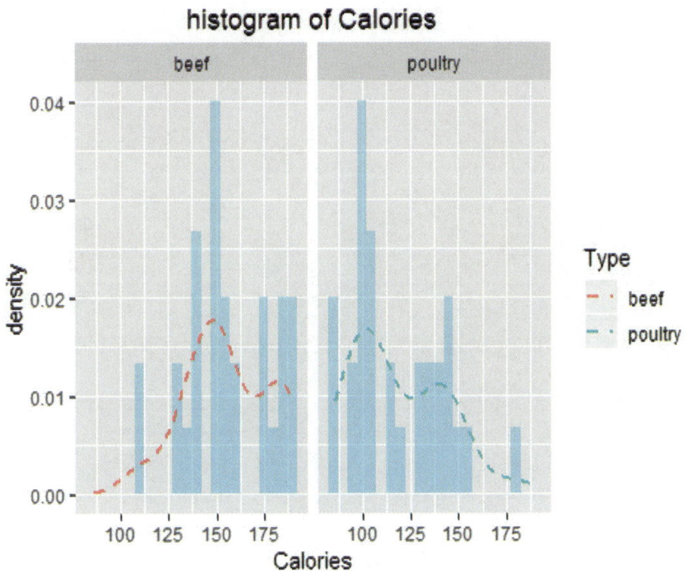

ggplot2에서 geom_errorbar()는 오차막대를 그릴 수 있는 함수이다. 앞서 분석에 사용했던 table.3은 대응 t검정에 대한 표를 만들 목적으로 기초통계량과 유의확률(p)이 포함된 데이터이다. geom_errorbar()를 이용해서 다음과 같은 그래프를 그릴 수 있다.

```
table.3
```

```
  group  n   mean    sd      t  df      p  ci_l  ci_l.1  star
1   pre 42  50.55 15.62 -0.849  41 0.4007  -5.7    2.33    no
2  post 42  52.24 15.01 -0.849  41 0.4007  -5.7    2.33    no
```

```
ggplot(table.3, aes(x=group, y=mean, color=group)) +
geom_errorbar(aes(ymin=mean-sd, ymax=mean+sd, width=.1)) + #ymin y축의 최솟값, ymax y축의 최댓값, width 오차막대 가로 크기
              geom_line() + # 평균과 표준편차 선 연결
              geom_point(size=5) + #평균 점의 크기
              geom_text(aes(label = mean, y = mean + 2)) + #평균값과 그 위치

annotate("text", #유형
         label = paste("P=",table.3[1,7]), #추가 내용에 대한 라벨링
         x = 1.5, y = 45, size = 6, #텍스트 위치와 크기
         colour = "pink") #추가텍스트 색 지정
```

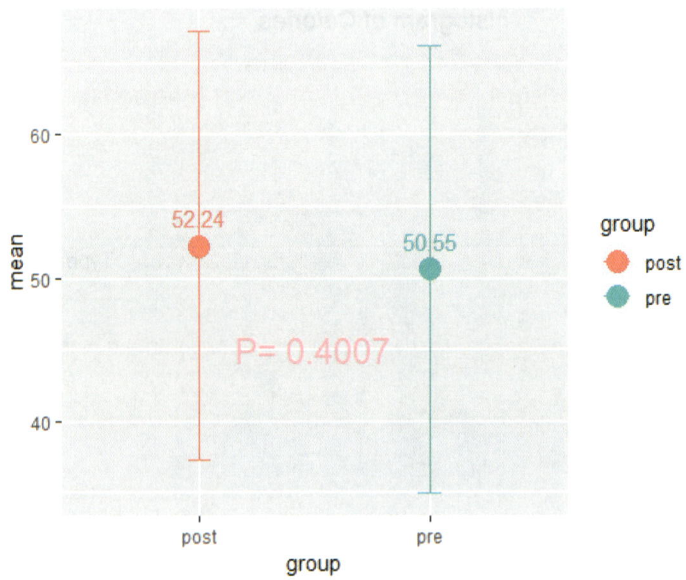

그래프를 그린 후 ggplot2 패키지에 포함된 ggsave() 함수를 이용해서 그래프를 별도의 파일로 저장할 수 있다.

```
ggsave("indep_test.png", #생성하고자 하는 파일이름과 형식 png,jpg,pdf 등
 plot = indep.graph, #그래프 이름
 width = 6, height = 4, #너비, 높이
 units = "in", # 인치"in", 센티미터"cm", 밀리미터"mm"
 dpi = 300) #해상도
```

다음과 같이 밀도(density) 곡선도 표현할 수 있다.

```
library(ggpubr) #패키지 호출
library("RColorBrewer") #팔레트사용을 위한 패키지 호출
```

```
ggdensity(test.2, #사용 데이터
          x = "Calories", #x축
          add = "mean", #평균선 추가
          color = "Type", #색지정
          fill = "Type", #채우기
          palette = brewer.pal(n=2, name="Set2")) #사용하는 색 설정
```

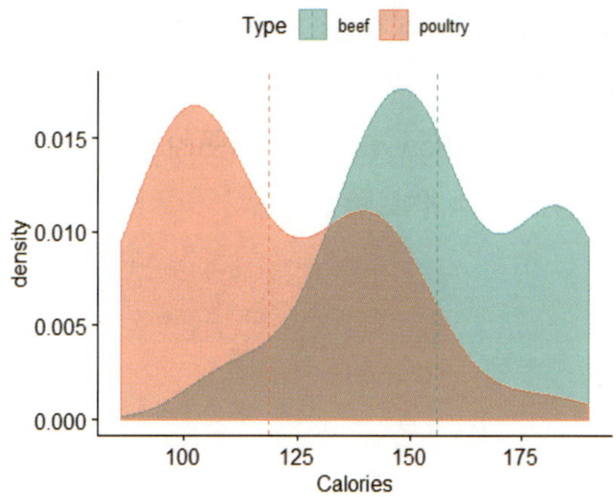

내용 요약

- 실습 데이터: t_test.csv, paired_test.csv
- t.test() 함수: 일표본, 독립표본, 대응표본의 차이 구분
- conf.level = 구간추정(신뢰구간) 범위 설정
- na.action = T 결측값 제외
- alter = less/greater/two.sided 검정 방향 설정
- 표 만들기: kableExtra 패키지, ztable 패키지 등
- ggplot2 패키지: geom_histogram, geom_box, geom_density, geom_point 등

참고자료

- https://www.rdocumentation.org/packages/stats/versions/3.5.1/topics/t.test
- https://cran.r-project.org/web/packages/kableExtra/vignettes/awesome_table_in_html.html#overview
- https://www.r-bloggers.com/how-to-make-a-histogram-with-ggplot2/

ch.13 일원배치분산분석

1 기본 개념

평균비교는 집단별 대푯값인 평균을 비교한다는 차원에서 통계학에서 두루 사용되고 있는 분석방법 중 하나다. 집단(그룹)이 3개 이상인 경우에 대해서 평균비교를 진행하기 위한 분석방법을 '일원배치분산분석(One-way ANOVA)' 또는 '일변량분산분석'이라고 한다. 집단의 개수가 3개 이상인 경우이기 때문에 t검정의 확장 버전으로 생각해도 좋다(사실 집단의 개수가 2개인 경우 분산분석 결과와 t검정의 결과가 같지만 구분을 위해서 집단을 3개로 설명한 것이다).

- 집단 2개 평균비교: t검정(단, 일표본 t검정은 단일표본에 한함)
- 집단 3개 이상 평균비교: 분산분석

1-1 왜 일원배치분산분석을 하는가?

다음과 같은 그림으로 일원배치분산분석을 이해해보자. [그림 13-1]은 모두 등분산(equal variance)을 가정한 상태로 왼쪽 그림은 데이터의 범위가 서로 겹치지 않으며 오른쪽은 겹치는 것을 알 수 있다. 해당 내용을 다시 분포 형태로 표현한 [그림 13-2]를 살펴보자. 데이터를 특정한 벤다이어그램 형태로 표현하다가 우리가 알고 있는 정규분포 형태로 바꿔 그린 것이다.

[그림 13-1] 벤다이어그램 형태로 표현한 데이터 (일원배치분산분석)

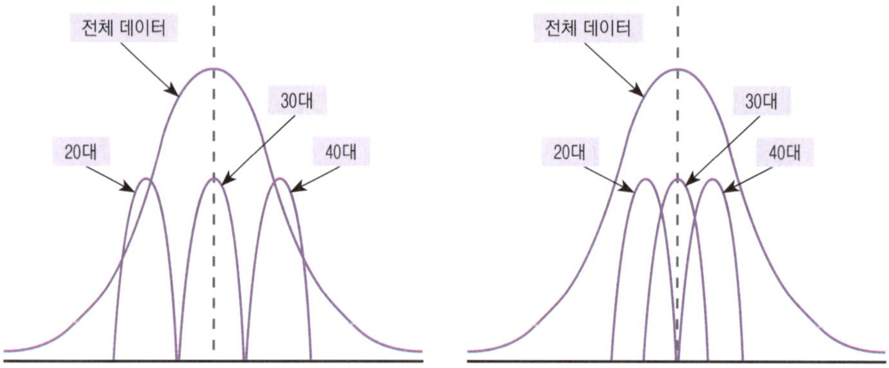

[그림 13-2] 정규분포 형태로 표현한 데이터 (일원배치분산분석)

[그림 13-2] 왼쪽과 오른쪽 그림 중에서 개별적인 집단들 간의 평균 차이가 있어 보이는 것은 무엇인가? 상대적으로 왼쪽이 오른쪽보다 더 평균 차이가 있어 보인다. t검정의 확장 개념으로 등분산 가정하에서 겹치는 영역(연속형 데이터일 경우 같은 값을 갖는 의미)의 크기로 생각해보면 된다.

대응 t검정을 제외하고, 2개 이상의 집단에 대한 평균비교에서 등분산은 반드시 필요한 개념이다. 그럼에도 대부분 분석자들은 분산의 동질성에 대한 검정을 실시하지 않고 등분산이라는 가정을 통해서 분산분석을 활용하고 있다. 만약 등분산 가정이 위배되면 비모수 분석(non-parametric analysis)을 하거나 로버스트 분석(robustness analysis) 등을 고려해서 객관적인 결과를 제시해야 한다.

1-2 통계적 접근

실험연구에서는 관찰된 값들이 오차가 최소화된 상태이길 원하며, 관찰값에 영향을 줄 수 있는 외부조건을 통제하여 실험에서 발생할 수 있는 오차 또한 최소화하여 객관성을 확보하고자 한다. 일원배치분산분석은 그러한 실험연구의 기초이자 핵심적인 역할을 하는 분석이다.

분산분석에서 사용하는 몇 가지 용어에 대한 정리가 필요하다.

- 반응(response) 또는 관찰값(observation): 분석에 사용하는 실제 관찰값(실험 결과값)으로 주로 연속형 데이터 형태를 띤다.
- 요인(factor, 인자): 실험연구에 필요한 조건 또는 집단(그룹)으로 주로 연속형 데이터 형태를 띤다.
- 요인수준(factor level): 요인이 갖는 범주형의 범위를 의미하며 집단(그룹)의 개수를 나타내기도 한다.

사후검정(post-hoc test)은 분산분석을 실시한 이후 통계적 유의성이 확인될 때 추가적으로 진행하는 분석을 말한다. 사후검정은 [그림 13-3]과 같이 개별 집단들을 각각 비교해봄으로써 실제 차이가 있는 집단을 찾아내는 방식이다. 예를 들어, 집단이 3개(요인의 수준이 3)인 일원배치분산분석을 진행했다고 해보자. 이때 등분산 가정도 만족하고 분산분석표의 유의확률(p)도 통계적으로 유의한 경우 사후검정을 실시한다.

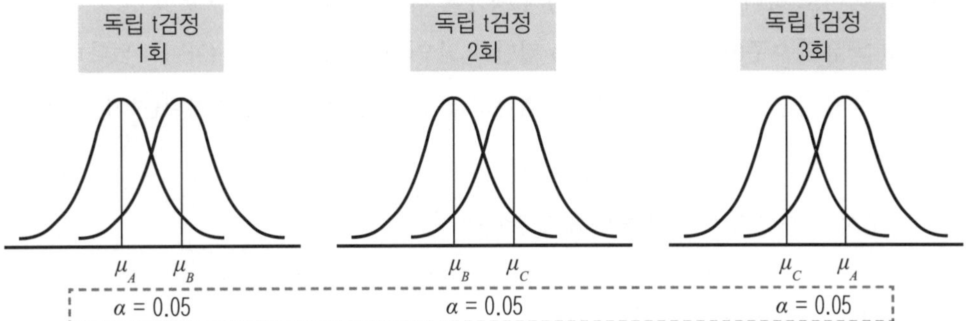

[그림 13-3] 사후검정

사후분석의 개념은 독립 t검정을 2개씩 짝지어 요인수준에 따라 여러 번 수행하는 것과 같다.

- 20대와 30대 비교
- 30대와 40대 비교
- 40대와 20대 비교

위와 같이 사후검정은 중복을 제외하고 $\frac{k(k-1)}{2}$회 실시한다. 이때 K는 집단의 수(요인수준)를 의미하며, 현재 데이터에서는 연령대가 요인이고 요인의 수준이 3이므로 총 실시해야 하는 사후검정의 횟수는 3회가 된다.

분산분석의 가설검정 중 대립가설(H_1)이 '적어도 하나의 집단(요인수준)의 평균은 다르다'이기 때문에 모두 다르다는 것이 아니라 여러 개의 집단 중에서 유독 하나만 다를 수 있다. 따라서 사후검정 시 주의할 점은 집단의 수(요인수준)가 많을수록 해석의 어려움을 겪을 수 있다는 것이다. 집단의 수(요인수준)를 3~5개 이내로 분석하는 것을 추천한다.

1-3 가설검정

일원배치분산분석의 가설(양측)은 다음과 같다.

- H_0: 각 집단(요인수준)별 평균은 같다. ($\mu_1 = \mu_2 = \cdots = \mu_k$)
- H_1: 적어도 하나의 집단(요인수준)의 평균은 다르다. ($\mu_1 = \mu_2 = \cdots \neq \mu_k$)
- p값 > 유의수준(α) → H_0 채택 → 집단(요인수준)별 평균은 같다(차이가 없다).
- p값 < 유의수준(α) → H_1 기각 → 집단(요인수준)별 평균은 같지 않다(차이가 있다).

분산분석의 가설검정 단계는 다음과 같다.

① 등분산 검정(equal variance test)

② 분산분석표 유의확률(p) 확인(anova table)

③ 필요시 사후검정(post-hoc test)

2 분석 준비

2-1 데이터 설명 실습 데이터: one_way_anova.csv

특정 지역에서 남녀 구분 없이 성인을 대상으로 연령에 따라 20대, 30대, 40대를 각각 표본추출하여 생활만족도 점수를 산출한 결과이다. 그중 분석에 사용된 데이터는 총 42명이다.

변수명	척도	변수 설명	데이터 값
age	범주형(명목형)	연령대 (20대, 30대, 40대)	20, 30, 40
score	연속형(비율형)	생활만족도	-

2-2 데이터 구조

먼저 one_way_anova.csv 파일을 불러온다.

```
aov.1<-read.csv("D:/python/R_3/data/one_way_anova.csv", header=T)
summary(aov.1)
```

```
     age          score
Min.   :20.00  Min.   :20.00
1st Qu.:20.00  1st Qu.:32.00
Median :30.00  Median :35.50
Mean   :30.71  Mean   :34.93
3rd Qu.:40.00  3rd Qu.:38.75
Max.   :40.00  Max.   :46.00
```

이때 age는 20대부터 40대까지의 연령의 정보를 갖는 집단(요인)을 의미하므로 데이터 유형을 factor로 설정한다. 또한 str() 함수를 통해서 데이터의 구조를 살펴본다.

```
aov.1$age<-as.factor(aov.1$age)
head(aov.1)
```

```
  age score
1 20   29
2 20   33
3 20   32
4 20   27
5 30   35
6 30   46
```

```
str(aov.1)
```

```
'data.frame':   42 obs. of 2 variables:
 $ age   : Factor w/ 3 levels "20","30","40": 1 1 1 1 2 2 2 2 2 3 ...
 $ score: int 29 33 32 27 35 46 37 43 42 33 ...
```

데이터에 결측값이 존재하는지 확인하기 위해 is.na() 함수를 사용하며 sum() 함수로 해당 영역의 결측값 숫자를 확인한다.

```
sum(is.na(aov.1))
```

```
[1] 0
```

기초통계량을 산출하기 위해서 psych 패키지를 실행하고 describe() 함수로 확인한다. describe() 함수는 연속형 데이터일 때 기초통계량을 확인하는 것이므로 추가적으로 table() 함수를 통해 기초 빈도를 확인한다.

```
library(psych)
round(describe(aov.1), 2)
```

```
      vars  n  mean   sd  median trimmed  mad … kurtosis   se
age*     1 42  2.07 0.81     2.0    2.09 1.48 …    -1.50 0.12
score    2 42 34.93 5.68    35.5   35.26 5.19 …    -0.15 0.88
```

table() 함수를 통해 기초 빈도를 확인한 결과 20대는 12명, 30대는 15명, 40대는 15명으로 나타난다.

```
table(aov.1$age)
```

```
20 30 40
12 15 15
```

dplyr 패키지로 다음과 같이 필요한 부분을 계신하여 표 형식으로 출력힐 수 있다.

```
library(dplyr)
des.aov <-aov.1 %>%
group_by(age) %>%
filter(!is.na(score)) %>%
summarize(n=n(),
          mean=round(mean(score, na.rm=T),2),
          sd=round(sd(score, na.rm=T),2)) %>%
mutate(se=round(sd/sqrt(n), 2)) %>%
dplyr::select (age, n, mean, sd, se)
```

dplyr 패키지로 각 집단(요인수준)별 빈도와 생활만족도(score)에 대한 평균, 표준편차를 산출한다.

```
des.aov
```

```
  age   n   mean    sd    se
1  20  12   28.3  4.16   1.2
2  30  15   39.7  3.08   0.8
3  40  15   35.4  3.04  0.78
```

3 분석

앞서 t검정에서 설명한 것과 마찬가지로, 평균비교에서 등분산 검정의 목적은 모든 데이터의 조건이 동일한 상태에서 오로지 평균만을 비교해보고자 하는 것으로 이해하면 된다. 물론, 등분산 가정이 어긋나는 경우에도 다양한 방법(변환, 이상치 제거 등)으로 등분산의 조건을 맞춰주거나 등분산이 아님을 가정하고 통계분석을 진행해볼 수 있다.

3-1 Levene's 등분산 검정

SPSS에 익숙한 분석자의 경우 등분산 검정하면 제일 먼저 떠오르는 분석 중 하나가 Levene's 등분산 검정이다. Levene's 등분산 검정을 하기 위해서는 먼저 lawstat 패키지를 호출하여야 한다. 이때 설치가 필요할 경우 install.packages("lawstat")로 설치를 진행하면 된다.

leveneTest() 함수를 이용하여 검정을 실시하는 방법은 다음과 같다. 먼저 연속형 데이터(종속변수)를 표현한 후 그 뒤에 범주형 데이터(집단, 요인)를 그리고 사용 데이터를 설정하면 된다. 앞서 분석 결과, 유의확률(p)이 일반적인 유의수준(α=0.05)보다 더 크기 때문에 등분산이라고 할 수 있다.

```
library(lawstat)
levene.test(aov.1$score, aov.1$age,
                    location="mean",
                    correction.method="zero.correction")
```

```
Classical Levene's test based on the absolute deviations from the
mean ( zero.correction not applied because the location is not
set to median )

data:  aov.1$score
Test Statistic = 0.89485, p-value = 0.4169
```

3-2 stats::aov() 함수를 이용한 분석

등분산 가정이 확인되었으므로 계속해서 분산분석을 실시한다. 기본 설치된 stats 패키지는 다음과 같이 aov()라는 함수로 종속변수와 독립변수를 설정함으로써 간단히 분산분석을 할 수 있다.

```
aov(종속변수(연속형 데이터) ~ 요인(범주형 데이터), data=사용 데이터)
```

이때도 앞서 Levene's 등분산 검정과 같은 방식으로 먼저 연속형 데이터(종속변수)를 표현하고 그 뒤에 범주형 데이터(집단, 요인)를 표현해준다. 이를 R에서는 formula 또는 call이라 하며 거의 동일한 방식이 적용되므로 잘 정리해두면 유용하다.

```
aov.r<-aov(score ~ age, data=aov.1)
aov.r
```

```
Call:
  aov(formula = score ~ age, data = aov.1)

Terms:
                     age  Residuals
Sum of Squares  871.5857   453.2000
Deg. of Freedom        2         39

Residual standard error: 3.408887
Estimated effects may be unbalanced
```

분산분석 결과를 살펴보기 위해서는 summary() 함수를 사용하여 분석했던 결과를 확인하면 된다. 그 결과 유의확률(p)이 8.24e-10으로 나타나 유의수준 0.001을 기준으로 매우 유의한 차이가 있는 것을 알 수 있다. 따라서 귀무가설을 기각하고 각 연령대별로 생활만족도의 평균에 차이가 있다고 할 수 있다. 이에 추가적으로 사후검정을 실시해서 어떤 집단(요인)끼리 차이가 있는지 확인해보면 된다.

```
summary(aov.r)
```

```
            Df  Sum Sq  Mean Sq  F value     Pr(>F)
age          2   871.6    435.8     37.5   8.24e-10 ***
Residuals   39   453.2     11.6
---
Signif. codes: 0 '***' 0.001 '**' 0.01 '*' 0.05 '.' 0.1 ' ' 1
```

3-3 사후분석

사후분석을 실행하는 다양한 방법 중에서 몇 가지를 살펴보고자 한다. 대부분의 분석자들이 사후분석 방법을 선택할 때 각 학문 분야에서 주로 사용하거나 선호하는 것을 적용한다. 대표적인 방법으로 Tukey, Scheffe, LSD, Bonferoni, Duncan, S-N-K 등이 있다.

1) TukeyHSD()

Tukey의 방법은 가장 고전적인 사후검정 방법 중 하나로 TukeyHSD() 함수를 사용하면 된다. 이때 conf.level=0.95 옵션은 신뢰수준을 95%로 설정한다는 의미인데, 분석자의 판단에 따라 변경하여 사용하면 된다. 결과를 해석하는 방법은 독립 t검정과 같으며 각 행마다 주어진 유의확률(여기에서는 p adj)로 결과를 해석하면 된다.

다음 결과를 보면 첫 번째 30대와 20대의 차이에 대한 유의확률이 0.0000으로 상당히 작게 나타나 통계적으로 유의한 차이가 있는 것을 알 수 있다. 이때 30대와 20대의 차이는 11.4점으로 나타났는데, 먼저 기술된 30대에서 20대의 생활만족도 평균을 빼면 11.4점이라는 의미를 갖는 것이다. 같은 방식으로 40대와 20대, 40대와 30대의 차이도 해석할 수 있다.

사후검정의 결과는 경우에 따라 분산분석의 결과와 다를 수 있다. 이는 숲 밖에서 전체를 바라보는 것과 안에서 보는 것이 다르듯이, 전체 영역에서 확인하는 분산분석과 개별적인 영역별로 확인하는 t검정의 방식 차이라고 생각하면 된다.

```
tukey<-TukeyHSD(aov.r, conf.level = 0.95)
tukey
```

```
 Tukey multiple comparisons of means
  95% family-wise confidence level

Fit: aov(formula = score ~ age, data = aov.1)

$age
           diff        lwr        upr     p adj
30-20 11.400000   8.183449  14.61655  0.0000000
40-20  7.066667   3.850116  10.28322  0.0000121
40-30 -4.333333  -7.365927  -1.30074  0.0034896
```

2) agricolae 패키지

agricolae 패키지로도 다양한 형태의 사후검정을 할 수 있다.

- duncan.test()
- HSD.test(): Tukey의 사후검정
- LSD.test(): 추가 옵션으로 p.adj="bonferroni"
- scheffe.test()
- SNK.test()

```
library(agricolae)
scheffe <- scheffe.test(y=aov.r, #모형 lm or aov 결과사용
                        "age", #집단(요인)설정
                        alpha = 0.05, #유의수준 설정
                        #trt, 필요시 처리집단 설정
                        group=T, #그룹별 차이에 대한 알파벳 라벨링 결과제시
                        Fc, # F값
                        DFerror, #자유도
                        MSerror, #평균제곱오차
                        console=T, #화면에 출력
                        main="one way anova") #제목
```

```
Study: one way anova

Scheffe Test for score

Mean Square Error : 11.62051

age, means

      score        std  r Min Max
20 28.33333 4.163332 12  20  33
30 39.73333 3.081434 15  35  46
40 35.40000 3.042555 15  30  40

Alpha: 0.05 ; DF Error: 39
Critical Value of F: 3.238096

Groups according to probability of means differences and alpha level(0.05)

Means with the same letter are not significantly different.

      score  groups
30 39.73333       a
40 35.40000       b
20 28.33333       c
```

3) DescTools 패키지

그 밖에도 DescTools 패키지를 이용해서 분석을 실행할 수 있다.

```
"PostHocTest"(데이터,
               method = c("hsd",
               "bonferroni",
               "lsd",
               "scheffe",
               "newmankeuls",
               "duncan"),
             conf.level = 0.95)
```

```
library(DescTools)
PostHocTest(aov.r, #lm or aov 결과 or 모형
     method = "duncan", #"hsd", "bonferroni", "lsd", "scheffe", "newmankeuls"
     conf.level=0.95)
```

```
 Posthoc multiple comparisons of means : Duncan's new multiple range test
  95% family-wise confidence level

$age
            diff     lwr.ci    upr.ci     pval
30-20  11.400000   8.592231  14.207769  2.1e-10 ***
40-20   7.066667   4.396196   9.737137  4.1e-06 ***
40-30  -4.333333  -6.851077  -1.815590   0.0012 **


---
Signif. codes:  0 '***' 0.001 '**' 0.01 '*' 0.05 '.' 0.1 ' ' 1
```

상황에 따라 분석자에게 유리한 사후검정을 채택하는 것이 유리하다. 그러나 논문 심사의 경우에는 분석자가 각 분산분석마다 동일한 사후검정 방법을 적용하지 않았다는 점에 대해 심사위원이 객관성이 다소 부족하다고 판단할 수 있으므로 사후검정 방법에 대한 통일이 필요하다.

4 표 작성

4-1 kableExtra::kable()을 이용한 표 작성

kableExtra 패키지를 이용하여 표 작성을 진행한다.

```
library(kableExtra)
```

표 작성을 위해 특정 통계량을 참조하고자 summary() 함수로 aov.r의 데이터 구조를 살펴볼 수 있다. 또는 names() 함수로 변수명만 참조할 수도 있다.

```
sum.aov.t<-summary(aov.r)
sum.aov<-sum.aov.t[[1]]
names(sum.aov)
```

```
[1] "Df"     "Sum Sq"  "Mean Sq" "F value" "Pr(>F)"
```

```
str(sum.aov)
```

```
Classes 'anova' and 'data.frame':   2 obs. of 5 variables:
 $ Df       : num  2 39
 $ Sum Sq  : num  872 453
 $ Mean Sq: num  435.8 11.6
 $ F value: num  37.5 NA
 $ Pr(>F)  : num  8.24e-10 NA
```

이어서 각 통계량을 참조하여 새롭게 table.aov라는 데이터프레임을 만들었다. 추가적으로 통계적 유의성에 대한 판단을 위해 별표(*; asterisk)를 하였다.

```
table.aov<-data.frame(des.aov,
          F=round(sum.aov[1,4], 3),
          P=round(sum.aov[1,5], 3),
```

```
        star = (ifelse(sum.aov[1,5]<0.05,"*",
                ifelse(sum.aov[1,5]<0.01,"**",
                  ifelse(sum.aov[1,5]<0.001,"***",
                    ifelse(sum.aov[1,5]<0.0001),"0.000","no"))))
  )
table.aov
```

```
  age  n  mean   sd   se      F  P  star
1  20 12  28.33 4.16 1.20 37.502 0     *
2  30 15  39.73 3.08 0.80 37.502 0     *
3  40 15  35.40 3.04 0.78 37.502 0     *
```

kable() 함수를 사용하여 markdown 표를 작성하고 이를 바탕으로 다음과 같은 출력결과를 얻을 수 있다. RStudio에서 Rmarkdown을 활용해 결과표를 포함한 문서를 생성하고자 하는 경우에는 ztable, magrittr, officer, flextable 패키지를 활용하면 된다.

```
kable(table.aov, format = "markdown", #html, latex, markdown 형식으로 변환
   caption = "one way anova", caption.position="c", align = "c") %>% ##표의 제
목설정, 정렬
 kable_styling(bootstrap_options = "condensed", # striped, bordered, hover,
condensed , responsive
          full_width = F, #표의 사이즈
          font_size = 15) %>% #글자 크기
 collapse_rows(columns = 6:8, valign = "middle") %>% #같은 값을 기준으로 열병합
 footnote(general = "p<0.05 *, p<0.01**, p<0.001***",
          general_title = "Sig. " ) #footnote생성
```

```
| age | n | mean | sd | se |   F   | P | star |
|:---:|:--:|:-----:|:----:|:----:|:------:|:-:|:----:|
| 20 | 12 | 28.33 | 4.16 | 1.20 | 37.502 | 0 |  *  |
| 30 | 15 | 39.73 | 3.08 | 0.80 | 37.502 | 0 |  *  |
| 40 | 15 | 35.40 | 3.04 | 0.78 | 37.502 | 0 |  *  |
```

age	n	mean	sd	se	F	P	star
20	12	28.33	4.16	1.20	37.502	0	*
30	15	39.73	3.08	0.80	37.502	0	*
40	15	35.40	3.04	0.78	37.502	0	*

5 그래프 그리기

5-1 graph::boxplot() 활용

집단별 상자그림을 그리고자 다음과 같이 실행한다.

```
boxplot(score ~ age, #연속형 ~ 집단
        data=aov.1, #사용 데이터
        col=c("hotpink","skyblue","darkgrey"), # 상자그림 색 채우기
        xlab="age", #x축 이름
        ylab="score", #y축 이름
        border="purple", #상자그림 윤곽선 색
        # outpch=25, #이상치 모양지정
        # outcol="green", #이상치 색지정
        main="box-plot of score") #제목

legend("bottomright", # 위치
        title="box-plot of score", # 범례제목
        legend=c("20대","30대","40대"), #범례 텍스트
        fill=c("hotpink","skyblue","darkgrey"), #범례 색지정
        horiz=F, #범례 가로방향
        cex=0.8) #범례 크기
```

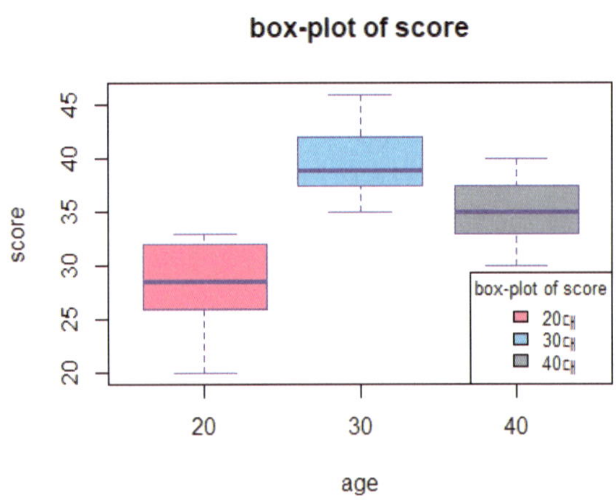

5-2 ggplot2 활용

```
library(ggplot2)
sum.aov
```

```
           Df  Sum Sq  Mean Sq  F value      Pr(>F)
age         2  871.59   435.79   37.502  8.238e-10 ***
Residuals  39  453.20    11.62
---
Signif. codes:  0 '***' 0.001 '**' 0.01 '*' 0.05 '.' 0.1 ' ' 1
```

분산분석표에 제시된 유의확률(p)을 그래프에 표시하기 위해서 다음과 같이 signif() 함수를 이용하면 유효숫자 표기법에 의해 지정된 자릿수로 표현할 수 있다.

```
signif(sum.aov[1,5], 2) #2자리로 반올림
```

```
[1] 8.2e-10
```

```
ggplot(des.aov, aes(x=age, y=mean, color=age)) +
geom_errorbar(aes(ymin=mean-sd, ymax=mean+sd, width=.1)) + #ymin y축의 최솟값, ymax y축의 최댓값, width 오차막대 가로 크기
            geom_line() + # 평균과 표준편차 선 연결
            geom_point(size=5) + #평균 점의 크기
            geom_text(aes(label = mean, y = mean + 2)) + #평균값과 그 위치
annotate("text", #유형
        label = paste("P=",signif(sum.aov[1,5], 2)), #추가 내용에 대한 라벨링
        x = 3, y = 27.5, size = 6, #텍스트 위치와 크기
        colour = "hotpink") #추가텍스트 색지정
```

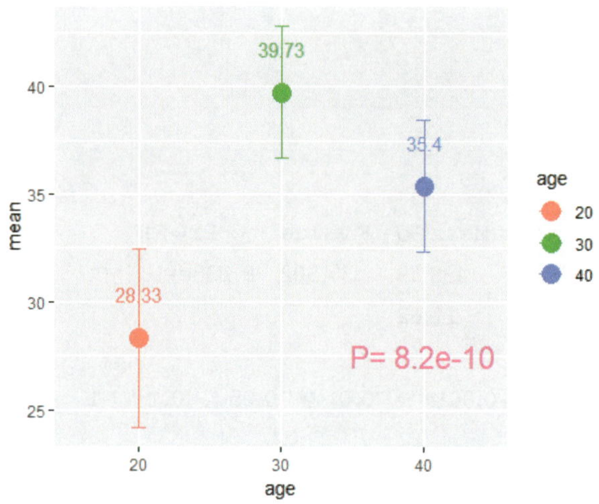

상자그림에 대해서도 다음과 같이 응용하여 그릴 수 있다.

```
ggplot(aov.1, aes(x=age,y=score, color=age)) +
            geom_boxplot(show.legend = T) + # 상자그림 그리기, 범례 표시(T/F)
            ggtitle("box-plot of score2") + #그래프 제목
            theme_classic() + #배경과 기본서식을 클래식으로 지정
            theme(plot.title = element_text(hjust = 0.5)) + #그래프 제목 가운데 정렬
annotate("text", #유형
          label = paste("P=",signif(sum.aov[1,5], 2)), #추가 내용에 대한 라벨링
          x = 3, y = 27.5, size = 6, #텍스트 위치와 크기
          colour = "hotpink") #추가텍스트 색지정
```

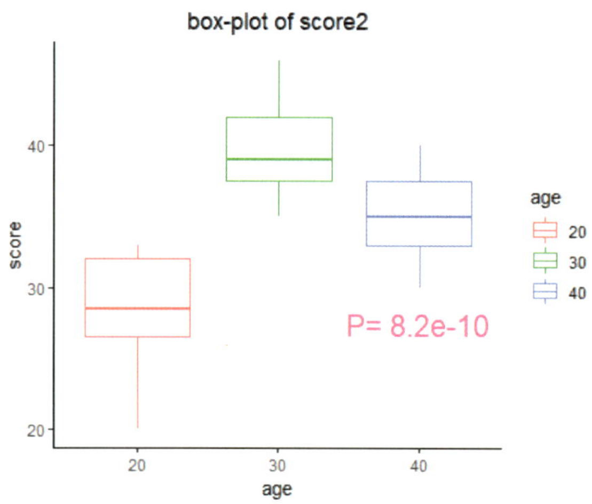

```
#install.packages("ggpubr") #설치
library(ggpubr) #패키지 호출
library("RColorBrewer") #팔레트사용을 위한 패키지 호출
```

다음과 같이 밀도(density)곡선을 그려 표현할 수 있다.

```
ggdensity(aov.1, #사용 데이터
          x = "score", #x축
          add = "mean", #평균선 추가
          color = "age", #색지정
          fill = "age", #채우기
          palette = brewer.pal(n=3, name="Set2")) #사용하는 색 설정
```

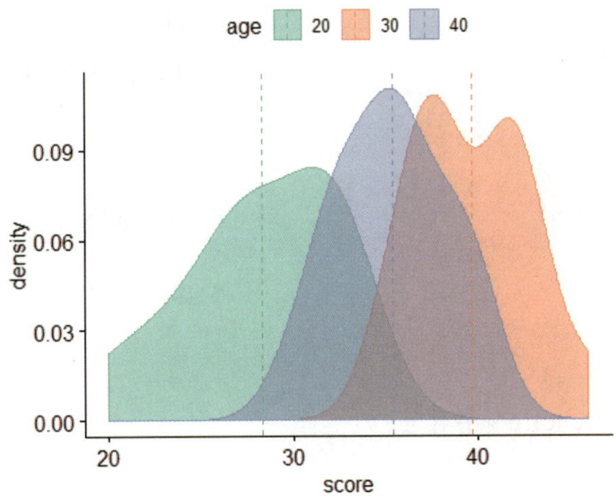

내용 요약

- 실습 데이터: one_way_anova.csv

anova는 기본 함수인 aov()로 진행하면 된다. 다만, 사후분석은 본인이 원하는 패키지를 설치하여 분석을 진행하면 된다.

- base 패키지
  - read.csv(): csv 파일 읽어오기
  - summary(): 기초통계량
  - head(): 상위 6개 데이터 확인
  - is.na(): 결측값 확인
  - ifelse(): 조건문
- dplyr 패키지
  - mutate(): 변수 파생
  - select(): 변수 선택
- aov(): 분산분석
- agricolae 패키지
  - scheffe.test(): scheffe사후검정

  ⋮
- DescTools 패키지
  - PostHocTest(): 다양한 사후검정
- ztable 패키지, magrittr 패키지
  - ztable(): 표 만들기
- kableExtra 패키지
  - kable(): 표 만들기
- plot()
- boxplot(): 상자그림
- ggplot2(): 다양한 그래프

참고자료

- https://cran.r-project.org/web/packages/agricolae/agricolae.pdf
- https://www.rdocumentation.org/packages/DescTools/versions/0.99.19/topics/PostHocTest

ch.14 이원배치분산분석

이원배치분산분석(two-way anova)은 2개의 요인(factor)에 대한 평균 차이의 통계적 유의성을 확인하는 분석방법이다. 이원배치분산분석에서는 반복측정 분산분석과 달리 상호작용항(interaction term)에 대한 통계적 해석은 하지 않는다.

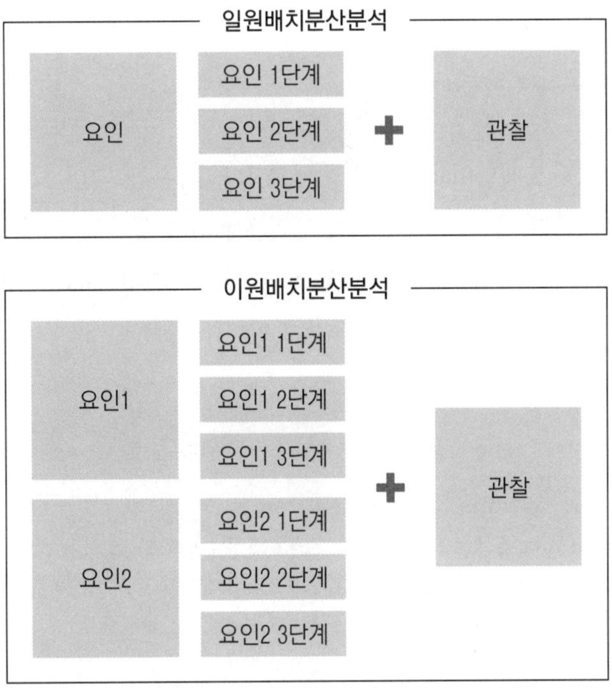

[그림 14-1] 이원배치분산분석

1 함수식

R stats 패키지는 aov()라는 함수를 제공함으로써 분산분석을 할 수 있게 한다. 실행 방법은 일원배치분산분석과 큰 차이가 없다.

```
aov(response ~ factor1 + factor2 + factor1:factor2)
```

2 분석 준비

2-1 데이터 구조 실습 데이터: iris

iris 데이터는 데이터프레임(dataframe) 형태로 R을 다루는 거의 모든 책에 적어도 한 번은 소개될 만큼 널리 알려진 데이터다. 붓꽃(Sepal)의 꽃받침 길이(Sepal.Length), 꽃받침 너비(Sepal.Width), 꽃잎 길이(Petal.Length), 꽃잎 너비(Petal.Width), 종(Species)에 해당하는 총 5개 변수와 150개 관측치를 갖고 있다.

```
str(iris)
```

```
'data.frame'   :  150 obs. of 5 variables:
$ Sepal.Length: num 5.1 4.9 4.7 4.6 5 5.4 4.6 5 4.4 4.9 ...
$ Sepal.Width  : num 3.5 3 3.2 3.1 3.6 3.9 3.4 3.4 2.9 3.1 ...
$ Petal.Length: num 1.4 1.4 1.3 1.5 1.4 1.7 1.4 1.5 1.4 1.5 ...
$ Petal.Width  : num 0.2 0.2 0.2 0.2 0.2 0.4 0.3 0.2 0.2 0.1 ...
$ Species      : Factor w/ 3 levels "setosa","versicolor",..: 1 1 1 1 1 1 1 1 1 1 ...
```

```
head(iris, 3)
```

```
  Sepal.Length  Sepal.Width  Petal.Length  Petal.Width  Species
1          5.1          3.5           1.4          0.2   setosa
2          4.9          3.0           1.4          0.2   setosa
3          4.7          3.2           1.3          0.2   setosa
```

2-2 데이터 설명

iris에 대한 기초통계량은 다음과 같다. 이때 summary() 함수는 결측값이 있을 경우에만 표시해주는데, 다음 결과에 따라 결측이 없음을 알 수 있다.

```
summary(iris)
```

```
Sepal.Length   Sepal.Width    Petal.Length   Petal.Width        Species
Min.   :4.300  Min.   :2.000  Min.   :1.000  Min.   :0.100  setosa    :50
1st Qu.:5.100  1st Qu.:2.800  1st Qu.:1.600  1st Qu.:0.300  versicolor:50
Median :5.800  Median :3.000  Median :4.350  Median :1.300  virginica :50
Mean   :5.843  Mean   :3.057  Mean   :3.758  Mean   :1.199
3rd Qu.:6.400  3rd Qu.:3.300  3rd Qu.:5.100  3rd Qu.:1.800
Max.   :7.900  Max.   :4.400  Max.   :6.900  Max.   :2.500
```

3 분석

3-1 그룹화

summary() 함수로 기초통계량을 산출할 수 있다. 이를 통해 연속형 데이터에 대한 집단 구분이 필요한 경우 기초 정보를 파악할 수 있다.

```
summary(iris$Petal.Width)
```

```
 Min.  1st Qu.  Median   Mean  3rd Qu.   Max.
0.100    0.300    1.300  1.199    1.800  2.500
```

dplyr 패키지와 ifelse() 함수를 이용하여 3개 집단 Petal.Width를 구분해본다. dplyr 패키지를 사용해서 새롭게 변수를 파생하고자 한다.

```
library(dplyr)
iris.1<-iris %>%
mutate(Petal.Group=ifelse(Petal.Width<0.5,"하",
                   ifelse(Petal.Width<=1.7 ,"중","상")),
       n=1:n()) %>%
select_all
```

구분된 결과를 확인하기 위해서 table() 함수를 활용한다.

```
table(iris.1$Petal.Group)
```

```
상 중 하
46 56 48
```

```
str(iris.1)
```

```
'data.frame'  :  150 obs. of 7 variables:
 $ Sepal.Length: num 5.1 4.9 4.7 4.6 5 5.4 4.6 5 4.4 4.9 ...
 $ Sepal.Width : num 3.5 3 3.2 3.1 3.6 3.9 3.4 3.4 2.9 3.1 ...
 $ Petal.Length: num 1.4 1.4 1.3 1.5 1.4 1.7 1.4 1.5 1.4 1.5 ...
 $ Petal.Width : num 0.2 0.2 0.2 0.2 0.2 0.4 0.3 0.2 0.2 0.1 ...
 $ Species     : Factor w/ 3 levels "setosa","versicolor",..: 1 1 1 1 1 1 1 1 1 1 ...
 $ Petal.Group : chr "하" "하" "하" "하" ...
 $ n           : int 1 2 3 4 5 6 7 8 9 10 ...
```

새롭게 파생한 Petal.Group이 범주형 데이터로 생성되었기 때문에 이를 factor로 변환한다.

```
iris.1$Petal.Group<-as.factor(iris.1$Petal.Group)
```

변환된 결과를 확인하기 위해 str() 함수를 사용한다.

```
str(iris.1)
```

```
'data.frame'  :  150 obs. of 7 variables:
 $ Sepal.Length: num 5.1 4.9 4.7 4.6 5 5.4 4.6 5 4.4 4.9 ...
 $ Sepal.Width : num 3.5 3 3.2 3.1 3.6 3.9 3.4 3.4 2.9 3.1 ...
 $ Petal.Length: num 1.4 1.4 1.3 1.5 1.4 1.7 1.4 1.5 1.4 1.5 ...
 $ Petal.Width : num 0.2 0.2 0.2 0.2 0.2 0.4 0.3 0.2 0.2 0.1 ...
 $ Species     : Factor w/ 3 levels "setosa","versicolor",..: 1 1 1 1 1 1 1 1 1 1 ...
 $ Petal.Group : Factor w/ 3 levels "상","중","하": 3 3 3 3 3 3 3 3 3 3 ...
 $ n           : int 1 2 3 4 5 6 7 8 9 10 ...
```

변환 과정을 마치고 iris.1을 확인한다.

```
head(iris.1)
```

```
Sepal.Length  Sepal.Width  Petal.Length  Petal.Width Species  Petal.Group  n
1          5.1          3.5           1.4          0.2 setosa            하  1
2          4.9          3.0           1.4          0.2 setosa            하  2
3          4.7          3.2           1.3          0.2 setosa            하  3
4          4.6          3.1           1.5          0.2 setosa            하  4
5          5.0          3.6           1.4          0.2 setosa            하  5
6          5.4          3.9           1.7          0.4 setosa            하  6
```

3-2 aov() 함수와 TukeyHSD() 사후분석

다음과 같은 형태(factor1 * factor2)로 입력하면 교차항(interaction)이 자동으로 생성된다.

```
two.anova.1<-aov(Sepal.Length ~ Petal.Group * Species, data=iris.1)
summary(two.anova.1)
```

```
                     Df  Sum Sq  Mean Sq  F value  Pr(>F)
Petal.Group           2   62.31   31.156  119.233  <2e-16 ***
Species               2    1.96    0.979    3.748  0.0259 *
Petal.Group:Species   1    0.27    0.270    1.032  0.3113
Residuals           144   37.63    0.261
---
Signif. codes: 0 '***' 0.001 '**' 0.01 '*' 0.05 '.' 0.1 ' ' 1
```

factor1 + factor2로 연결한 경우에 앞서 '*'로 factor를 묶어낸 것과 같은 결과를 얻기 위해서는 추가적으로 + factor1:factor2와 같이 교차항을 입력해줘야 한다. 이는 요인(factor)에 대한 주효과(subject effect)만 확인하고자 할 경우 사용하면 된다.

```
two.anova<-aov(Sepal.Length ~ Petal.Group + Species + Petal.Group:Species,
data=iris.1)
summary(two.anova)
```

```
                     Df  Sum Sq  Mean Sq  F value  Pr(>F)
Petal.Group           2   62.31   31.156  119.233  <2e-16 ***
Species               2    1.96    0.979    3.748  0.0259 *
Petal.Group:Species   1    0.27    0.270    1.032  0.3113
Residuals           144   37.63    0.261
---
Signif. codes:  0 '***' 0.001 '**' 0.01 '*' 0.05 '.' 0.1 ' ' 1
```

계속해서, TukeyHSD() 함수를 이용해 사후검정을 실시한다.

```
TukeyHSD(two.anova)
```

```
  Tukey multiple comparisons of means
    95% family-wise confidence level

Fit: aov(formula = Sepal.Length ~ Petal.Group + Species + Petal.Group:Species,
data = iris.1)

$Petal.Group
            diff        lwr        upr  p adj
중-상  -0.7064441  -0.9473339  -0.4655543     0
하-상  -1.6219203  -1.8716991  -1.3721415     0
하-중  -0.9154762  -1.1535948  -0.6773576     0
```

```
$Species
        diff    lwr     upr     p adj
versicolor-setosa     0.03701398      -0.2051008      0.2791287
0.9303357
virginica-setosa      0.06734317      -0.1747716      0.3094579
0.7877296
virginica-versicolor 0.03032919      -0.2117855      0.2724439
0.9526620

$`Petal.Group:Species`
     ⋮
(이하 생략)
```

사후검정은 기본적으로 모든 집단에 대한 비교를 진행하는 방식이기 때문에 필요한 부분만 결과를 확인하면 된다.

3-3 agricolae 패키지를 이용한 사후검정

agricolae 패키지는 아래와 같이 다양한 사후검정을 할 수 있다.

- scheffe
- duncan
- snk
- tukey HSD
- bonfferoni

```
#install.packages("agricolae")
library(agricolae)
```

scheffe.test() 함수뿐만 아니라 다른 사후검정 방법도 옵션에 따른 차이가 없다.

```
scheffe <- scheffe.test(two.anova,
                        "Species",
                        alpha = 0.05,
                        group=T,
                        console=T,
                        main="iris-scheffe test")
```

```
Study: iris-scheffe test

Scheffe Test for Sepal.Length

Mean Square Error : 0.2613043

Species, means

           Sepal.Length       std  r Min Max
setosa            5.006 0.3524897 50 4.3 5.8
versicolor        5.936 0.5161711 50 4.9 7.0
virginica         6.588 0.6358796 50 4.9 7.9

Alpha: 0.05 ; DF Error: 144
Critical Value of F: 3.058928

Minimum Significant Difference: 0.2528733

Means with the same letter are not significantly different.

           Sepal.Length groups
virginica         6.588      a
versicolor        5.936      b
setosa            5.006      c
```

```
snk <- SNK.test(two.anova,
                "Species",
                alpha = 0.05,
                group=T,
                console=T,
                main="iris-snk test")
```

```
Study: iris-snk test

Student Newman Keuls Test
for Sepal.Length

Mean Square Error:  0.2613043

Species,  means

           Sepal.Length       std  r  Min  Max
setosa            5.006 0.3524897 50  4.3  5.8
versicolor        5.936 0.5161711 50  4.9  7.0
virginica         6.588 0.6358796 50  4.9  7.9

Alpha: 0.05 ; DF Error: 144

Critical Range
        2         3
0.2020769 0.2421147

Means with the same letter are not significantly different.

           Sepal.Length  groups
virginica         6.588       a
versicolor        5.936       b
setosa            5.006       c
```

```
duncan <- duncan.test(two.anova,
                      "Species",
                      alpha = 0.05,
                      group=T,
                      console=T,
                      main="iris-duncan test")
```

```
Study: iris-duncan test

Duncan's new multiple range test
for Sepal.Length

Mean Square Error:  0.2613043

Species, means

           Sepal.Length       std  r Min Max
setosa            5.006 0.3524897 50 4.3 5.8
versicolor        5.936 0.5161711 50 4.9 7.0
virginica         6.588 0.6358796 50 4.9 7.9

Alpha: 0.05 ; DF Error: 144

Critical Range
        2         3
0.2020769 0.2126919

Means with the same letter are not significantly different.

           Sepal.Length groups
virginica         6.588      a
versicolor        5.936      b
setosa            5.006      c
```

3-4 DescTools 패키지를 이용한 사후검정

DescTools 패키지를 이용해 다음과 같은 방식으로 사후검정을 실시한다.

```
PostHocTest(x,
            method = c("hsd",  #방법 선택
                       "bonferroni",
                       "lsd",
                       "scheffe",
                       "newmankeuls",
                       "duncan"),
            conf.level = 0.95, ...) #신뢰수준 설정
```

```
#install.packages("DescTools")
library(DescTools)
PostHocTest(two.anova, method = "lsd")

 Posthoc multiple comparisons of means : Fisher LSD
  95% family-wise confidence level

$Petal.Group
            diff     lwr.ci     upr.ci    pval
중-상 -0.7064441 -0.9074986 -0.5053896 1.2e-10 ***
하-상 -1.6219203 -1.8303939 -1.4134467 < 2e-16 ***
하-중 -0.9154762 -1.1142177 -0.7167347 6.6e-16 ***

$Species
                           diff      lwr.ci     upr.ci   pval
versicolor-setosa    0.03701398 -0.1650629 0.2390908 0.7178
virginica-setosa     0.06734317 -0.1347337 0.2694200 0.5111
virginica-versicolor 0.03032919 -0.1717477 0.2324061 0.7672

$`Petal.Group:Species`
     ⋮
(이하 생략)
```

3-5 응용

다양한 사후분석 결과 중에서도 통계적으로 유의한 검정 결과만을 확인하기 위해 유의확률(p)을 산출하여 판단할 수 있다. 유의확률(p)뿐만 아니라 통계분석 결과에 대한 특정값을 추출하여 원하는 형태로 재가공할 수도 있다. 아래 코드는 str() 함수를 사용하여 분석 결과에 대해 인덱싱(indexing)을 한 결과다.

```
round(cbind(
  lsd= PostHocTest(two.anova, method="lsd")$Species[,"pval"],
  bonf=PostHocTest(two.anova, method="bonf")$Species[,"pval"],
  scheffe=PostHocTest(two.anova, method="scheffe")$Species[,"pval"],
  duncan=PostHocTest(two.anova, method="duncan")$Species[,"pval"],
  hsd=PostHocTest(two.anova, method="hsd")$Species[,"pval"]
), 4)
```

```
                        lsd  bonf  scheffe  duncan     hsd
versicolor-setosa    0.7178     1   0.9997  0.7178  0.9303
virginica-setosa     0.5111     1   0.9942  0.5393  0.7877
virginica-versicolor 0.7672     1   0.9999  0.7672  0.9527
```

내용 요약

■ 실습 데이터: iris

일원배치분산분석이나 이원배치분산분석은 기본 함수인 aov()로 진행하면 된다. 다만, 사후분석은 본인이 원하는 패키지를 설치하여 분석을 진행하면 된다.

■ base: 기본내장함수
- read.csv(): csv 파일 불러오기
- summary(): 기초통계량 확인
- head(): 데이터 일부 확인
- is.na(): 결측값 확인
- ifelse(): 조건문
- aov(): 분산분석 함수

■ dplyr: 추가 설치 함수
- group_by(): 집단 구분 함수
- filter(): 특정 조건 선택 함수
- mutate(): 계산 함수
- select(): 변수 선택 함수
- summarise(): 요약(기술통계량) 함수

■ agricolae
- scheffe.test()

⋮

■ DescTools
- PostHocTest()

참고자료

- http://www.sthda.com/english/wiki/two-way-anova-test-in-r
- http://psych.wisc.edu/moore/Rpdf/610-R3_post-hoc_one-way_betw.pdf
- https://cran.r-project.org/web/packages/agricolae/agricolae.pdf
- https://www.rdocumentation.org/packages/DescTools/versions/0.99.19/topics/PostHocTest

ch.15 공분산분석

공분산분석(ancova)은 일반적인 실험(사전/사후)/통제(사전/사후)의 실험연구에서 사전동질성(실험과 통제집단의 사전 간 차이가 없는 상황)이 위배되었을 때 특정 변수를 통제변수로 두어 순수한 평균 차이를 확인하고자 하는 통계분석방법이다.

1 기본 개념

최근 분석들은 단순히 평균을 비교하거나 영향력을 확인하는 형태가 아니라 통제(control)된 상태에서 분석을 수행한다. 따라서 '통제'라는 용어를 먼저 이해하고 분석해야 한다. 사실, 실험연구나 수집된 연속형 데이터의 차이(변동)를 살펴보는 거의 대부분의 분석이 평균비교이다. 그러나 단순히 평균만을 비교할 경우에도 등분산과 정규성, 더 나아가서는 구형성 등의 통계적 가정이 필요하다. 여기에 덧붙여 최근에는 특정 변수를 통제하여 순수한(pure) 효과성이나 차이를 살펴보려는 연구가 활발해지고 있는 상황이다.

공분산분석은 범주형 변수인 그룹과 연속형 변수인 관찰값에 대한 차이를 비교하는 분산분석에 연속형인 통제변수를 추가함으로써 결과값에 대한 객관성을 확보하고자 하는 방식이다. 쉽게 말해 통제분석(모형)은 특정 변수를 모형에 산입(inset)하여 분석하는 방법이고, 통제변수는 각 요인(factor)에 공통적으로 정보가 섞여 있다고 생각하는 어떤 변수를 의미한다. 사회과학적 접근에서는 주로 인구학적 문항(성별, 학력 등)을 통제변수로 판단하며, 의학이나 자연과학 영역에서는 보통 연속형 데이터를 통제변수로 사용한다.

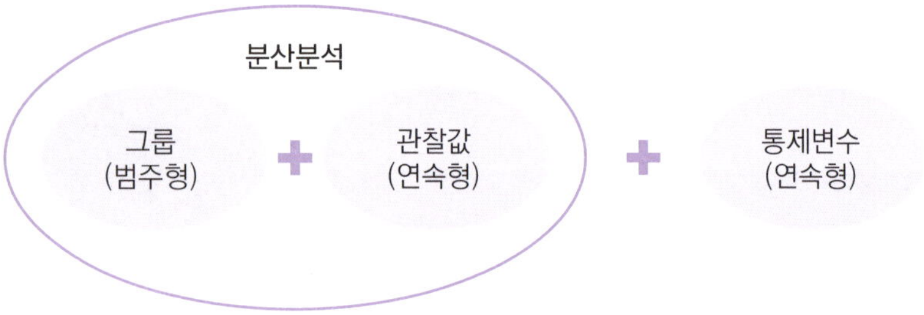

[그림 15-1] 공분산분석 ancova0

1-1 처치에 따른 실험연구

성적 향상을 위해서 특별한 교육프로그램을 개발했다고 해보자. 이때 교육프로그램이 정말 성적 향상에 영향을 주는지 확인해보기 위해서 실험연구를 하였다.

- 실험집단: 교육프로그램을 받는 집단 + 사전 성적 측정: 교육프로그램을 받지 않은 상태(실험 참여 전) + 사후 성적 측정: 교육프로그램을 받은 상태(실험 참여 후)
- 통제집단: 교육프로그램을 받지 않는 집단 + 사전 성적 측정: 교육프로그램을 받지 않은 상태(실험 불참 전) + 사후 성적 측정: 교육프로그램을 받지 않은 상태(실험 불참 후)

실험연구의 전제조건은 실험집단과 통제집단이 각각 사전 동질성(실험 대상자들의 특성)을 확보하여야 한다는 것이다. 실험집단과 통제집단 각각에 상위권 학생이 포함되어 있을 경우를 생각해보자. 상위권 학생은 특정 교육프로그램(처치)에 참여한다고 해서 특별히 성적 향상을 보이지 않을 수 있다. 오히려 중위권이나 그 이하 학생들의 성적 향상이 뚜렷이 나타날 수 있다. 만약 이와 같이 사전 성적에 따라서 사후 결과가 달라지거나 예상한 범위를 벗어난다면 우리는 사전 성적을 통제하길 원할 것이다. 그래서 실험집단과 통제집단 간 사전 성적이 차이가 없는 상태가 전제되어야 하는 것이다. 그렇지 않은 경우에는 사전 성적이 사후 성적에 영향을 줄 수 있으므로 사전 성적을 통제변수로 두고, 사후 성적에 영향을 미치는 것을 실험집단과 통제집단으로 구분하여 집단 간 차이에 대한 통제를 진행해야 한다.

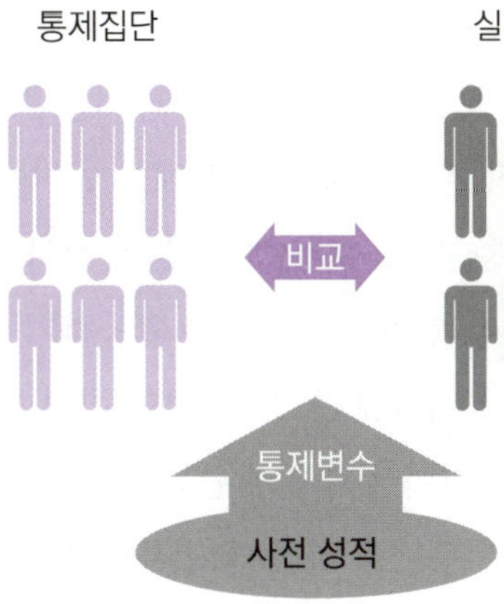

[그림 15-2] 처치에 따른 실험연구 ancova

1-2 영향을 주는 요인을 찾는 사회과학연구

특정 변수에 영향을 주는 요인을 찾는 연구는 일반적으로 다중선형회귀분석을 사용한다. 이때 특정 변수에 영향을 주는 요인들 이외의 통제변수를 고려한 모형을 설정한다면, 거의 대부분의 통제변수가 인구학적(성별, 연령, 거주지, 소득정도 등) 문항이 된다.

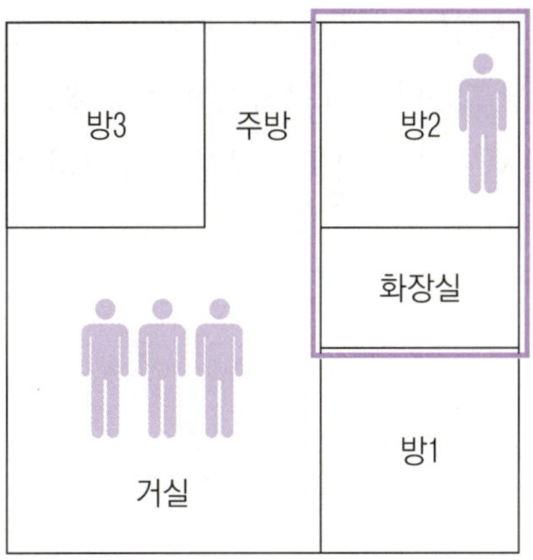

[그림 15-3] 통제변수 설명

[그림 15-3]과 같이 부모와 두 자녀로 구성된 4인 가족이 있다고 가정해보자. 자녀 중 한 명이 새벽 늦게 귀가하여 가족회의 후 주말 동안 외출금지 처분을 받았다고 해보자. 외출금지를 당한 사람은 화장실 이외에 본인 방에만 있어야 한다면, 스스로가 통제 당했다고 생각할 것이다. 이때 통제라는 것은 특정한 사람이 제한된 영역에서만 활동할 수 있다는 것을 의미하며, 특정 영역 이외에서는 활동하기 어렵다는 것으로 이해할 수 있다. 그런데 이것을 다르게 생각해보면, 통제 영역 이외의 모든 영역은 곧 통제와 반대되는 순수한 영역으로 가족 3인이 자유롭게 활동할 수 있는 영역이 된다.

같은 방식으로 회귀분석에서도 통제를 한다. 회귀분석에서는 개별적인 변수들의 영향력을 회귀계수(regression coefficient, β)를 통해서 살펴볼 수 있는데, 통제변수의 영향력을 모형에 포함하되 그에 대한 해석이나 활용은 하지 않는다. 결국 통제변수를 모형에 산입(insert)함으로써 그 외 나머지 영역에 대한 순수한 영향력을 파악해볼 수 있는 것이다. 만약 통제변수를 모형에 포함하지 않는다면, 모형 자체가 통제변수의 영역을 고려하지 않으므로 실제 데이터에 대한 순수한 영향력 또는 순수한 인과관계라고 하기 어렵다.

우리가 하는 거의 대부분의 분석은 일반화를 위한 것인데, 조금 더 세밀하고 객관적인 일반화를 위한 측면에서 볼 때 통제변수를 사용하는 분석은 현실세계와 가깝게 구성된 관계성이나 독립적이지 않은 상호작용(interaction)을 반영하기 위한 접근방법으로 이해할 수 있다. 회귀분석에서 사용하는 일반적인 통제변수의 형태는 더미변수(dummy variable)이다. 이러한 더미변수를 통제변수로 활용하는 위계적 회귀분석(hierarchical regression)의 방법론이 대표적이며 이를 통해 조절효과나 매개효과 분석을 하기도 한다.[1] 보다 자세한 내용은 회귀분석 부분에서 살펴보자.

1 Baron, R. M., & Kenny, D. A. (1986). The moderator-mediator variable distinction in social psychological research: Conceptual, strategic, and statistical considerations. *Journal of Personality and Social Psychology*, 51, 1173-1182.

2 lm() 함수

앞서 서술한 바와 같이 공분산은 회귀분석과 분산분석의 특성을 갖는 분석이다. 사후 점수를 종속변수로 설정하여 공변량이 종속변수에 영향을 주는지 확인하는 동시에, 영향을 준다고 할지라도 해당 영향력을 분리(통제)함으로써 순수하게 factor(그룹) 간의 차이가 있는지를 확인하고자 하는 방법이다. R에서 제시하는 aov() 함수나 lm() 함수에서 모두 분석할 수 있는데 본서에서는 lm() 함수로 분석하고자 한다.

- lm(종속변수 ~ 공변량 + factor, data=사용데이터)
- 종속변수: 사전–사후 실험에서는 사후점수를 종속변수로 설정
- 공변량: 종속변수와 반대되는 사전점수를 공변량으로 설정
- factor: 일반적으로 실험집단과 통제집단을 구분한 그룹 변수를 factor로 설정

3 분석 준비

3-1 데이터 설명 실습 데이터: ancova.csv

본 데이터는 특정 교육프로그램(treatment)을 실시한 그룹(실험집단)과 실시하지 않은 그룹(통제집단)을 비교하고자 사전과 사후의 시점을 실험집단과 통제집단으로 구성한 데이터이다.

3-2 데이터 구조

먼저, 데이터를 불러온 후 기초 정보를 통해 데이터의 형태와 기초통계량, 구조 등을 확인한다.

```
ancova<-read.csv("D:/python/R_3/data/ancova.csv", header=T)
```

데이터의 형태와 결측값에 대해서 살펴본다.

```
head(ancova, 3)
```

```
  group  pre  post
1     1   55    70
2     1   54    72
3     1   53    76
```

```
sum(is.na(ancova))
```

```
[1] 0
```

psych 패키지를 이용해서 기술통계량을 산출한다.

```
library(psych)
```

describe() 함수는 변수에 대한 값을 산출하고, describeBy() 함수는 각 그룹별 변수에 대한 기술통계량을 산출한다.

```
describe(ancova[,-1])
```

```
     vars  n   mean    sd  median  trimmed   mad  …  kurtosis    se
pre     1  36  58.06  5.05      57    57.47  3.71  …       0.3  0.84
post    2  36  62.36  8.32      60    62.03  8.90  …      -1.2  1.39
```

```
describeBy(ancova[,2:3], ancova[,1])
```

```
 Descriptive statistics by group
group: 1
     vars   n   mean    sd  median  trimmed   mad  … kurtosis   se
pre     1  18  58.06  5.13      57    57.69  3.71  …     0.12  1.21
post    2  18  68.22  6.94      70    68.38  6.67  …    -1.17  1.64
------------------------------------------------------------
group: 2
     vars   n   mean    sd  median  trimmed   mad  … kurtosis   se
pre     1  18  58.06  5.13    57.0    57.69  3.71  …     0.12  1.21
post    2  18  56.50  4.66    55.5    56.25  2.22  …    -0.06  1.10
```

```
str(ancova)
```

```
'data.frame':  36 obs. of 3 variables:
 $ group    : int 1 1 1 1 1 1 1 1 1 1 ...
 $ pre      : int 55 54 53 56 57 53 52 55 57 60 ...
 $ post     : int 70 72 76 65 66 70 71 55 59 60 ...
```

describe(ancova[,-1])에서 -1의 의미는 첫 번째 열을 제외하고 기술통계량을 산출하겠다는 것이다.

3-3 숫자형 데이터를 문자형으로 변환

불러온 데이터에서 group 변수의 값이 1인 경우 Trt(Treatment; 처리), 2인 경우 Ctr(Control; 통제)로 각각 변환 과정을 거친다. 그 후 문자형(factor)으로 변수의 형태를 변경한다.

```
ancova$group<-ifelse(ancova$group==1,"Trt","Ctr")
```

as.factor() 함수로 분석을 위해 데이터 유형을 변경한다.

```
ancova$group<-as.factor(ancova$group)
```

factor의 label을 재조정하고 결과를 확인하기 위해 head() 함수를 사용한다.

```
head(ancova, 3)
```

```
  group  pre  post
1  Trt    55    70
2  Trt    54    72
3  Trt    53    76
```

ancova 데이터의 구조를 확인하여 전체적인 데이터 준비가 완료됨을 확인한다.

```
str(ancova)
```

```
'data.frame':  36 obs. of 3 variables:
 $ group    : Factor w/ 2 levels "Ctr","Trt": 2 2 2 2 2 2 2 2 2 2 ...
 $ pre      : int  55 54 53 56 57 53 52 55 57 60 ...
 $ post     : int  70 72 76 65 66 70 71 55 59 60 ...
```

levels() 함수는 해당하는 변수의 factor level(요인 수준)과 관련된 함수이다. 해당 함수 중 기준은 알파벳 순서가 가장 빠른 단어부터 정해진다. 따라서 임의로 기준을 설정해야 하는 경우가 있을 수 있다.

```
levels(ancova$group)
```

```
[1] "Ctr" "Trt"
```

만약 기준을 새롭게 설정해야 한다면 relevel을 이용할 수 있다.

```
ancova$group<-relevel(ancova$group, ref="Ctr")
levels(ancova$group)
```

```
[1] "Ctr" "Trt"
```

기준(reference)은 말 그대로 기준이 되는 집단을 의미하는데, 통계분석의 경우 비교하고자 하는 것에 대한 기준 설정이 필요하다. 대개의 경우 실험연구에서 통제집단은 처치를 가하지 않은 순수한 집단으로서 분석의 기준이 되며, 실험집단은 처치가 가해진 집단이므로 기준으로 설정되지 않는다.

4 분석

4-1 독립 t검정의 사례

실험연구에서 사전 동질성 검정을 위해 실험집단과 통제집단의 사전(pre)에 따른 평균 차이를 확인하는 독립 t검정을 실시한다. 육상경기는 특정 거리에서 누가 가장 빠른가를 확인하는 스포츠로 출발선(baseline)이 동일한 상태에서 선수들을 공정하게 출발하도록 한다. 마찬가지로, 실험연구에 대한 통계분석에 있어서 우리가 관심 있는 특정 변수에 대한 측정값(처리를 하지 않은 상태로 측정된 값)이 동일하기를 바라는 것은 당연한 것이다. 이를 집단에 따라 살펴보고, 집단에 따른 차이가 생기는 경우 해당 값(시작값, 사전측정값)을 공변량(covariate)으로 공분산 분석에 사용하는 것이다.

사전 동질성 검정을 위해 집단에 따른 사전값(pre)에 대한 독립 t검정을 실시한다.

```
t.test(pre~group, data=ancova)
```

```
 Welch Two Sample t-test

data:  pre by group
t = 0, df = 34, p-value = 1
alternative hypothesis: true difference in means is not equal to 0
95 percent con dence interval:
 -3.473418  3.473418
sample estimates:
mean in group Ctr mean in group Trt
          58.05556           58.05556
```

계속해서, 사전과 사후의 차이 d라는 변수를 추가한다. d는 사전과 사후 값의 변화 정도이다. 따라서 d의 평균이 집단에 따라 차이가 있는지 확인하기 위해서 독립 t검정을 실시한다.

- H_0: d의 평균은 집단에 따라 차이가 없다.
- H_1: d의 평균은 집단에 따라 차이(작거나 크다, 양측검정)가 있다.

```
ancova$d<-ancova$pre-ancova$post
head(ancova)
```

```
  group  pre  post    d
1   Trt   55    70  -15
2   Trt   54    72  -18
3   Trt   53    76  -23
4   Trt   56    65   -9
5   Trt   57    66   -9
6   Trt   53    70  -17
```

독립 t검정을 실시한 결과 유의수준 0.05를 기준으로 통계적으로 유의한 차이가 있는 것으로 나타난다. 신뢰구간으로도 확인해보면 95% 신뢰구간은 각각 6.84에서

16.60으로 0보다 큰 양(+)의 범위를 형성하고 있으며, 이를 통해서 기준(reference)으로 잡혀 있는 통제집단(Ctr)에 비해 실험집단(Trt)의 평균이 크다는 것을 알 수 있다.

```
t.test(d~group, data=ancova)
```

```
 Welch Two Sample t-test

data:  d by group
t = 4.8837, df = 34, p-value = 2.429e-05
alternative hypothesis: true difference in means is not equal to 0
95 percent con dence interval:
  6.844301 16.600143
sample estimates:
mean in group Ctr mean in group Trt
         1.555556         -10.166667
```

독립 t검정 후 통제집단(Ctr)과 실험집단(Trt)의 기초통계량을 확인한다.

```
describeBy(ancova$d, ancova$group)
```

```
 Descriptive statistics by group
group: Ctr
  vars  n  mean   sd median trimmed  mad min max range skew kurtosis   se
X1    1 18  1.56 7.19      1    1.44 7.41 -10  15    25 0.19    -0.96 1.69
------------------------------------------------------------------
group: Trt
  vars  n   mean   sd median trimmed  mad min max range  skew kurtosis se
X1    1 18 -10.17 7.21     -9     -10 8.15 -23   0    23 -0.21    -1.38 1.7
 Descriptive statistics by group
group: Ctr
  vars  n  mean   sd median trimmed  mad min max range skew kurtosis   se
X1    1 18  1.56 7.19      1    1.44 7.41 -10  15    25 0.19    -0.96 1.69
------------------------------------------------------------------------
group: Trt
  vars  n   mean   sd median trimmed  mad min max range  skew kurtosis se
X1    1 18 -10.17 7.21     -9     -10 8.15 -23   0    23 -0.21    -1.38 1.7
```

4-2 공분산분석 결과에 대한 이해

공분산분석은 공분산을 추가하여 분산분석표를 해석한다.

- pre Sum Sq(사전의 제곱합) + group Sum Sq(집단의 제곱합) + Residuals Sum Sq(잔차의 제곱합) = 전체 데이터 정보
- pre Sum Sq(사전의 제곱합) + group Sum Sq(집단의 제곱합) = 설명할 수 있는 정보
- Residuals Sum Sq(잔차의 제곱합) = 설명할 수 없는 정보

$$\frac{\text{설명할 수 있는 정보}}{\text{전체 데이터의 정보}} = \text{설명력}(R^2)$$

사전(pre)의 F값은 사전의 평균제곱오차(mean square error, Mean sq)를 분자로 하고 잔차(Residuals)의 평균제곱오차를 분모로 하여 계산한 값이다.

$$\frac{pre_{mse}}{Residuals_{mse}} = \frac{603.71428}{35.12819} = 17.18604$$

사후(post)의 F값도 이와 같은 방법으로 계산할 수 있다. 계속해서 lm() 함수를 이용하여 사전은 공분산으로 하고 집단은 factor로 하고, 사후는 종속변수로 위치하여 공분산분석(ancova)을 실행한다. 그 결과 사전의 유의확률(p)은 3.752465e-01(0.3752465)로 통계적으로 사후에 영향을 주지 않는 것으로 나타난다. 다만, 우리가 확인해보고자 한 것은 실제 집단에 따른 사후의 차이이므로 통제에 사용했던 공변량의 유의확률(p)은 분석의 해석과 무관하며 오로지 (실험과 통제)에 대한 유의확률(p)을 해석하면 된다.

- H_0: 사전을 통제한 상태에서 집단에 따라 사후에 차이가 없다.
- H_1: 사전을 통제한 상태에서 집단에 따라 사후에 차이(작거나 크다; 양측검정)가 있다.

이에 유의수준 0.001을 기준으로 사전을 통제한 상태에서 (실험과 통제)에 따라 사후에 대해 통계적으로 유의한 차이가 있는 것으로 나타난다. ($F = 35.848$, $p < 0.001$)

유효숫자 표기법 참고

$1.126123e-06 = 1.126123 \times 10^{-6} = 1.126123 \times 0.00001 = 0.00001126123$,
$e-01 = 10^{-1} = 0.1$, $e-05 = 10^{-5} = 0.0001$, $e05 = 10^{5} = 100,000$

```
ancova.r<-lm(post~pre*group, data=ancova)
anova(ancova.r)
```

```
Analysis of Variance Table

Response: post
           Df  Sum Sq  Mean Sq  F value      Pr(>F)
pre         1   28.38    28.38   0.8227      0.3712
group       1 1236.69  1236.69  35.8476  1.126e-06 ***
pre:group   1   55.27    55.27   1.6022      0.2147
Residuals  32 1103.96    34.50
---
Signif. codes: 0 '***' 0.001 '**' 0.01 '*' 0.05 '.' 0.1 ' ' 1
```

4-3 emmeans 패키지를 이용한 추정된 주변 평균

emmeans 패키지를 호출한다.

```
#install.packages("emmeans")
library(emmeans)
```

emmeans 패키지를 호출하고 다음과 같이 분산분석표를 출력하기 위해 앞서 계산한 공분산분석 결과인 ancova.r을 사용하여 주변평균을 추정한다. 이때 사전에 대한 주변평균은 pre:group으로 설정하여 산출한다. 주변평균을 추정한다는 것은 통제변수를 반영한 평균을 추정한다는 것이다.

```
m.means<- emmeans(ancova.r, ~ pre:group)
m.means<-data.frame(m.means)
m.means
```

```
       pre group   emmean       SE df lower.CL upper.CL
1 58.05556   Ctr 56.50000 1.384411 32 53.68005 59.31995
2 58.05556   Trt 68.22222 1.384411 32 65.40227 71.04217
```

만약 종속변수(사후)의 집단별 평균이 아닌 전체에 대한 추정주변평균을 구하고 싶다면 공변량(독립변수)만을 선택해서 실행하면 된다.

```
m.t.means<- emmeans(ancova.r, ~ pre)
m.t.means<-data.frame(m.t.means)
m.t.means
```

```
       pre   emmean        SE df lower.CL upper.CL
1 58.05556 62.36111 0.9789263 32  60.3671 64.35512
```

다음의 결과는 비교를 위해 SPSS로 출력한 추정주변평균 화면을 첨부한 것이다.

추정 주변 평균

1. 프로그램실시_미실시

종속변수: 사후점수

프로그램실시_미실시	평균	표준오차	95% 신뢰구간	
			하한	상한
프로그램실시	68.222[a]	1.384	65.402	71.042
프로그램미실시	56.500[a]	1.384	53.680	59.320

a. 모형에 나타나는 공변량은 다음 값에 대해 계산됩니다.: 사전점수 = 58.06.

2. 총평균

종속변수: 사후점수

평균	표준오차	95% 신뢰구간	
		하한	상한
62.361[a]	.979	60.367	64.355

a. 모형에 나타나는 공변량은 다음 값에 대해 계산됩니다.: 사전점수 = 58.06.

5 그래프 그리기

5-1 base 패키지 활용

별도의 패키지를 설치하지 않고 다음과 같이 그래프를 그려볼 수 있다. par()는 기본 그래프의 옵션을 설정하는 함수이며, mfrow=는 벡터 형태로 여러 개의 그래프를 동시에 그릴 수 있도록 하는 옵션이다. 다음과 같이 mfrow=c(1,2)라고 입력한 경우는 벡터의 기본 입력 방식에 따라 1행, 2열의 형태로 그래프를 표현하라는 것이고, pty="s"는 그래프를 정사각형(square) 형태로 그리라는 옵션이다. 그 외 옵션에 대해서는 다음을 참고하면 다양한 옵션[2]을 활용할 수 있을 것이다.

```
par(mfrow=c(1,2), pty = "s") #그래프 옵션 1행 2열로 그리기, pty=s 정사각형태 그리기
plot(post~pre+group, data=ancova)
```

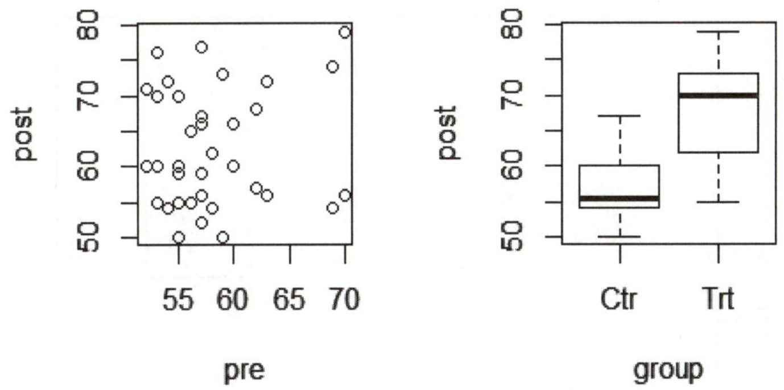

2 https://www.rdocumentation.org/packages/graphics/versions/3.5.2/topics/par

개별적으로 그래프를 그릴 때 범례(legend)에 대해서도 다음과 같이 할 수 있다. list() 옵션에 있는 x는 범례의 x축의 시작 위치를 의미하고, y는 축에서 범례가 끝나는 위치를 의미한다. 이때 색도 앞서 지정한 것처럼 같은 방식으로 지정한다.

```
plot(ancova$pre[ancova$group == 'Trt'], #group이 Tre인 pre
     ancova$post[ancova$group == 'Trt'], #group이 Tre인 post
     xlab='pre', #x축 이름 pre
     ylab='post', #y축 이름 post
     pch=15, #point 종류
     col='skyblue') #색
points(ancova$pre[ancova$group == 'Ctr'],
       ancova$post[ancova$group == 'Ctr'],
       pch=15, col='pink')
legend(list(x = 65,y = 70), #범례 위치 x=x축 시작점,y=y축 끝점
       legend = c("Ctr", "Trt"),
       col = c("skyblue","pink"),
       pch=15)
```

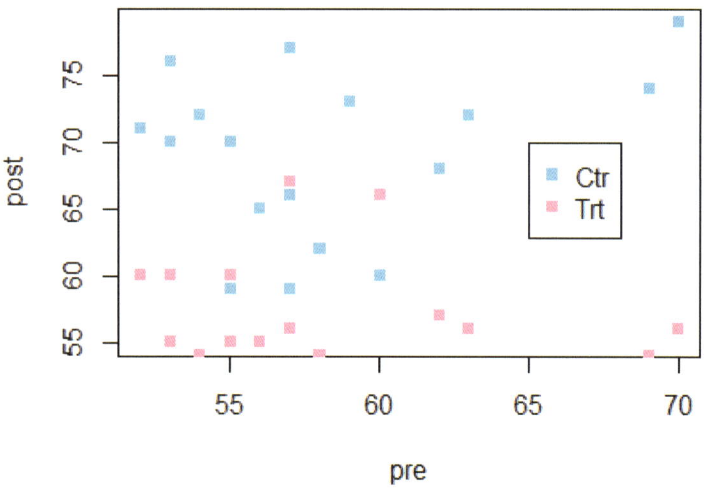

다음 코드는 앞서 제시한 코드에 png("ancova_plot2.png")과 dev.off()을 앞뒤로 추가한 형태로, 해당 결과를 작업폴더(working directory)에 저장하라는 의미이다. jupyter notebook과 RStudio는 출력 후 그래프를 선택한 후 마우스를 우클릭하여 다른 이름으로 이미지를 바로 저장할 수도 있다.

```
png("ancova_plot2.png") # png, pdf, jpeg, bmp

plot(ancova$pre[ancova$group == 'Trt'],
     ancova$post[ancova$group == 'Trt'],
     xlab='pre',ylab='post', pch=15, col='skyblue')

points(ancova$pre[ancova$group == 'Ctr'],
       ancova$post[ancova$group == 'Ctr'],
       pch=15, col='pink')

legend(list(x = 65,y = 70), legend = c("Ctr", "Trt"), col =
c("skyblue","pink"), pch=15)

dev.off()
```

```
png
 2
```

5-2 ggplot2 패키지 활용

ggplot2 이외 grid 패키지와 gridExtra 패키지[3]를 설치하면 보다 다양한 형태의 그래프를 만들 수 있다.

```
library(ggplot2)
library(grid)

#install.packages("gridExtra")
library(gridExtra)
```

```
#ancova 데이터를 사용하여, group별로 x축은 pre, y축은 post를 그리기
graph <- ggplot(ancova, aes(x=pre, y=post, color = group)) +
      geom_jitter() + #point를 흩어그리기
      geom_smooth(method = lm, se = F) + #회귀직선, se=T는 표준오차 표시
      labs(subtitle = "그룹별 pre vs post") #그래프 제목

graph
```

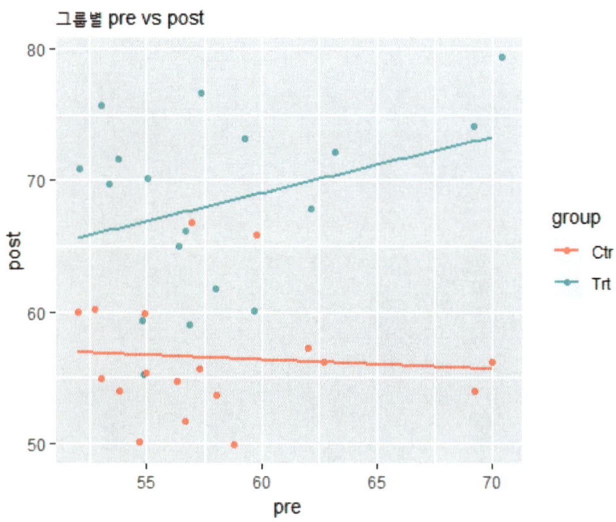

3 http://www.sthda.com/english/wiki/ggplot2-scatter-plots-quick-start-guide-r-software-and-data-visualization

6 개념 더하기

통계분석은 다양한 가정을 충족해야 그 결과에 대한 객관성을 보장받을 수 있다. 가장 대표적인 것이 정규성(normality)과 등분산성(equal-variance)이다. 공분산 분석에서도 이와 같은 기본 가정이 필요하다.

```
summary(ancova.r)
```

```
Call:
lm(formula = post ~ pre * group, data = ancova)

Residuals:
   Min      1Q  Median      3Q     Max
-11.918  -2.574  -0.363   3.447  10.426

coefficients:
            Estimate Std. Error t value Pr(>|t|)
(Intercept)  60.59167   16.18871   3.743 0.000717 ***
pre          -0.07048    0.27783  -0.254 0.801367
groupTrt    -17.15040   22.89429  -0.749 0.459261
pre:groupTrt  0.49733    0.39291   1.266 0.214736
---
Signif. codes:  0 '***' 0.001 '**' 0.01 '*' 0.05 '.' 0.1 ' ' 1

Residual standard error: 5.874 on 32 degrees of freedom
Multiple R-squared:  0.5446, Adjusted R-squared:  0.5019
F-statistic: 12.76 on 3 and 32 DF,  p-value: 1.193e-05
```

오차항을 추출하기 위해서 summary() 함수를 check라는 리스트 형태의 데이터로 저장하고, 다시 필요한 값을 추출하기 위해 names() 함수를 사용하여 데이터의 이름을 확인한다.

```
check<-summary(ancova.r)
names(check)
```

```
[1] "call"          "terms"        "residuals"      "coefficients"
[5] "aliased"       "sigma"        "df"             "r.squared"
[9] "adj.r.squared" "fstatistic"   "cov.unscaled"
```

6-1 오차항의 등분산 검정(Levene's test)

일반선형모형(general linear model)을 이용한 공분산 분석은 오차항(표본은 잔차)에 대한 등분산 가정을 요구한다. 따라서 정확한 가설검정 결과를 제시하기 위해서 반드시 오차항에 대한 등분산 검정을 확인해야 한다. 앞서 check라는 데이터를 생성한 후 residuals를 참조(indexing)하여 각 그룹별로 오차항을 출력하면 다음과 같다.

```
head(check$residuals, 3)
```

```
       1        2        3
3.082039 5.508888 9.935736
```

```
length(check$residuals)
```

```
[1] 36
```

lawstat 패키지를 호출한다.

```
library(lawstat)
```

오차(표본은 잔차)를 추가한 levene.test 데이터를 생성한다.

```
check.levene<-data.frame(ancova, resid=check$residuals)
            head(check.levene, 3)
```

```
 group  pre  post    d     resid
1  Trt   55    70  -15  3.082039
2  Trt   54    72  -18  5.508888
3  Trt   53    76  -23  9.935736
```

with() 함수를 이용하여 levene.test() 함수를 실행한다.

```
with(check.levene,
    levene.test(resid,
             group,
             location="mean",
             correction.method="zero.correction")
    )
```

```
Classical Levene's test based on the absolute deviations from the
mean ( zero.correction not applied because the location is not
set to median )

data: resid
Test Statistic = 4.0727, p-value = 0.05153
```

다음의 결과는 비교를 위해 SPSS로 출력한 오차항에 대한 등분산 검정 결과를 첨부한 것이다.

오차 분산의 동일성에 대한 Levene의 검정[a]

종속변수: 사후점수

F	자유도1	자유도2	유의확률
4.073	1	34	.052

여러 집단에서 종속변수의 오차 분산이 동일한 영가설을 검정합니다.

a. Design: 절편 + 사전점수 + 프로그램실시_미실시 + 프로그램실시_미실시 * 사전점수

6-2 R^2 산출 과정을 통한 제곱합 이해하기

앞서 언급한 제곱합(sum of square, Sum sq)을 이용해서 R^2를 산출하는 과정을 제시하여 분산분석표에 대한 이해를 돕고자 하였다. summary() 함수를 이용해서 앞서 분석했던 공분산분석의 결과를 요약해보면 다음과 같다. 이때 제시된 값 중 Multiple R-squared(수정된 R^2, 독립변수가 여러 개인 모형에서의 설명력) 0.5446을 직접 산출하는 과정을 통해 확인해보고자 한다.

```
check$r.squared #R제곱
```

```
[1] 0.5446293
```

```
check$adj.r.squared #수정된 R제곱
```

```
[1] 0.5019383
```

```
check.ancova<-anova(ancova.r)
check.ancova[,2]
```

```
[1]   28.38094 1236.69444   55.27243 1103.95774
```

전체 제곱합(Total Sum sq)을 구하고 오차(Residuals, error)를 제외한 모형으로 설명 가능한 부분의 제곱합을 구하여 R^2를 계산하고자 한다.

```
sst<-sum(check.ancova[,2])
ssr<-sum(check.ancova[1:3,2])
```

앞서 summary(ancova.r)로 계산한 R^2와 다음과 같이 계산한 값은 약간의 소수점 차이를 감안한다면 동일한 결과라 할 수 있다.

```
ssr/sst
```

```
[1] 0.5446293
```

6-3 전체 제곱합 확인

- 공변량을 포함한 모형이든 포함하지 않은 모형이든 전체 제곱합은 같다.
- 종속변수를 post(사후) 또는 d(사전과 사후의 차이, 차이)로 하든 전체 제곱합은 같다.

앞서 계산한 사전과 사후의 차이인 d를 종속변수로 두고, 공변량과 집단을 사용하는 나머지 방식은 그대로 하는 공분산분석을 진행하더라도 집단에 대한 유의확률(p)은 앞서 분석한 결과와 다르지 않다. 이때 모형에 대한 설명할 수 없는 정보(오차)가 줄어들게 되면, 그와 반대로 설명 가능한 정보가 늘어남으로써 상대적으로 집단(실험집단/통제집단)에 의한 통계적 유의성이 커질 수 있다.

다음은 d를 활용한 결과이다.

```
ancova.d0<-lm(d ~ group, data=ancova)
anova(ancova.d0)
```

```
Analysis of Variance Table

Response: d
          Df  Sum Sq  Mean Sq  F value     Pr(>F)
group      1  1236.7  1236.69   23.851  2.429e-05 ***
Residuals 34  1762.9    51.85
---
Signif. codes: 0 '***' 0.001 '**' 0.01 '*' 0.05 '.' 0.1 ' ' 1
```

다음은 비교를 위해 원자료를 활용한 분석 결과이다. 두 결과값이 차이가 없는 것을 확인할 수 있다.

```
ancova.r0<-lm(post~group, data=ancova)
anova(ancova.r0)
```

```
Analysis of Variance Table

Response: post
           Df  Sum Sq  Mean Sq  F value     Pr(>F)
group       1  1236.7  1236.69   35.405  9.993e-07 ***
Residuals  34  1187.6    34.93
---
Signif. codes:  0 '***' 0.001 '**' 0.01 '*' 0.05 '.' 0.1 ' ' 1
```

d(차이)와 상호작용항을 추가해 공분산분석을 실시한 결과를 산출하면 다음과 같다.

```
ancova.d<-lm(d ~ pre*group, data=ancova)
anova(ancova.d)
```

```
Analysis of Variance Table

Response: d
           Df   Sum Sq  Mean Sq  F value     Pr(>F)
pre         1   603.71   603.71  17.4996  0.0002087 ***
group       1  1236.69  1236.69  35.8476  1.126e-06 ***
pre:group   1    55.27    55.27   1.6022  0.2147356
Residuals  32  1103.96    34.50
---
Signif. codes:  0 '***' 0.001 '**' 0.01 '*' 0.05 '.' 0.1 ' ' 1
```

다음은 원자료에 상호작용항을 추가하여 공분산분석을 실시한 결과이다.

```
ancova.r<-lm(post~pre*group, data=ancova)
anova(ancova.r)
```

```
Analysis of Variance Table

Response: post
          Df  Sum Sq  Mean Sq  F value     Pr(>F)
pre        1   28.38    28.38   0.8227     0.3712
group      1 1236.69  1236.69  35.8476  1.126e-06 ***
pre:group  1   55.27    55.27   1.6022     0.2147
Residuals 32 1103.96    34.50
---
Signif. codes: 0 '***' 0.001 '**' 0.01 '*' 0.05 '.' 0.1 ' ' 1
```

추가적으로 위에 제시한 결과를 이용하여 R 코드를 직접 실행하면서 전체 제곱합의 합을 확인해보기 바란다.

6-4 표 작성

공분산분석의 분산분석표(anova table)를 표 형식으로 출력하면 다음과 같다. 이를 위해 kableExtra 패키지를 호출한다.

```
library(kableExtra)
```

markdown 포맷으로 표를 작성한다.

```
kable(anova(ancova.r), format = "markdown", #html, latex, markdown 형식으
로 변환
   caption = "Ancova", align = "c", digits=3) %>% #소수점 3자리, 표의 제목설정, 정렬
kable_styling(bootstrap_options = "condensed", # striped, bordered,
hover, condensed , responsive
                full_width = F, #표의 사이즈
                font_size = 15) %>% #글자 크기
footnote(general = "p<0.05 *, p<0.01**, p<0.001***",
          general_title = "Sig. " ) #footnote생성
```

	Df	Sum Sq	Mean Sq	F value	Pr(>F)
pre	1	28.381	28.381	0.823	0.371
group	1	1236.694	1236.694	35.848	0.000
pre:group	1	55.272	55.272	1.602	0.215
Residuals	32	1103.958	34.499	NA	NA

공분산분석 결과에 대한 추정주변평균의 표는 다음과 같이 만들 수 있다. 먼저 m.means의 구조를 확인한다.

```
str(m.means)
```

```
'data.frame':   2 obs. of  7 variables:
 $ pre      : num  58.1 58.1
 $ group    : Factor w/ 2 levels "Ctr","Trt": 1 2
 $ emmean   : num  56.5 68.2
 $ SE       : num  1.38 1.38
 $ df       : num  32 32
 $ lower.CL : num  53.7 65.4
 $ upper.CL : num  59.3 71
```

추정주변평균의 값을 포함하는 m.t.means 데이터에서 첫 번째 열(pre)을 제외한다.

```
m.t.means<-m.t.means[,-1]
m.t.means
```

```
   emmean        SE  df lower.CL  upper.CL
1 62.36111 0.9789263 32  60.3671  64.35512
```

전체 추정주변평균을 추출하여 m.t.means로 생성한다.

```
m.t.means<-data.frame(group="Tot", m.t.means)
m.t.means
```

```
  group   emmean        SE  df lower.CL  upper.CL
1   Tot 62.36111 0.9789263 32  60.3671  64.35512
```

첫 번째 열을 제외한 추정주변평균을 추출한다.

```
m.means[,-1]
```

```
  group   emmean       SE  df lower.CL  upper.CL
1   Ctr 56.50000 1.384411 32 53.68005  59.31995
2   Trt 68.22222 1.384411 32 65.40227  71.04217
```

최종적으로 주변평균을 모두 합한 ancova.m.t 데이터를 만든다.

```
ancova.m.t<-data.frame(rbind(m.means[,-1], m.t.means))
ancova.m.t
```

```
  group   emmean        SE  df lower.CL  upper.CL
1   Ctr 56.50000 1.3844108 32 53.68005  59.31995
2   Trt 68.22222 1.3844108 32 65.40227  71.04217
3   Tot 62.36111 0.9789263 32 60.36710  64.35512
```

kable() 함수를 이용해서 표를 작성하면 된다.

```
kable(ancova.m.t, format = "markdown", #html, latex, markdown 형식으로 변환
      caption = "EstiamatedMarginalMeans of Ancova", align = "c", digits=3)
%>% #소수점 3자리, 표의 제목설정, 정렬
kable_styling(bootstrap_options = "condensed", # striped, bordered,
hover, condensed , responsive
              full_width = F, #표의 사이즈
              font_size = 15) #글자 크기
```

group	emmean	SE	df	lower.CL	upper.CL
Ctr	56.500	1.384	32	53.680	59.320
Trt	68.222	1.384	32	65.402	71.042
Tot	62.361	0.979	32	60.367	64.355

RStudio에서 Rmarkdown을 활용해 결과표를 포함한 문서를 생성하고자 하는 경우에는 ztable, magrittr, officer, flextable 패키지를 활용하면 된다.

6-5 jmv 패키지 활용

공분산분석 결과를 한 번에 제시해주는 jmv 패키지도 살펴보기 바란다. jmv 패키지는 현재 jamovi라는 프로그램에서 사용하는 패키지를 의미한다. jamovi는 다양한 통계분석을 SPSS와 같은 GUI(Graphic User Interface)로 구성한 프로그램이다. 뒷부분에 jamovi에 대한 다운로드 방법과 간단한 사용법을 별도의 장으로 설명하고 있으니 참고하기 바란다(p. 595 'ch. 38 jamovi 프로그램 소개' 부분 참조).

패키지를 만들 때는 기존 패키지를 사용하므로 패키지들끼리 영속적이거나 주종 관계로 엮여 있는 경우가 많다. 따라서 추가적인 패키지 설치가 뒤따를 수 있다.

```
#install.packages("jmv")
library(jmv)
```

```
acv.jmv<-ancova(formula = post ~ pre*group,
        data = ancova,
        ss = 3,
        postHoc = ~ group,
        qq = T,
        emMeans = ~ group,
        emmPlots = T,
        emmTables = T)
```

```
NOTE: Results may be misleading due to involvement in interactions
```

```
acv.jmv
```

```
ANCOVA

ANCOVA

──────────────────────────────────────────────────────────────────
        Sum of Squares df      Mean Square    F        p
──────────────────────────────────────────────────────────────────
 pre                  28.4   1            28.4  0.823   0.371
 group                19.4   1            19.4  0.561   0.459
 pre:group            55.3   1            55.3  1.602   0.215
 Residuals          1104.0  32            34.5
──────────────────────────────────────────────────────────────────


POST HOC TESTS

Post Hoc Comparisons - group

──────────────────────────────────────────────────────────────────
 group     group  Mean Difference    SE     df      t   p-tukey
──────────────────────────────────────────────────────────────────
 Ctr    -  Trt              -11.7  1.96   32.0  -5.99    < .001
──────────────────────────────────────────────────────────────────


ESTIMATED MARGINAL MEANS

GROUP
```

Estimated Marginal Means - group

group	Mean	SE	Lower	Upper
Ctr	56.5	1.38	53.7	59.3
Trt	68.2	1.38	65.4	71.0

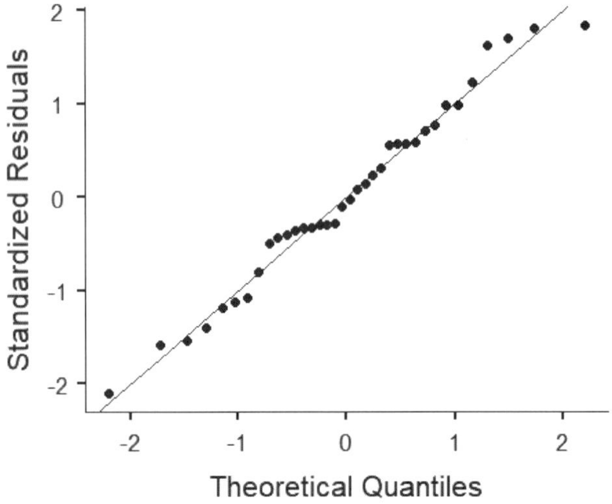

오차항에 대한 Q-Q plot (jmv 패키지)

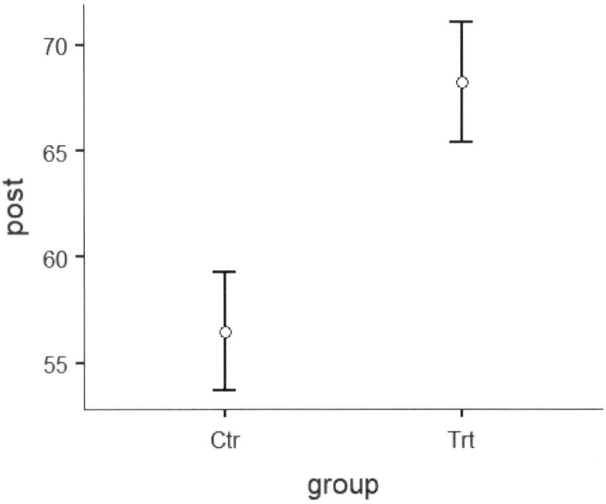

집단별 추정주변평균 (jmv 패키지)

내용 요약

- 실습 데이터: ancova.csv
- t.test(): 일표본, 독립표본, 대응표본의 차이 구분
- conf.level = 구간추정(신뢰구간) 범위 설정
- na.action = T 결측값 제외
- alter = less/greater/two.sided 검정 방향 설정
- kableExtra 패키지, ztable 패키지 등: 표
- ggplot2 패키지
  - geom_histogram(): 히스토그램
  - geom_box(): 상자그림
  - geom_density(): 확률밀도 그래프
  - geom_point() 등: 산점도

참고자료

– http://www.stat.columbia.edu/~martin/W2024/R8.pdf
– https://rcompanion.org/rcompanion/e_04.html
– http://faculty.missouri.edu/huangf/data/quantf/ancova_in_r_handout.pdf
– http://www.incodom.kr/R%ED%99%9C%EC%9A%A9/ANCOVA
– https://www.cscu.cornell.edu/news/statnews/stnews93.pdf
– https://www.rdocumentation.org/packages/jmv/versions/0.9.6/topics/ancova
– https://rpubs.com/rosemm/contrasts_with_lsmeans

ch.16 상관분석

1 기본 개념

상관분석(correlation analysis)은 통계를 다루는 분야에서 가장 많이 쓰이는 분석 중 하나다. 가장 널리 알려진 상관분석 방법은 피어슨 상관관계(pearson's correlation)이며 그 외에 스피어만(spearman)과 켄달(kendall)의 방법도 있다.

1-1 왜 상관분석을 하는가?

상관분석은 관계성 개념에 주목하는 가장 기본적인 분석으로 이를 통해 1차적인 관계성을 확장하여 고차원적인 관계성을 만들어줄 수 있다. 이에 최근 빅데이터 영역에서도 그 중요성이 상당히 큰 분석 중 하나이다. 관계성이 있는 데이터를 취합했는지 확인하기 위해서 상관분석을 하고, 관계성이 가장 높은 변수를 주요 변수로 생각하며, 분석 결과에 따라서 추가적인 데이터를 확보하려고 노력하는 일련의 과정이 모두 상관분석과 관련되어 있다.

1-2 통계적 접근

흔히들 상관관계를 비례 관계와 반비례 관계로 이해하기도 한다. 하지만 통계적 관점에서는 완전히 같은 것이라고 하기 어렵다. 통계에서 말하는 대부분의 상관관계는 2개의 연속형 변수 사이의 관계성을 의미하는 피어슨 상관관계이다. 따라서 필히 2개의 연속형 변수가 필요하다.

경향성??

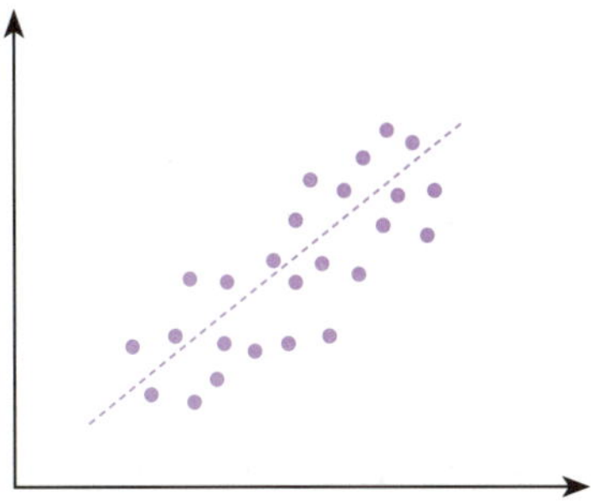

OR

평균 차이??

성별	N	평균	표준편차	T	P
남	150	4.89	1.35	0.897	0.673
여	150	4.73	1.47		

[그림 16-1] 상관관계의 개념

상관관계는 경향성을 의미하는 것으로 인과관계와는 뚜렷하게 구분되어야 하는 개념이다. 인과관계는 원인과 결과가 있지만, 상관관계는 원인과 결과를 구분하지 않고 서로 대등한 상태에서 생각하는 개념이다.

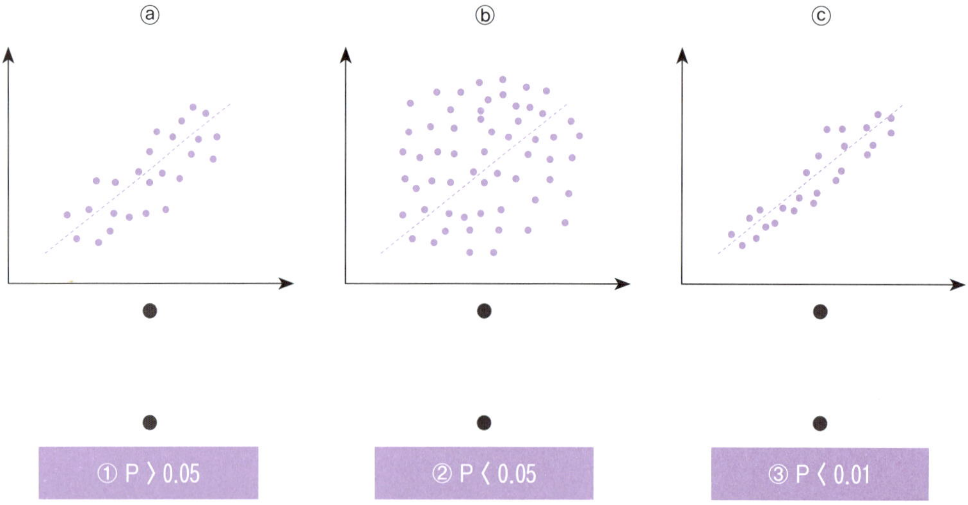

[그림 16-2] 상관관계 계수와 유의확률(p)

[그림 16-2]의 세 그림은 모두 특정한 연속형 데이터에 대한 산점도를 의미하며 중간에 그어진 직선의 기울기(correlation coefficent, 상관계수)는 모두 같다고 가정한다고 할 때 그림을 보고 제시된 3개의 p값과 연결할 수 있는가? 먼저 상관계수에 가장 가깝게 산점도가 찍힌 것은 ⓒ이고, 산점도가 가장 넓게 퍼진 것은 ⓑ이며, ⓐ는 나머지 두 개 산점도의 중간 정도의 퍼짐이 있는 것으로 보인다. 계속해서, ① 유의확률(p)은 유의수준(α)인 0.05보다 크고, ② 유의확률(p)은 유의수준(α)인 0.05보다 작고, ③ 유의확률(p)은 유의수준(α)인 0.01보다 작다. 따라서 다음과 같이 연결하면 된다.

ⓐ 산점도 → ② 유의확률(p)
ⓑ 산점도 → ① 유의확률(p)
ⓒ 산점도 → ③ 유의확률(p)

1-3 가설검정

상관분석에 대한 가설(양측)은 다음과 같다.

- H_0: 두 연속형 변수의 상관계수는 통계적으로 0이다(상관관계가 없다). ($\rho = 0$)
- H_1: 적어도 하나의 집단(요인수준)의 평균은 다르다(상관관계가 있다). ($\rho \neq 0$)
- p값 > 유의수준(α) → H_0 채택(accept) → 상관관계가 없다
- p값 < 유의수준(α) → H_0 기각(reject) → 상관관계가 있다

P 〉 0.05 = 상관관계 없다

P 〈 0.05 = 상관관계 있다

상관계수 해석
상관계수가 -1.0 ~ -0.7 사이에 있으면 **강한 음의 선형관계**
상관계수가 -0.3 ~ -0.7 사이에 있으면 **뚜렷한 음의 선형관계**
상관계수가 -0.1 ~ -0.3 사이에 있으면 **약한 음의 선형관계**
상관계수가 -0.1 ~ -0.1 사이에 있으면 **거의 무시될 수 있는 선형관계**
상관계수가 0.1 ~ 0.3 사이에 있으면 **약한 양의 선형관계**
상관계수가 0.3 ~ 0.7 사이에 있으면 **뚜렷한 양의 선형관계**
상관계수가 0.7 ~ 1.0 사이에 있으면 **강한 양의 선형관계**

[그림 16-3] 상관관계 해석

이변량 상관관계는 오로지 2개 변수 사이의 관계성을 의미한다. 따라서 다변량 상관관계(변수 3개 이상의 관계성)를 확인하고자 할 경우에는 정준상관분석을 해야 한다.

2 분석 준비

2-1 데이터 설명 실습 데이터: corr.csv

어떤 특정 집단의 성인 건강검진 데이터 중에서 키(cm)와 나이(만나이) 중 일부를 추출한 데이터다.

```
corr.1<-read.csv("D:/python/R_3/data/corr.csv", header=T)
```

psych 패키지가 이미 설치된 경우 psych::describe()와 같은 방식으로 분석할 경우 library()로 호출하지 않더라도 바로 특정 함수만 호출하여 사용할 수 있다.

```
psych::describe(corr.1)
```

```
       vars  n   mean    sd  median  trimmed  mad  …  kurtosis   se
age       1 12  23.50  3.61    23.5     23.5 4.45  …     -1.50 1.04
height    2 12 177.00  6.05   177.5    176.7 5.19  …     -0.28 1.75
weight    3 12  78.08 10.50    75.5     78.0 8.90  …     -0.97 3.03
```

결측값을 확인하기 위해 is.na() 함수와 sum() 함수를 사용한다.

```
sum(is.na(corr.1))
[1] 0
```

3 분석

3-1 stats::cor()

피어슨의 상관계수는 R에 설치되어 있는 기본 함수인 cor()를 사용하면 된다.

```
cor(corr.1)
```

```
              age    height    weight
age     1.0000000 0.1418071 0.1188562
height  0.1418071 1.0000000 0.6773804
weight  0.1188562 0.6773804 1.0000000
```

3-2 stats::cor.test()

상관계수에 대한 유의확률(p)은 별도로 다음과 같이 출력해야 하기 때문에 복잡한 과정을 거쳐야 한다. 그러나 상관계수에 대한 유의확률(p)을 확인하고자 여러 번 같은 분석을 실행하는 것은 불편한 일이다. 따라서 그에 알맞은 분석 패키지를 찾아 분석하기를 추천한다.

```
cor.test(corr.1$age, corr.1$height)
```

```
 Pearson's product-moment correlation

data:  corr.1$age and corr.1$height
t = 0.45301, df = 10, p-value = 0.6602
alternative hypothesis: true correlation is not equal to 0
95 percent confidence interval:
 -0.4703752  0.6618455
sample estimates:
      cor
0.1418071
```

3-3 psych 패키지

우리가 이미 설치한 psych 패키지를 활용하면 간단하게 상관계수를 출력할 수 있고, 덧붙여 상관계수에 대한 유의확률(p)도 확인할 수 있다.

```
corr.test(데이터,
          use = "pairwise", #데이터에 결측이 있는경우 행 삭제, 기본설정
          method="pearson", #"spearman", "kendall"
          alpha=.05, #유의수준
          ci=T, #신뢰구간
          ...)
```

앞서 설명한 것처럼 패키지::함수()는 특정 패키지의 함수만을 호출하는 것으로, 일반적으로 패키지 전부를 호출하는 것이 아니라 일종의 함수를 참조(indexing)해서 사용하는 방법이다. 이는 특정 함수들의 명령어가 겹치는 경우 유용하게 사용할 수 있는 방법이다.

```
corr.t<-psych::corr.test(corr.1)
corr.t
```

```
Call:psych::corr.test(x = corr.1)
Correlation matrix
         age   height   weight
age      1.00    0.14     0.12
height   0.14    1.00     0.68
weight   0.12    0.68     1.00
Sample Size
[1] 12
Probability values (Entries above the diagonal are adjusted for multiple tests.)
         age   height   weight
age      0.00    1.00     1.00
height   0.66    0.00     0.05
weight   0.71    0.02     0.00

 To see confidence intervals of the correlations, print with the
short=FALSE option
```

이때 다음과 같이 alpha= 옵션으로 유의수준(α)을 설정하거나 method="" 옵션으로 추가적인 상관계수를 산출하는 방법들을 선택할 수 있다. 아래의 경우는 비모수와 순위 데이터 형태에 사용하는 "spearman" 방법을 적용한 것으로 기본(default)은 피어슨 방법이다.

```
psych::corr.test(corr.1,
          use = "pairwise", #데이터에 결측이 있는경우 행 삭제, 기본설정
          method="spearman", #"spearman", "kendall"
          alpha=.05) #유의수준
```

```
Call:psych::corr.test(x = corr.1, use = "pairwise", method = "spearman",
    alpha = 0.05)
Correlation matrix
        age   height   weight
age     1.00    0.12     0.08
height  0.12    1.00     0.77
weight  0.08    0.77     1.00
Sample Size
[1] 12
Probability values (Entries above the diagonal are adjusted for multiple tests.)
        age   height   weight
age     0.00       1     1.00
height  0.71       0     0.01
weight  0.81       0     0.00

 To see confidence intervals of the correlations, print with the
short=FALSE option
```

또한 psych 패키지로도 편상관(partial correlation)을 산출할 수 있는데 partial.r() 함수를 이용하면 된다. 이때 데이터를 지정하고, 데이터에서 상관관계를 보고자 하는 변수를 x로 두고, 통제하고자 하는 변수를 y로 지정하면 된다. 다음과 같이 x는 우리가 기본 참조(indexing)하듯이 위치를 지정할 수 있다. y를 지정하는 방법도 마찬가지이며 y는 1개 이상의 통제변수를 설정할 수 있다.

```
partial<-psych::partial.r(data=corr.1, #데이터
                          x=1:2, #상관관계를 보고 싶은 변수위치
                          y=3, #통제하고 싶은 변수위치
                          use="pairwise", #데이터에 결측이 있는경우 행 삭제, 기본설정
                          method="pearson") #"spearman", "kendall"
partial
```

```
partial correlations
        age   height
age     1.00    0.08
height  0.08    1.00
```

다만, 통제가 된 상태에서 출력하는 결과물은 편상관계수만을 출력하므로 이에 대한 유의확률(p)을 같이 출력하고자 할 때는 한 가지 단계를 더 거쳐야 한다. 이때 corr.p() 함수를 통해서 앞서 상관계수 형태로 출력했던 결과물인 partial을 활용하여 다음과 같은 출력 결과를 제시할 수 있다.

```
partial.all<-psych::corr.p(partial, #데이터
                 n=nrow(corr.1), #원데이터의 개수
                 alpha=0.05) #유의수준
partial.all
```

```
Call:psych::corr.p(r = partial, n = nrow(corr.1), alpha = 0.05)
Correlation matrix
partial correlations
        age   height
age     1.00    0.08
height  0.08    1.00
Sample Size
[1] 12
Probability values (Entries above the diagonal are adjusted for multiple tests.)
partial correlations
        age   height
age     0.0     0.8
height  0.8     0.0

 To see confidence intervals of the correlations, print with the
short=FALSE option
```

3-4 추가 분석: ICC(평정자 간 일치도; Intra-Class Correlation)

psych 패키지는 평가자(측정자) 간 상관관계를 확인할 수 있다.

```
icc<-psych::ICC(corr.1, #데이터
     missing=T, #결측값 제외
     alpha=.05) #유의수준 설정

icc
```

```
Call: psych::ICC(x = corr.1, missing = T, alpha = 0.05)

Intraclass correlation coefficients
                          type      ICC      F  df1  df2 … upper bound
Single_raters_absolute    ICC1   -0.4894  0.014  11   24 …      -0.467
Single_random_raters      ICC2    0.0028  2.390  11   22 …       0.016
Single_fixed_raters       ICC3    0.3166  2.390  11   22 …       0.689
Average_raters_absolute  ICC1k  -68.9758  0.014  11   24 …     -21.057
Average_random_raters    ICC2k    0.0082  2.390  11   22 …       0.048
Average_fixed_raters     ICC3k    0.5815  2.390  11   22 …       0.869

 Number of subjects = 12   Number of Judges = 3
```

분석한 결과를 별도의 데이터 셋인 icc로 저장하고 SPSS와 비교하기 위한 특정값을 추출하기 위해 names() 함수를 사용한다.

```
names(icc)
```

```
[1] "results" "summary" "stats"  "MSW"   "lme"   "Call"   "n.obs"
[8] "n.judge"
```

pysch 패키지로 출력한 결과 중 SPSS와 같은 결과를 나타낸 것은 다음과 같다. 다양한 설정으로 해당 분석을 진행할 수 있다.

```
compare.spss<-data.frame(icc$results[c(3,6),])
compare.spss
```

```
                         type       ICC        F df1 ···  upper.bound
Single_fixed_raters      ICC3  0.3165690  2.389616  11 ···    0.6887875
Average_fixed_raters    ICC3k  0.5815228  2.389616  11 ···    0.8691051
```

```
library(kableExtra)
kable(compare.spss,
      format = "markdown",
      digit=3,
      caption="ICC table of psych")
```

	type	ICC	F	df1	df2	p	lower.bound	upper.bound
Single_fixed_raters	ICC3	0.317	2.39	11	22	0.039	-0.033	0.689
Average_fixed_raters	ICC3k	0.582	2.39	11	22	0.039	-0.108	0.869

다음은 SPSS로 확인한 급내상관계수이다.

급내 상관계수

	급내 상관관계[b]	95% 신뢰구간		실제 값 0(으)로 F 검정			
		하한	상한	값	자유도1	자유도2	유의확률
단일 측도	.317[a]	-.033	.689	2.390	11	22	.039
평균 측도	.582[c]	-.108	.869	2.390	11	22	.039

사람 효과가 변량효과이고 측도 효과는 고정 효과인 경우 이차원 혼합효과 모형입니다.

a. 상호작용 효과의 유무와 관계없이 추정량은 동일합니다.

b. 일치도 정의를 사용하는 유형 C의 급내 상관계수입니다. 측도 간 분산은 분모 분산에서 제외됩니다.

c. 다른 방법으로는 추정 할 수 없으므로, 추정값은 상호작용 효과가 없다는 가정 하에 계산 됩니다.

평정자 간 일치도 (SPSS)

4 표 작성

4-1 kableExtra 패키지 활용

```
library(kableExtra)
table.corr<-data.frame(rbind(rbind(t(data.frame(age=corr.t$t[1,])),
                                   t(data.frame(p.age=corr.t$p[1,]))),
                             rbind(t(data.frame(height=corr.t$t[2,])),
                                   t(data.frame(p.height=corr.t$p[2,]))),
                             rbind(t(data.frame(weight=corr.t$t[3,])),
                                   t(data.frame(p.weight=corr.t$p[3,])))
                       )
round(table.corr, 3)
```

```
           age  height  weight
age        Inf   0.453   0.379
p.age    0.000   1.000   1.000
height   0.453     Inf   2.912
p.height 0.660   0.000   0.047
weight   0.379   2.912     Inf
p.weight 0.713   0.016   0.000
```

inf라는 값은 무한대(infinite)를 의미하며 is.finite() 함수와 !(not)을 이용하여 다음과 같이 1로 변환할 수도 있다.

```
table.corr[!is.finite(as.matrix(table.corr))==T]<-1
round(as.data.frame(table.corr), 3)
```

```
           age  height  weight
age      1.000   0.453   0.379
p.age    0.000   1.000   1.000
height   0.453   1.000   2.912
p.height 0.660   0.000   0.047
weight   0.379   2.912   1.000
p.weight 0.713   0.016   0.000
```

```
kable(table.corr, #데이터
      format="markdown", #내보내기 유형
      digit=3, #소수점 자리
      align=c(rep("c", 3)) #정렬
      )
```

```
            age  height  weight
age       1.000   0.453   0.379
p.age     0.000   1.000   1.000
height    0.453   1.000   2.912
p.height  0.660   0.000   0.047
weight    0.379   2.912   1.000
p.weight  0.713   0.016   0.000
```

아래 코드는 직접 markdown을 입력하여 표를 만들 수 있는 값이다. 코드라인을 markdown으로 설정한 후 이를 입력하면 바로 위의 표와 같은 결과를 얻을 수 있다.

```
|         |  age  | height| weight|
|:--------|:-----:|:------:|:------:|
|age      | 1.000 |  0.453 |  0.379 |
|p.age    | 0.000 |  1.000 |  1.000 |
|height   | 0.453 |  1.000 |  2.912 |
|p.height | 0.660 |  0.000 |  0.047 |
|weight   | 0.379 |  2.912 |  1.000 |
|p.weight | 0.713 |  0.016 |  0.000 |
```

ztable 패키지와 그 외 추가적으로 officer, flextable 패키지를 호출한다. 본 코드라인은 RStudio에서 활용해보기 바란다.

```
library(ztable)
#ztable()의 결과를 word 파일로 변환하기 위한 패키지
#install.packages(c("officer", "flextable"))
library(officer)
library(flextable)
options(ztable.type="markdown")
cor.table<-ztable(table.corr,
      caption="Table 1. correlation",
      align="c",
      digit=3)
ztable2flextable(cor.table)
```

```
Table 1. correlation
rowname      age   height   weight
age        1.000    0.453    0.379
p.age     -0.000    1.000    1.000
height     0.453    1.000    2.912
p.height   0.660   -0.000    0.047
weight     0.379    2.912    1.000
p.weight   0.713    0.016   -0.000
```

5 그래프 그리기

5-1 plot() 함수

R에 기본 탑재되어 있는 plot() 함수를 이용하여 그래프를 그리면 다음과 같다. 이때 lower.panel = NULL이라는 의미는 상관분석표를 생각해보면 이해하기 쉽다. 대각선 방향으로 1을 기준으로 위는 upper.panel , 아래는 lower.pannel로 구분하고 각각의 영역을 NULL로 지정하여 그래프에서 제외한 것이다.

```
plot(corr.1, #데이터
     lower.panel = NULL, #기본값은 모두 표시, 반대는 upper.panel=NULL
     main="correlation plot") #제목
```

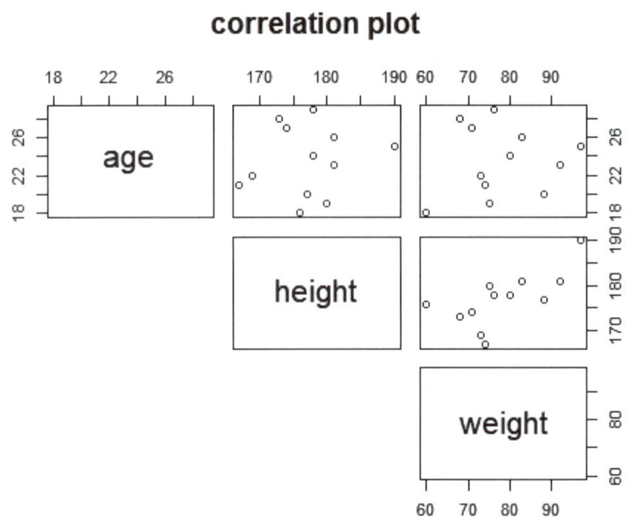

※ 본 절에 제시된 그래프는 색상 제한으로 실제 결과의 색을 반영하지 못한 부분이 있다.

5-2 pairs() 함수

마찬가지로 pairs() 함수도 R에 기본적으로 탑재되어 있는 함수로, 그래프는 plot()과 크게 다르지 않다. 이때 추가적으로 cex= 옵션을 사용하면 표현되는 산점도의 크기를 조절할 수 있다.

```
pairs(~., #변수선택, 전체 선택은 ~.
      data=corr.1, #데이터
      lower.panel = NULL, #반대는 upper.panel=NULL
      cex = 1.5, #점 크기
      main="Simple Scatterplot Matrix") #제목
```

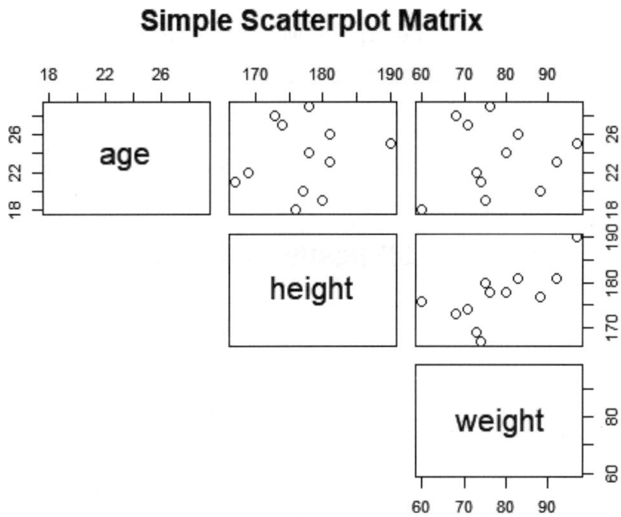

5-3 scatterplot3d 패키지

R은 다채로운 그래프 기능을 갖추고 있다. 따라서 2차원이 아닌 3차원의 산점도를 생성해보자.

```
#install.packages("scatterplot3d")
library(scatterplot3d)
```

with() 함수로 분석에 사용하는 데이터를 한정 짓고, 표현하고자 하는 그래프가 3차원이므로 각각 x축, y축, z축을 설정한다.

```
with(corr.1,
      scatterplot3d(x=age,y=height,z=weight, #축설정
                  main="3D Scatterplot") #제목
     )
```

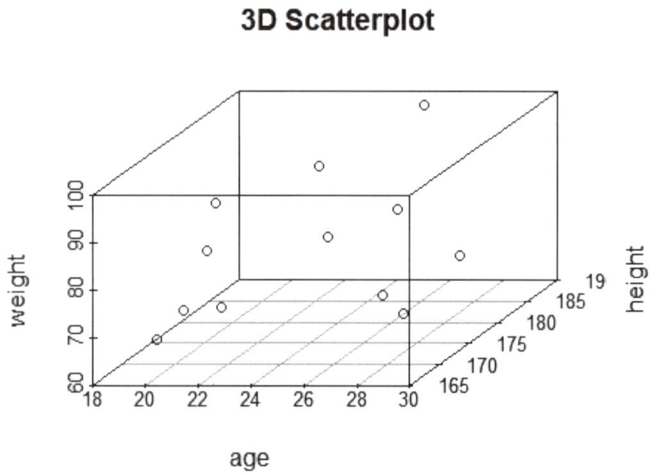

이때 pch= 옵션으로 산점도의 모양을 설정하고 highlight.3d= 옵션으로 각 산점도에 음영을 채울 수 있다.

```
with(corr.1,
    scatterplot3d(x=age,y=height,z=weight, #축설정
                 pch=16, #점 모양
                 highlight.3d=T, #음영
                 type="h", # "p" 점만 표현, "l" 선만 표현, "h" x와 y축의 직교선과
점으로 표현
                 main="3D Scatterplot") #제목
    )
```

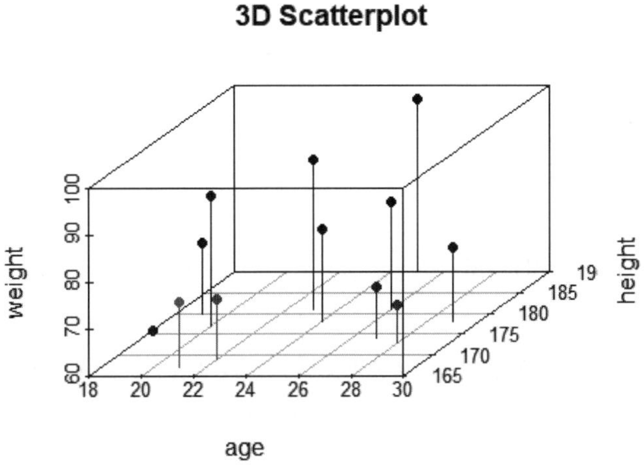

3차원 그래프에도 추가적으로 lm() 함수로 그린 회귀직선을 추가할 수 있다. 이때 다음과 같이 회귀모형을 line이라는 별도의 데이터셋에 저장하고 이를 corr.3d $plane3d(line)과 같이 실행해 그래프에 추가한다.

```
corr.3d <-with(corr.1,
          scatterplot3d(x=age,y=height,z=weight,
                       pch=16,
                       highlight.3d=T,
                       type="h",
                       main="3D Scatterplot"))

line <- lm(weight~age+height, data=corr.1)

corr.3d $plane3d(line)
```

3D Scatterplot

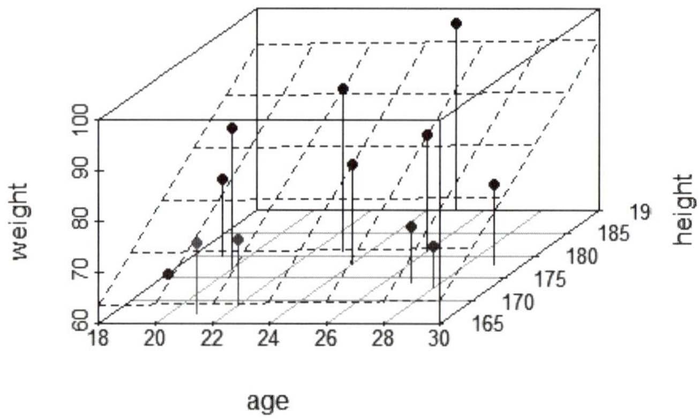

5-4 psych::pairs.panels()

그 밖에도 여러 패키지를 활용하여 다양한 그래프를 그릴 수 있다. 다음은 psych 패키지를 이용해서 그래프를 출력한 것이다. 대각선 방향으로 각 데이터에 대한 히스토그램과 밀도곡선이 표시된다. hist.col= 옵션으로 히스토그램의 색을 지정하며 density=T를 사용해 밀도곡선을 추가한다.

```
library(psych)
pairs.panels(corr.1,
             method = "pearson", # 상관관계 계수 산출방법
             hist.col = "skyblue3",
             density = T,  # 확률밀도곡선 표시
             main="correlation plot of psych")
```

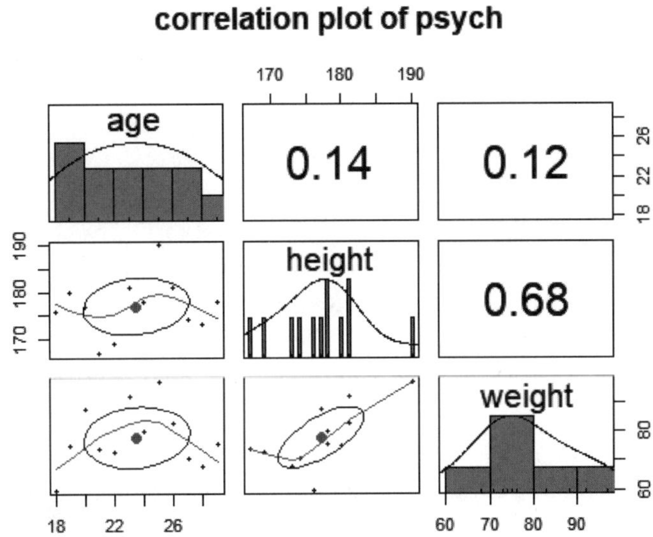

5-5 corrplot::corrplot

corrplot() 함수를 사용하기 위해서는 상관계수 행렬이 필요하다. 이는 cor() 함수로 간단히 산출해낼 수 있다.

```
#install.packages("corrplot")
library(corrplot)
```

```
corrplot 0.84 loaded
```

cor() 함수로 corr.m이라는 상관계수에 대한 행렬을 만든다.

```
corr.m<-cor(corr.1)
corr.m
```

```
             age    height    weight
age    1.0000000 0.1418071 0.1188562
height 0.1418071 1.0000000 0.6773804
weight 0.1188562 0.6773804 1.0000000
```

corrplot() 함수를 사용하여 그래프를 표현한다. 상관계수의 색상이 파란색에 가까울수록 양(+)의 상관관계를 나타내고, 빨간색에 가까울수록 음(-)의 상관관계를 나타낸다.

```
corrplot<-corrplot(corr.m,
         method="number", #circle, pie, color
         type="upper", #full, uper, lower
         tl.srt=0) # 열 라벨링 각도
```

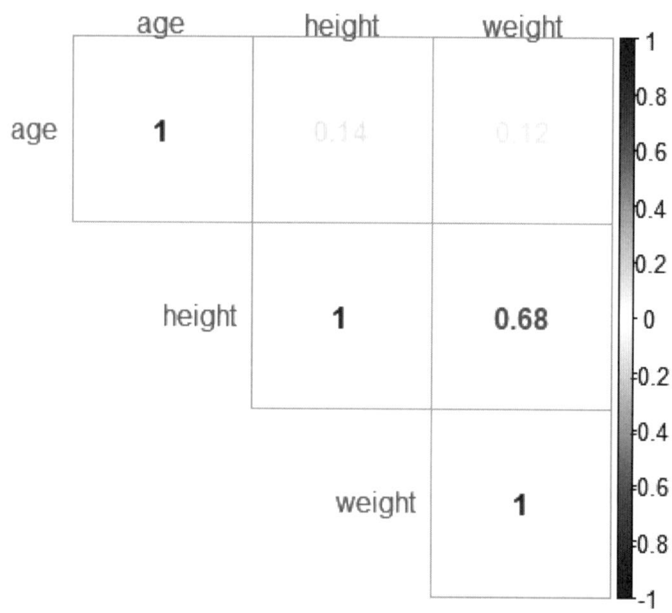

코드 정리

- 실습 데이터: corr.csv

- base: 기본함수
  - cor(): 상관계수
  - cor.test(): 상관계수 유의성 검정
  - plot(): 기본 상관그래프
  - pairs(): 기본 상관그래프

- psych: psych 패키지
  - corr.test(): 상관관계 검정
  - partial.r(): 편상관관계
  - corr.p(): 편상관관계 검정
  - ICC(): 평정자 간 일치도
  - pairs.panels(): 상관관계 그래프

- 그 밖의 표를 생성하기 위한 패키지
  - kableExtra
  - ztable
  - officer
  - flextable

- 그 밖의 상관관계 그래프를 위한 패키지
  - scatterplot3d
  - corrplot

참고자료

- https://cran.r-project.org/web/packages/scatterplot3d/scatterplot3d.pdf
- http://www.sthda.com/english/wiki/scatter-plot-matrices-r-base-graphs
- https://cran.r-project.org/web/packages/corrplot/corrplot.pdf

ch.17 단순선형회귀분석

1 기본 개념

1-1 선형회귀분석의 가정

①특정 회사의 매출액과 광고비를 모두 알고 있다면 광고비로 매출액을 예측할 수 있을까? ②삶의 만족도에 영향을 주는 요인이 경제적 만족도, 가족생활 만족도, 인간관계 만족도, 취미생활 만족도라고 할 때 어떤 요인이 가장 큰 영향을 주는지 확인할 수 있을까? '회귀분석을 한다'라는 말은 거의 대부분의 경우에 '선형회귀분석을 한다'는 의미와 같고, 이는 (선형은 직선을 의미하므로) 회귀분석의 범위를 직선 영역으로 한정 지었다는 것이다. 이러한 의미에서 종속변수와 독립변수라는 개념으로 회귀모형을 설명하는 데 앞서 제시한 질문을 살펴보면 ①의 경우 광고비가 독립변수(설명변수)가 되고 매출액이 종속변수(반응변수)가 된다. ②의 경우 삶의 만족도가 종속변수(반응변수)가 되고 그 이하 변수들이 독립변수(설명변수)가 된다.

[표 17-1] 종속변수와 독립변수 비교

	종속변수(dependent variable)	독립변수(independent variable)
의미	결과가 되는 변수를 의미	원인이 되는 변수를 의미
다른 명칭	반응변수(response variable)	설명변수(explanatory variable)

이때 여러 가지 통계적 가정을 필요로 한다. 어떤 분석이나 마찬가지겠지만, 선형회귀분석이 요구하는 통계적 가정들은 분석 후 결과 해석에 대한 객관성을 보장해주는 역할을 한다. 선형회귀분석을 수행하는 모든 연구자는 선형회귀분석에서 요구되는 통계적 가정으로부터 자유로울 수 없음에도 불구하고, 가정에 대한 추가 분석이 상당히 결여되는 경향이 나타나기도 한다. 경우에 따라 통계적 가정의 엄격함으로부터 도피하려는 경향이 나타나기도 하는데, 예를 들면 일반선형모형이나 일반화선형모형과 같은 형태로 분석방법을 선택하는 것이다. 이는 경우에 따라 합리적인 대안이 될 수도 있다. 그러나 분석방법을 바꾼다고 하더라도 결과 해석에 필요한 다양하고 복잡한 통계적 개념 때문에 오히려 더 어려울 수도 있다. 선형회귀분석은 회귀분석의 영역을 대표하는 가장 기본적인 개념을 품고 있는 만큼 분석자는 이를 필수적인 과정으로 받아들이는 것이 좋다. 마치 수영을 처음 배울 때 자유형을 기본으로 하여 배영, 평형, 접영으로 확장하는 것과 유사하다.

[표 17-2] 단순선형회귀와 다중선형회귀 비교

	단순선형회귀(simple linear regression)	다중선형회귀(multiple linear regression)
회귀모형의 가정	1. 정규성(normality): 종속변수는 독립변수에 영향을 받으며 정규분포를 따른다. 2. 등분산성(equality of variance): 독립변수에 상관없이 종속변수의 분산은 일정하다. 3. 선형성(linearity): 독립변수와 종속변수는 선형관계가 있다. 4. 독립성(independence): 종속변수의 값들은 통계적으로 서로 독립되어야 한다.	
오차항의 가정	1. 오차항은 평균이 0, 분산이 σ^2으로 서로 같다. 2. 오차항은 정규분포를 따른다. 3. 오차항은 서로 독립이다.	
특징	모두 연속형 변수 종속변수 한 개 = 독립변수 한 개	모두 연속형 변수 종속변수 한 개 = 독립변수 여러 개

선형회귀분석의 가정은 크게 두 부분으로 나뉜다. 회귀모형에 대한 가정과 오차항에 대한 가정이 그것이다. 이때 오차항(error term)은 실제값과 추정값의 차이에 의해 생성되는 것으로 오차가 일정한 정규분포를 따르면 회귀모형이 적합하다는 것을 의미한다. 그리고 평균이 0이라는 것은 오차항의 평균이 0으로 수렴해야 함을 의미하며, 분산이 일정하다는 것은 예측데이터가 실제데이터의 변동성을 따라가면 오차항이 일정하게 나타난다는 것을 뜻한다. 선형회귀분석에서는 기본적인 회귀모형의 가정뿐만 아

니라 오차항에 대한 가정을 중요하게 생각하며, 오차항에 대한 가정과 더불어 이상치 (outlier)에 대해서도 중요하게 생각한다.

1-2 용어 정리

- 회귀계수(regression coeffiencet): 독립변수에 곱해진 상수로 독립변수의 영향력 정도를 직접적으로 설명하는 숫자.

- 회귀계수(+): 종속변수에 대한 양(정적)의 영향력(positive effect)
- 회귀계수(-): 종속변수에 대한 음(부적)의 영향력(negative effect)

- 설명력(결정계수, R^2): 회귀방정식(모형)이 종속변수를 설명할 수 있는 정보의 수준.

- 일반적으로 사회과학 분야에서는 결정계수가 0.3 이상일 때, 자연과학 분야에서는 0.8 이상일 때 정보의 수준이 적절하다고 판단하는 경향이 있다.

- 분산분석표(anova table): 분산분석표는 제곱합(sum sq)과 평균제곱(mean sq), F값과 유의확률(p)을 포함하는 통계표이다. 분산분석표의 유의확률(p)이 통계적으로 유의하다고 나타나면 회귀방정식(모형)을 사용할 수 있다는 의미가 된다.

- 가설(hypothesis)

- H_0: 독립변수가 종속변수에 영향을 주지 않는다. + 단순선형회귀분석: $\beta_1 = 0$
- H_1: 독립변수가 종속변수에 영향을 준다. + 단순선형회귀분: $\beta_1 \neq 0$

2 분석 준비

2-1 데이터 설명 실습 데이터: simple_reg.csv

다음 데이터는 A기업의 25년치 매출액(sales)과 광고비(adv_cost)에 대한 데이터다.

```
s.reg<-read.csv("D:/python/R_3/data/simple_reg.csv", header=T)
```

2-2 데이터 구조

데이터의 구조를 확인해보기 위해서 str() 함수를 사용한다.

```
str(s.reg)
```

```
'data.frame':   25 obs. of  2 variables:
 $ adv_cost  : int  77 137 117 94 116 102 111 93 88 102 ...
 $ sales     : int  84 116 123 128 155 101 118 113 104 88 ...
```

이어서 psych 패키지의 describe() 함수를 이용해 기초통계량을 산출한다.

```
library(psych)
describe(s.reg)
```

```
         vars  n   mean    sd  median trimmed   mad  …  kurtosis   se
adv_cost    1 25 102.88 17.20     104  102.86 16.31  …     -0.48 3.44
sales       2 25 109.00 26.11     113  110.14 23.72  …     -0.57 5.22
```

is.na() 함수를 이용해서 결측값에 대한 데이터 개수를 확인해본다. 만약 불러온 데이터에 결측이 있다면, 결측을 제외하거나 대체하는 방식으로 분석을 진행해야 한다.

```
sum(is.na(s.reg))
```

```
[1] 0
```

3 분석

3-1 stats::lm()을 이용한 분석

stats::lm() 함수를 이용해서 회귀분석을 하는데 summary() 함수는 전반적인 회귀분석 결과를 제시해준다. 회귀계수에 대한 통계적 유의성을 확인할 수 있고 설명력(결정계수, R^2)에 대한 부분과 분산분석 결과에 대한 F값, 유의확률(p)도 알 수 있다.

```
#회귀분석, 종속변수 sales, 독립변수 adv_cost, 데이터셋은 s.reg
s.result <- stats::lm(sales ~ adv_cost, data=s.reg)
base::summary(s.result) #분석 결과 확인
```

```
Call:
stats::lm(formula = sales ~ adv_cost, data = s.reg)

Residuals:
    Min      1Q  Median      3Q     Max
-30.107 -17.892   3.145  14.132  31.732

Coefficients:
            Estimate Std. Error t value Pr(>|t|)
(Intercept)  -2.8853    23.0337  -0.125    0.901
adv_cost      1.0875     0.2209   4.922 5.66e-05 ***
---
Signif. codes:  0 '***' 0.001 '**' 0.01 '*' 0.05 '.' 0.1 ' ' 1

Residual standard error: 18.62 on 23 degrees of freedom
Multiple R-squared:  0.513,	Adjusted R-squared:  0.4918
F-statistic: 24.23 on 1 and 23 DF,  p-value: 5.658e-05
```

이를 다시 anova() 함수로 분산분석표를 출력할 수 있다.

```
stats::anova(s.result) #회귀분석 결과에 대한 분산분석표 출력
```

```
Analysis of Variance Table

Response: sales
           Df  Sum Sq  Mean Sq  F value     Pr(>F)
adv_cost    1  8395.7   8395.7   24.228  5.658e-05 ***
Residuals  23  7970.3    346.5
---
Signif. codes:  0 '***' 0.001 '**' 0.01 '*' 0.05 '.' 0.1 ' ' 1
```

3-2 회귀계수 신뢰구간

회귀계수에 대한 신뢰구간은 confint.default()로 구할 수 있다. level=0.95는 95% 신뢰수준(confidence level)을 의미한다. 당연히 신뢰구간은 기본적으로 양측(two side, $\frac{\alpha}{2}$)으로 제공되며 이때 2.5%와 97.5%는 각각 신뢰하한과 신뢰상한을 의미한다.

```
confint.default(s.result, level=0.95) #회귀계수에 대한 95% 신뢰구간
```

```
                   2.5 %     97.5 %
(Intercept)  -48.0305837  42.259946
adv_cost       0.6544877   1.520577
```

3-3 개별 예측값 신뢰구간

newx는 독립변수인 adv_cost의 최솟값에서 최댓값까지의 범위를 1씩 증가하는 형태로 만든다. 새롭게 newx를 만든 이유는 신뢰구간을 구할 때 연속적인 값에 대해서 개별적인 신뢰구간을 구하고 이를 활용해 그래프로 표현하기 위해서다.

```
newx <- seq(min(s.reg$adv_cost),max(s.reg$adv_cost))
head(newx, 5)
```

```
[1] 66 67 68 69 70
```

이때 개별 예측값에 대한 신뢰구간을 구하는 방법은 다음과 같다. predict() 함수를 사용하여 개별 예측값을 구할 수 있는데 fit은 예측값, lwr은 신뢰하한, upr은 신뢰상한을 의미한다.

```
s.ci <- predict(s.result, newdata = data.frame(adv_cost=newx),
                interval="confidence", level = 0.95)
str(s.ci)
```

```
num [1:72, 1:3] 68.9 70 71.1 72.2 73.2 ...
- attr(*, "dimnames")=List of 2
 ..$ : chr [1:72] "1" "2" "3" "4" ...
 ..$ : chr [1:3] "fit" "lwr" "upr"
```

```
head(s.ci)
```

```
       fit      lwr      upr
1 68.89181 50.35929 87.42434
2 69.97934 51.86154 88.09714
3 71.06687 53.36172 88.77203
4 72.15441 54.85966 89.44916
5 73.24194 56.35520 90.12868
6 74.32947 57.84817 90.81078
```

3-4 잔차

필요에 따라서 s.ci[1] 또는 s.ci$fit으로 예측값만을 추출할 수 있다. 이와 유사하게 잔차(residuals)도 추출할 수 있다. 잔차($Y_i - \hat{Y}_i$)는 실제값과 예측값의 차이를 의미하는데, 모집단에 대해서는 오차(error)라고 하며 표본집단에 대해서는 잔차(residuals)라고 한다.

```
s.result$residuals
```

```
          1           2           3           4           5           6
  3.1453349 -30.1066007  -1.3559555  28.6572865  31.7315768  -7.0429716
          7           8           9          10          11          12
  0.1692381  14.7448187  11.1824800 -20.0429716   7.9198832  18.7819639
         13          14          15          16          17          18
-27.4806329 -22.9182942  23.9941735  22.2567703 -20.0562136   4.2435283
         19          20          21          22          23          24
  5.8191090   3.6944316 -12.7299877 -11.0801168  14.1320929 -19.7671329
         25
-17.8918103
```

다음과 같은 방법도 결과는 같다.

```
resid(s.result)
```

```
          1           2           3           4           5           6
  3.1453349 -30.1066007  -1.3559555  28.6572865  31.7315768  -7.0429716
          7           8           9          10          11          12
  0.1692381  14.7448187  11.1824800 -20.0429716   7.9198832  18.7819639
         13          14          15          16          17          18
-27.4806329 -22.9182942  23.9941735  22.2567703 -20.0562136   4.2435283
         19          20          21          22          23          24
  5.8191090   3.6944316 -12.7299877 -11.0801168  14.1320929 -19.7671329
         25
-17.8918103
```

3-5 잔차의 정규성

잔차의 정규성(normality) 검정은 회귀분석에서 확인해야 할 중요한 항목 중 하나다. 잔차는 실제값과 추정값의 차이다. 그러므로 차이의 평균이 0이고 분산이 일정한 상태에서 정규분포의 형태를 띤다면, 회귀모형의 기본 가정을 충족하게 되는 것이다. 이를 충족한다는 것은 결과에 대해 객관성을 지닌다는 것을 의미한다.

정규성 검정의 가설은 다음과 같다.

- H_0: 정규분포를 따른다. (정규성이다.)
- H_1: 정규분포를 따르지 않는다. (정규성이 아니다.)

```
shapiro.test(resid(s.result))
```

```
 Shapiro-Wilk normality test

data:  resid(s.result)
W = 0.96038, p-value = 0.422
```

3-6 더빈-왓슨 검정

더빈-왓슨(Durbin-Watson) 검정은 오차의 1차 자기상관관계를 살펴보는 분석이다. 이때 자기상관관계란 종속변수 자체의 값에 대한 상관성을 의미한다. 오차 간에 상관관계가 발생한다는 것은 여전히 모형에서 인과관계를 충분히 걸러내지 못하고 있음을 의미한다. 회귀분석에서는 1차 자기상관관계뿐만 아니라 그 이상의 차수(시점에 따른 변화를 말하며 lag라고 함)에 대해서도 확인이 필요하다. 만약 그 이상의 관계성이 나타난다면, 단순히 회귀분석을 실행하는 것이 아니라 시계열분석(time series analysis)으로 데이터에 대한 예측을 해야 한다. 본서에서는 1차 자기상관관계에 대해서만 다루기로 한다.

더빈-왓슨 에 대한 1차 자기상관관계에 대한 가설은 다음과 같다.

- H_0: 1차 자기상관관계 계수가 0이다. (상관관계가 없다.)
- H_1: 1차 자기상관관계 계수가 0이 아니다. (상관관계가 있다.)

분석 결과 p값이 0.778로 나타나 1차 자기상관관계가 없는 것으로 나타났다.

```
library(car)
durbinWatsonTest(s.result)
```

```
lag Autocorrelation D-W Statistic p-value
  1      0.01874995      1.921095    0.818
Alternative hypothesis: rho != 0
```

3-7 이상치 확인

이상치(outlier)는 이상한 값이다. 거의 대부분의 이상치는 극단값(extreme value)과 같다. 다음 [그림 17-1]을 보자. 검은색과 보라색의 데이터가 없다면 우리가 그리는 회귀직선은 ②번과 같을 것이다. 그러나 검은색 이상치가 존재할 경우에는 ①번 회귀직선과 같이 결과가 나타나고, 보라색 이상치가 존재할 경우에는 ③번 회귀직선과 같이 나타난다. 이처럼 이상치는 예측을 목적으로 하는 회귀분석에서 상당히 거슬리는 존재가 아닐 수 없다. 다만, 이상치는 잔차로 그 결과를 판단하며 경우에 따라서 종속변수의 값 중 특별히 크거나 작은 것을 먼저 정규성검정을 통해서 제외하기도 한다.

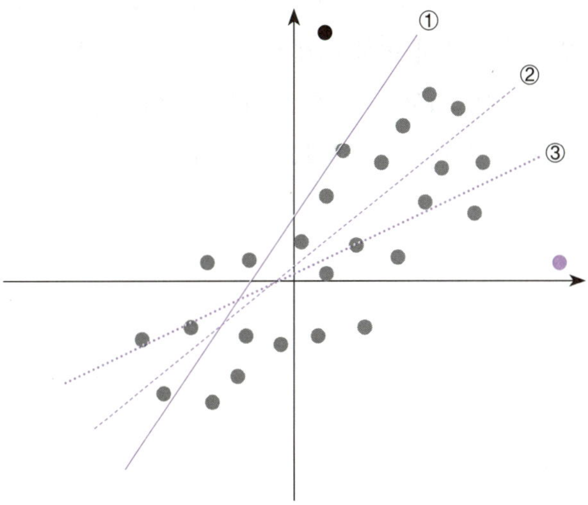

[그림 17-1] 이상치

이상치를 확인하기 위해 잔차의 값을 s.resid에 저장한다.

```
s.resid<-(resid(s.result))
s.resid
```

```
          1           2           3           4           5           6
  3.1453349 -30.1066007  -1.3559555  28.6572865  31.7315768  -7.0429716
          7           8           9          10          11          12
  0.1692381  14.7448187  11.1824800 -20.0429716   7.9198832  18.7819639
         13          14          15          16          17          18
-27.4806329 -22.9182942  23.9941735  22.2567703 -20.0562136   4.2435283
         19          20          21          22          23          24
  5.8191090   3.6944316 -12.7299877 -11.0801168  14.1320929 -19.7671329
         25
-17.8918103
```

scale() 함수를 이용해서 잔차를 평균은 0, 표준편차는 1인 형태로 표준화(standized)한다. 그중에서 절댓값이 2를 넘는 값이 있는지 확인하기 위해 which() 함수를 사용한다. 분석자들의 개별 기준에 따라서 절댓값이 2나 3을 초과하는 결과가 나타날 경우 이상치를 제외(raw data를 포함한 행을 삭제)하고 새롭게 회귀모형에 적합시켜보기도 한다. 이때 일반적으로 10개를 넘지 않는 수준에서 이상치를 제거한다. 너무 많은 값을 이상치로 삭제하는 경우 모형을 위한 이상치 제거라는 오해를 얻을 수 있다. "암세포도 세포인데 죽일 수 없다"는 어느 TV드라마의 대사처럼 "이상치도 데이터인데 제거할 수 없다"고 주장하는 경우도 충분히 고민해보고 결정해야 한다.

```
scale(s.resid)
```

```
         [,1]
1  0.172598300
2 -1.652081034
3 -0.074407217
4  1.572550814
5  1.741250587
6 -0.386478697
7  0.009286833
8  0.809112779
9  0.613631653
10 -1.099845632
11  0.434598679
12  1.030648614
13 -1.507982681
14 -1.257627175
15  1.316665385
16  1.221326462
17 -1.100572277
18  0.232860985
19  0.319319997
20  0.202729642
21 -0.698550178
22 -0.608014532
23  0.775489830
24 -1.084709151
25 -0.981801987
attr(,"scaled:center")
[1] -1.110223e-16
attr(,"scaled:scale")
[1] 18.22344
```

```
which(scale(s.resid)>=abs(2))
```

```
integer(0)
```

4 그래프 그리기

4-1 plot을 이용한 산점도

plot() 함수를 이용하여 다음과 같이 산점도(scatter plot)에 추가적으로 옵션을 주어 회귀직선과 회귀방정식을 넣을 수 있다. abline() 함수로 추정된 회귀직선을 그릴 수 있고, text() 함수를 이용해서 추가적인 텍스트를 그래프에 넣을 수 있다. 또한 matlines() 함수를 이용해서 각각 신뢰하한과 신뢰상한에 대해서 그래프를 추가할 수 있다. 아울러, expression() 함수를 사용하면 우리가 원하는 형태의 수식도 같이 추가할 수 있는데 기본적인 그리스로마자는 latex나 markdown의 표현방식과 큰 차이가 없다. xlab=" "이나 ylab=" "과 같이 개별 축에도 수식을 넣을 수 있다(수식 입력 관련 내용은 p. 51 참조).

```
plot(s.reg, #데이터
      col="blue", #산점도 색지정
      main="scatter plot with regression line") #제목

abline(s.result, #회귀직선
        col="black") #회귀직선 색지정

lines(newx, s.ci[,2], col="red", lty=2) #신뢰하한 그리기, 색지정
lines(newx, s.ci[,3], col="red", lty=2) #신뢰상한 그리기, 색지정
text(x=120, y=102, #텍스트 위치
      expression(hat(y[i]) == -2.8853 + 1.0875 * beta[1] + epsilon[i])) #수식넣기
```

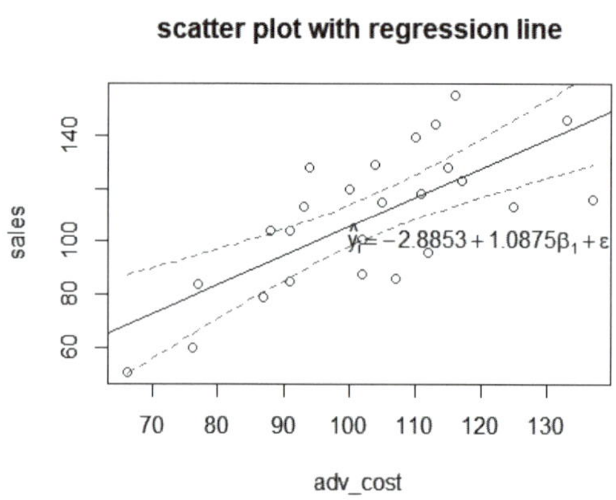

※ 본 절에 제시된 그래프는 색상 제한으로 실제 결과의 색을 반영하지 못한 부분이 있다.

4-2 ggplot2를 이용한 산점도

많이 사용하는 ggplot2 패키지를 이용하여 다음과 같이 그래프를 그릴 수 있다.

```
library(ggplot2)
ggplot(s.reg, #데이터
        aes(x=adv_cost, y=sales)) + #x축, y축 설정
  geom_point(col="red") + #산점도 추가, 색지정
  geom_smooth(method="lm", level=0.95, col="darkblue") + #회귀직선과 신뢰구간 표시
  theme(plot.title = element_text(hjust = 0.5)) + #제목 정가운데 정렬
  annotate("text", x=120, y=102, #텍스트 위치지정
            label=expression(hat(y[i]) == -2.8853  + 1.0875 * beta[1] +
epsilon[i]), parse=T) + #회귀방정식 표현
  theme_classic() + #고전테마 적용
  ggtitle("scatter plot with regression line2") #제목
```

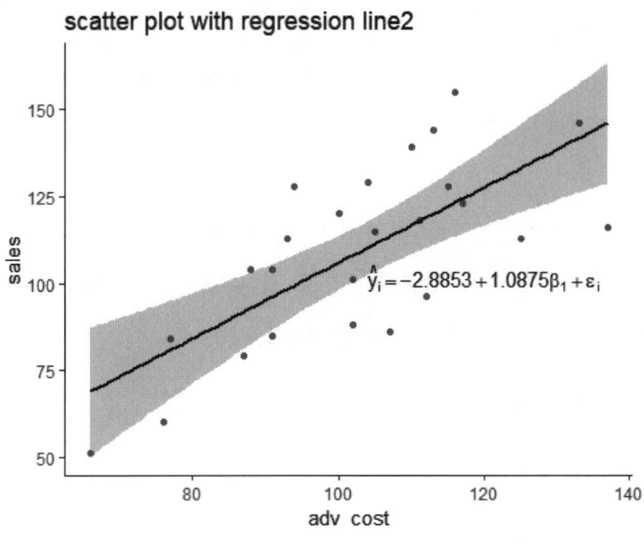

4-3 잔차 그래프 그리기

잔차 그래프를 한 번에 그리면 다음과 같이 아주 간단하게 실행 결과를 보여준다.

```
par(mfrow=c(2,2))
plot(s.result)
```

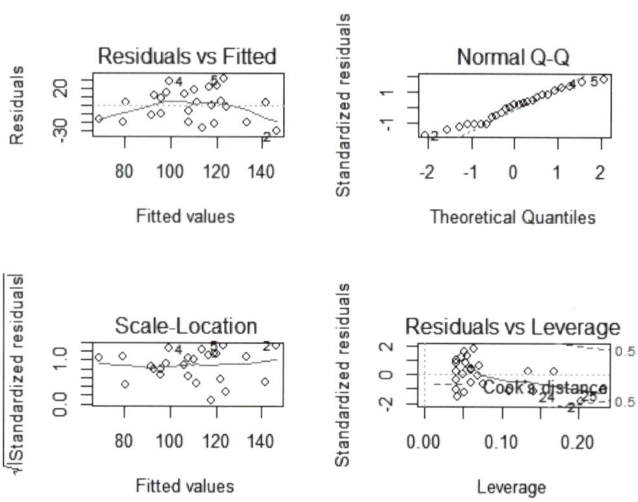

또한 잔차의 정규성 검정은 car 패키지의 qqPlot() 함수를 이용해서 확인할 수 있는데, 점들이 직선과 일치할수록 정규분포라고 결론 내릴 수 있다. 이때 2번째와 5번째 잔차가 정규성에 위배되어 그래프에 표현되었다.

```
car::qqPlot(resid(s.result), #데이터
        dist="norm", #chisq, t 등
        envelope=0.95, #신뢰구간 그리기
        col.lines="red", #직선 색지정
        main="qqplot of residuals") #제목
```

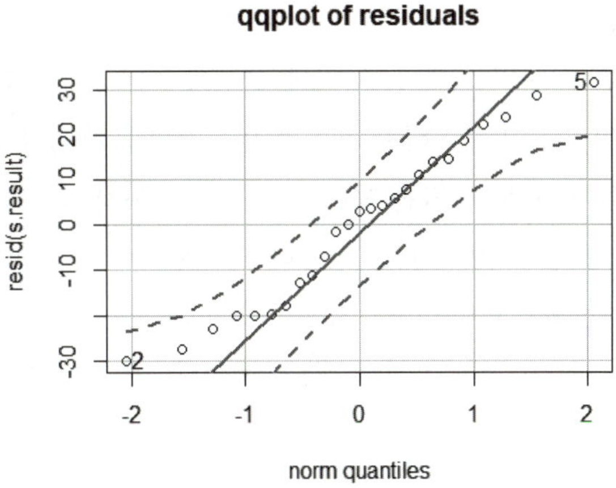

4-4 이상치 그래프

stats::influence() 함수를 통해서 레버리지(leverage)를 추출할 수 있다. R에서는 hat value로 표현한다. 레버리지는 종속변수(y)와 종속변수의 예측값($\hat{y}$)의 가중치 역할을 하는 값으로, 실제 관찰값이 예측값을 어느 정도 가깝게 만들어주느냐(끌어당기느냐) 하는 정도를 나타낸 것이다. 이에 따라서 레버리지들의 모든 값은 0과 1 사이의 값을 갖는다. 또한 모든 레버리지의 합은 상수항을 포함한 독립변수의 개수와 같게 나타난다. 단순선형회귀분석의 경우 레버리지의 합은 상수항을 포함하여 2가 되며, 다중선형회귀분석에서 독립변수가 3개인 경우 상수항을 포함해서 그 값이 4가 된다. 현재 우리가 확인하고 있는 분석은 단순선형회귀분석이며, 레버리지를 추출하고 그에 따른 합을 구해보면 다음과 같이 2가 됨을 알 수 있다.

```
hat<-data.frame(influence(s.result)[1])
sum(hat)
```

```
[1] 2
```

레버리지는 결국 독립변수의 값이 다른 값에 비해서 상대적으로 극단값에 치우쳐 있는지를 확인할 수 있도록 돕는 값이다. 예를 들어, 데이터의 X값이 연속형 데이터의 값으로 일정한 값을 갖는 데 비해 특정 데이터만 너무 큰 값이라면 해당 데이터의 레버리지는 큰 값으로 계산된다. 이러한 데이터는 설문연구의 과정상에서 코딩이 잘못되었을 가능성이 크며, 실험연구나 그 외 연구에서는 측정 자체의 문제(측정자 문제, 측정장비의 오류)도 확인해봐야 한다. 보통 독립변수의 개수를 전체 데이터의 개수로 나눠준 값의 2~4배 정도를 넘어서면 영향력이 크다고 판단하며, 영향력이 큰 데이터를 제거하여 회귀분석을 다시 실시하는 방식으로 레버리지 값을 활용한다.

car::infIndexPlot() 함수는 회귀분석한 결과(list 형태)를 함수식에 넣어 회귀모형에 영향을 주는 값을 찾는 데 도움을 준다.

```
car::infindexPlot(s.result)
```

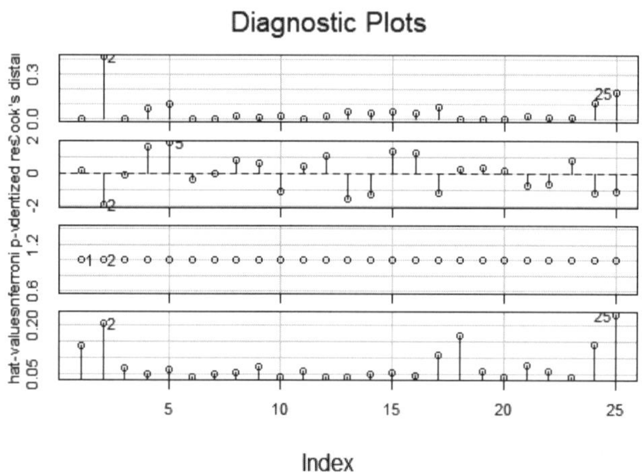

또한 car::outlierTest()는 표준화 잔차에 대한 정규성 검정 결과를 제시해준다. 유의수준 0.05를 기준으로 유의확률(p)이 더 크게 나타나면 이상치가 아니다라고 판단하며, 유의수준 0.05보다 유의확률(p)이 더 작게 나타나면 이상치라고 판단한다.

```
car::outlierTest(s.result)
```

```
No Studentized residuals with Bonferonni p < 0.05
Largest |rstudent|:
  rstudent unadjusted p-value Bonferonni p
2 -1.914947           0.068591           NA
```

car::influencePlot() 함수는 표준화 잔차와 레버리지, 쿡의 거리값을 제시하고 이를 다시 그래프로 표현해준다. 쿡의 거리는 잔차와 레버리지를 동시에 고려한 것으로 이해할 수 있다. 제시된 값을 보면 표준화 잔차의 문제가 있지만 레버리지가 작은 경우가 있고, 표준화 잔차는 작지만 상대적으로 레버리지가 큰 경우가 있는 것을 알 수 있다. 이 중에서 상대적으로 레버리지가 높으며 잔차가 큰 값이 문제가 될 소지가 가장 큰 데이터라고 할 수 있다.

그래프의 x축은 표준화 잔차, y축은 레버리지를 의미하며, 제시한 데이터가 그래프로 시각화된 것을 확인할 수 있다.

```
car::influencePlot(s.result)
```

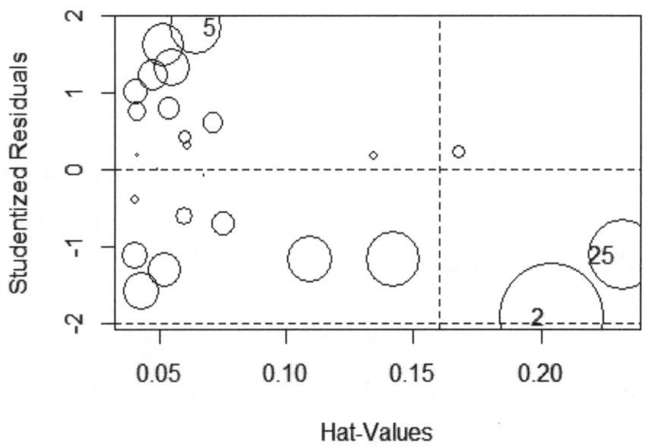


```
     StudRes        Hat      CookD
2  -1.914947 0.20399964 0.4210679
5   1.853020 0.06424893 0.1065993
25 -1.101527 0.23160493 0.1811812
```

5 표 작성

5-1 kableExtra 패키지를 이용한 표 작성

kableExtra 패키지를 이용해서 결과표를 작성해보면 다음과 같다.

```
library(kableExtra)
```

먼저, 표를 만들기 위해 필요한 값들을 참조해야 한다. 다음과 같이 names() 함수를 쓰거나 str() 함수를 사용하여 참조한다.

```
names(base::summary(s.result))
```

```
[1] "call"          "terms"       "residuals"    "coefficients"
[5] "aliased"       "sigma"       "df"           "r.squared"
[9] "adj.r.squared" "fstatistic" "cov.unscaled"
```

anova()와 summary()의 참조(indexing)값이 다르다는 것을 확인할 수 있다.

```
attributes(stats::anova(s.result))
```

```
$names
[1] "Df"    "Sum Sq" "Mean Sq" "F value" "Pr(>F)"

$row.names
[1] "adv_cost" "Residuals"

$class
[1] "anova"    "data.frame"

$heading
[1] "Analysis of Variance Table\n" "Response: sales"
```

```
s.t1<-NULL

s.t1<-data.frame(summary(s.result)[4],
                 summary(s.result)[8],
                 rep(summary(s.result)$fstatistic[1], 2),
                 rep(unlist(anova(s.result))[9],2))

s.t1
```

```
            coefficients.Estimate coefficients.Std..Error
(Intercept)             -2.885319              23.0337216
adv_cost                 1.087532               0.2209452
            coefficients.t.value coefficients.Pr...t.. r.squared
(Intercept)            -0.125265          9.014022e-01 0.5129995
adv_cost                4.922182          5.657632e-05 0.5129995
            rep.summary.s.result..fstatistic.1...2.
(Intercept)                                24.22787
adv_cost                                   24.22787
            rep.unlist.anova.s.result...9...2.
(Intercept)                       5.657632e-05
adv_cost                          5.657632e-05
```

열 이름을 미리 설정해놓고 추후 필요할 때 활용하고자 한다.

```
c.names<-c("coef.Est", "coef.se", "coef.t", "coef.
p","expression(R^{2})","F","p")
c.names
```

```
[1] "coef.Est"  "coef.se"           "coef.t"
[4] "coef.p"    "expression(R^{2})" "F"
[7] "p"
```

kable() 함수로 표를 출력한다.

```
kable(s.t1, #데이터
      format="markdown", #출력포맷
      caption = "simple linear regression model:kable", #표제목
      digits=c(rep(3, 6), 4), #개별 변수 소수점 자릿수
      col.names=c("coef.Est", "coef.se", "coef.t", "coef.p","R^2","F","p"))
%>% # 열이름 변경
 kable_styling(bootstrap_options = "condensed", # striped, bordered,
hover, condensed , responsive
              full_width = F, #표의 사이즈
              font_size = 15) %>% #글자 크기
 collapse_rows(columns = 6:8, valign = "middle") #행 합치기(format="html"일
때 적용)
```

```
             coef.Est  coef.se  coef.t  coef.p    R^2       F       p
(Intercept)   -2.885   23.034  -0.125   0.901  0.513  24.228  1e-04
adv_cost       1.088    0.221   4.922   0.000  0.513  24.228  1e-04
```

5-2 ztable 패키지를 이용한 표 작성 (RStudio 사용자)

ztable 패키지로 표를 작성한 후 워드(word)로 내보내기 위하여 officer 패키지와 flextable 패키지를 함께 사용해야 한다.

```
library(ztable)
library(officer)
library(flextable)
```

```
Attaching package: 'flextable'
The following object is masked from 'package:kableExtra':

  as_image
```

ztable() 함수를 이용하여 z.reg라는 표를 생성한다.

```
z.reg<-ztable(s.result, #회귀분석 결과
              caption="simple linear regression model",#제목
              digits=3) #소수점 자릿수
z.aov<-ztable(stats::anova(s.result), #회귀분석 결과에 대한 분산분석표
              caption="simple linear regression model", #제목
              digits=3) #소수점 자릿수
```

이를 다시 ztable2flextable() 함수를 이용하여 변환 과정을 거쳐야 한다. 이 과정을 거치지 않으면 워드로 표가 만들어지지 않으므로 주의해야 한다.

```
ztable2flextable(z.reg)
```

```
simple linear regression model
rowname      Estimate  Std. Error  t value  Pr(>|t|)
(Intercept)    -2.885      23.034   -0.125     0.901
adv_cost        1.088       0.221    4.922   < 0.001
Call: stats::lm(formula = sales ~ adv_cost, data = s.reg)
```

```
ztable2flextable(z.aov)
```

```
simple linear regression model
rowname     Df    Sum Sq   Mean Sq   F value   Pr(>F)
adv_cost     1  8395.749  8395.749    24.228  < 0.001
Residuals   23  7970.251   346.533
```

수식을 문제 없이 워드로 옮기기 위해서는 운영체제에 맞는 miktex[1]를 설치해야 한다.

1 https://miktex.ko.softonic.com/

내용 요약

- 실습 데이터: simple_reg.csv
- lm(): 회귀분석
- summary(): 회귀분석 결과(회귀모형, 회귀계수, F값, R^2 등의 통계량 출력)
- anova(): 회귀분석에 대한 분산분석표 출력
- residuals(): 잔차 계산
- shapiro.test(): 정규성 검정
- durbinWatsonTest(): 1차 자기상관관계 확인
- vif(): variable inflation factor 계산
  - stats: 기본 함수
  - influence(): 레버리지 추출
  - car: 추가 설치 패키지
- infIndexPlot(): 레버리지와 관련된 값을 그래프화
- 그 외 표 출력
  - kableExtra
  - ztable
  - officer
  - flextable

ch.18 다중선형회귀분석

1 기본 개념

앞 장에서 '특정 회사의 매출액과 광고비를 모두 알고 있다면 광고비로 매출액을 예측할 수 있을까?'라는 질문을 던지고 단순선형회귀분석에 대해 살펴보았다. 이 질문에 의문이 생겼다면 이제 다중선형회귀분석(multiple linear regression model)에 대해 적극적으로 검토할 차례다.

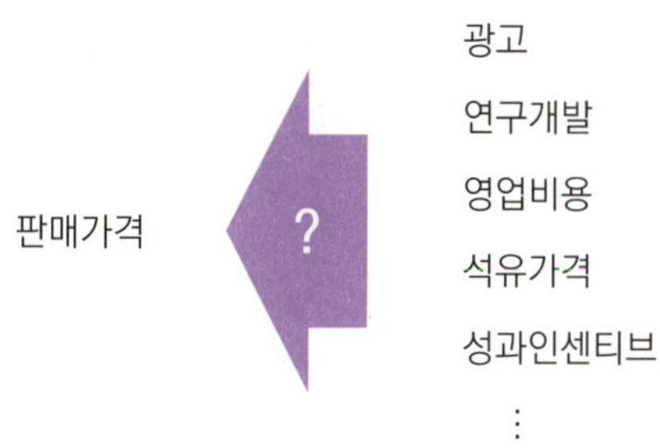

1-1 왜 다중선형회귀분석을 하는가?

다중선형회귀분석은 단순선형회귀분석의 확장판이라 볼 수 있으며 '중회귀분석'이라고도 부른다. 종속변수가 1개인 것은 단순선형회귀분석과 동일하지만, 다중선형회귀분석은 독립변수의 수가 2개 이상일 때 예측을 목적으로 하는 분석이다. 하나의 독립변수보다는 여러 개의 독립변수를 사용하는 것이 회귀모형의 설명력과 예측력을 높이는 데 유리하다.

1-2 통계적 접근

앞서 단순선형회귀분석의 특성과 선형회귀분석의 기본 가정에 대해 살펴보았다. 이번 장에서는 다중선형회귀분석에 추가되는 몇 가지 사항에 대해 살펴보고자 한다.

1) 변수 선택 방법

변수 선택(variable selection)은 마치 철가루만 자석에 붙는 것처럼 상관관계가 높은 독립변수를 골라내는 것으로 이해할 수 있다. 다중선형회귀분석은 2개 이상의 독립변수를 요구하기 때문에 변수 선택의 과정을 거친다. 변수 선택에는 다음과 같은 방법이 있다.

- 후진제거법(backward elimination method): 모든 변수를 모형에 삽입한 후 종속변수와 상관관계가 작은 순으로 통계적 유의성이 없는 변수를 제거하는 방법
- 전진선택법(forward selection method): 종속변수와 상관관계가 큰 순으로 통계적 유의성이 있는 변수를 모형에 추가하는 방법
- 단계선택법(stepwise selection method): 전진선택법으로 변수를 축척해가며 모형을 구축하고, 구축된 모형에 대해 후진제거법으로 모형을 구축하는 방법

일반적으로 가장 많이 사용하는 변수 선택 방법은 단계선택이다. 그러나 단계선택이 항상 최적의 선택을 장담하지는 못하며 후진이나 전진의 방법과 선택된 변수가 다를 수 있음을 유의해야 한다.

2) 다중공선성

다중공선성(multicollinearity)은 독립변수들 간 상관관계가 있을 때 발생하는 문제다. 상관관계라는 말은 종속변수와 독립변수에 대하여 선형성이 있음을 의미한다. 만약 독립변수들끼리 상관관계가 존재한다면 특정 독립변수가 없더라도 회귀모형을 설정할 수 있거나, 특정 독립변수의 영향력이 상대적으로 줄어들어 추정의 어려움을 겪을 수도 있다. 이때 분산팽창인자(Variance Inflation Factor, VIF)값이 10 이하로 산출되면 다중공선성이 없다고 판단하고, 그 이상인 경우에는 해당 독립변수를 제외하거나 변환을 통해서 다중공선성을 확인하고 제거한다. VIF값은 설명력(R^2)과 관련이 있는데, 모

형에서 특정 독립변수를 종속변수로 두고 그 외 독립변수를 설명변수로 두어 설명력이 큰 경우 vif값이 크게 산출되는 방식으로 독립변수들 사이의 상관관계를 확인한다.

3) 오차의 1차 자기상관관계

회귀분석과 상관관계는 밀접한 연관성을 갖는다. 그래서 대부분의 통계책을 보면 회귀분석을 하기 전에 먼저 상관분석과 산점도를 그려볼 것을 권유한다.

다음 그림에서 Y_t는 종속변수의 값을 의미하는데 현재 시점을 기준으로 직전 시점을 Y_{t-1}로, 현재 시점의 직후 시점을 Y_{t+1}로 표기한다. 이때 현재 시점을 기준으로 각각 1차 시차가 발생함을 알 수 있다. 이는 1차 자기상관관계에서 말하는 1차 시차를 의미하는 것으로, 종속변수의 데이터가 축적된 순으로 첫 번째 값이 기준이 되는 t시점이라면 그 이후의 값은 t+1시점이 될 것이다. 이때 두 시점 사이는 1차 시차만큼의 시차가 발생하며 이들의 관계를 1차 자기상관관계라고 한다. 여기에 오차에 따른 1차 자기상관관계를 확인하는 방법이 더빈-왓슨 통계량을 살펴보는 것이다.

[그림 18-1] 시점과 시차

SPSS에서는 회귀분석 메뉴에서 곧바로 더빈-왓슨(Durbin-Watson) 통계량에 대한 유의확률(p)을 산출해주지 않는다. 하지만 R에서는 통계량뿐만 아니라 유의확률(p)도 같이 계산 결과를 제시한다.

4) 결정계수(R^2)와 수정된 결정계수(adj.R^2)

다중선형회귀분석에서는 결정계수를 사용하지 않고 수정된 결정계수를 사용한다. 회귀모형을 직선의 방정식이 확장된 형태로 이해한다면, 독립변수를 여러 개 사용한 모형이 아무래도 실제 종속변수에 가깝게 나타나는 경향이 있다. 따라서 독립변수를 여러 개 사용하는 다중선형회귀분석에서는 독립변수의 개수만큼을 보정하여 수정된 결정계수를 사용한다.

다중선형회귀분석에서 고려 가능한 그 밖의 추가 분석으로는 능형 회귀분석(ridge regression), 비선형 회귀분석(non-linear regression) 등이 있다.

1-3 가설검정

- H_0: 독립변수가 종속변수에 영향을 주지 않는다. $\beta_1 = \beta_2 = \beta_3 = \cdots = \beta_k = 0$
- H_1: 적어도 하나의 독립변수는 종속변수에 영향을 준다. $\beta_1 = \beta_2 = \beta_3 = \cdots = \beta_k \neq 0$

1-4 분석 및 해석 순서

① 상관분석 실시: 독립변수와 종속변수의 상관관계를 통한 1차 변수 선택 과정
② 변수 선택: 실제 모형에 포함되는 변수 확인
③ 분산분석표의 유의확률(p) 확인
④ 수정된 결정계수(adj.R^2)와 더빈-왓슨 통계량 확인
⑤ 회귀계수 확인: 다중선형회귀분석의 경우 표준화 회귀계수로
상대적 영향력 정도 파악
⑥ 잔차 진단: 잔차의 정규성, 이상치 확인
⑦ ⑥ 확인 후 이상치 제거 후 모형 수정

2 분석 준비

2-1 데이터 설명

다중선형회귀분석에 예제로 사용하려는 데이터는 특정 집단에 대한 심리척도를 활용한 측정치로 다음과 같다. 데이터의 구조를 살펴보면 총 396개 행과 8개 변수를 포함한다.

[표 18-1] 다중선형회귀분석 변수 설명

변수명	척도	변수 설명
sad	연속형	사회불안(social anxiety disorder)
depression	연속형	우울
self-disclosure	연속형	자기노출
disclosure	연속형	정서적 자기노출
relation	연속형	관계의 질
somatic_sympt	연속형	신체증상
well_being	연속형	웰빙
communication	연속형	의사소통

2-2 데이터 구조

m_reg.csv 파일을 불러온다. 보통 사회과학에서 사용하는 척도는 리커트 척도(Likert scale)로 평균값이 3점이나 5점 이내로 작은 편인데, head() 함수로 데이터를 간단히 출력해보니 이와 다르게 값이 상당히 큰 편이다. 미루어보건대 해당 내용은 요인에 해당하는 개별 문항들의 합계로 생각할 수 있다. 합계로 요인 덩어리를 계산하든 평균으로 하든 통계적 유의성에는 차이가 없다. 다만, 해석상에서 고려해야 할 부분이 생길 수 있다. 합계에 대한 해석이 상대적으로 까다로울 수 있어 보통은 개별 문항들의 합(행 평균)으로 계산하여 요인을 만들어 사용한다.

```
m.reg<-read.csv("D:/python/R_3/data/m_reg.csv", header=T)
head(m.reg, 3)
```

```
  sad  depression  self.disclosure  disclosure  …  communication
1  57          88               30         119  …            149
2  31          38               26         143  …            169
3  40          50               42         140  …            182
```

분석 전 기초통계량을 반드시 확인하도록 습관화해야 한다. 이때 사용하는 데이터의 특성이 모두 연속형이므로 기술통계량을 살펴보면 된다. 만약 범주형 데이터가 있다면, table() 함수로 간단한 빈도나 교차표를 확인하거나 dplyr 패키지로 추가적인 정보를 살펴보길 바란다.

```
library(psych)
round(describe(m.reg), 3)
```

```
                vars   n   mean    sd median trimmed … kurtosis   se
sad                1 396  47.80 11.11     48   47.88 …    -0.27 0.56
depression         2 396  63.08 21.29     60   61.48 …    -0.68 1.07
self.disclosure    3 396  32.44  7.54     32   32.48 …     0.71 0.38
disclosure         4 396 134.34 30.16    131  133.89 …    -0.07 1.51
relation           5 396  63.88 10.73     64   63.70 …     0.48 0.54
somatic_sympt      6 396  47.75 19.40     44   46.41 …    -0.82 0.98
well_being         7 396  47.27 14.07     48   48.17 …     1.15 0.71
communication      8 396 166.78 34.35    163  166.22 …    -0.08 1.73
```

회귀분석은 모든 케이스(row)에 대해서 결측값이 없어야 구동된다. 그러므로 하나의 케이스라도 결측이 있는 경우에는 na.omit() 함수를 사용하거나 complete.cases() 함수를 사용해 분석해야 한다. 또는 경우에 따라 결측값을 대체해서 분석해야 한다.

```
sum(is.na(m.reg))
```

```
[1] 0
```

3 분석

3-1 stats::lm()을 이용한 분석

다중선형회귀분석도 stats::lm() 함수를 이용하면 된다. 이때 summary() 함수를 통해 전반적인 회귀분석 결과를 볼 수 있으며 회귀계수에 대한 통계적 유의성을 확인할 수 있다. 또한 설명력(결정계수, R^2)에 대한 부분과 분산분석 결과에 대한 F값과 유의확률(p)도 확인할 수 있다.

```
m.result<-lm(sad ~ ., data=m.reg) #회귀분석, 종속변수 sad, 독립변수 그외 나머지 `.`은 all을 의미, 데이터셋은 m.reg
summary(m.result) #분석 결과 확인
```

```
Call:
lm(formula = sad ~ ., data = m.reg)

Residuals:
    Min      1Q  Median     3Q    Max
-27.407  -6.147  -0.243  5.743  31.623

Coefficients: (1 not defined because of singularities)
                 Estimate  Std. Error  t value  Pr(>|t|)
(Intercept)     42.433041   4.136782   10.257   < 2e-16 ***
depression       0.251343   0.026905    9.342   < 2e-16 ***
self.disclosure  0.015074   0.072212    0.209   0.83476
disclosure      -0.005141   0.019529   -0.263   0.79249
relation        -0.146974   0.050653   -2.902   0.00392  **
somatic_sympt    0.014939   0.027977    0.534   0.59366
well_being      -0.034182   0.037131   -0.921   0.35784
communication          NA         NA       NA        NA
---
Signif. codes:  0 '***' 0.001 '**' 0.01 '*' 0.05 '.' 0.1 ' ' 1

Residual standard error: 9.483 on 389 degrees of freedom
Multiple R-squared:  0.283,  Adjusted R-squared:  0.272
F-statistic:  25.6 on 6 and 389 DF,  p-value: < 2.2e-16
```

```
stats::anova(m.result) #회귀분석 결과에 대한 분산분석표 출력
```

```
Analysis of Variance Table

Response: sad
                 Df Sum Sq  Mean Sq  F value    Pr(>F)
depression        1  12628  12628.4 140.4395 < 2.2e-16 ***
self.disclosure   1     90     89.6   0.9965  0.318774
disclosure        1    221    220.9   2.4567  0.117838
relation          1    762    761.6   8.4699  0.003818 **
somatic_sympt     1     33     32.7   0.3636  0.546868
well_being        1     76     76.2   0.8475  0.357840
Residuals       389  34979     89.9
---
Signif. codes:  0 '***' 0.001 '**' 0.01 '*' 0.05 '.' 0.1 ' ' 1
```

3-2 stepAIC() 변수 선택

앞서 제시한 변수 선택 방법 중에서 AIC를 고려한 방법을 살펴보고자 한다. AIC(Akaike Information Criterion)는 BIC(Bayesian Information Criterion)와 마찬가지로 통계 모형에 대한 정보의 크기(분산의 크기)를 바탕으로 효율적이며 상대적으로 오차가 작은 모형을 선택하도록 돕는 역할을 하는 통계량이다. 따라서 그 값이 작을수록 상대적으로 적합한 모형이라고 판단할 수 있다.

```
library(MASS)
library(car)
```

```
Loading required package: carData

Attaching package: 'car'
The following object is masked from 'package:psych':

  logit
```

stepAIC() 함수를 활용하여 다음과 같은 변수 선택을 진행할 수 있다. 이때 direction=" " 옵션에 적절한 방법을 각각 활용하면 된다. 변수 선택의 특성상 최종적으로 나온 결과를 확인하여 모형에 필요한 변수를 결정하게 되므로 그 과정을 살펴보면서 결과를 확인하면 된다. step()으로 사용해도 결과는 같다.

```
step.s <- stepAIC(m.result, #회귀분석 모형식
                  direction="both") #both는 stepwise(단계선택), forward(전
진), backward(후진)
```

```
Start: AIC=1788.51
sad ~ depression + self.disclosure + disclosure + relation +
      somatic_sympt + well_being + communication

Step: AIC=1788.51
sad ~ depression + self.disclosure + disclosure + relation +
      somatic_sympt + well_being

                   Df  Sum of Sq    RSS     AIC
- self.disclosure   1        3.9  34983  1786.6
- disclosure        1        6.2  34985  1786.6
- somatic_sympt     1       25.6  35005  1786.8
- well_being        1       76.2  35055  1787.4
<none>                            34979  1788.5
- relation          1      757.0  35736  1795.0
- depression        1     7847.4  42826  1866.7

Step: AIC=1786.56
sad ~ depression + disclosure + relation + somatic_sympt + well_being

                   Df  Sum of Sq    RSS     AIC
- disclosure        1        3.5  34986  1784.6
- somatic_sympt     1       25.3  35008  1784.8
- well_being        1       75.9  35059  1785.4
<none>                            34983  1786.6
+ self.disclosure   1        3.9  34979  1788.5
+ communication     1        3.9  34979  1788.5
- relation          1      754.6  35738  1793.0
- depression        1     7855.1  42838  1864.8
```

```
Step: AIC=1784.6
sad ~ depression + relation + somatic_sympt + well_being

                  Df  Sum of Sq    RSS    AIC
- somatic_sympt    1       25.0  35012  1782.9
- well_being       1       79.8  35066  1783.5
<none>                           34986  1784.6
+ disclosure       1        3.5  34983  1786.6
+ communication    1        2.0  34985  1786.6
+ self.disclosure  1        1.2  34985  1786.6
- relation         1     1024.8  36011  1794.0
- depression       1     7895.6  42882  1863.2

Step: AIC=1782.88
sad ~ depression + relation + well_being

                  Df  Sum of Sq    RSS    AIC
- well_being       1       86.8  35098  1781.9
<none>                           35012  1782.9
+ somatic_sympt    1       25.0  34986  1784.6
+ disclosure       1        3.2  35008  1784.8
+ communication    1        1.8  35010  1784.9
+ self.disclosure  1        1.1  35010  1784.9
- relation         1     1027.0  36039  1792.3
- depression       1    10068.3  45080  1881.0

Step: AIC=1781.86
sad ~ depression + relation

                  Df  Sum of Sq    RSS    AIC
<none>                           35098  1781.9
+ well_being       1       86.8  35012  1782.9
+ somatic_sympt    1       32.0  35066  1783.5
+ disclosure       1        7.0  35091  1783.8
+ communication    1        4.8  35093  1783.8
+ self.disclosure  1        0.4  35098  1783.8
- relation         1     1061.8  36160  1791.7
- depression       1    12762.2  47860  1902.7
```

각 단계(step)에 따라 변수에 +와 -를 볼 수 있는데, 이는 AIC 값을 증가(+)시키는 것인지 감소(-)시키는 것인지에 대한 정보를 제공하는 것이다. 우리의 목표는 AIC가 상대적으로 작을수록 좋은 모형을 찾는 것이기 때문에 -가 붙은 변수를 최종적으로 선택하면 된다. 이를 다음과 같이 summary() 함수를 통해서도 확인할 수 있는데, 그 결과를 살펴보면 최종적으로 상수항(intercept)을 제외하고 depression과 relation이 선택된 것을 알 수 있다.

SPSS의 단계 선택 옵션에 따른 분산분석표를 비교해보면 다음과 같다.

ANOVA[a]

모형		제곱합	자유도	평균제곱	F	유의확률
1	회귀	12628.376	1	12628.376	137.599	.000[b]
	잔차	36160.056	394	91.777		
	전체	48788.432	395			
2	회귀	13690.159	2	6845.080	76.645	.000[c]
	잔차	35098.273	393	89.309		
	전체	48788.432	395			

a. 종속변수: sad

b. 예측자: (상수), depression

c. 예측자: (상수), depression, relation

다음과 같이 step.s의 결과와 del.m.result의 결과가 같음을 알 수 있다. 따라서 추후 모형(formula)에 대해서는 step.s를 사용해도 관계없다.

```
summary(step.s)
```

```
Call:
lm(formula = sad ~ depression + relation, data = m.reg)

Residuals:
     Min       1Q   Median       3Q      Max
-28.0671  -6.2450   0.1894  6.0271  31.4495
```

```
Coefficients:
             Estimate   Std. Error   t value Pr(>|t|)
(Intercept)  40.71428      3.17505 12.823  < 2e-16 ***
depression   0.26705 0.02234 11.954  < 2e-16 ***
relation     -0.15286      0.04433 -3.448  0.000626       ***
---
Signif. codes: 0 '***' 0.001 '**' 0.01 '*' 0.05 '.' 0.1 ' ' 1

Residual standard error: 9.45 on 393 degrees of freedom
Multiple R-squared: 0.2806, Adjusted R-squared: 0.2769
F-statistic: 76.65 on 2 and 393 DF, p-value: < 2.2e-16
del.m.result<-lm(sad ~ ., data=m.reg[,c(1:2,5)])
summary(del.m.result)
```

```
del.m.result<-lm(sad ~ ., data=m.reg[,c(1:2,5)])
summary(del.m.result)
```

```
Call:
lm(formula = sad ~ ., data = m.reg[, c(1:2, 5)])

Residuals:
     Min       1Q   Median       3Q      Max
-28.0671  -6.2450   0.1894   6.0271  31.4495

Coefficients:
             Estimate  Std. Error  t value   Pr(>|t|)
(Intercept)  40.71428     3.17505   12.823    < 2e-16 ***
depression    0.26705     0.02234   11.954    < 2e-16 ***
relation     -0.15286     0.04433   -3.448   0.000626 ***

---
Signif. codes: 0 '***' 0.001 '**' 0.01 '*' 0.05 '.' 0.1 ' ' 1

Residual standard error: 9.45 on 393 degrees of freedom
Multiple R-squared: 0.2806, Adjusted R-squared: 0.2769
F-statistic: 76.65 on 2 and 393 DF, p-value: < 2.2e-16
```

3-3 표준화 회귀계수

표준화 회귀계수를 확인하기 위해서 scale() 함수를 사용하여 분석하고자 하는 데이터를 모두 표준화한다. 다만, 변수 선택 과정에서 종속변수 이외 독립변수로는 총 2가지 변수가 선택되었으므로 해당 변수에 대해서만 추출하여 표준화 작업을 진행하는 것이 좋다.

```
#전체 데이터에 대한 표준화
m.s.reg<-data.frame(scale(m.reg))
# 2번째와 5번째 데이터에 대한 표준화
m.s.reg1<-data.frame(scale(m.reg[,c(1:2,5)]))
```

표준화 변환에 대한 결과값을 확인한다.

```
head(m.s.reg1) #데이터프레임 확인
```

```
         sad  depression   relation
1  0.8282138   1.1705428  0.1045177
2 -1.5112346  -1.1781345  1.0367026
3 -0.7014255  -0.6144519  0.3841732
4  0.5582775  -0.3326107 -0.3615748
5 -1.4212558  -1.1781345 -0.8276672
6  0.1983623  -0.7083990 -0.4547932
```

표준화된 데이터로 다시 다중선형회귀분석을 하여 회귀계수를 산출한 결과 depression의 표준화 회귀계수는 0.5115, relation은 -0.1475이며, depression의 영향력이 상대적으로 relation보다 크다는 것을 알 수 있다. 이처럼 다중선형회귀분석을 할 때 각 요인의 합계나 척도의 값이 같은 단위가 아닐 경우에는 표준화 회귀계수를 확인함으로써 객관적인 영향력 정도를 파악할 수 있다.

SPSS 결과와 비교해봐도 차이가 없음을 알 수 있다.

계수[a]

모형		비표준화 계수 B	비표준화 계수 표준오차	표준화 계수 베타	t	유의확률	공선성 통계량 공차	공선성 통계량 VIF
1	(상수)	31.041	1.507		20.595	.000		
	depression	.266	.023	.509	11.730	.000	1.000	1.000
2	(상수)	40.714	3.175		12.823	.000		
	depression	.267	.022	.512	11.954	.000	1.000	1.000
	relation	-.153	.044	-.148	-3.448	.001	1.000	1.000

a. 종속변수: sad

```
#회귀분석, 종속변수 sad, `.`은 종속변수 제외한 모든변수, 데이터셋 m.reg
m.s.result<-lm(sad ~ ., data=m.s.reg1)
summary(m.s.result) #분석 결과 확인
```

```
Call:
lm(formula = sad ~ ., data = m.s.reg1)

Residuals:
     Min        1Q   Median       3Q      Max
-2.52544  -0.56192  0.01704  0.54231  2.82979

Coefficients:
              Estimate  Std. Error  t value   Pr(>|t|)
(Intercept) -1.424e-17   4.273e-02    0.000   1.000000
depression   5.115e-01   4.279e-02   11.954    < 2e-16 ***
relation    -1.475e-01   4.279e-02   -3.448   0.000626 ***
---
Signif. codes:  0 '***' 0.001 '**' 0.01 '*' 0.05 '.' 0.1 ' ' 1


Residual standard error: 0.8503 on 393 degrees of freedom
Multiple R-squared:  0.2806, Adjusted R-squared:  0.2769
F-statistic: 76.65 on 2 and 393 DF,  p-value: < 2.2e-16
```

회귀계수에 대한 신뢰구간을 구하는 방법은 confint.default() 함수이며 level=0.95는 95% 신뢰수준(confidence level)을 의미한다. 이때 2.5%와 97.5%는 각각 신뢰하한과 신뢰상한을 의미한다.

```
confint.default(step.s, level=0.95)
```

```
                   2.5 %        97.5 %
(Intercept)  34.4912906  46.93726684
depression    0.2232658   0.31083608
relation     -0.2397527  -0.06597053
```

3-4 VIF 산출

분산팽창인자(Variance Inflation Factor, VIF)값이 10 이상인 경우 다중공선성을 확인할 수 있다. 다중공선성이 있는 경우 다양한 방법으로 이를 제거할 수 있는데 가장 손쉽게 처리할 수 있는 방법은 해당 변수를 모형에서 삭제하는 것이다. 최종 선택된 2개의 독립변수에 대한 VIF는 vif() 함수로 쉽게 확인할 수 있다.

```
round(vif(step.s), 3)
```

```
depression  relation
         1         1
```

3-5 더빈-왓슨 통계량

더빈-왓슨 통계량은 잔차에 대한 1차 자기상관관계를 확인하는 통계량이다. 더빈-왓슨 통계량에 대한 1차 자기상관관계에 대한 가설은 다음과 같다.

- H_0: 1차 자기상관관계 계수가 0이다. (상관관계가 없다.)
- H_1: 1차 자기상관관계 계수가 0이 아니다. (상관관계가 있다.)

```
durbinWatsonTest(step.s)
```

```
lag Autocorrelation D-W Statistic p-value
  1       0.1347021      1.729817   0.012
Alternative hypothesis: rho != 0
```

3-6 해석

특정 집단에 대한 심리상태를 확인해보기 위해 8개 요인에 대한 심리척도를 활용한 설문을 진행하였다. 이후 396개의 데이터를 바탕으로 사회불안을 종속변수로 하고 그 외 심리척도를 독립변수로 한 다중선형회귀분석을 실시하였다. 그 결과 통계적으로 회귀모형을 활용할 수 있는 것으로 나타났으며($F=76.65$, $p < 0.001$), 이에 대한 수정된 결정계수(adj. R^2)는 0.277로 나타나 종속변수에 대해서 회귀모형으로 설명할 수 있는 정도가 약 27.7% 정도임을 알 수 있다. 비표준화 회귀계수를 통한 회귀모형은 sad = 40.714 + 0.267 * depression - 0.153 * relation으로 depression이 1단위 증가할 때 sad에 대해서 0.267배 만큼의 양의 영향을, relation은 1단위 증가할 때마다 -0.153만큼의 영향을 주는 것으로 나타났다. 또한 다중공선성을 확인하는 VIF값은 2개의 독립변수 모두 1로 나타나 문제가 없으며, 잔차의 1차 자기상관관계를 확인하는 더빈-왓슨 통계량은 유의확률(p)이 0.05보다 작아 1차 자기상관관계가 있는 것으로 나타났다.

1차 자기상관관계가 나타날 경우 코크란 오컷(cochrane-orcutt) 방법을 통해서 자기상관관계를 상쇄하거나, 차분(differencing)과 같은 시계열 분석(time-series analysis)적 접근으로 예측이 가능하다. 다만, 더빈-왓슨 통계량은 1차 자기상관관계만을 의미하는 것이므로 그 이상의 차수에 대하여 자기상관이 존재하는 것에는 대응하지 못한다.

덧붙이면, 일반적인 논문이나 연구보고서의 경우 더빈-왓슨 통계량에 대한 유의확률(p) 검정을 실시하지 않고 대체로 2에 가까운 경우 생략할 때가 많다. 올바른 방법은 유의확률을 통한 결과를 확인하는 것이다. 참고로 SPSS의 경우 시계열 분석을 실행해야만 더빈-왓슨 통계량에 대한 유의확률(p)을 확인할 수 있다. SAS의 경우 proc reg 프로시져에서 'dw' 옵션으로 확인 가능하다.

3-7 잔차의 정규성 검정

잔차를 산출하기 위해서 residuals() 함수를 이용한다.

```
head(residuals(del.m.result), 3) # 잔차 확인하기
```

```
        1         2         3
2.721242 -8.397594 -3.672237
```

잔차에 대한 검정을 위해 표준화 잔차 데이터를 생성한다.

```
z.m.resid<-scale(residuals(del.m.result)) #잔차 표준화 하기
head(z.m.resid, 3) #표준화 잔차 확인하기
```

```
        [,1]
1  0.2886840
2 -0.8908623
3 -0.3895708
```

정규성(normality) 검정의 가설은 다음과 같다.

- H_0: 정규분포를 따른다. (정규성이다.)
- H_1: 정규분포를 따르지 않는다. (정규성이 아니다.)

따라서 본 데이터에 대한 잔차는 정규분포를 따른다고 할 수 있다. 다만, 통계적 가설 검정의 경우 n(표본 크기)이 커질수록 유의확률(p)이 유의하게 나타나는 경향이 있으므로 Q-Q plot과 이상치에 대한 판단도 같이 확인할 것을 추천한다.

```
shapiro.test(z.m.resid) #정규성 검정
```

```
 Shapiro-Wilk normality test

data:  z.m.resid
W = 0.99758, p-value = 0.8387
```

표준화 잔차 중에서 절댓값 2 이상인 행번호를 표현한다. 해당 행번호를 한 번에 적용하여 이상치를 제거할 수 있다.

```
m.pred <- predict(del.m.result) #예측값
head(m.pred, 3)
```

```
       1        2        3
54.27876 39.39759 43.67224
```

```
m.reg1<-data.frame(id=1:nrow(m.reg), #id 생성
                   z.resid=z.m.resid, #표준화 잔차
                   sad=m.reg[,1], #종속변수
                   pred=m.pred, #예측값
                   resid=residuals(del.m.result)) #잔차
head(m.reg1, 3)
```

```
  id    z.resid  sad     pred     resid
1  1  0.2886840   57 54.27876  2.721242
2  2 -0.8908623   31 39.39759 -8.397594
3  3 -0.3895708   40 43.67224 -3.672237
```

다만, SPSS를 활용한 분석 결과와 R에서 확인한 결과가 다소 다르게 나타난다.

69	48	.58326
70	54	.52768
71	42	.19411
72	65	.36722
73	37	-1.99793
74	62	1.34966
75	54	.51521
76	52	-.28167
77	46	.20929
78	47	-.83433
79	57	-.13573

R에서 산출한 72번째부터 74번째의 값을 보면 반올림 이슈가 있는 것으로 생각될 수 있다.

```
m.reg1[72:74,]
```

```
   id    z.resid  sad     pred      resid
72 72  0.3681552   65 61.52963   3.470366
73 73 -2.0030055   37 55.88106 -18.881064
74 74  1.3530887   62 49.24529  12.754710
```

표준화 잔차가 2 이상인 경우는 상대적으로 엄격하게 이상치를 관리하는 것으로 볼 수 있다. 표준화 잔차값이 2.5 이상인 경우 이상치로 판단해보자.

```
outlier.row<-which(abs(m.reg1$z.resid)>2) #표준화 잔차가 2이상인 행번호 호출
outlier.row
```

```
[1]  73  88  89 135 152 153 194 196 219 220 228 258 261 298 360 372
```

이상치 개수를 확인해보면 다음과 같다.

```
nrow(m.reg1[abs(m.reg1$z.resid)>2,]) # 이상치 개수반환
```

```
[1] 16
```

다음과 같이 이상치 행을 모두 호출할 수도 있다. 이를 SPSS 옵션과 비교해보면 아래와 같다.

케이스별 진단[a]

케이스 번호	표준화 잔차	sad	예측값	잔차
88	-2.524	36	59.85	-23.848
89	2.293	79	57.33	21.666
135	-2.198	30	50.77	-20.770
152	2.667	68	42.80	25.204
153	2.057	63	43.56	19.442
194	-2.481	38	61.44	-23.445
196	-2.970	28	56.07	-28.067
219	2.476	71	47.60	23.396
220	2.016	66	46.95	19.053
228	2.806	75	48.48	26.521
258	3.328	71	39.55	31.450
261	2.622	72	47.22	24.781
298	2.556	74	49.85	24.154
360	2.050	60	40.62	19.378
372	-2.587	19	43.45	-24.446

a. 종속변수: sad

이상치 케이스 (SPSS)

```
m.reg1[abs(m.reg1$z.resid)>2,] #표준화 잔차가 2이상인 행 모두 호출
```

```
     id   z.resid  sad     pred     resid
73    73 -2.003006  37 55.88106 -18.88106
88    88 -2.529942  36 59.84816 -23.84816
89    89  2.298429  79 57.33416  21.66584
135  135 -2.203421  30 50.77025 -20.77025
152  152  2.673823  68 42.79557  25.20443
153  153  2.062508  63 43.55805  19.44195
194  194 -2.487170  38 61.44498 -23.44498
196  196 -2.977512  28 56.06712 -28.06712
219  219  2.481941  71 47.60431  23.39569
220  220  2.021258  66 46.94688  19.05312
228  228  2.813475  75 48.47915  26.52085
258  258  3.336338  71 39.55046  31.44954
261  261  2.628858  72 47.21942  24.78058
298  298  2.562411  74 49.84577  24.15423
360  360  2.055690  60 40.62231  19.37769
372  372 -2.593331  19 43.44569 -24.44569
```

이상치를 제거하지 않은 상태의 완전 데이터는 다음과 같이 행(row)이 396개다.

```
dim(m.reg)
```

```
[1] 396   8
```

이 중 위와 같이 표준화 잔차의 값이 2 이상인 경우를 모두 제거하면, 16개의 이상치가 제거되고 행의 개수가 380개가 된다.

```
m.del.outlier<-m.reg[-outlier.row,]
dim(m.del.outlier)
```

```
[1] 380   8
```

이상치를 제외한 상태에서 다시 분석을 진행해보면 최초의 모형보다 예측력(R^2)이 더 향상되는 것을 확인할 수 있다.

```
m.reg.new<-lm(sad ~ ., data=m.del.outlier)
summary(m.reg.new)
```

```
Call:
lm(formula = sad ~ ., data = m.del.outlier)

Residuals:
    Min       1Q   Median       3Q      Max
-17.9385  -5.6316  -0.4744  5.6248  18.6934

Coefficients: (1 not defined because of singularities)
                  Estimate  Std. Error  t value  Pr(>|t|)
(Intercept)      42.017281    3.712826   11.317   < 2e-16 ***
depression        0.278078    0.024694   11.261   < 2e-16 ***
self.disclosure   0.102838    0.065044    1.581   0.11471
disclosure       -0.040650    0.017910   -2.270   0.02379 *
relation         -0.130371    0.046190   -2.823   0.00502 **
somatic_sympt     0.008096    0.025274    0.320   0.74889
well_being       -0.041146    0.032858   -1.252   0.21127
communication           NA          NA       NA        NA
```

```
---
Signif. codes: 0 '***' 0.001 '**' 0.01 '*' 0.05 '.' 0.1 ' ' 1

Residual standard error: 8.261 on 373 degrees of freedom
Multiple R-squared: 0.3892, Adjusted R-squared: 0.3793
F-statistic: 39.61 on 6 and 373 DF, p-value: < 2.2e-16
```

변수 선택 방법을 이용하면 모형에 포함되는 변수가 달라질 수 있다. 또한 같은 데이터라도 연구자가 이상치를 어느 수준으로 결정하느냐에 따라서 회귀분석 결과가 달라질 수도 있다. 그러므로 이상치 처리를 한 경우에는 그 기준에 대해 꼭 표기해야 한다.

3-8 회귀모형에서 상수항 제외

회귀모형에서 상수항(intercept)을 제외하고 분석하고자 할 때는 다음과 같이 최종 모형에 +0을 추가해주면 간단히 실행할 수 있다.

```
no.intercept<-lm(sad ~ . + 0, data=m.reg) # 독립변수를 추가한 후 최종 모형 뒤에 + 0을 삽입하면 상수항 제외됨
summary(no.intercept)$coefficients
```

```
                  Estimate  Std. Error    t value     Pr(>|t|)
depression      0.35916217  0.02788020 12.8823395 6.934371e-32
self.disclosure 0.18314475  0.07916955  2.3133231 2.122432e-02
disclosure      0.01444280  0.02187890  0.6601246 5.095635e-01
relation        0.08958814  0.05076808  1.7646549 7.840447e-02
somatic_sympt   0.06799570  0.03095110  2.1968749 2.861709e-02
well_being      0.16342394  0.03573248  4.5735396 6.450598e-06
```

3-9 olsrr 패키지를 이용한 변수 선택

olsrr 패키지의 경우 해당 결과는 잔차(residuals)에 대한 세부 정보를 제외하고 SPSS 또는 SAS와 같은 방식으로 결과를 제시해준다. 표준화 회귀계수를 위한 별도의 과정이 필요하지 않으며 한 번에 그 결과를 제시해준다.

```
#install.packages("olsrr")
library(olsrr)
```

ols_step_both_p() 함수를 이용하여 단계선택의 결과를 산출한다.

```
#ols_step_forward_p(m.result) #forward(전진)
#ols_step_backward_p(m.result) #backward(후진)
step.s1<-ols_step_both_p(m.result) #stepwise(단계선택)
```

```
Stepwise Selection Method
---------------------------

Candidate Terms:

1. depression
2. self.disclosure
3. disclosure
4. relation
5. somatic_sympt
6. well_being
7. communication

We are selecting variables based on p value...

Variables Entered/Removed:

- depression added
- relation added
```

```
No more variables to be added/removed.


Final Model Output
------------------

                    Model Summary
-----------------------------------------------------------------
R                   0.530          RMSE      9.450
R-Squared           0.281     Coef. Var     19.772
Adj. R-Squared      0.277           MSE     89.309
Pred R-Squared      0.268           MAE      7.518
-----------------------------------------------------------------
 RMSE: Root Mean Square Error
 MSE: Mean Square Error
 MAE: Mean Absolute Error

                              ANOVA
-------------------------------------------------------------------------
                  Sum of
                 Squares     DF    Mean Square        F      Sig.
-------------------------------------------------------------------------
Regression     13690.159      2       6845.080   76.645    0.0000
Residual       35098.273    393         89.309
Total          48788.432    395
-------------------------------------------------------------------------


                              Parameter Estimates
--------------------------------------------------------------------------
      model     Beta   Std. Error   Std. Beta       t      ig  lower  upper
--------------------------------------------------------------------------
(Intercept)  40.714         3.175              12.823  0.000 34.472 46.956
 depression   0.267         0.022       0.512  11.954  0.000  0.223  0.311
   relation  -0.153         0.044      -0.148  -3.448  0.001 -0.240 -0.066
--------------------------------------------------------------------------
```

ols_test_normality() 함수를 사용하면 한 번에 여러 개의 정규성 검정 결과를 확인할 수 있다. 정규성 검정의 귀무가설은 '정규분포를 따른다'이며, 대립가설은 '정규분포를 따르지 않는다'이다.

```
ols_test_normality(z.m.resid)
```

```
Warning in ks.test(y, "pnorm", mean(y), sd(y)): ties should not be present
for the Kolmogorov-Smirnov test
-----------------------------------------------
       Test             Statistic      pvalue
-----------------------------------------------
Shapiro-Wilk              0.9976        0.8387
Kolmogorov-Smirnov        0.0257        0.9561
Cramer-von Mises         27.0417        0.0000
Anderson-Darling          0.2258        0.8182
-----------------------------------------------
```

4 표 작성

4-1 kableExtra를 활용한 표 작성

step.s는 stepAIC()를 통해서 단계선택한 결과를 저장한 것이다. 이에 대한 coefficients를 참조하면 다음과 같이 예측값과 표준오차, t값, 유의확률(p)을 활용할 수 있다.

```
m.t1<-summary(step.s)$coefficients #회귀계수 표
m.t1
```

```
               Estimate  Std. Error    t value      Pr(>|t|)
(Intercept)  40.7142787  3.17505229  12.823184  1.091680e-31
depression    0.2670510  0.02233976  11.954068  2.640816e-28
relation     -0.1528616  0.04433300  -3.448032  6.257450e-04
```

같은 방식으로 m.s.result는 단계선택에서 선택된 변수만을 표준화하고 그것을 다시 회귀분석한 결과이다. 이에 대한 coefficients를 참조하면 표준화 회귀계수만 추출할 수 있다.

```
#표준화 회귀계수 표
m.t2<-data.frame(std.coef=summary(m.s.result)$coefficients[,1])
m.t2
```

```
                 std.coef
(Intercept)  -1.424045e-17
depression    5.115416e-01
relation     -1.475491e-01
```

추출한 결과를 data.frame() 함수로 임의로 합쳐 결과표를 만든다.

```
table.m.reg<-data.frame(m.t1[,1], m.t2, m.t1[,2:4])
names(table.m.reg)<-c("Estimate","Std. Coef","Std. Error","t value", "Pr(>|t|)")
table.m.reg
```

```
              Estimate     Std. Coef   Std. Error    t value      Pr(>|t|)
(Intercept) 40.7142787 -1.424045e-17  3.17505229  12.823184  1.091680e-31
depression   0.2670510  5.115416e-01  0.02233976  11.954068  2.640816e-28
relation    -0.1528616 -1.475491e-01  0.04433300  -3.448032  6.257450e-04
```

이에 kableExtra 패키지를 실행하고 markdown 형태의 표로 구성한다.

```
library(kableExtra)
kable(table.m.reg, #데이터
      format="markdown", #출력포맷
      digit=3, # 소숫점
      align="c", #정렬
      caption="multiple linear regression model") #제목
```

```
             Estimate  Std. Coef  Std. Error  t value  Pr(>|t|)
(Intercept)    40.714      0.000       3.175   12.823     0.000
depression      0.267      0.512       0.022   11.954     0.000
relation       -0.153     -0.148       0.044   -3.448     0.001
```

코드라인을 markdown으로 변경한 상태에서 다음과 같이 출력된 결과를 입력하면 박스 형태의 표를 얻을 수 있다.

```
|            |Estimate| Std. Coef | Std. Error | t value | Pr(>&#124;t&#124;) |
|:-----------|:--------:|:---------:|:----------:|:--------:|:------------------:|
|(Intercept) |  40.714  |   0.000   |    3.175   | 12.823 |        0.000       |
|depression  |   0.267  |   0.512   |    0.022   | 11.954 |        0.000       |
|relation    |  -0.153  |  -0.148   |    0.044   | -3.448 |        0.001       |
```

같은 방법으로 step.s에 대한 anova()를 실행해 결과를 표로 구성해본다.

```
kable(stats::anova(step.s),
      format="markdown",
      digit=3,
      align="c",
      caption="anova table of m.regression") #제목
```

```
             Df     Sum Sq    Mean Sq   F value   Pr(>F)
depression    1  12628.376  12628.376   141.402    0.000
relation      1   1061.783   1061.783    11.889    0.001
Residuals   393  35098.273     89.309        NA       NA
```

```
|           | Df |   Sum Sq   |  Mean Sq  | F value | Pr(>F) |
|:----------|:---:|:----------:|:---------:|:-------:|:------:|
|depression|   1 | 12628.376 | 12628.376 | 141.402 | 0.000 |
|relation  |   1 |  1061.783 |  1061.783 | 11.889  | 0.001 |
|Residuals | 393 | 35098.273 |    89.309 |    NA   |   NA  |
```

4-2 ztable을 활용한 표 작성 (RStudio 사용자)

ztable 패키지를 이용해 표를 작성해보기 위해 패키지를 호출한다.

```
library(ztable)
library(officer)
library(flextable)
library(magrittr) # `%>%`를 활용할 수 있게 해주는 패키지
```

ztable.option=" "으로 출력하고자 하는 포맷을 설정한다.

```
options(ztable.type="markdown")
z.m.reg<-ztable(m.result, #회귀분석 결과
                caption="multiple linear regression model",#제목
                digits=3) #소수점 자릿수
ztable2flextable(z.m.reg)
```

multiple linear regression model

rowname	Estimate	Std. Error	t value	Pr(>|t|)
(Intercept)	42.433	4.137	10.257	< 0.001
depression	0.251	0.027	9.342	< 0.001
self.disclosure	0.015	0.072	0.209	0.835
disclosure	-0.005	0.020	-0.263	0.792
relation	-0.147	0.051	-2.902	0.004
somatic_sympt	0.015	0.028	0.534	0.594
well_being	-0.034	0.037	-0.921	0.358

Call: lm(formula = sad ~ ., data = m.reg)

kable() 함수를 사용하는 방법과 유사하게 분산분석표를 출력한다.

```
z.m.aov<-ztable(stats::anova(step.s), #회귀분석 결과에 대한 분산분석표
                caption="multiple linear regression model", #제목
                digits=3) #소수점 자릿수
ztable2flextable(z.m.aov)
```

```
multiple linear regression model
rowname       Df      Sum Sq     Mean Sq    F value   Pr(>F)
depression     1   12628.376   12628.376    141.402   < 0.001
relation       1    1061.783    1061.783     11.889     0.001
Residuals    393   35098.273      89.309
```

5 그래프 그리기

5-1 graph 패키지의 boxplot, plot으로 그리기

상자그림을 그리기 위해서 boxplot() 함수와 일반적인 plot() 함수를 사용해서 그래프를 생성한다. 이때 각 그룹별로 색을 다르게 지정해주기 위해서 rainbow() 함수를 이용하여 출력한다.

```
boxplot(m.reg, #데이터
        col=rainbow(8), #색 임의 지정
        main="boxplot of group")
```

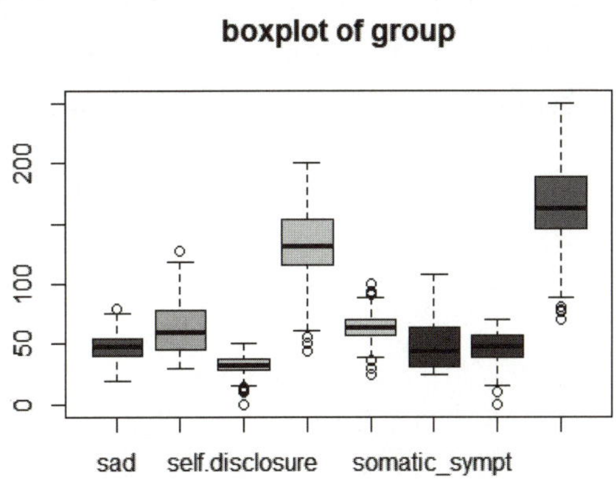

※ 본 절에 제시된 그래프는 색상 제한으로 실제 결과의 색을 반영하지 못한 부분이 있다.

각 결과가 서로 다른 색으로 채워지도록 설정된 rainbow() 함수를 사용하면 그룹별 색을 손쉽게 달리 지정해줄 수 있다. 색상이 규칙에 의한 코드로 구성되어 있기 때문에 다음과 같이 나타난다.

```
print(rainbow(8))
```

```
[1] "#FF0000FF" "#FFBF00FF" "#80FF00FF" "#00FF40FF" "#00FFFFFF" "#0040FFFF"
[7] "#8000FFFF" "#FF00BFFF"
```

```
par(mfrow=c(2,2))
plot(m.result)
```

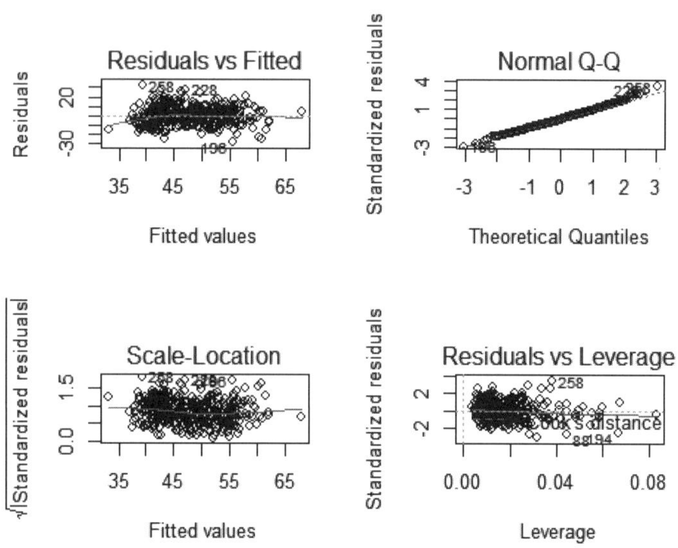

5-2 olsrr 패키지로 그리기

olsrr 패키지도 ggplot2를 활용한 다양한 그래프를 제공해준다. 필요에 따라 선택하면 된다.

- ols_plot_resid_qq(회귀모형): 잔차의 정규성을 확인할 수 있는 Q-Q plot을 그려준다.
- ols_plot_resid_stud(회귀모형): 이상치 탐지를 위해 잔차가 절댓값 2 이상인 종속변수의 행번호를 표시해준다.
- ols_plot_resid_stud_fit(회귀모형): 잔차의 이상치 탐지(절댓값 2 이상) 및 정규성에 문제가 되는 종속변수의 행번호를 표시해준다.
- ols_plot_cooksd_chart(회귀모형): 쿡의 거리(cook's distance)에 대해서 레버리지의 수준을 벗어나는 종속변수의 행번호를 표시해준다.

```
ols_plot_resid_qq(m.result)
```

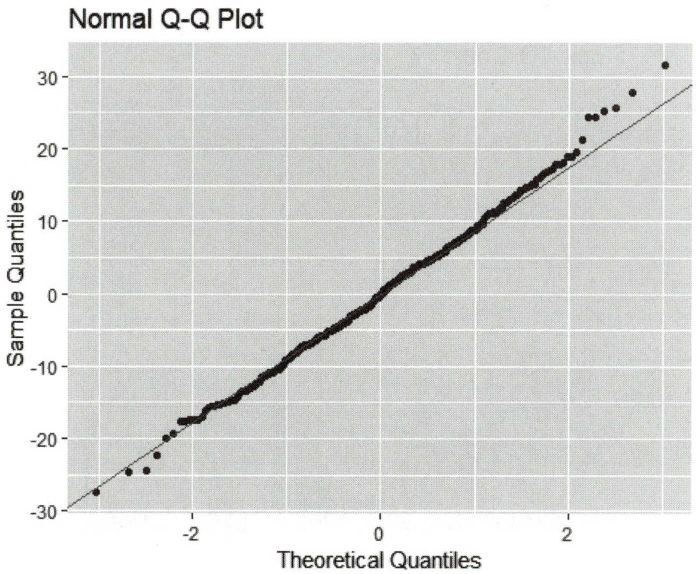

```
ols_plot_resid_stand(m.result)
```

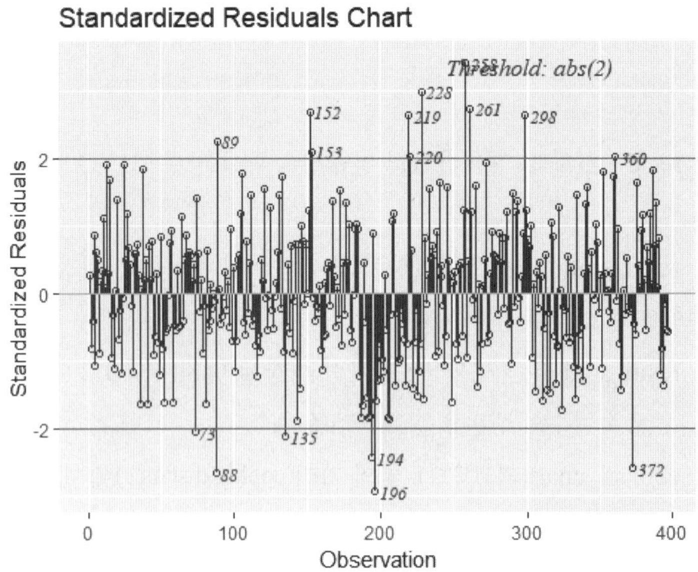


```
ols_plot_cooksd_chart(m.result)
```

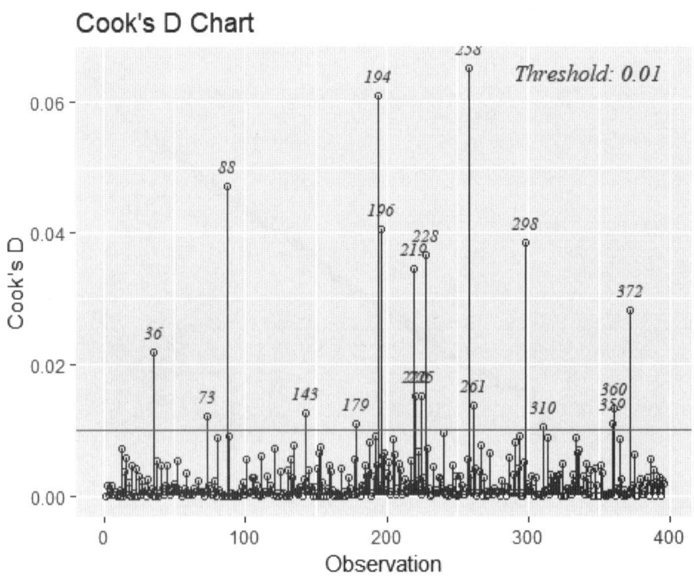

```
resid_stud_fit<-ols_plot_resid_stud_fit(m.result)
```

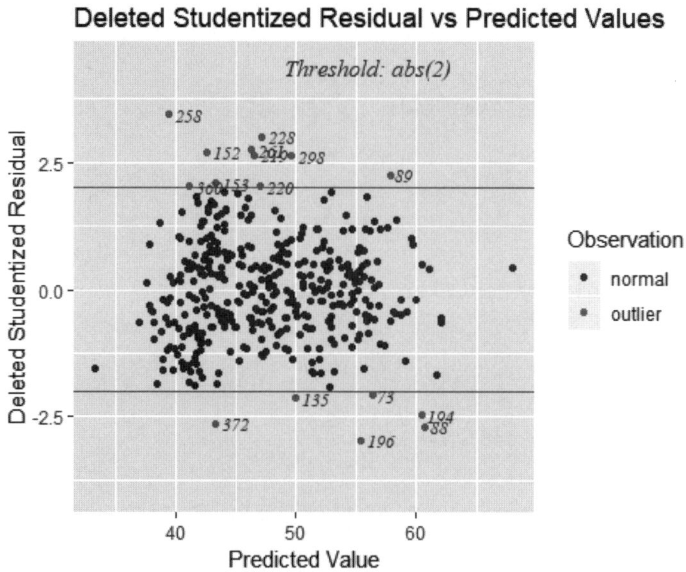


```
names(resid_stud_fit$plot)
```

```
[1] "data"        "layers"  "scales"    "mapping"  "theme"
[6] "coordinates" "facet"   "plot_env"  "labels"
```

olsrr::ols_plot_resid_stud_fit() 함수[1]에 대한 실제 코드를 다음과 같이 공개해놓았다. 필요한 경우 각자 코드를 새롭게 수정·변경하여 적용해보길 바란다.

```
ols_plot_resid_stud_fit <- function(model) {

 check_model(model)

 fct_color <- NULL
 color     <- NULL
 pred      <- NULL
```

1 https://github.com/rsquaredacademy/olsrr/blob/master/R/ols-dsresid-vs-pred-plot.R

```
  dsr       <- NULL
  txt       <- NULL
  obs       <- NULL
  ds        <- NULL

  k <- ols_prep_dsrvf_data(model)

  d <- k %>%
    use_series(ds) %>%
    mutate(
     txt = ifelse(color == "outlier", obs, NA)
    )

  f <- d %>%
    filter(color == "outlier") %>%
    select(obs, pred, dsr) %>%
    set_colnames(c("observation", "fitted_values", "del_stud_resid"))

  p <- ggplot(d, aes(x = pred, y = dsr, label = txt)) +
    geom_point(aes(colour = fct_color)) +
    scale_color_manual(values = c("blue", "red")) +
    ylim(k$cminx, k$cmaxx) + xlab("Predicted Value") +
    ylab("Deleted Studentized Residual") + labs(color = "Observation") +
    ggtitle("Deleted Studentized Residual vs Predicted Values") +
    geom_hline(yintercept = c(-2, 2), colour = "red") +
    geom_text(hjust = -0.2, nudge_x = 0.15, size = 3, family = "serif",
              fontface = "italic", colour = "darkred", na.rm = TRUE) +
   annotate(
     "text", x = Inf, y = Inf, hjust = 1.5, vjust = 2,
     family = "serif", fontface = "italic", colour = "darkred",
     label = paste0("Threshold: abs(", 2, ")")
   )

  suppressWarnings(print(p))
  result <- list(outliers = f, threshold = 2, plot = p)
  invisible(result)

}
```

내용 요약

- 실습 데이터: m_reg.csv

- stats::lm(): 회귀분석
  - summary(): 회귀분석 결과(회귀모형, 회귀계수, F값, R^2 등의 통계량 출력)
  - anova(): 회귀분석에 대한 분산분석표 출력
  - residuals(): 잔차 계산
  - predict(): 예측값 계산
  - shapiro.test(): 정규성 검정
  - durbinWatsonTest(): 1차 자기상관관계 확인
  - vif(): variable inflation factor 계산

- olsrr 패키지
  - ols_step_both_p(): p값에 의한 단계 선택 실행
  - ols_step_backward_p(): p값에 의한 후진제거 실행
  - ols_step_forward_p(): p값에 의한 전진선택 실행
  - ols_test_normality(): 정규성 검정
  - ols_plot_resid_qq(): 잔차의 정규성(Q-Q plot)
  - ols_plot_resid_stud(): 잔차 이상치 탐지(잔차가 절댓값 2)
  - ols_plot_resid_stud_fit(): 잔차 이상치 탐지(절댓값 2 이상) 및 정규성 확인
  - ols_plot_cooksd_chart(): cook's distance 확인
  - 그 외 다양한 함수가 있음(https://cran.r-project.org/web/packages/olsrr/olsrr.pdf)

ch.19 더미 회귀분석

1 기본 개념

더미변수(dummy variable)는 범주형 변수(인구학적 문항의 성별, 결혼 유무 등)를 회귀모형에 적용할 목적으로 사용하는 변수로, 0 또는 1로 구성된 일련의 데이터 형태를 띤다.

기준 : 0 VS 적용 : 1

더미변수 개수 = 수준(level)의 개수 - 1

성별
1(기준)
2
⋮

➡

성별더미
0
1
⋮

(1 = 20~29세, 2 = 30~39세, 3 = 40~49세, 4 = 50~59세)

연령
1
2
3
4(기준)
⋮

➡

연령더미1	연령더미2	연령더미3
1	0	0
0	1	0
0	0	1
⋮	⋮	⋮

[그림 19-1] 더미변수의 이해

위의 그림에서 기준(reference)이 되는 항목은 0으로 값을 고정하기 때문에 더미변수 개수는 (수준의 수-1)이 된다.

1-1 왜 더미변수를 활용한 회귀분석을 하는가?

더미변수를 선형회귀분석에 사용한다는 것은 특정 변수에 대하여 통제를 하겠다는 의미이다. 선형회귀분석에서 독립변수와 종속변수는 모두 연속형 변수여야 하며 정규성을 따라야 한다. 이때 독립변수가 범주형 데이터라면 기본 가정에 따라 선형회귀모형에 추가할 수 없다. 다만, 더미변수의 형태가 0과 1로 구성되어 있어 실제 회귀모형에서 절편에 특정 상수가 더해지는 형태로 활용되는데 이 같은 방식이 가장 단순한 형태의 통제가 된다. 만약 더미변수를 활용한 상호작용항을 만드는 경우라면 상수항이 아닌 독립변수의 값에 0과 1을 곱하는 방식이므로 서로 교차되는 회귀직선을 보일 때 상호작용이 통계적 의미를 갖는다고 판단한다. 이런 경우가 Baron & Kenny[1]가 주장해온 상호작용항을 활용한 매개효과나 조절효과에 사용되는 방식이다.

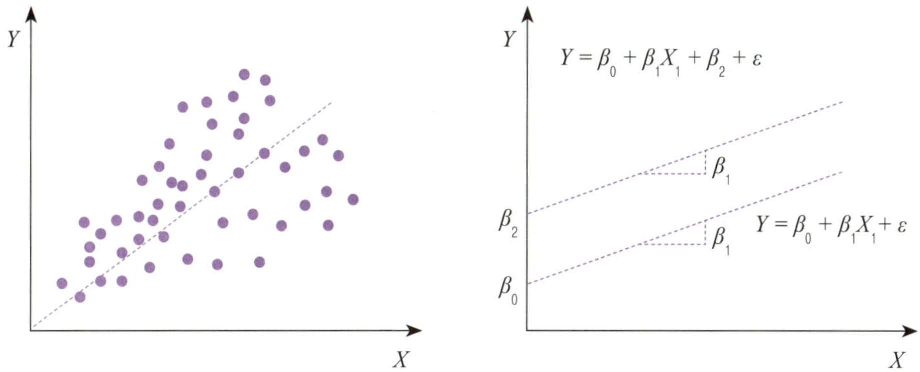

$$Y = \beta_0 + \beta_1 X_1 + \beta_2 X_2 + \varepsilon$$

X_2가 0일 때: $Y = \beta_0 + \beta_1 X_1 + \varepsilon$

X_2가 1일 때: $Y = \beta_0 + \beta_1 X_1 + \beta_2 + \varepsilon$

[그림 19-2] 더미변수와 회귀직선

1 Baron, R. M., & Kenny, D. A. (1986). The moderator-mediator variable distinction in social psychological research: Conceptual, strategic, and statistical considerations. *Journal of Personality and Social Psychology*, 51, 1173-1182.

2 분석 준비

2-1 데이터 설명 및 구조 실습 데이터: one_way_anova.csv

앞서 일원배치분산분석에 사용했던 one_way_anova.csv 데이터를 사용해 더미처리 여부에 따른 회귀분석 결과를 비교해보고자 한다.

```
aov.1<-read.csv("D:/python/R_3/data/one_way_anova.csv", header=T)
head(aov.1)
```

```
 age score
1 20     29
2 20     33
3 20     32
4 20     27
5 30     35
6 30     46
```

```
str(aov.1)
```

```
'data.frame':  42 obs. of 2 variables:
$ age  : int 20 20 20 20 30 30 30 30 30 40 ...
$ score: int 29 33 32 27 35 46 37 43 42 33 ...
```

3 분석

3-1 factor() 함수: 모형식만 적용

먼저, lm() 함수와 summary() 함수로 score를 종속변수로 하고 age를 독립변수로 하여 단순선형회귀분석을 한다.

```
dummy.reg1<-summary(lm(score ~ ., data=aov.1))
dummy.reg1
```

```
Call:
lm(formula = score ~ ., data = aov.1)

Residuals:
    Min       1Q   Median      3Q     Max
-11.4800  -3.3393   0.4107  3.0513  11.3013

Coefficients:
             Estimate  Std. Error  t value   Pr(>|t|)
(Intercept)  25.04267     3.13760    7.981   8.38e-10 ***
age           0.32187     0.09887    3.256    0.00231 **
---
Signif. codes: 0 '***' 0.001 '**' 0.01 '*' 0.05 '.' 0.1 ' ' 1

Residual standard error: 5.117 on 40 degrees of freedom
Multiple R-squared: 0.2095, Adjusted R-squared: 0.1897
F-statistic: 10.6 on 1 and 40 DF, p-value: 0.002307
```

같은 모형(formula)으로 회귀분석을 실시하되 age를 factor() 함수로 감싸 범주형 데이터 형태로 변환한다.

```
dummy.reg2<-summary(lm(score ~ factor(age), data=aov.1))
dummy.reg2
```

```
Call:
lm(formula = score ~ factor(age), data = aov.1)

Residuals:
    Min       1Q   Median       3Q      Max
-8.3333  -2.4000  -0.3667   2.5167   6.2667

Coefficients:
               Estimate  Std. Error  t value   Pr(>|t|)
(Intercept)     28.3333      0.9841   28.792    < 2e-16 ***
factor(age)30   11.4000      1.3203    8.635   1.38e-10 ***
factor(age)40    7.0667      1.3203    5.352   4.10e-06 ***
---
Signif. codes:  0 '***' 0.001 '**' 0.01 '*' 0.05 '.' 0.1 ' ' 1

Residual standard error: 3.409 on 39 degrees of freedom
Multiple R-squared:  0.6579, Adjusted R-squared:  0.6404
F-statistic:  37.5 on 2 and 39 DF,  p-value: 8.238e-10
```

그 결과 factor()로 감싼 변수가 더미처리 되어 분석이 실시되는데, 이때 가장 먼저 제시된 20(20대)을 기준으로 더미처리가 된 것을 확인할 수 있다.

3-2 factor() 함수: 데이터 유형 변경

회귀분석을 실행할 때 factor() 함수로만 감싼 경우 원본 데이터(raw data)의 유형은 변하지 않고 분석에만 사용된다. 따라서 데이터 유형을 factor로 변환할 것인지 또는 모형식에서만 factor로 적용할 것인지를 분석자가 미리 선택해야 한다. 다음은 데이터 유형을 변경한 후 회귀분석을 진행한 내용이다.

```
aov.2<-aov.1
aov.2$age<-as.factor(aov.2$age) #사전에 해당 변수를 factor로 변환
str(aov.2) #데이터 구조 확인
```

```
'data.frame':   42 obs. of  2 variables:
 $ age   : Factor w/ 3 levels "20","30","40": 1 1 1 1 2 2 2 2 2 3 ...
 $ score: int  29 33 32 27 35 46 37 43 42 33 ...
```

앞서 모형식에만 factor() 함수를 적용한 dummy.reg2와 결과가 같음을 알 수 있다.

```
dummy.reg3<-summary(lm(score ~ age, data=aov.2))
dummy.reg3
```

```
Call:
lm(formula = score ~ age, data = aov.2)

Residuals:
    Min        1Q    Median       3Q      Max
-8.3333   -2.4000   -0.3667   2.5167   6.2667

Coefficients:
             Estimate  Std. Error  t value   Pr(>|t|)
(Intercept)   28.3333      0.9841   28.792    < 2e-16 ***
age30         11.4000      1.3203    8.635   1.38e-10 ***
age40          7.0667      1.3203    5.352   4.10e-06 ***
---
Signif. codes:  0 '***' 0.001 '**' 0.01 '*' 0.05 '.' 0.1 ' ' 1

Residual standard error: 3.409 on 39 degrees of freedom
Multiple R-squared:  0.6579, Adjusted R-squared:  0.6404
F-statistic:  37.5 on 2 and 39 DF,  p-value: 8.238e-10
```

factor()로 지정된 더미변수는 첫 번째 수준(level)을 기준값으로 기본 설정된다. 따라서 분석자가 임의로 변경하고자 하는 경우 특정 수준을 지정하는 작업을 거쳐야 한다.

```
aov.3<-aov.2
levels(aov.3$age) #범주형 수준 확인
```

```
[1] "20" "30" "40"
```

relevel() 함수를 이용하여 ref=" "를 지정해줌으로써 분석자가 원하는 기준을 다음과 같이 설정할 수 있다.

```
aov.3$age<-relevel(aov.3$age, ref="30") #기준값을 30으로 변경
levels(aov.3$age) #범주형 수준 확인
```

```
[1] "30" "20" "40"
```

```
dummy.reg4<-summary(lm(score ~ age, data=aov.3)) # 기준 재설정 후 회귀분석
dummy.reg4
```

```
Call:
lm(formula = score ~ age, data = aov.3)

Residuals:
    Min       1Q   Median      3Q     Max
-8.3333  -2.4000  -0.3667  2.5167  6.2667

Coefficients:
             Estimate  Std. Error  t value   Pr(>|t|)
(Intercept)   39.7333      0.8802   45.143    < 2e-16 ***
age20        -11.4000      1.3203   -8.635   1.38e-10 ***
age40         -4.3333      1.2447   -3.481    0.00125 **
---
Signif. codes:  0 '***' 0.001 '**' 0.01 '*' 0.05 '.' 0.1 ' ' 1

Residual standard error: 3.409 on 39 degrees of freedom
Multiple R-squared:  0.6579, Adjusted R-squared:  0.6404
F-statistic:  37.5 on 2 and 39 DF,  p-value: 8.238e-10
```

3-3 stats::model.matrix() 함수

stats::model.matrix()는 더미변수와 상호작용항(interaction term)을 쉽게 만들어주는 함수이다. 다음과 같이 원본 데이터를 활용해서 새롭게 더미변수를 포함한 데이터를 생성하여 분석에 사용할 수 있다. 다만 더미변수를 만들려고 하는 열(변수)은 데이터 유형이 factor로 지정되어야 한다.

```
aov.1$age<-as.factor(aov.1$age) #factor로 변환
```

model.matrix() 함수 안에 ~열(변수)로 지정하여 더미변수를 생성할 수 있다. 이때 추가적으로 +0을 해주면 상수항(constant)을 제외하고 더미변수만 생성할 수 있다.

```
dummy_all <- model.matrix(~age+0, data=aov.1) #더미변수 생성
head(dummy_all) #데이터 6행 확인
```

```
  age20  age30  age40
1     1      0      0
2     1      0      0
3     1      0      0
4     1      0      0
5     0      1      0
6     0      1      0
```

더미변수와 기존 파일을 합쳐서 분석에 사용할 새로운 파일을 생성한다.

```
aov.4<-data.frame(aov.1, dummy_all) #새로운 파일생성
head(aov.4) #데이터 6행 확인
```

```
  age  score  age20  age30  age40
1  20     29      1      0      0
2  20     33      1      0      0
3  20     32      1      0      0
4  20     27      1      0      0
5  30     35      0      1      0
6  30     46      0      1      0
```

계속해서, 40(40대)을 기준으로 하고 나머지 수준을 더미화하여 회귀분석한 결과는 다음과 같다.

```
dummy.reg5<-summary(lm(score ~ age20 + age30, data=aov.4)) # 분석자에 맞게 기준선택 후 회귀분석
dummy.reg5
```

```
Call:
lm(formula = score ~ age20 + age30, data = aov.4)

Residuals:
    Min       1Q   Median      3Q     Max
-8.3333  -2.4000  -0.3667  2.5167  6.2667

Coefficients:
            Estimate  Std. Error  t value  Pr(>|t|)
(Intercept)  35.4000     0.8802   40.219   < 2e-16 ***
age20        -7.0667     1.3203   -5.352   4.1e-06 ***
age30         4.3333     1.2447    3.481   0.00125 **
---
Signif. codes: 0 '***' 0.001 '**' 0.01 '*' 0.05 '.' 0.1 ' ' 1

Residual standard error: 3.409 on 39 degrees of freedom
Multiple R-squared: 0.6579, Adjusted R-squared: 0.6404
F-statistic: 37.5 on 2 and 39 DF, p-value: 8.238e-10
```

3-4 sjmisc::to_dummy() 함수

sjmisc::to_dummy() 함수를 이용해서 더미변수를 생성할 수 있다.

```
to_dummy(x, #변환하고자 하는 벡터형태 데이터
         var.name = "name", #더미변수명 설정
         suffix = c("numeric", "label")) # 각 numeric은 숫자로(1부터 ~), label은 지정된 이름으로 변수명 설정
```

```
#install.packages("sjmisc")
library(sjmisc)
```

head() 함수로 최초 6개의 데이터를 확인할 수 있으며 to_dummy() 함수를 이용해서 특정 변수를 변환하면 다음과 같다. 해당 함수의 옵션을 적용하지 않았기 때문에 원래 변수의 이름인 age를 기준으로 각 숫자가 증가하는 형태로 더미변수가 생성된다.

```
head(to_dummy(aov.1$age), 3) #3행 확인
```

```
  age_1  age_2  age_3
1     1      0      0
2     1      0      0
3     1      0      0
```

이때 var.name = " " 옵션으로 다음과 같이 변수 이름을 임의로 지정할 수 있다.

```
head(to_dummy(aov.1$age, var.name = "dummy")) #생성변수 이름 지정
```

```
  dummy_1  dummy_2  dummy_3
1       1        0        0
2       1        0        0
3       1        0        0
4       1        0        0
5       0        1        0
6       0        1        0
```

앞서 var.name = "dummy"로 지정했기 때문에 생성되는 더미변수의 이름은 dummy로 고정되며, suffix = "label"로 설정했기 때문에 age의 label이 변수명에 추가되는 방식으로 생성된다.

```
head(to_dummy(aov.1$age,
        var.name = "dummy", #생성변수 이름 지정
        suffix = "label")) #생성변수 이름 라벨 추가
```

```
  dummy_20  dummy_30  dummy_40
1        1         0         0
2        1         0         0
3        1         0         0
4        1         0         0
5        0         1         0
6        0         1         0
```

원본 데이터에 더미변수를 추가한 aov.dummy를 생성한다.

```
dummy <- to_dummy(aov.1$age, suffix = "label") #더미변수 생성
aov.dummy <- data.frame(aov.1, dummy) #더미변수를 추가한 데이터 생성
head(aov.dummy)
```

```
  age  score  age_20  age_30  age_40
1  20     29       1       0       0
2  20     33       1       0       0
3  20     32       1       0       0
4  20     27       1       0       0
5  30     35       0       1       0
6  30     46       0       1       0
```

다음과 같이 dplyr 패키지를 이용해서도 더미변수를 만들어내고, 동시에 변수를 파생할 수도 있다.

```
library(dplyr) #패키지 호출
```

dplyr을 활용하여 더미변수를 추가한 aov.5 데이터를 생성한다.

```
aov.5<- aov.1 %>%
to_dummy(age, suffix = "label") %>%
bind_cols(aov.1) %>%
select_all

head(aov.5, 3)
```

```
  age_20  age_30  age_40  age  score
1      1       0       0   20     29
2      1       0       0   20     33
3      1       0       0   20     32
```

이뿐만 아니라 여러 개의 변수를 동시에 더미변수로 변환할 수 있다. 다음과 같이 더미변수가 20개 생긴 이유는 score가 연속형 변수로 각각의 값에 해당하는 더미변수가 생성된 것이다.

```
multi.dummy<-aov.1 %>%
select_all %>%
to_dummy()

head(multi.dummy, 3)
```

```
 age_1 age_2 age_3 V1 V2 V3 V4 V5 V6 V7 V8 V9 … V16 V17 V18 V19 V20
1    1     0     0  0  0  0  0  0  1  0  0  0 …   0   0   0   0   0
2    1     0     0  0  0  0  0  0  0  0  0  0 …   0   0   0   0   0
3    1     0     0  0  0  0  0  0  0  0  0  1 …   0   0   0   0   0
```

3-5 연속형 변수 더미변수로 변환 실습 데이터: m_reg.csv

연속형 변수를 세 범주(low, middle, high)로 구분하고 이를 다시 더미변수로 처리하는 과정을 생각해보자. 앞서 다중 선형회귀분석에서 사용했던 데이터를 활용해 실습을 진행해본다.

```
m.reg<-read.csv("D:/python/R_3/data/m_reg.csv", header=T)
head(m.reg)
```

	sad	depression	self.disclosure	disclosure	…	communication
1	57	88	30	119	…	149
2	31	38	26	143	…	169
3	40	50	42	140	…	182
4	54	56	36	123	…	159
5	32	38	32	120	…	152
6	50	48	35	150	…	185

dim() 함수로 불러온 데이터의 행과 열의 개수를 확인한다.

```
dim(m.reg) #행과 열 개수 확인
```

```
[1] 396  8
```

colSums() 함수와 is.na() 함수로 각 열마다 결측값(NA)이 있는지 확인한다.

```
colSums(is.na(m.reg)) #열 결측값 확인
```

```
     sad     depression  self.disclosure      disclosure
       0              0                0               0
relation  somatic_sympt       well_being   communication
       0              0                0               0
```

range() 함수를 통해서 다음과 같이 범위를 확인해보면 최솟값은 30, 최댓값은 128임을 알 수 있다.

```
range(m.reg$depression) #연속형 변수 범위 확인
```

```
[1] 30 128
```

계속해서, depression을 세 범주(low, middle, high)로 구분하고자 다음과 같이 3등분을 한다. 이때 quantile() 함수를 이용해 각 구간의 범위를 구한다.

```
quantile(m.reg$depression, #벡터형태 데이터
         probs = c(0, 1/3, 2/3, 1), #구하고자 하는 값
         na.rm = T, #결측값 제외
         include.lowest=T) #최소값을 계산에 포함
```

```
       0%   33.33333%   66.66667%        100%
 30.00000    48.66667    72.00000   128.00000
```

여기에 실제 구간화를 위해 cut() 함수를 활용해 각 구간을 나누고 다음과 같이 table() 함수로 해당 그룹의 빈도를 확인한다.

```
table(cut(m.reg$depression,
          breaks=quantile(m.reg$depression,
                          probs=c(0, 1/3, 2/3, 1), #quantile을 이용한 구간화
                          na.rm=T), #결측값 제외
          labels=c("low","middle","high"), #라벨링
          include.lowest=T)) #최소값을 계산에 포함
```

```
  low  middle  high
  132     134   130
```

원본 데이터 이외에 새롭게 m.reg.dummy를 생성하여 그룹변수(gr_dep)를 추가한다.

```
m.reg.dummy<-m.reg

m.reg.dummy$gr_dep<-cut(m.reg$depression,
          breaks=quantile(m.reg$depression, c(0, 1/3, 2/3, 1)),
          labels=c("low","middle","high"),
          include.lowest=T)

head(m.reg.dummy, 3)
```

```
  sad  depression  self.disclosure  ⋯  communication  gr_dep
1  57          88               30  ⋯            149    high
2  31          38               26  ⋯            169     low
3  40          50               42  ⋯            182  middle
```

이어서 추가된 그룹변수(gr_dep)를 더미변수로 변환하는 과정을 거치면 된다.

```
dummy.dep <- to_dummy(m.reg.dummy$gr_dep, suffix = "label")
m.reg.dummy<- data.frame(m.reg.dummy, dummy.dep)
head(m.reg.dummy)
```

```
  sad  depression  ⋯  gr_dep  gr_dep_low  gr_dep_middle  gr_dep_high
1  57          88  ⋯    high           0              0            1
2  31          38  ⋯     low           1              0            0
3  40          50  ⋯  middle           0              1            0
4  54          56  ⋯  middle           0              1            0
5  32          38  ⋯     low           1              0            0
6  50          48  ⋯     low           1              0            0
```

3-6 위계적 회귀분석

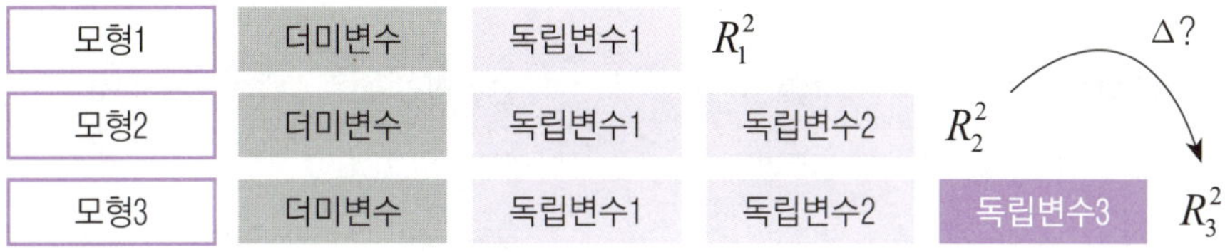

[그림 19-3] 위계적 회귀분석 모델

위계(hierarchy)라는 단어는 지위나 계층의 등급을 나타내는 말로, 일정한 단계로 구분할 수 있다는 의미를 내포한다. 그런데 이런 개념을 활용하는 위계적(hierarchical) 회귀분석을 하는 이유는 무엇일까? 위계적 회귀분석은 기본 모형에 독립변수를 추가해 가면서 해당 변수가 가지는 결정계수(설명력, R^2)의 변화량과 변화 정도에 대한 통계적 유의성을 확인함으로써 특정 독립변수가 회귀모형에서 어느 정도의 의미를 갖는지 살펴보는 분석이다. 이때 인구학적 문항을 더미변수로 처리하고 모형에 추가하여 통제변수로 활용하기도 한다.

[그림 19-3]을 보면 모형1은 가장 기본이 되는 모형이다. 이때 더미변수를 활용해서 기본 모형을 구성할 수 있으며 이후 모형에서는 독립변수를 추가하여 만들 수 있다. 보통 사회과학 분야에서는 3개 정도의 모형으로 위계적 회귀분석을 진행한다. 한편, 모형1에서 모형2로 독립변수를 추가할 때 1개가 아니라 여러 개의 독립변수를 추가할 수도 있다. 이러한 위계적 회귀분석을 활용하여 매개효과나 조절효과와 같은 간접효과를 검정하는 방법이 널리 알려져 있다.

다음 예제 데이터(h_reg.csv)를 통해 더미변수를 활용한 위계적 회귀분석을 실시해보자.

위계적 회귀분석 예제 데이터 설명

변수명	척도	변수 설명	비고
id	범주형	데이터 번호	
x1	연속형	독립변수1	요인화(1~7점 척도)
x2	연속형	독립변수2	요인화(1~7점 척도)
x3	연속형	독립변수3	요인화(1~7점 척도)
y	연속형	종속변수	요인화(1~7점 척도)
d_sex_f	범주형	성별	여자는 1, 남자는 0
d_job_y	범주형	직업	직업 유1, 직업 무0
d_edu_c	범주형	교육수준	교육 정도 대학1, 그 외 0

```
#데이터 불러오기
h.reg<-read.csv("d:/python/R_3/data/h_reg.csv", header=T,
stringsAsFactors=T)
head(h.reg, 3) #3행 데이터 확인

  id       x1       x2   x3   y d_sex_f d_job_y d_edu_c
1  1 4.714286 2.333333 4.25 1.4       0       1       0
2  3 5.857143 5.666667 4.75 5.2       0       1       0
3  4 6.142857 6.333333 6.25 6.2       0       1       0
```

먼저, 인구학적 문항에 대한 더미변수만을 포함한 모형1을 생성한다. 모형 생성은 앞서 본 lm() 함수를 이용하여 선형회귀방정식을 만들면 된다.

```
#회귀분석 후 결과확인
m1<-lm(y~d_sex_f + d_job_y + d_edu_c, data=h.reg)
summary(m1)
```

```
Call:
lm(formula = y ~ d_sex_f + d_job_y + d_edu_c, data = h.reg)

Residuals:
    Min       1Q   Median       3Q      Max
-3.5625  -0.8212   0.1455   0.9788   2.5881

Coefficients:
            Estimate  Std. Error  t value   Pr(>|t|)
(Intercept)  4.64532     0.21155   21.959    < 2e-16 ***
d_sex_f     -0.15052     0.16445   -0.915      0.361
d_job_y     -0.08286     0.18795   -0.441      0.660
d_edu_c     -0.99078     0.16495   -6.006   6.13e-09 ***
---
Signif. codes:  0 '***' 0.001 '**' 0.01 '*' 0.05 '.' 0.1 ' ' 1

Residual standard error: 1.321 on 269 degrees of freedom
Multiple R-squared:  0.1221, Adjusted R-squared:  0.1123
F-statistic: 12.47 on 3 and 269 DF,  p-value: 1.164e-07
```

```
stats::anova(m1) #모형1에 대한 분산분석표
```

```
Analysis of Variance Table

Response: y
           Df  Sum Sq  Mean Sq  F value     Pr(>F)
d_sex_f     1    2.31    2.308   1.3224     0.2512
d_job_y     1    0.02    0.021   0.0122     0.9120
d_edu_c     1   62.95   62.953  36.0780   6.13e-09 ***
Residuals 269  469.38    1.745
---
Signif. codes:  0 '***' 0.001 '**' 0.01 '*' 0.05 '.' 0.1 ' ' 1
```

updata() 함수를 이용해서 기존 모형1에 추가적으로 독립변수를 넣는다. 더미변수를 넣은 것은 선형회귀분석을 실시할 때 통제를 한 것과 같은 의미가 된다. 관심 있는 변수를 모형에 추가함으로써 추가된 독립변수의 R^2의 변화량(Δ)과 그에 대한 F값 변화량의 통계적 유의성을 확인하여 어느 정도의 의미를 갖는지 살펴본다.

```
m2<-update(m1, . ~ . + x1 + x2 + x3) #관심변수 추가
summary(m2)

Call:
lm(formula = y ~ d_sex_f + d_job_y + d_edu_c + x1 + x2 + x3,
   data = h.reg)

Residuals:
     Min        1Q   Median       3Q      Max
-2.45622  -0.40132  0.03386  0.48804  2.33340

Coefficients:
             Estimate  Std. Error  t value  Pr(>|t|)
(Intercept) -0.480309    0.270417   -1.776   0.07685 .
d_sex_f      0.002264    0.094588    0.024   0.98092
d_job_y     -0.021768    0.107503   -0.202   0.83969
d_edu_c     -0.309950    0.099565   -3.113   0.00205 **
x1           0.223313    0.068398    3.265   0.00124 **
x2           0.190067    0.041189    4.614  6.13e-06 ***
x3           0.673422    0.065087   10.347   < 2e-16 ***
---
Signif. codes: 0 '***' 0.001 '**' 0.01 '*' 0.05 '.' 0.1 ' ' 1

Residual standard error: 0.753 on 266 degrees of freedom
Multiple R-squared: 0.7179, Adjusted R-squared: 0.7116
F-statistic: 112.8 on 6 and 266 DF, p-value: < 2.2e-16
```

모형2에 대한 분산분석표는 다음과 같다.

```
stats::anova(m2)
```

```
Analysis of Variance Table

Response: y
           Df  Sum Sq  Mean Sq   F value     Pr(>F)
d_sex_f     1   2.308    2.308    4.0698    0.04466 *
d_job_y     1   0.021    0.021    0.0377    0.84627
d_edu_c     1  62.953   62.953  111.0326  < 2.2e-16 ***
x1          1 214.942  214.942  379.1032  < 2.2e-16 ***
x2          1  42.928   42.928   75.7135  3.491e-16 ***
x3          1  60.695   60.695  107.0505  < 2.2e-16 ***
Residuals         266  150.816     0.567
---
Signif. codes:  0 '***' 0.001 '**' 0.01 '*' 0.05 '.' 0.1 ' ' 1
```

변화된 R^2에 대한 유의성 검정은 F검정으로 진행한다. 이때 anova(model1, model2, …) 함수를 이용하여 각 모형에 대해 설명 가능한 영역이 통계적 유의성을 갖을 수 있을 정도로 확장되었는지 확인하는 검정을 한다.

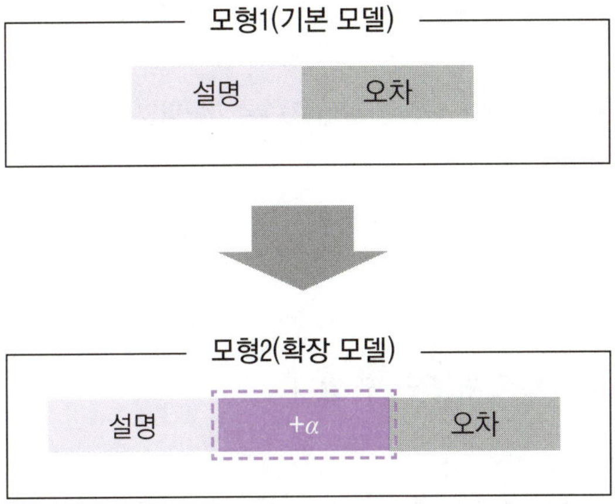

[그림 19-4] 위계적 회귀분석의 확장

변화된 R^2에 대한 분산분석표는 다음과 같다.

```
f.anova<-round(stats::anova(m1,m2), 3)
f.anova

Analysis of Variance Table

Model 1: y ~ d_sex_f + d_job_y + d_edu_c
Model 2: y ~ d_sex_f + d_job_y + d_edu_c + x1 + x2 + x3
  Res.Df     RSS  Df  Sum of Sq      F     Pr(>F)
1    269  469.38
2    266  150.82   3     318.56  187.29   < 2.2e-16 ***
---
Signif. codes:  0 '***' 0.001 '**' 0.01 '*' 0.05 '.' 0.1 ' ' 1
```

F값은 216.385, 이에 대한 유의확률(p)은 0(0.000)으로 나타났으며, 이를 바탕으로 새롭게 추가한 3개의 변수에 대해서 통계적으로 유의한 의미가 있는 것을 알 수 있다. 이에 대한 ΔR^2은 0.596, $\Delta adj.\ R^2$은 0.600으로 나타났는데, 이는 다음과 같은 과정을 통해 계산할 수 있다. 앞서 개별 모형 분석에서 참조(indexing)한 R^2값은 다음과 같다.

```
m1.r2<-round(summary(m1)$r.squared, 3) #기본모형의 r제곱
m1.r2

[1] 0.122

m2.r2<-round(summary(m2)$r.squared, 3) #추가모형의 r제곱
m2.r2

[1] 0.718
```

수정된 R^2도 같은 방식으로 참조할 수 있다.

```
m1.ar2<-round(summary(m1)$adj.r.squared, 3) #기본모형의 수정된 r제곱
m1.ar2
```

```
[1] 0.112
```

```
m2.ar2<-round(summary(m2)$adj.r.squared, 3) #추가모형의 수정된 r제곱
m2.ar2
```

```
[1] 0.712
```

이를 활용하면 ΔR^2은 모형1과 모형2의 R^2의 차이를 의미하며 다음과 같이 계산할 수 있다.

```
d.r2<-round(m2.r2-m1.r2,3) #R제곱 변화량
d.r2
```

```
[1] 0.596
```

```
d.ar2<-round(m2.ar2-m1.ar2,3) #수정된 R제곱 변화량
d.ar2
```

```
[1] 0.6
```

전체 데이터의 개수와 이에 대한 모형 각각의 자유도는 다음과 같이 참조할 수 있다.

```
m1.df<-summary(m1)$df[2] #모형1의 자유도
m1.df
```

```
[1] 269
```

```
m2.df<-summary(m2)$df[2] #모형2의 자유도
m2.df
```

```
[1] 266
```

```
n<-nrow(h.reg) #사용데이터 개수
n
```

```
[1] 273
```

SPSS 분석 결과를 확인해보면 차이가 없음을 알 수 있다.

모형 요약

모형	R	R 제곱	수정된 R 제곱	추정값의 표준오차	통계량 변화량 R 제곱 변화량	F 변화량	자유도1	자유도2	유의확률 F 변화량
1	.349[a]	.122	.112	1.32095	.122	12.471	3	269	.000
2	.847[b]	.718	.712	.75298	.596	187.289	3	266	.000

a. 예측자: (상수), d_job_y, d_edu_c, d_sex_f

b. 예측자: (상수), d_job_y, d_edu_c, d_sex_f, x2, x1, x3

위계적 회귀분석 적합도 (SPSS)

위계적 회귀분석에 대해서 다중선형모형 방식을 취하기 때문에 R^2보다는 *adj.* R^2를 제시하는 것이 보다 적절한 방법이다. 다음의 산식을 활용하여 이를 직접 계산할 수 있다. 이를 위해서는 추가적으로 다음과 같은 정보들을 참조하여야 한다.

먼저, 각 모형의 독립변수의 개수를 지정하는데 모형1은 독립변수의 개수가 4개이고 모형2는 7개이므로 다음과 같이 그 값을 지정한다. 여기서 full model은 가장 마지막 모형을, base model은 바로 직전 모형을 의미하는 것으로 예를 들어 설명하는 모형1이 base model이 되고 모형2가 full model이 된다.

$$\Delta F = \frac{(n - p_{FullModel} - 1)\cdot(\hat{R}^2_{FullModel} - \hat{R}^2_{baseModel})}{(p_{FullModel} - p_{baseModel})\cdot(1 - \hat{R}^2_{FullModel})}$$
$$= \frac{(\hat{R}^2_{FullModel} - \hat{R}^2_{baseModel}) / (p_{FullModel} - p_{baseModel})}{(1 - \hat{R}^2_{FullModel}) / (n - p_{FullModel} - 1)}$$

이때 p는 각각 독립변수의 개수를 의미하며 p1은 모형1, p2는 모형2를 의미한다.

```
p1<-4 #모형1의 독립변수 개수
p2<-6 #모형2의 독립변수 개수
```

위 식과 같이 분자와 분모를 계산하면 다음과 같다.

```
a<-(d.ar2)/(p2-p1) #F값을 위한 분자
b<-(1-m2.ar2)/(n-p2-1) #F값을 위한 분모
a
```

```
[1] 0.3
```

```
b
```

```
[1] 0.001082707
```

이를 바탕으로 변화된 F값과 그에 대한 p값은 다음과 같다.

```
ar2.f<-round(a/b, 3) #변화된 F값 계산
ar2.f
```

```
[1] 277.083
```

pf() 함수로 누적분포함수의 확률값을 계산하는데, lower.tail 옵션을 사용하면 유의확률(p)값을 산출할 수 있다.

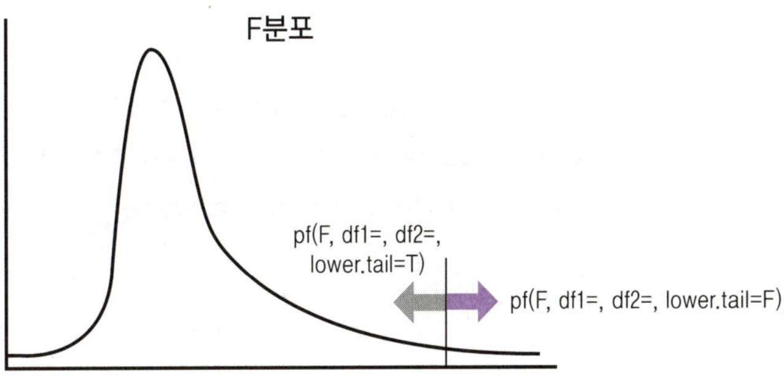


```
pf(ar2.f, df1=3, df2=266, lower.tail=F) #F변화량에 대한 P값 산출
```

```
[1] 1.6014e-81
```

코드 정리

- 실습 데이터
  - 기본 더미변수: one_way_anova.csv
  - 연속형 더비변수: m.reg.csv
  - 위계적 회귀분석: h_reg.csv

구간화는 회귀분석뿐만 아니라 평균비교와 같은 분석에서도 충분히 사용할 수 있다.

```
cut(변수, #사용변수
  breaks=quantile(변수, c(절단지점1, 절단지점2, ... ) #구간화
                  labels=c("low","middle","high"), #라벨링
                  include.lowest=T)) #최소값을 계산에 포함)
```

- levels(변수): 범주형 변수의 수준 확인
- relevel(변수, ref=" "): 임의로 기준값(ref)을 변경
- model.matrix(~변수+0, data=사용 데이터): 상수항 제외 더미변수 생성

```
sjmisc::to_dummy(x, #변환하고자 하는 벡터형태 데이터
                var.name = "name", #더미변수명 설정
                # numeric은 숫자증가(1 ~), label 지정된 이름으로 변수명 설정
                suffix = c("numeric", "label"))
```

- dplyr::bind_cols(): 열 합치기
- table(): 빈도 출력
- updata(): 모형에 변수 추가
- anova(모형1, 모형2, …): 모형별 변화된 F값에 대한 유의성 검정
- pf(F값, df1=, df2=): F분포에 대한 누적확률값 산출

참고자료

- https://stats.stackexchange.com/questions/56881/whats-the-relationship-between-r2-and-f-test
- https://rpubs.com/fernandosansegundo/appregressanalysis05
- https://stackoverflow.com/questions/21433528/calculation-p-values-of-a-f-statistic-with-r

ch.20 이항 로지스틱 회귀분석

1 기본 개념

1-1 왜 이항 로지스틱 회귀분석을 하는가?

이항(binomial)은 종속변수의 개수가 단 2개인 범주형 형태를 의미한다. 이때 일반적인 회귀분석은 종속변수가 연속형이지만 로지스틱 회귀모형의 종속변수는 범주형이다. 경우에 따라 이항이 아닌 다항(multinomial) 로지스틱 회귀분석을 실행하기도 한다.

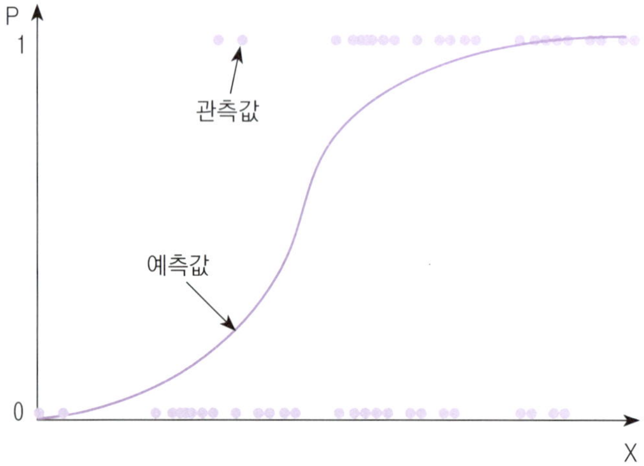

[그림 20-1] 이항 로지스틱 그래프

일반적으로 이항 로지스틱 회귀모형의 종속변수를 0과 1로 설정하지만 꼭 그러지 않아도 된다. 이분형 형태로 구분될 수 있는 상황이라면 분석에 큰 문제가 없다. 이항 로

지스틱은 최근 기계학습(machine learning)을 적용해야 하는 다양한 예측에서 기본적인 예측모형으로 널리 사용되고 있는데, 사실 빅데이터가 유행하기 이전인 데이터마이닝 시대에도 상당히 많은 기업들이 고객 세분화(segment)를 위해 사용했던 예측모형이다.

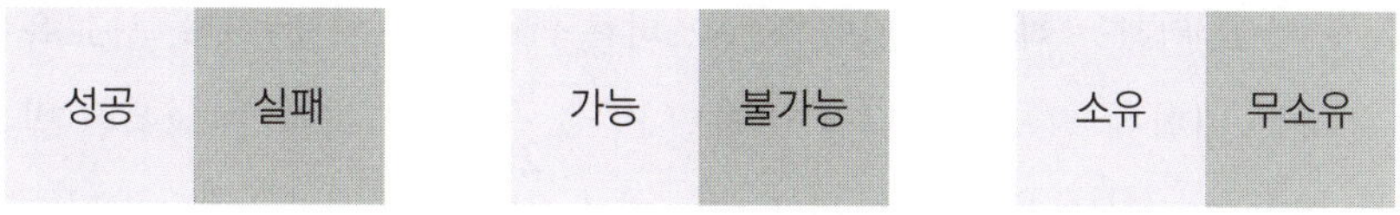

[그림 20-2] 이항 로지스틱의 종속변수

1-2 통계적 접근

[표 20-1] 로지스틱 모형의 특징

	선형 회귀모형	로지스틱 회귀모형
종속(반응)변수	연속형변수	범주형변수(이분형, 다항)
독립(설명)변수	연속형, 범주형(더미;Dummy)변수	연속형, 범주형(순서형)변수

확률은 전체 경우의 수 중에서 특정 사건(event)이 발생하는 경우의 수를 말한다. 예를 들어, 동전 던지기를 1회 시행할 때 앞면이 나올 확률이 궁금한 경우를 생각해보자. 동전 던지기의 전체 경우의 수는 앞면과 뒷면으로 총 2개다. 이때 우리가 관심 있는 특정 사건은 앞면이 나오는 경우로, 앞면이 나타날 확률은 전체 경우의 수와 앞면의 수를 모두 고려해서 $P(\text{앞면}) = \frac{1}{2}$이 된다. 이때 오즈비(odds ratio)는 $\frac{P(\text{앞면})}{1 - P(\text{앞면})} = 1$이 된다.

다음의 예제를 확인해보자.

예제 1 어떤 고등학교의 사교육을 받은 반과 받지 않은 반에 대해서 수집한 자료이다. 원하는 대학에 진학한 학생과 그러지 못한 학생을 살펴보고, 사교육에 따라 원하는 대학에 진학하는 정도에 대한 오즈비를 구해보자.

	사교육(O)	사교육(X)
원하는 대학교 진학(O)	12	6
원하는 대학교 진학(X)	8	14

사교육을 받고 원하는 대학에 진학한 오즈비를 계산하기 위해 먼저, 사교육을 받은 학생 중 원하는 대학에 진학한 확률을 구하면 $P_1 = \frac{12}{20} = 0.6$이며, 사교육을 받은 학생 중 원하는 대학에 진학하지 못한 확률을 구하면 $1 - P_1 = 0.4$이다. 이를 바탕으로 계산한 $odds_1$은 $\frac{P_1}{1-P_1} = \frac{0.6}{1-0.6} = 1.5$로, 사교육을 받은 학생 중에서 원하는 대학에 진학하지 못한 학생에 비해서 원하는 대학에 진학한 학생의 비율이 약 1.5배 높다는 의미로 (+)로 생각할 수 있다.

같은 방법으로 사교육을 받지 않고 원하는 대학에 진학한 학생의 확률은 $P_2 = \frac{6}{20} = 0.3$이며, 사교육을 받지 않은 학생 중 원하는 대학에 진학하지 못한 확률은 $1 - P_2 = 0.7$이다. 이를 바탕으로 오즈비를 계산하면 $odds_2$은 $\frac{P_2}{1-P_2} = \frac{0.3}{1-0.3} = 0.4285714$로, 사교육을 받지 않은 학생 중에서 원하는 대학에 진학한 학생의 비율이 약 0.43배 정도 된다는 것을 알 수 있다. 0.43배는 앞서 서술한 동전던지기와 같이 공평한 상황에서의 기본 오즈비인 1의 관점에서 (-) 상황을 의미한다.

이를 오즈비의 기본값인 1에서 표현하기 위한 방법으로 다음과 같이 적용한다.

$$(1-0.43)+1 = 1.57$$

1.57이라는 오즈비에 대한 해석은 사교육을 받지 않은 학생 중에서 원하는 대학에 진학한 학생의 비율이 진학하지 못한 학생에 비해 1.57배 정도 더 낮았음을 의미한다. 이에 오즈비는 $\frac{odds1}{odd2} \fallingdotseq 3.5$로 나타난다. 사교육을 받지 않은 사람에 비해서 사교육을 받은 사람이 원하는 대학에 진학할 확률이 3.5배 높다는 의미가 된다.

오즈비가 1이라는 것은 우리가 관심 있는 사건의 확률과 그 반대에 있는 사건의 확률이 같다는 의미다. 반면 오즈비가 1보다 크다는 것은 우리가 관심 있는 사건의 확률이 관심 없는 사건의 확률보다 상대적으로 더 커진다는 것을 뜻하며 (+)의 의미를 갖는다. 오즈비가 1보다 작은 경우는 우리가 관심 있는 확률보다 관심 없는 확률이 상대적으로 더 커진다는 것을 뜻하며 (-)의 의미를 갖는다.

예제 2 어떤 구호단체에서 설사병 발병의 원인이 오염된 우물(식수)이라고 생각하고 다음과 같은 역학조사를 진행했다고 하자. 이에 설사병 발병에 대해서 오염된 우물의 오즈비를 통해 향후 구호 방향을 잡고자 한다.

	설사병	정상	전체
오염된 우물	20(A)	20(B)	40(A+B)
깨끗한 우물	15(C)	45(D)	60(C+D)
전체	35(A+C)	65(B+D)	100

$$Odds\ Ratio = \frac{\text{설사병 있을 때 오염된 우물/설사병 있을 때 깨끗한 우물}}{\text{정상일 때 오염된 우물/정상일 때 깨끗한 우물}} = \frac{\frac{A}{C}}{\frac{B}{D}} = \frac{A \times D}{C \times B}$$

$$\text{Re}lative\ Risk = \frac{\text{설사병 있을 때 오염된 우물/오염된 우물 전체}}{\text{정상일 때 오염된 우물/깨끗한 우물 전체}} = \frac{\frac{A}{A+B}}{\frac{C}{C+D}}$$

오염된 우물에 대한 오즈비와 깨끗한 우물에 대한 오즈비를 계산해보면 $\frac{20 \times 45}{20 \times 15} = 3$이 된다. 이에 대한 오즈비(OR)의 의미는 설사병이 발병할 확률이 깨끗한 우물보다 오염된 우물일 확률이 3배 높다고 할 수 있다. 따라서 구호사업 진행 시 우물(식수)에 대한 역학조사를 통해 이를 개선하거나 새롭게 활용할 수 있는 조치를 취해주는 것이 올바른 대안이 될 수 있다. 물론, 사업비 등과 같은 부차적인 것들에 대한 외적인 논의가 충분히 이루어져야 할 것이다.

한편 통계분석에서 많이 사용되는 개념 중 하나로 상대위험도(relative risk)가 있다. 위의 예제에서 오염된 우물에서 설사병이 발생하는 비율과 깨끗한 우물에서 설사병이 발생하는 비율의 비율이 곧 상대위험도이며 이 값을 계산하면 $\frac{2}{4} = 2$가 된다. 이때 상대위험도(rr)가 클수록 오염된 우물과 설사병 발생 간의 연관성(relation)이 큰 것으로 이해할 수 있다. 상대위험도는 특정 집단을 연구대상으로 삼아 여러 가지 위험요인(가족력, 식습관, 음주, 흡연, 환경요인 등)을 장기간 추적조사하고 질병 발생을 시간 순서로 관찰하여 질병 발생과 위험요인의 관계를 밝히는 연구인 코호트(Cohort Study)에서 주로 사용하는 지표이다. 오즈비만큼이나 많이 사용하는 개념이므로 참고하기 바란다.

2 분석 준비

2-1 데이터 설명 실습 데이터: logistic.csv

실습 데이터는 어떤 은행의 대출상환에 대한 이슈로 수집한 것으로 은행 고객들의 대출상환 가능성을 예측하기 위해 사용하고자 한다. 이때 고객들의 특성을 독립변수로 사용해 예측하고자 하며, 사용하는 데이터의 수는 전체 고객 중 700명을 무작위로 추출한 것이다.

변수명	척도	변수 설명	데이터 값
age	연속형	연령	
ed	범주형 (순서형)	교육수준	1: 고등중퇴, 2: 고졸, 3: 전문대졸, 4: 대학교졸, 5: 대학원 이상
employ	연속형	현 직장 근무년수(year)	
address	연속형	현 거주지 거주년수	
income	연속형	수입(단위: 천달러)	
debtinc	연속형	대출금 대 수입의 비율(%)	
creddebt	연속형	신용카드 대출금(단위: 천달러)	
othdebt	연속형	기타 대출금	
default	이분형	대출 상환 불이행 여부	0: 상환, 1: 미상환

```
logistic<-read.csv("D:/python/R_3/day3/logistic.csv", header=T)
head(logistic)
```

```
  id age ed employ address income debtinc  creddebt  othdebt default
1  1  41  3     17      12    176     9.3 11.359392 5.008608       1
2  2  27  1     10       6     31    17.3  1.362202 4.000798       0
3  3  40  1     15      14     55     5.5  0.856075 2.168925       0
4  4  41  1     15      14    120     2.9  2.658720 0.821280       0
5  5  24  2      2       0     28    17.3  1.787436 3.056564       1
6  6  41  2      5       5     25    10.2  0.392700 2.157300       0
```

700개의 행과 10개의 열(변수)이 있는 데이터셋임을 확인한다.

```
str(logistic)
```

```
'data.frame':   700 obs. of 10 variables:
 $ id        : int 1 2 3 4 5 6 7 8 9 10 ...
 $ age       : int 41 27 40 41 24 41 39 43 24 36 ...
 $ ed        : int 3 1 1 1 2 2 1 1 1 1 ...
 $ employ    : int 17 10 15 15 2 5 20 12 3 0 ...
 $ address   : int 12 6 14 14 0 5 9 11 4 13 ...
 $ income    : int 176 31 55 120 28 25 67 38 19 25 ...
 $ debtinc   : num 9.3 17.3 5.5 2.9 17.3 10.2 30.6 3.6 24.4 19.7 ...
 $ creddebt  : num 11.359 1.362 0.856 2.659 1.787 ...
 $ othdebt   : num 5.009 4.001 2.169 0.821 3.057 ...
 $ default   : int 1 0 0 0 1 0 0 0 1 0 ...
```

이분형 로지스틱 회귀분석을 실시하기 위해 이산형/연속형 데이터로 구분하고 이산형 데이터는 데이터 유형을 factor로 설정한다.

```
logistic$id<-as.character(logistic$id) #범주형으로 설정
logistic$default <-as.factor(logistic$default) #factor로 설정
logistic$ed <-as.factor(logistic$ed) #factor로 설정
```

데이터를 파생하거나 유형을 변경한 경우 반드시 확인하는 습관을 들여야 한다.

```
str(logistic)
```

```
'data.frame':   700 obs. of 10 variables:
 $ id        : chr "1" "2" "3" "4" ...
 $ age       : int 41 27 40 41 24 41 39 43 24 36 ...
 $ ed        : Factor w/ 5 levels "1","2","3","4",..: 3 1 1 1 2 2 1 1 1 1 ...
 $ employ    : int 17 10 15 15 2 5 20 12 3 0 ...
 $ address   : int 12 6 14 14 0 5 9 11 4 13 ...
 $ income    : int 176 31 55 120 28 25 67 38 19 25 ...
 $ debtinc   : num 9.3 17.3 5.5 2.9 17.3 10.2 30.6 3.6 24.4 19.7 ...
 $ creddebt  : num 11.359 1.362 0.856 2.659 1.787 ...
 $ othdebt   : num 5.009 4.001 2.169 0.821 3.057 ...
 $ default   : Factor w/ 2 levels "0","1": 2 1 1 1 2 1 1 1 2 1 ...
```

3 분석

3-1 stat::glm()을 이용한 분석

stat::glm()을 이용하여 이분형 로지스틱 회귀분석을 실행한다. 이때 data에서 logistic[,-1]을 설정한 것은 id를 제외하고 진행하기 위해서다. 추가적으로 family 옵션에서 binomial을 적용하면 이분형 로지스틱 회귀분석을 실행하는 것이다.

```
log.reg<-glm(default ~ . , family="binomial", data=logistic[,-1]) #로지스틱
회귀분석
summary(log.reg) #결과표 확인
```

```
Call:
glm(formula = default ~ ., family = "binomial", data = logistic[,
    -1])

Deviance Residuals:
    Min        1Q    Median        3Q       Max
-2.4321   -0.6455   -0.2896    0.2802    3.0250

Coefficients:
             Estimate  Std. Error  z value   Pr(>|z|)
(Intercept) -1.590424   0.605329   -2.627    0.0086 **
age          0.035497   0.017586    2.018    0.0435 *
ed2          0.307643   0.251628    1.223    0.2215
ed3          0.352652   0.339949    1.037    0.2996
ed4         -0.085158   0.472917   -0.180    0.8571
ed5          0.876191   1.293810    0.677    0.4983
employ      -0.260676   0.033407   -7.803  6.04e-15 ***
address     -0.105429   0.023263   -4.532  5.84e-06 ***
income      -0.007823   0.007785   -1.005    0.3149
debtinc      0.070704   0.030596    2.311    0.0208 *
creddebt     0.624980   0.112917    5.535  3.11e-08 ***
othdebt      0.052999   0.078467    0.675    0.4994
---
```

```
Signif. codes:  0 '***' 0.001 '**' 0.01 '*' 0.05 '.' 0.1 ' ' 1

(Dispersion parameter for binomial family taken to be 1)

    Null deviance: 804.36  on 699  degrees of freedom
Residual deviance: 549.56  on 688  degrees of freedom
AIC: 573.56

Number of Fisher Scoring iterations: 6
```

이분형 로지스틱 회귀분석 후 일반적으로 확인하는 결과(output)는 다음과 같다.

- OR(odd ratio, 우도비)
- OR에 대한 95% 신뢰구간
- 그 밖의 분류정확도 및 유사 설명력(R^2)
- 개별 데이터의 예측확률

3-2 이항 로지스틱 오즈비 및 신뢰구간

오즈비(odds ratio)는 계산식과 마찬가지로 실제 계산된 로지스틱 회귀계수(로그의 값)에 대해 지수(exponential)를 취해 다음과 같은 방식으로 계산하면 된다. 이때 결과값을 소수점 세 자리로 표현하기 위해 round() 함수를 사용한다.

```
round(exp(coef(log.reg)),3) #오즈비 확인
```

```
(Intercept)       age      ed2       ed3       ed4       ed5
      0.204     1.036    1.360     1.423     0.918     2.402
     employ   address   income   debtinc  creddebt   othdebt
      0.771     0.900    0.992     1.073     1.868     1.054
```

같은 방법으로, OR에 대한 95% 신뢰구간을 계산하면 다음과 같다. 이때 2.5%와 97.5%로 표기된 것은 유의수준 α가 0.05일 때 이에 절반에 해당하는 0.025씩을 전체

확률에서 각각 제외한 영역으로 양측검정에 따른 신뢰구간의 하한과 상한을 의미한다.

```
round(exp(confint(log.reg)),3)
```

```
Waiting for profiling to be done...
              2.5 %   97.5 %
(Intercept)  0.062    0.664
age          1.001    1.073
ed2          0.829    2.227
ed3          0.725    2.758
ed4          0.357    2.296
ed5          0.102   25.884
employ       0.720    0.821
address      0.859    0.941
income       0.978    1.009
debtinc      1.011    1.140
creddebt     1.516    2.361
othdebt      0.903    1.230
```

오즈비에 대한 것뿐만 아니라 glm을 통해서 산출된 이항 로지스틱 회귀계수에 대한 신뢰구간도 산출할 수 있다. confint() 함수는 로그-우도 함수를 기반으로 계산된 신뢰구간이며, confint.default() 함수는 표준오차($\frac{\sigma}{\sqrt{n}}$) 방식으로 계산된 신뢰구간을 의미한다.

```
conf.int<-data.frame(exp(confint(log.reg)), exp(confint.default(log.reg)))
names(conf.int)<-c("loglik_L","loglik_U", "se_L", "se_U")
round(conf.int, 3)
```

```
             loglik_L  loglik_U   se_L    se_U
(Intercept)     0.062     0.664  0.062   0.668
age             1.001     1.073  1.001   1.072
ed2             0.829     2.227  0.831   2.227
ed3             0.725     2.758  0.731   2.770
ed4             0.357     2.296  0.363   2.320
ed5             0.102    25.884  0.190  30.326
employ          0.720     0.821  0.722   0.823
address         0.859     0.941  0.860   0.942
income          0.978     1.009  0.977   1.007
debtinc         1.011     1.140  1.011   1.140
creddebt        1.516     2.361  1.497   2.331
othdebt         0.903     1.230  0.904   1.230
```

3-3 Wald test

Wald test는 앞서 설명한 다중선형회귀분석에서 각 독립변수에 대한 회귀계수가 0인지 아닌지를 검정하는 것과 유사한 개념으로 카이제곱분포(χ^2)를 활용하여 회귀계수에 대한 유의성을 검정한다.

```
#install.packages("aod")
library(aod)
```

Wald.test() 함수에서 b는 회귀계수(beta)를 의미하며 Sigma는 분산공분산을 의미한다. Terms는 이항 로지스틱 회귀모형의 결과물 중 회귀계수(coefficients) 순서를 의미한다. 즉 Terms=1은 Intercept(상수항)를 의미하는 것이며 Terms=2는 age를 의미한다. Terms=1:2는 Intercept와 age 모두를 의미한다.

```
wald.age<-wald.test(b = coef(log.reg), Sigma = vcov(log.reg), Terms=2)
wald.age
```

```
Wald test:
----------

Chi-squared test:
X2 = 4.1, df = 1, P(> X2) = 0.044
```

먼저 제시한 결과는 소수점 첫째 자리까지만 표시되어 상용프로그램들과 차이가 발생한다. 이는 다음과 같이 개별 값을 참조(indexing)해보면 소수점에 따른 표현 방법의 차이로 이해할 수 있다. 같은 데이터를 사용한 SPSS 분석 결과는 다음과 같다.

```
round(wald.age$result$chi2[1], 3)
```

```
chi2
4.074
```

방정식의 변수

		B	S.E.	Wald	자유도	유의확률	Exp(B)	EXP(B)에 대한 95% 신뢰구간	
								하한	상한
1 단계[a]	age	.035	.018	4.074	1	.044	1.036	1.001	1.072
	ed			2.662	4	.616			
	ed(1)	.308	.252	1.495	1	.221	1.360	.831	2.227
	ed(2)	.353	.340	1.076	1	.300	1.423	.731	2.770
	ed(3)	-.085	.473	.032	1	.857	.918	.363	2.320
	ed(4)	.876	1.294	.459	1	.498	2.402	.190	30.326
	employ	-.261	.033	60.888	1	.000	.771	.722	.823
	address	-.105	.023	20.539	1	.000	.900	.860	.942
	income	-.008	.008	1.010	1	.315	.992	.977	1.007
	debtinc	.071	.031	5.340	1	.021	1.073	1.011	1.140
	creddebt	.625	.113	30.635	1	.000	1.868	1.497	2.331
	othdebt	.053	.078	.456	1	.499	1.054	.904	1.230
	상수항	-1.590	.605	6.903	1	.009	.204		

a. 변수가 1: age, ed, employ, address, income, debtinc, creddebt, othdebt 단계에 입력되었습니다.

3-4 설명력(결정계수, R^2) 확인

선형회귀분석에서는 R^2를 결정계수 또는 설명력으로 사용하며 해석에서 상당히 중요한 의미를 차지한다. 이와 마찬가지로 이분형 로지스틱 회귀분석에서도 설명력과 그 의미가 비슷하다고 하여 유사(pesudo) R^2라고 한다. 본서에서는 비교를 위해 SPSS 프로그램에서 제시하는 형태의 R^2를 기준으로 확인해보고자 한다. 이때 DescTools 패키지가 필요하다.

```
PseudoR²의 선택 옵션(유사 R²)
"McFadden"
"AldrichNelson"
"McFaddenAdj"
"Nagelkerke"
"CoxSnell"
"Effron"
"McKelveyZavoina"
"Tjur"
"all"
```

```
#install.packages("DescTools")
library(DescTools)
```

DescTools 패키지에 포함된 PseudoR²() 함수를 이용하면 다양한 형태의 유사 R^2를 산출할 수 있다. 또한 동시에 2개 이상의 결과를 산출할 수 있는데 c()로 확인하고자 하는 결과를 묶어내면 된다. 아울러 PseudoR²() 함수가 제공하는 모든 결과를 확인하고자 할 경우에는 "all"로 입력하면 된다.

```
round(PseudoR2(log.reg, c("CoxSnell", "Nagel")), 3)
```

```
CoxSnell Nagelkerke
   0.305      0.447
```

```
round(PseudoR2(log.reg, "all"), 3)
```

```
      McFadden        McFaddenAdj  CoxSnell       Nagelkerke
         0.317              0.287     0.305            0.447
AldrichNelson  VeallZimmermann     Effron  McKelveyZavoina
         0.100              0.385     0.347            0.591
          Tjur                AIC       BIC           logLik
         0.344            573.564   628.176         -274.782
       logLik0                 G2
      -402.182            254.801
```

SPSS에서 제시하는 -2우도함수(-2 Log likelihood)도 다음과 같이 stats::logLik() 함수로 계산할 수 있다. 이는 위에 제시된 패키지에서 나타난 logLik의 출력값에 -2를 곱한 결과와 같다.

```
logLik(log.reg)*-2
```

```
'log Lik.' 549.5635 (df=12)
```

비교를 위해서 SPSS로 계산한 유사 R^2를 확인해보면 다음과 같다.

모형 요약

단계	-2 로그 우도	Cox와 Snell의 R-제곱	Nagelkerke R-제곱
1	549.564[a]	.305	.447

a. 모수 추정값이 .001보다 작게 변경되어 계산반복 수 6에서 추정을 종료하였습니다.

3-5 예측확률(P($\hat{Y}$)) 저장

예측된 확률값을 새로운 변수로 생성하는 작업도 할 수 있다. 이를 진행하려면 먼저 기존 데이터를 새로운 데이터로 파생하여 혹시 모를 일에 대비하는 것이 좋다.

```
logistic.1<-logistic
```

predict() 함수를 이용하여 type="response"를 설정함으로써 na.action = na.pass 옵션으로 NA(not available, 결측값)는 제외한 상태로 예측값(이항 로지스틱에서는 예측확률이 됨)을 추출할 수 있다.

```
logistic.1$p <- predict(log.reg, newdata = logistic.1, type = "response",
na.action = na.pass)
head(logistic.1, 10)
```

	id	age	ed	employ	address	income	debtinc	⋯	default	p
1	1	41	3	17	12	176	9.3	⋯	1	0.76249799
2	2	27	1	10	6	31	17.3	⋯	0	0.13855968
3	3	40	1	15	14	55	5.5	⋯	0	0.00704668
4	4	41	1	15	14	120	2.9	⋯	0	0.01045887
5	5	24	2	2	0	28	17.3	⋯	1	0.79100919
6	6	41	2	5	5	25	10.2	⋯	0	0.31592330
7	7	39	1	20	9	67	30.6	⋯	0	0.19006706
8	8	43	1	12	11	38	3.6	⋯	0	0.01408327
9	9	24	1	3	4	19	24.4	⋯	1	0.65857178
10	10	36	1	0	13	25	19.7	⋯	0	0.79640522

앞의 결과를 다음과 같이 SPSS와 비교해보면 차이가 없음을 확인할 수 있다. SPSS 결과에서 보이는 PGR_1변수는 예측집단을 의미하는 것으로, 종속변수인 default와 교차표 형태로 비교하여 오분류비와 정분류비를 계산할 수 있다. 다만, R에서는 SPSS와 같이 산출한 예측확률로 새롭게 변수를 파생하여 예측집단에 대한 구분을 해야 한다. 따라서 예측집단에 대해서는 p(예측확률)가 0.5보다 큰 경우에는 1, 그렇지 않은 경우에는 0으로 새롭게 변수를 파생하면 된다.

default	PRE_1	PGR_1
1	.76250	1
0	.13856	0
0	.00705	0
0	.01046	0
1	.79101	1
0	.31592	0
0	.19007	0
0	.01408	0
1	.65857	1
0	.79641	1
0	.34896	0
0	.20583	0

ifelse() 함수를 사용하여 예측집단(pgr_1)을 생성한다. 그 결과는 다음과 같다.

```
logistic.1$pgr_1 <- as.factor(ifelse(logistic.1$p>0.5,1,0))
head(logistic.1, 10)
```

	id	age	ed	employ	address	income	debtinc	…	p	pgr_1
1	1	41	3	17	12	176	9.3	…	0.76249799	1
2	2	27	1	10	6	31	17.3	…	0.13855968	0
3	3	40	1	15	14	55	5.5	…	0.00704668	0
4	4	41	1	15	14	120	2.9	…	0.01045887	0
5	5	24	2	2	0	28	17.3	…	0.79100919	1
6	6	41	2	5	5	25	10.2	…	0.31592330	0
7	7	39	1	20	9	67	30.6	…	0.19006706	0
8	8	43	1	12	11	38	3.6	…	0.01408327	0
9	9	24	1	3	4	19	24.4	…	0.65857178	1
10	10	36	1	0	13	25	19.7	…	0.79640522	1

계속해서, 분류정확도를 확인하기 위해서 table() 함수를 이용해 교차표를 생성한다. 또는 gmodels 패키지를 활용해서 산출할 수 있다.

```
with(logistic.1, table(default,pgr_1))
```

```
       pgr_1
default   0   1
      0 479  38
      1  90  93
```

SPSS로 산출한 분류정확도를 교차표와 비교해봐도 그 결과에 차이는 없다. 다만, R은 분류정확도에 대한 %를 별도로 계산해야 한다.

분류표[a]

관측됨			예측 default No	예측 default Yes	분류정확 %
1 단계	default	No	479	38	92.6
		Yes	90	93	50.8
	전체 퍼센트				81.7

a. 절단값은 .500입니다.

이를 위해 다음과 같이 분류정확도를 계산한다. 전체 분류정확도(%)는 전체 700개의 데이터를 기준으로 실제(defualt)와 예측(pgr)에 대해서 동일하게 같은 집단으로 분류된 수치인 479(no/no)와 93(yes/yes)을 더한 비율을 의미하며, 아래 correct.t로 계산한 것이다. 개별적인 분류정확도(%)는 0일 때 0을 예측한 것과 1일 때 1을 예측한 비율을 의미한다. 이에 각각 correct.0과 correct.1로 계산한 결과이다. 해당 부분은 머신러닝과 같은 빅데이터 분석에서도 중요하게 다루는 부분이다. 이를 민감도나 특이도, 정확도 등의 용어로 정리해서 다루며 ROC 곡선(Receiver Operation Characteristic Curve)에서 AUC(Area Under the Curve)를 활용하기도 한다. 자세한 내용은 뒷부분 ROC 곡선 그리기를 참고하기 바란다.

```
correct.t<-(479+93)/700*100
correct.0<-(479)/(479+38)*100
correct.1<-(93)/(90+93)*100

correct<-round(data.frame(correct.0, correct.1, correct.t), 1)
correct
```

```
  correct.0   correct.1   correct.t
1      92.6        50.8        81.7
```

3-6 변수 선택

선형회귀분석에서는 단계선택 옵션을 통해서 후진(bakcward), 전진(forward), 단계선택(stepwise) 등의 방법에 따라 통계적으로 유의한 변수만을 선택한다. 이항 로지스틱 회귀분석에서도 같은 방식을 적용해볼 수 있는데, MASS 패키지와 dplyr 패키지를 호출하여 사용하면 된다.

```
library(dplyr)
library(MASS)
```

이항 로지스틱 회귀분석을 바로 실시한다. 이때 stepAIC() 함수로 다음과 같이 별도의 매트릭스로 저장한다. stepAIC() 함수 안에 direction="backward"로 입력하면 후진제거방법이 적용되며 direction="forward"로 입력하면 전진선택방법이 적용된다. 단, "stepwise" 방식은 기본값이기 때문에 별도로 입력할 필요가 없다.

```
select.log <- glm(default ~., data = logistic[,-1], family = binomial) %>%
 stepAIC(trace = F)
```

stepAIC() 함수를 통해서 실행된 결과는 다음과 같이 확인 가능하다. Initial Model은 최초 모든 변수가 포함된 형태의 이항 로지스틱 회귀모형을 의미하며, Final Model은 최종 모형을 의미한다. 이때 마지막에 제시된 표에서 1은 기본 모형을 의미하며, 2에서 ed 변수를 제외(-)한 결과 AIC가 다소 감소한 것을 확인할 수 있다. 같은 방법으로 income까지 제외한 결과를 표시한 것이다. 따라서 최초 모형에서 3개의 변수가 제외된 것을 알 수 있다. AIC(Akaike Information Criterion)는 통계적 추정에 널리 사용하는 오차와 관련된 통계량으로, 그 값이 작을수록 모형의 적합도가 좋다고 판단한다.

```
select.log$anova
```

```
Stepwise Model Path
Analysis of Deviance Table

Initial Model:
default ~ age + ed + employ + address + income + debtinc + creddebt +
    othdebt

Final Model:
default ~ age + employ + address + debtinc + creddebt


       Step  Df   Deviance  Resid. Df  Resid. Dev       AIC
1                                 688    549.5635  573.5635
2      - ed   4  2.6442062        692    552.2077  568.2077
3 - othdebt   1  0.8095756        693    553.0173  567.0173
4  - income   1   0.158769        694    553.1761  565.1761
```

4 표 작성

이항 로지스틱 회귀분석에서도 회귀분석표를 작성하고 보고서에 활용한다. 이에 몇 가지 방법을 소개하고자 한다.

4-1 kable로 표 작성하기

사전에 kableExtra 패키지가 설치되어야 한다.

```
library(kableExtra)
```

앞서 이항 로지스틱 회귀분석의 결과를 log.reg로 저장하고 이를 summary() 함수로 출력하면 다음과 같은 종합적인 결과를 확인할 수 있다.

```
summary(log.reg)
```

```
Call:
glm(formula = default ~ ., family = "binomial", data = logistic[,
    -1])

Deviance Residuals:
        Min      1Q      Median  3Q       Max
        -2.4321 -0.6455 -0.2896 0.2802  3.0250

Coefficients:
              Estimate   Std. Error  z value   Pr(>|z|)
(Intercept) -1.590424    0.605329   -2.627     0.0086 **
age          0.035497    0.017586    2.018     0.0435 *
ed2          0.307643    0.251628    1.223     0.2215
ed3          0.352652    0.339949    1.037     0.2996
ed4         -0.085158    0.472917   -0.180     0.8571
ed5          0.876191    1.293810    0.677     0.4983
```

```
employ      -0.260676    0.033407   -7.803  6.04e-15 ***
address     -0.105429    0.023263   -4.532  5.84e-06 ***
income      -0.007823    0.007785   -1.005    0.3149
debtinc      0.070704    0.030596    2.311    0.0208 *
creddebt     0.624980    0.112917    5.535  3.11e-08 ***
othdebt      0.052999    0.078467    0.675    0.4994
---
Signif. codes:  0 '***' 0.001 '**' 0.01 '*' 0.05 '.' 0.1 ' ' 1

(Dispersion parameter for binomial family taken to be 1)

    Null deviance: 804.36  on 699  degrees of freedom
Residual deviance: 549.56  on 688  degrees of freedom
AIC: 573.56

Number of Fisher Scoring iterations: 6
```

원하는 통계량만 참조하기 위해 str() 함수를 실행한다. 경우에 따라 names() 함수를 사용하는 것도 좋은 방법이다.

```
str(summary(log.reg))
```

```
List of 17
 $ call          : language glm(formula = default ~ ., family = "binomial",
data = logistic[,    -1])
 $ terms         : Classes 'terms', 'formula'  language default ~ age + ed +
employ + address + income + debtinc + creddebt +     othdebt
  .. ..- attr(*, "variables")= language list(default, age, ed, employ,
address, income, debtinc, creddebt,     othdebt)
 ... 생략 ...
 $ df            : int [1:3] 12 688 12
 $ cov.unscaled  : num [1:12, 1:12] 0.36642 -0.00799 -0.04438 -0.04303 -0.03306
 ...
 ... 생략 ...
```

```
names(summary(log.reg))
```

```
 [1] "call"          "terms"         "family"            "deviance"
 [5] "aic"           "contrasts"     "df.residual"       "null.deviance"
 [9] "df.null"       "iter"          "deviance.resid"    "coefficients"
[13] "aliased"       "dispersion"    "df"                "cov.unscaled"
[17] "cov.scaled"
```

이 중에서 회귀계수(coefficients)를 소수점 세 자릿수로 참조해 뽑아내면 다음과 같다.

```
round(summary(log.reg)$coefficients, 3)
```

```
            Estimate Std. Error z value Pr(>|z|)
(Intercept)   -1.590      0.605  -2.627    0.009
age            0.035      0.018   2.018    0.044
ed2            0.308      0.252   1.223    0.221
ed3            0.353      0.340   1.037    0.300
ed4           -0.085      0.473  -0.180    0.857
ed5            0.876      1.294   0.677    0.498
employ        -0.261      0.033  -7.803    0.000
address       -0.105      0.023  -4.532    0.000
income        -0.008      0.008  -1.005    0.315
debtinc        0.071      0.031   2.311    0.021
creddebt       0.625      0.113   5.535    0.000
othdebt        0.053      0.078   0.675    0.499
```

뽑아낸 결과표에 앞서 추출한 coefficients와 오즈비(OR), 오즈비에 대한 신뢰구간(lcl, ucl)을 추가하여 데이터프레임 형태로 만들면 다음과 같다.

```
table.log<-data.frame(summary(log.reg)$coefficients,
          OR=exp(coef(log.reg)), #
          exp(confint.default(log.reg)))
table.log
```

```
               Estimate   Std..Error     z.value      Pr...z..        OR
(Intercept) -1.590423985  0.605329351  -2.6273697  8.604779e-03  0.2038392
age          0.035497097  0.017586466   2.0184326  4.354623e-02  1.0361346
ed2          0.307643376  0.251628083   1.2226115  2.214765e-01  1.3602158
ed3          0.352652066  0.339948605   1.0373688  2.995640e-01  1.4228360
ed4         -0.085158094  0.472917077  -0.1800698  8.570978e-01  0.9183671
ed5          0.876191140  1.293809792   0.6772179  4.982677e-01  2.4017344
employ      -0.260675839  0.033406670  -7.8031075  6.040108e-15  0.7705307
address     -0.105429253  0.023263490  -4.5319619  5.843838e-06  0.8999381
income      -0.007823446  0.007785296  -1.0049002  3.149449e-01  0.9922071
debtinc      0.070703628  0.030596010   2.3108774  2.083963e-02  1.0732631
creddebt     0.624979558  0.112916835   5.5348660  3.114663e-08  1.8682078
othdebt      0.052998742  0.078466557   0.6754310  4.994020e-01  1.0544283
                X2.5..     X97.5..
(Intercept)  0.06223438   0.6676439
age          1.00102879   1.0724716
ed2          0.83065677   2.2273785
ed3          0.73078575   2.7702542
ed4          0.36346999   2.3204064
ed5          0.19020945  30.3261912
employ       0.72169569   0.8226701
address      0.85982633   0.9419212
income       0.97718201   1.0074632
debtinc      1.01079439   1.1395925
creddebt     1.49730470   2.3309886
othdebt      0.90412027   1.2297248
```

table.log의 열 이름을 먼저 다음과 같이 변경해주고 진행해도 된다. 만약 다음 과정을 거치지 않는다면, 아래 kable()에서 col.names = c() 옵션을 활용할 수 있다.

```
names(table.log)<-c("Estimate","Std.Error","z-value","Pr(>|z|)","OR","lcl","ucl")
names(table.log)
```

```
[1] "Estimate" "Std.Error" "z-value"  "Pr(>|z|)" "OR"     "lcl"
[7] "ucl"
```

kable() 함수를 이용하여 다음과 같이 테이블을 만들고 format = "markdown"으로 설정하여 결과를 확인한다.

```
kable(table.log,
      caption = "Table 1. Binomial Logistic Regression",
      format = "markdown",
      align = c(rep("c",7)),
      digits = 3,
      col.names = c("Estimate","Std.Error","z-value","Pr(>|z|)","OR","lcl","ucl"))
```

	Estimate	Std.Error	z-value	Pr(>|z|)	OR	lcl	ucl
(Intercept)	-1.590	0.605	-2.627	0.009	0.204	0.062	0.668
age	0.035	0.018	2.018	0.044	1.036	1.001	1.072
ed2	0.308	0.252	1.223	0.221	1.360	0.831	2.227
ed3	0.353	0.340	1.037	0.300	1.423	0.731	2.770
ed4	-0.085	0.473	-0.180	0.857	0.918	0.363	2.320
ed5	0.876	1.294	0.677	0.498	2.402	0.190	30.326
employ	-0.261	0.033	-7.803	0.000	0.771	0.722	0.823
address	-0.105	0.023	-4.532	0.000	0.900	0.860	0.942
income	-0.008	0.008	-1.005	0.315	0.992	0.977	1.007
debtinc	0.071	0.031	2.311	0.021	1.073	1.011	1.140
creddebt	0.625	0.113	5.535	0.000	1.868	1.497	2.331
othdebt	0.053	0.078	0.675	0.499	1.054	0.904	1.230

4-2 ztable로 표 작성하기 (RStudio 사용자)

ztable 패키지 설치를 확인한 후 라이브러리로 호출한다.

```
library(ztable)
```

이때 R에서는 직접 워드로 내보내기가 어렵기 때문에 officer 패키지와 flextable 패키지를 사용해야 한다. html이나 latex를 위해서는 ztable 패키지를 바로 사용하면 된다.

```
library(officer)
library(flextable)
```

officer 패키지와 flextable 패키지를 호출한 상태에서 ztable() 함수를 이용해 새로운 데이터프레임 형태로 표를 저장한다.

```
z.log<-ztable(log.reg,
       caption="Table 1. Binomial Logistic Regression",
       digits=3)
```

그런 다음 저장한 z.log 파일 ztable2flextable() 함수를 이용해 변환 과정을 거쳐야 한다. 이 과정을 거치지 않으면 워드로 표가 만들어지지 않는다.

```
ztable2flextable(z.log)
```

Table 1. Binomial Logistic Regression

rowname	Estimate	Std. Error	z value	Pr(>|z|)	OR	lcl	ucl
(Intercept)	-1.590	0.605	-2.627	0.009	0.204	0.062	0.668
age	0.035	0.018	2.018	0.044	1.036	1.001	1.073
ed2	0.308	0.252	1.223	0.221	1.360	0.831	2.227
ed3	0.353	0.340	1.037	0.300	1.423	0.731	2.770
ed4	-0.085	0.473	-0.180	0.857	0.918	0.363	2.320
ed5	0.876	1.294	0.677	0.498	2.402	0.190	30.326
employ	-0.261	0.033	-7.803	< 0.001	0.770	0.722	0.823
address	-0.105	0.023	-4.532	< 0.001	0.900	0.860	0.942
income	-0.008	0.008	-1.005	0.315	0.992	0.977	1.008
debtinc	0.071	0.031	2.311	0.021	1.073	1.011	1.140
creddebt	0.625	0.113	5.535	< 0.001	1.868	1.497	2.331
othdebt	0.053	0.078	0.675	0.499	1.054	0.904	1.230

Call: glm(formula = default ~ ., family = "binomial", data = logistic[, -1])

5 ROC 분석 및 곡선

ROC 곡선(Receiver Operation Characteristic Curve)은 이항 로지스틱 회귀분석과 같은 분류분석에서 민감도(sensitivity)나 특이도(specificity), AUC(Area Under the Curve)를 확인하기 위한 분석으로 널리 사용되고 있다. ROC 분석에서 AUC가 1에 가까울수록 수립된 모형의 적합도가 좋다는 것을 의미한다. 다만, 민감도와 특이도, 정확도와 정밀도와 같은 몇 가지 개념에 대한 이해가 필요하다.

5-1 Epi 패키지

Epi 패키지를 설치한 후 호출한다.

```
#install.packages("Epi")
library(Epi)
```

ROC() 함수 안에 form()은 이항 로지스틱 회귀모형의 회귀모형식과 그 방법이 유사하다. R에서 분석 시 적용하는 방법과 같이 '종속변수 ~ 독립변수'로 작성하면 된다. 계속해서, plot="ROC"라고 입력하여 ROC 곡선을 그린다.

```
roc.1<-ROC(form=logistic.1$default~logistic.1$p, plot="ROC")
```

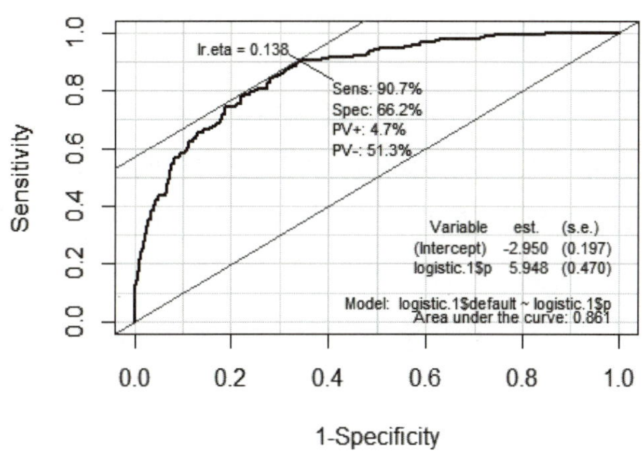

ROC에서 말하는 민감도와 특이도에 대해서 계산하는 방식은 다음과 같다. 필요시 앞서 계산한 분류도표를 다시 확인해보자.

		실제	
		상환(0)	미상환(1)
예측	상환(0)	TP(true positive)	FP(false positive)
	미상환(1)	FN(false negative)	TN(true negative)

```
with(logistic.1, table(default,pgr_1))
```

```
       pgr_1
default   0   1
      0 479  38
      1  90  93
```

민감도는 $\frac{TP}{TP+FN}$ 로, 특이도는 $\frac{TN}{FP+TN}$로 계산한다. 기존에 우리가 확인했던 분류도표를 다시 확인해보면 민감도는 $\frac{479}{479+90}$이고 특이도는 $\frac{93}{38+93}$이 된다.

```
(sens<-(479/(479+90))*100)
```

```
[1] 84.18278
```

```
(sepc<-(93/(38+93))*100)
```

```
[1] 70.99237
```

정확도는 전체 데이터 중에서 TP와 TN으로 제대로 분류된 비율을 의미하며, 오류율은 전체 데이터 중에서 제대로 분류되지 않은 FP와 FN의 비율을 의미한다. 또한 정밀도는 TP를 Positive로 예측한 TP와 FP의 합으로 나눈 Positive만의 비율을 의미한다.

```
names(roc.1)
```

```
[1] "res" "AUC" "lr"
```

AUC를 SPSS 출력 결과와 비교해보면 다음과 같이 차이가 없다.

```
roc.1$AUC
```

```
[1] 0.8605765
```

추가적으로 ROC 곡선에 나타난 민감도와 특이도는 직접 계산한 결과와 다른 값으로 보이는데, 그 이유는 다음과 같다. lr.eta는 최적의 절단점(cut-off point)을 의미하며, 민감도와 특이도의 합이 제일 큰 것으로 계산한 결과이다. 결국 ROC 곡선의 민감도와 특이도 값은 최적의 절단점을 찾는 과정에서의 계산된 결과값으로 이해할 수 있다.

```
#lr.eta 확인(최적 절단점)
roc.data<-roc.1$res
names(roc.data)
```

```
[1] "sens"  "spec"  "pvp"   "pvn"   "lr.eta"
```

```
roc.data[which.max(roc.data$sens+roc.data$spec), ]
```

```
                       sens      spec        pvp       pvn   lr.eta
0.137687668194302 0.9071038 0.6615087 0.04735376 0.5131965 0.1376877
```

ROC의 95% 신뢰구간은 다음과 같이 확인할 수 있는데, 결과 또한 SPSS와 차이가 없다.

```
#pROC 패키지 설치 및 호출
if(!require(pROC)) install.packages("pROC")
library(pROC)

#신뢰구간 확인
proc.roc<-roc(default~p, data=logistic.1, ci=T)
proc.roc
```

```
Setting levels: control = 0, case = 1
Setting direction: controls < cases

Call:
roc.formula(formula = default ~ p, data = logistic.1, ci = T)

Data: p in 517 controls (default 0) < 183 cases (default 1).
Area under the curve: 0.8606
95% CI: 0.8308-0.8904 (DeLong)
```

곡선 아래 영역

검정 결과 변수 예측 확률

영역	표준오차[a]	근사 유의확률[b]	근사 95% 신뢰구간	
			하한	상한
0.860576	.015	.000	.831	.890

a. 비모수 분포 가정

b. 영가설: 실제 영역 = 0.5

그룹별 ROC에 대한 차이 검정은 pROC::roc.test() 함수를 사용하면 된다. 이때 ROC에 대한 차이 검정이므로 귀무가설은 '차이가 없다'이다.

```
proc.roc.1<-roc(default~debtinc, data=logistic.1)
proc.roc.2<-roc(default~creddebt, data=logistic.2)
roc.test(proc.roc.1,proc.roc.2)
```

```
DeLong's test for two correlated ROC curves

data: proc.roc.1 and proc.roc.2
Z = 5.023, p-value = 5.086e-07
alternative hypothesis: true difference in AUC is not equal to 0
sample estimates:
AUC of roc1 AUC of roc2
  0.7353003     0.6361892
```

ROCit 패키지, caTools 패키지, pROC 패키지도 ROC와 관련된 패키지로 알려져 있다.

6 결과 해석

- H_0: 독립변수는 종속변수에 영향을 주지 않는다. ($\beta_1=\beta_2=\beta_3=\cdots=\beta_k=0$)
- H_1: 독립변수는 종속변수에 영향을 준다. ($\beta_k\neq 0$)

유의확률(p)은 회귀계수(beta, β)에 대한 유의성을 검정하기 위한 것으로, 유의확률(p)이 유의수준(α)인 0.05보다 값이 작으면 각 회귀계수에 대하여 통계적 유의성을 보인다는 의미다. Exp(B)는 오즈비(또는 승산비)라고 하며 각 계수가 종속변수에 미치는 영향의 정도를 나타낸다. 비(ratio)는 어떤 기준과의 상대적 크기를 비교하는 개념으로 특정 비율이 1이라는 것은 기준과 크기의 차이가 없다는 의미가 된다. 따라서 오즈비 또한 1이라는 값은 인과관계를 다루는 상황에서는 큰 의미가 없다고 해석한다.

본 예제의 종속변수에서 Default=1인 경우는 대출 미상환을 의미하며, Creddebt가 1단위 증가할 때 오즈비는 1.774로 대출을 상환하지 않을 정도가 상대적으로 1.774배 증가한다고 해석할 수 있다. Employ의 경우 오즈비가 0.785로 1보다 작은 경우 (1-0.785)+1=1.215로 계산하여 employ가 1단위 증가하면 대출을 상환할 정도가 상대적으로 1.215배 증가한다고 반대로 해석할 수 있다.

오즈비에 대한 신뢰구간이 '1'을 포함한 경우 통계적으로 유의한 영향력이 없다고 해석하며, 그와 반대로 '1'보다 크거나(+) 작은 경우(-)에는 상대적인 영향력이 있는 것으로 해석하면 된다(신뢰구간 해석 관련 내용은 p. 67 참조).

내용 요약

- glm()`: 기본 이항 로지스틱 회귀분석 - coef, confint, exp(), type="response"
- aod 패키지: wald test
- DescTools::PseudoR2(): 유사 R^2
- kableExtra::kable(): 표 작성
- ztable::ztable(): 표 작성 - ztable2flextable()
- officer 패키지, flextable 패키지: 워드로 표 작성
- Epi 패키지: ROC

참고자료

- http://www.dodomira.com/2016/02/12/logistic-regression-in-r/
- http://r-statistics.co/Logistic-Regression-With-R.html
- https://stats.idre.ucla.edu/r/dae/logit-regression/
- https://datascienceplus.com/perform-logistic-regression-in-r/
- http://www.utstat.toronto.edu/~brunner/oldclass/appliedf11/handouts/2101f11StepwiseLogisticR.pdf
- https://cran.r-project.org/web/packages/Epi/Epi.pdf
- https://www.ctspedia.org/do/view/CTSpedia/OddsTerm#Odds_Probability_of_an_Event

PART 3.

심화과정

ch.21 결측값 처리

1 기본 개념

1-1 이상치

이상치(outlier)란 우리가 상식적으로 예상할 수 있는 어떤 특정한 값보다 극단적으로 크거나 작은 값을 일컫는다. 한때 "암세포도 세포인데 죽일 수 없다"라는 어느 드라마 대사가 큰 논쟁거리가 된 적이 있었다. 통계적 관점에서 이 대사를 살펴보면, 결국 암세포라는 것은 정상적인 데이터와 다른 데이터, 곧 이상치에 비유할 수 있을 듯하다. 그런데 통계에서 이상치에 대해 논할 때는 '극단적'이라는 것에 의미를 두고 접근해야 한다. 크거나 작거나 한 정도가 극단적이라는 것은 통계적 의미에서 보면 특정한 값(데이터)이 나타날 확률이 작다는 것을 뜻한다.

예를 들어, 어떤 기업의 매출액 정보를 알고 있다고 해보자. 갑자기 큰 매출액이 나타나면 좋은 이상치라고 판단하겠지만, 반대로 너무 작은 매출액이 나타날 경우에 기업 입장에서는 고민스러운 문제가 되기도 한다. 또 다른 예를 생각해보자. 어떤 대학교의 임직원들을 대상으로 건강검진을 실시한 데이터가 있다고 해보자. LDL-콜레스테롤이 높은 수치로 나타난다면 혈관 계통에 문제가 발생한 것으로 인식할 수 있다. 따라서 이상치를 판단하기 위해서는 막연히 크거나 작은 것을 보는 것이 아니라 데이터의 특성을 고려해야 한다. 이상치는 데이터의 특성과 밀접하게 연관되어 있으므로 이에 대한 명확한 이해가 필요하다.

앞의 예들과 전혀 다른 식으로 이상치를 생각해보자. 어떤 인터넷 쇼핑몰을 이용하는 고객 A가 있다. 이 고객의 구매정보를 확인해보니 1년 동안 구매 횟수는 3번인데 특정 이벤트나 쿠폰과 같은 캠페인 활동에 전혀 반응하지 않았고, 구매금액이 몇억 원 수준의 VVIP라고 해보자. 이런 고객은 매출액에 대한 통계분석을 할 때 분명히 눈에 띌 것이다. 이런 고객의 데이터가 분석데이터에 섞여 있을 때 어떻게 접근할 것인가? 이와 비슷한 성향을 보이는 고객들의 데이터를 모아봤더니(또는 군집분석과 같은 분류분석을 해보았더니) 도매상과 같은 특징을 보인다면 이들을 어떻게 처리할 것인가? 비즈니스 관점에서 보면 해당 쇼핑몰에서 도매상을 위한 새로운 페이지를 개발하여 제공하는 것도 새로운 방법이 될 수 있을 것이다.

경우에 따라서는 적절한 이상치를 찾아내서 삭제했음에도 불구하고 또 다른 이상치가 나타나기도 한다. 이와 같이 해당 데이터에서 극단적으로 큰 값을 지웠더니 다른 값들에 묻혀 보이지 않던 새로운 데이터가 이상치로 나타난다면, 이 값을 지워야 할지 말지 다시 고민하게 된다. 이런 형태의 고민은 계속 같은 방식으로 우리에게 다가와 선택을 강요할 것이다. 언제까지 이상치를 삭제할 것인가는 이상치에 대한 또 다른 고민이며, 데이터의 특성에 따라서 충분히 고민해봐야 할 현실적인 문제이다.

통계학에서 이상치를 선택하는 기준으로는 주로 표준편차를 사용한다. 보통 실제값과 예측값의 차이인 오차의 값을 표준화(평균이 0, 표준편차와 분산이 1인 표준 정규분포로 만드는 것)하여 2보다 큰 경우를 이상치로 보거나 3보다 큰 경우를 이상치로 본다. 또는 상자그림을 그려서 판단하기도 한다. 아울러 이상치를 제거하는 방법으로는 데이터를 삭제하는 것과 다른 값으로 대체하는 것, 두 가지 경우를 생각해볼 수 있는데 이는 결측값을 발견했을 때 그것을 제거하거나 대체하는 것과도 유사하다. 다만, 이상치를 대체하는 과정은 결측값을 대체하는 것보다 더욱 신중할 필요가 있다. 이상한 값이라서 삭제하거나 이상한 값이라서 정상적인 값으로 바꾸는 것은 상당히 신중히 행해야 한다. 데이터가 충분하다면 이상치를 대체하기보다는 제외하는 것을 추천한다. 이때 이상치를 제외한다는 것은 데이터 손실을 감수하겠다는 암묵적 동의를 한 것과 같다.

1-2 결측값

이상치가 상한 치아라면 결측값은 빠진 치아라고 생각해볼 수 있다. 이를 대체하기 위해 틀니나 임플란트 시술을 받느냐, 아니면 치아 없이 생활하느냐의 문제가 된다. 수집한 데이터를 확인하는 과정에서 발생할 수 있는 결측값에 대해서 생각해보자. 통계분석을 배워본 사람이라면 예제데이터에 이상치나 결측값이 없는 온전한 상태에서 분석을 수행한 적이 많을 것이다. 하지만 실전 분석에서는 전혀 그렇지 않다. 원하는 데이터가 존재하지 않는 경우도 있고, 있다 하더라도 거의 대부분은 결측값을 포함하는 데이터일 가능성이 크다.

그렇다면 우리는 왜 결측값을 대체해야 하는 것일까?

첫째, 구멍 난 외투로 추운 겨울을 지내기 힘들고 구멍 난 그물로 물고기를 잡기 어렵기 때문이다. 결측값이 많을수록 어떤 데이터의 평균을 절대적으로 믿을 수 없듯이 결측값은 데이터를 요약하고자 할 때 객관성을 흐릿하게 한다. 만약 우리가 보유한 데이터에 결측값이 있다면 결측값이 어떻게 만들어졌는지 원인을 파악할 수 있어야 한다.

두 번째, 결측값이 있는 데이터가 반드시 필요하다면 대체할 것인지, 아니면 결측값을 제외한 상태로 분석을 진행할 것인지를 선택해야 한다. 결측값을 대체한다는 것은 새로운 값을 넣어준다는 의미다. 보통 평균이나 중위수, 최빈값 등의 중심 경향을 나타내는 값을 넣어주거나 선형보간법으로 회귀분석 결과에 의한 예측값을 넣어주기도 한다. 또 부트스트랩을 이용하여 대체하기도 한다. 결측값을 대체하는 것은 데이터의 수가 충분히 확보되지 못했다고 판단할 경우 주로 수행하는 방법이다. 통계분석에 사용되는 데이터의 수는 많으면 많을수록 좋다고 생각할지 모르지만, 표본의 크기가 커질수록 유의확률(p)이 커지는 경향이 있어 무조건 많다고 좋은 것도 아니다. 다만, 변수의 개수보다 표본의 개수가 적을 경우 통계적 계산에 무리를 주기 때문에 우리가 알고 싶어 하는 값을 추정해내기 어려울 수 있다. 대체가 아닌 결측값이 있는 케이스를 삭제할 경우에는 데이터가 충분히 많아야 한다. 결국 결측값 대체를 고민하는 것은 데이터 개수가 분석을 하기에 충분한지 여부와 직접적으로 연결된다. 결과적으로 이상치와 결측값은 개념은 서로 다르나 처리하는 방식은 유사할 수 있다.

2 결측값 확인과 추출

2-1 결측값 기본 함수

- is.na()
- na.omit()
- complete.cases()
- na.rm=T

결측값을 확인하기 위해 is.na() 함수와 참조(indexing)를 통해 특정한 열이나 행에 대한 결측값 및 결측값을 포함하는 행을 추출하는 방법에 대해서 살펴보고자 한다. na.omit() 함수와 complete.cases() 함수는 결측값을 갖는 데이터의 행을 삭제하기 때문에 전체 데이터의 숫자가 줄어든다. 이때 na.rm=T 옵션은 분석 시 전체 데이터에서 결측값을 제외하고 순수하게 계산 가능한 데이터들의 결과를 계산한다. 다만, 모든 분석에 똑같이 적용할 수 있는 것이 아니라 각 분석에 따라 결측값을 제외하는 옵션이 다르기 때문에 함수 사용 시에 반드시 확인해야 한다.

```
a <- c(2, 3, NA)
a
```

```
[1] 2 3 NA
```

평균을 계산하기 위해서 mean() 함수를 사용한다.

```
mean(a) #a의 평균을 계산
```

```
[1] NA
```

데이터에 결측값이 있으므로 평균이 온전히 계산되지 않는다. 이때 na.rm=T를 입력하면 결측값을 제외하고 평균이 계산된다. 2와 3의 평균인 2.5가 계산 결과로 출력된다.

```
mean(a, na.rm=T)#결측값을 제외하고 계산
```

```
[1] 2.5
```

결측값을 확인하기 위해 is.na() 함수를 이용한다.

```
is.na(a)#a에 결측값이 있는가?
```

```
[1] FALSE FALSE  TRUE
```

is.na() 함수는 TRUE(1)와 FALSE(0)를 반환하므로 sum() 함수를 사용하여 결측값의 개수를 확인할 수 있다.

```
sum(is.na(a))#a에 결측값이 몇 개인가?
```

```
[1] 1
```

또한 which() 함수를 활용해서 몇 번째 데이터가 결측값인지를 확인할 수 있다.

```
which(is.na(a)) #na값이 몇 번째 있는가?
```

```
[1] 3
```

```
library(MASS) #MASS가 없는 경우 install.packages('MASS') 실행
data(Cars93) #Cars93이라는 데이터 불러오기
head(Cars93, 3) #3행까지 데이터 확인
```

```
  Manufacturer   Model    Type  Min.Price  Price  Max.Price  MPG.city
1        Acura Integra   Small       12.9   15.9       18.8        25
2        Acura  Legend Midsize       29.2   33.9       38.7        18
3         Audi      90 Compact       25.9   29.1       32.3        20
```

```
summary(Cars93) #기초통계량 산출
```

```
Manufacturer Model Type Min.Price Price
Chevrolet: 8  100 : 1 Compact :16 Min.    : 6.70  Min.    : 7.40
Ford     : 8  190E : 1 Large   :11 1st Qu. :10.80 1st Qu. :12.20
Dodge    : 6  240  : 1 Midsize :22 Median :14.70  Median :17.70
Mazda    : 5  300E : 1 Small   :21 Mean    :17.13 Mean    :19.51
Pontiac  : 5  323  : 1 Sporty  :14 3rd Qu. :20.30 3rd Qu. :23.30
Buick    : 4  535i : 1 Van     : 9 Max.    :45.40 Max.    :61.90
(Other)  :57  (Other)         :87
```

```
str(Cars93) ##Cars93 데이터 구조 및 유형 확인
```

```
'data.frame':  93 obs. of 27 variables:
$ Manufacturer  : Factor w/ 32 levels "Acura","Audi",..: 1 1 2 2 3 4 4 4 4 5 ...
$ Model         : Factor w/ 93 levels "100","190E","240",..: 49 56 9 1 6 24 54 74 73
35 ...
$ Type          : Factor w/ 6 levels "Compact","Large",..: 4 3 1 3 3 3 2 2 3 2 ...
$ Rear.seat.room : num 26.5 30 28 31 27 28 30.5 30.5 26.5 35 ...
$ Luggage.room  : int 11 15 14 17 13 16 17 21 14 18 ...
$ Weight        : int 2705 3560 3375 3405 3640 2880 3470 4105 3495 3620 ...
$ Origin        : Factor w/ 2 levels "USA","non-USA": 2 2 2 2 2 1 1 1 1 1 ...
$ Make          : Factor w/ 93 levels "Acura Integra",..: 1 2 4 3 5 6 7 9 8 10 ...
```

```
#Cars93의 전체 결측값 개수 확인
sum(is.na(Cars93))
```

```
[1] 13
```

colSums() 함수는 열(변수)의 합계를, rowSums() 함수는 행의 합계를 산출한다. 결측값이 있는 변수는 Rear.seat.room이 2개, Luggage.room이 11개로 나타난다.

```
colSums(is.na(Cars93))#변수마다 결측값 확인
```

```
     Manufacturer              Model               Type
                0                  0                  0
        Min.Price              Price          Max.Price
                0                  0                  0
         MPG.city        MPG.highway            AirBags
                0                  0                  0
       DriveTrain          Cylinders         EngineSize
                0                  0                  0
       Horsepower                RPM       Rev.per.mile
                0                  0                  0
  Man.trans.avail Fuel.tank.capacity         Passengers
                0                  0                  0
           Length          Wheelbase              Width
                0                  0                  0
      Turn.circle     Rear.seat.room       Luggage.room
                0                  2                 11
           Weight             Origin               Make
                0                  0                  0
```

이때 결측값이라고 해서 실제 데이터에 포함되지 않은 것이 아니라 NA값으로 포함되어 전체 데이터의 길이는 달라지지 않는다.

```
#Luggage.room변수의 행(데이터)개수 확인
length(Cars93$Luggage.room)
```

```
[1] 93
```

Cars93의 23, 24번째 데이터 중에서 which() 함수와 is.na() 함수를 활용해 결측값이 있는 행번호를 추출하면 다음과 같다.

```
which(is.na(Cars93[, 23])==T) #Cars93의 23번째 변수(칼럼)의 결측위치 확인
```

```
[1] 19 57
```

```
which(is.na(Cars93[, 24])==T) #Cars93의 24번째 변수(칼럼)의 결측위치 확인
```

```
[1] 16 17 19 26 36 56 57 66 70 87 89
```

결측이 있는 행만 추출하여 살펴보고자 할 때는 다음과 같이 출력할 수 있다.

```
Cars93[is.na(Cars93[,23])==T,] #Cars93의 23번째 변수(컬럼) 중 결측값이 있는 행 출력
```

직접 실행해보고 19, 57번째 행이 나타나는지 확인해보자.

```
Cars93[is.na(Cars93[,24])==T,] #Cars93의 24번째 변수(컬럼) 중 결측값만 출력
```

직접 실행해보고 16, 17, 19, 26, 36, 56, 66, 70, 87, 89번째 행이 나타나는지 확인해보자.

```
 Wheelbase Width Turn.circle Rear.seat.room Luggage.room Weight  Origin
16      110    74          44           30.5           NA   3715     USA
17      111    78          42           33.5           NA   4025     USA
19       96    74          43             NA           NA   3380     USA
26      112    72          42           26.5           NA   3705     USA
36      119    72          45           30.0           NA   3735     USA
56      110    72          39           27.5           NA   3735 non-USA
57       96    69          37             NA           NA   2895 non-USA
66      112    74          41           27.0           NA   4100 non-USA
70      110    74          44           30.5           NA   3715     USA
87      113    71          41           35.0           NA   3785 non-USA
89      115    72          38           34.0           NA   3960 non-USA
```

```
                Make
16   Chevrolet Lumina_APV
17        Chevrolet Astro
19    Chevrolet Corvette
26          Dodge Caravan
36          Ford Aerostar
56              Mazda MPV
57              Mazda RX-7
66           Nissan Quest
70 Oldsmobile Silhouette
87          Toyota Previa
89    Volkswagen Eurovan
```

23, 24번째 변수에서 적어도 하나의 NA라도 포함된 행을 출력하고자 하는 경우 조건식을 넣을 수 있다. |(shift + \을 동시에 누르면)는 or를 의미한다. 예를 들어, A=1 | b=2의 조건은 A가 1이거나 B가 2인 모든 경우를 의미하는 것이다. 이와 다르게 &는 and의 동시 조건을 의미한다. 예를 들어, A=1 & b=2의 조건은 A가 1이고 B가 2인 경우만을 의미하는 것이다.

```
#Cars93의 23, 24번째 변수(컬럼) 중 결측값이 있는 행만 출력
Cars93[is.na(Cars93[,23])==T | is.na(Cars93[,24])==T,]
```

2-2 na.omit(): 결측값이 포함된 행 전체 삭제

결측값이 하나라도 포함된 경우의 행을 삭제하기 때문에 특정 변수(컬럼)는 결측값이 없다고 하더라도 같은 위치의 행이 삭제된다. 실제 데이터가 삭제되기 때문에 새로운 데이터를 만들어 분석에 활용하는 것을 추천한다. na.omit() 함수는 결측값이 포함된 모든 행을 삭제하고 결측값이 없는 데이터만을 남긴다.

```
#결측값 포함된 행 삭제 후 Cars93.1 생성
cars93.1 <- na.omit(Cars93)
```

이때 새롭게 생성한 데이터가 몇 개의 결측값을 포함한 행을 제외했는지 다음과 같이 확인할 수 있다.

```
#Cars93의 행과 열에서 Cars93.1의 행과 열의 차이를 계산
dim(Cars93)-dim(cars93.1)
```

```
[1] 11 0
```

2-3 complete.cases(): 결측값이 포함된 행 전체 삭제

행과 열에 결측값이 있을 경우 데이터에서 제거하는 데 사용할 수 있는 함수이다. na.omit() 함수는 결측값이 제거된 데이터를 산출하는 데 반해, complete.cases() 함수는 is.na()와 정반대로 TURE는 결측값이 없음을 반환하고 FALSE는 결측값이 있음을 반환한다.

```
cars93.2 <- complete.cases(Cars93) #완전데이터 확인
head(cars93.2) #완전데이터 일부만 출력
```

```
[1] TRUE TRUE TRUE TRUE TRUE TRUE
```

결측값이 없는 행만 추출하여 새롭게 데이터를 생성하면 다음과 같다.

```
# 결측값 포함된 행 삭제 후 Cars93.2 생성
cars93.2 <- Cars93[complete.cases(Cars93[ , 1:27]), ]
#Cars93의 행과 열에서 Cars93.1의 행과 열의 차이를 계산
dim(Cars93)-dim(cars93.2)
```

```
[1] 11 0
```

3 결측값 일괄 변경

3-1 참조를 활용한 변경

데이터프레임(dataframe)에서 결측값을 특정 값(예를 들어 0 or 9)으로 일괄 변경하는 방법 중 참조(indexing)를 활용한 변경에 대해서 살펴보자.

결측값을 대체하기 전에 새로운 데이터를 생성한다.

```
Cars93.0<-Cars93 # Cars93.0이라는 새로운 데이터 생성
```

새롭게 생성된 데이터에 is.na() 함수를 활용하여 결측값인 경우 0으로 일괄 대체를 한다.

```
Cars93.0[is.na(Cars93.0)] <- 0 #Cars93.0 결측값 `0`으로 대체
```

일괄 대체한 결과를 각 변수별로 확인하기 위해서 colSums() 함수를 활용한다.

```
colSums(is.na(Cars93.0)) #각 변수(컬럼)별 결측값의 합계 계산
```

```
     Manufacturer               Model               Type
                0                   0                  0
        Min.Price               Price          Max.Price
                0                   0                  0
         MPG.city         MPG.highway            AirBags
                0                   0                  0
       DriveTrain           Cylinders         EngineSize
                0                   0                  0
       Horsepower                 RPM       Rev.per.mile
                0                   0                  0
   Man.trans.avail  Fuel.tank.capacity         Passengers
                0                   0                  0
```

```
      Length        Wheelbase        Width
           0                0            0
 Turn.circl   Rear.seat.room  Luggage.room
           0                0            0
      Weight           Origin         Make
           0                0            0
```

다시 NA가 0으로 바뀐 행만을 추출해 확인해보면 아래와 같다. 직접 실행해보고 16, 17, 19, 26, 36, 56, 66, 70, 87, 89번째 행이 나타나는지 확인해보자.

```
#조건문 or는 `|`로 대체해서 사용가능(and는 &로 대체)
Cars93.0[Cars93.0[,23]==0 | Cars93.0[,24]==0, ]
```

위와 같은 방법을 통해 결측값을 9로 쉽게 대체할 수 있다.

```
Cars93.9<-Cars93
Cars93.9[is.na(Cars93.9)] <- 9 #결측값을 9로 대체
```

평균값은 다음과 같이 실행해보면 된다. mean 대신에 median을 쓰면 중위수(중앙값)로 대체된다.

```
Cars93.m<-Cars93 #새로운 데이터 생성
m<-mean(Cars93.m[,23], na.rm=T) #23번째 결측값 제외 평균 계산
m
```

```
[1] 27.82967
```

23번째 변수의 평균(m)으로 결측값을 대체하면 다음과 같다.

```
#결측값을 23번째 변수의 평균으로 대체
Cars93.m[23][is.na(Cars93.m[23])==T,] <- m
```

이때 평균으로 대체된 행만 추출하면 다음과 같다. 직접 실행해보고 19, 57번째 행이 나타나는지 확인해보자.

```
Cars93.m[Cars93.m[23]==m,] # m(평균)으로 대체된 행만 추출
```

3-2 replace()를 활용한 결측값 대체

replace()는 벡터(vector)의 개별적인 값 또는 전체 값을 변경(대체)할 때 사용하는 R의 기본 함수로, 참조를 활용한 data[index]<-대체값의 방식으로 표현한다.

```
replace(벡터명, list=변경할 벡터의 인덱스, values=변경할 값)
#y 벡터 생성
y<-c(1:4,8,NA,999)
y
```

```
[1]  1  2  3  4  8 NA 999
```

```
#5번째와 6번째 데이터를 5와 6으로 대체
y.1<-replace(y, 5:6, c(5, 6))
y.1
```

```
[1]  1  2  3  4  5  6 999
```

```
#7번째 데이터를 NA로 대체
y.2<-replace(y.1, 7, NA)
y.2
```

```
[1] 1 2 3 4 5 6 NA
```

```
#1~5번째 데이터를 각각 NA로 대체
y.3<-replace(y.2, 1:5, NA)
y.3
```

```
[1] NA NA NA NA NA  6 NA
```

```
#NA를 특정한 값으로 변경
y.4<-replace(y.3, is.na(y.3), 4)
y.4
```

```
[1] 4 4 4 4 4 6 4
```

```
#3번째와 5번째 데이터를 5와 6으로 대체
y.5<-replace(y.3, 1:length(y.3), 1:length(y.3))
y.5
```

```
[1] 1 2 3 4 5 6 7
```

replace() 함수를 응용하여 다음과 같이 MASS::Cars93 데이터의 결측을 대체해보고자 한다.

```
#Cars93데이터로 car데이터 생성
car<-Cars93

#숫자형 확인
is.numeric(car[,24])
```

```
[1] TRUE
```

```
#car의 24번째 열을 추출, value 변수명 변경
car.1<-data.frame(value=car[,24])

#car.1결측값 개수 확인
sum(is.na(car.1))
```

```
[1] 11
```

```
#결측행번호를 출력
na<-which(sapply(car.1, is.na))
na
```

```
[1] 16 17 19 26 36 56 57 66 70 87 89
```

```
#mean은 car.1의 열평균을 소수점 2자리로 계산한 값
mean=round(mean(car.1$value, na.rm=T),2)
names(mean)<-"mean"
mean
```

```
 mean
13.89
```

```
#car.1의 데이터 중 NA를 평균값으로 대체
#is.na() 함수로 NA 적용 가능
new.car.1<-replace(car.1,is.na(car.1),mean)

#결측값 확인
sum(is.na(new.car.1))
```

```
[1] 0
```

3-3 ifelse()를 활용한 결측값 대체

ifelse()문은 if()문의 특별한 형태의 데이터다.

```
ifelse(논리식, 참인 경우 실행조건, 거짓인 경우 실행조건)
```

결측값 대체에서 ifelse()를 사용하여 다음과 같이 미리 평균을 계산하지 않고 함수식 안에서 mean() 함수를 이용하면 결측값을 대체할 수 있다.

```
Cars93.m[,23]<-ifelse(is.na(Cars93.m[,23])==T,
        mean(Cars93.m[,23], na.rm=T),
        Cars93.m[,23])
sum(is.na(Cars93.m[,23]))
```

```
[1] 0
```

```
Cars93.m[,23]
```

```
 [1] 26.50000 30.00000 28.00000 31.00000 27.00000 28.00000 30.50000
 [8] 30.50000 26.50000 35.00000 31.00000 25.00000 26.00000 25.00000
[15] 28.50000 30.50000 33.50000 29.50000 27.82967 31.00000 30.50000
[22] 36.00000 26.50000 26.50000 30.50000 26.50000 30.50000 20.00000
[29] 26.50000 30.00000 26.00000 28.00000 27.50000 24.00000 23.00000
[36] 30.00000 27.50000 30.00000 27.50000 24.50000 23.50000 28.00000
[43] 28.00000 26.00000 28.00000 23.50000 31.00000 29.00000 27.50000
[50] 25.00000 30.00000 31.50000 27.00000 26.50000 29.50000 27.50000
[57] 27.82967 26.00000 27.00000 19.00000 28.00000 26.00000 27.50000
[64] 26.00000 28.50000 27.00000 28.50000 28.00000 28.00000 30.50000
[71] 31.50000 24.50000 25.50000 25.00000 25.00000 28.50000 30.50000
[78] 26.50000 26.50000 23.50000 27.50000 27.00000 27.50000 24.00000
[85] 23.00000 28.50000 35.00000 26.00000 34.00000 31.50000 26.00000
[92] 29.50000 30.00000
```

3-4 for()를 활용한 결측값 일괄 대체

for() 함수는 우리를 지극히 반복적이고 비생산적인 작업에서 해방시켜준다. while()이나 repeat()문도 이런 점에서 마찬가지이긴 하지만, 여기서는 가장 많이 사용하는 for() 함수를 이용한 결측값 대체를 살펴보고자 한다.

for(){}는 범위에 포함되는 값을 첨자(일반적으로 i)에 할당하고 { } 안에 있는 코드를 수행하라는 의미다. 이때 다음과 같은 코드는 첨자를 j, 범위를 1:3이라고 지정한다고 해보자. j에는 1, 2, 3의 값이 순차적으로 할당된다. 이렇게 할당되는 동안에 해당 코드 속에 포함된 j의 첨자에 의존하여 코드를 수행하는 것이다.

```
for (첨자 in 범위 또는 데이터) {
    }
```

이에 앞서 간단하게 for()에 대해서 살펴보자.

```
#i는 1부터 10까지의 범위를 갖는다. 이때, i를 출력하시오.
for (i in 1:10) {
   print(i)
   }
```

```
[1] 1
[1] 2
[1] 3
[1] 4
[1] 5
[1] 6
[1] 7
[1] 8
[1] 9
[1] 10
```

같은 방식으로 제곱 계산도 다음과 같이 할 수 있다.

```
#i는 1부터 10까지의 범위를 갖는다. 이때, i의 제곱을 출력하시오.
for (i in 1:10) {
    i<-i**2
    print(i)
    }
```

```
[1] 1
[1] 4
[1] 9
[1] 16
[1] 25
[1] 36
[1] 49
[1] 64
[1] 81
[1] 100
```

앞서 사용했던 MASS::Cars93 데이터를 a라는 데이터로 생성하고 이에 대한 변수별 결측값을 확인한다.

```
#Cars93을 a라는 데이터로 만들기
a<-Cars93

#변수별 결측값 확인하기
colSums(is.na(a))
```

```
   Manufacturer              Model           Type
              0                  0              0
      Min.Price              Price      Max.Price
              0                  0              0
       MPG.city        MPG.highway       AirBags
              0                  0              0
     DriveTrain          Cylinders     EngineSize
              0                  0              0
     Horsepower                RPM   Rev.per.mile
              0                  0              0
Man.trans.avail  Fuel.tank.capacity    Passengers
              0                  0              0
         Length          Wheelbase          Width
              0                  0              0
    Turn.circle     Rear.seat.room   Luggage.room
              0                  2             11
         Weight             Origin           Make
              0                  0              0
```

또한 하나의 결측이라도 포함된 행을 확인하면 결과는 다음과 같다.

```
#which 함수를 이용하여 23, 24번째 변수 중 결측값이 있는 행 확인
which(is.na(a[,23])==T | is.na(a[,24])==T)
```

```
[1] 16 17 19 26 36 56 57 66 70 87 89
```

for() 함수는 반복적인 작업을 확실히 줄여주지만 바로 적용하기가 어려울 수 있다. 따라서 다음과 같이 원하는 기능을 단계별로 정리해가면서 사용하길 바란다.

① 우리의 목표는 결측값 중에서 숫자형(numeric) 유형의 경우만 대체하는 것이다.
② 대체할 때는 열 평균으로 대체한다. 문자형(character) 유형은 어차피 평균을 계산할 수 없다.
③ 단, 변수 하나씩을 대체하는 것이 아니라 한 번에 전체 데이터를 대체한다. 몇 번씩 대체하는 것은 비효율적이다.
④ 이와 같은 작업으로 결측값의 의미를 이해하고 for문을 이해하고자 한다.

다음의 코드는 Cars93의 데이터를 a라는 데이터프레임(dataframe)으로 생성하여 원자료(raw data)를 보존한 후 새롭게 데이터를 생성한 후에 진행한 내용이다. 이때 각 변수별로 숫자형인지 여부는 개별적인 명령어가 아니라 for()를 사용하여 확인한 것이다.

```
# i는 1부터 a 데이터의 변수의 개수만큼의 범위이다.
# 이때, a[,i]의 의미는 데이터의 개별적인 변수를 의미한다.
# ex)a[,1]은 첫번째 변수를 의미한다.
# is.numeric은 숫자형 데이터를 확인하는 코드이다.
# print()은 출력하라는 의미이다.
# 데이터는 a로 정해진 상태이다.

for (i in 1:length(a)) {
 check<-is.numeric(a[,i])
 print(check)
 }
```

```
[1] FALSE
[1] FALSE
[1] FALSE
[1] TRUE
[1] TRUE
[1] TRUE
[1] TRUE
[1] TRUE
[1] FALSE
[1] FALSE
[1] FALSE
[1] TRUE
[1] TRUE
[1] TRUE
[1] TRUE
[1] FALSE
[1] TRUE
[1] TRUE
[1] TRUE
[1] TRUE
[1] TRUE
[1] TRUE
[1] TRUE
[1] TRUE
[1] TRUE
[1] FALSE
[1] FALSE
```

이번에는 ifelse문을 사용하여 결측을 대체하는 방법을 활용해보자.

```
ifelse(is.na(data[,1]),mean(data[,1], na.rm=T), data[,1])
```

해당 내용은 data[,1] 즉 data의 첫 번째 변수가 결측인 조건을 만족할 경우에만 data[,1]의 평균(결측을 제외한 상태)으로 대체하고, 결측이 아닐 경우에는 원래의 값이 변하지 않는 것으로 만들어진 코드이다. 이와 같은 코드를 응용해서 앞서 만들었던 for 문을 접목하면 다음과 같이 응용할 수 있다.

```
for (i in 1:length(a)) {
 a[,i] <- ifelse(is.na(a[,i]), mean(a[,i], na.rm=T),a[,i])
}

sum(is.na(a))
```

```
[1] 0
```

이번에는 데이터 전체가 아니라 일부를 추출해서 결과를 확인해보고자 한다.

```
#원본 데이터에서 10개의 행과 23, 24번째 열만 포함된 a.20.1 데이터 추출
a.20.1<-Cars93[10:20, 23:24]
#10개의 행과 23, 24번째 열만 포함된 a.20.2 데이터 추출
a.20.2<-a[10:20, 23:24]
```

결측값을 평균으로 대체하기 위함이므로 대체하고자 하는 열 평균을 확인하면 다음과 같다.

```
mean(Cars93[,23], na.rm = T) #23번째 열 평균(결측값 제외)
```

```
[1] 27.82967
```

```
mean(Cars93[,24], na.rm = T) #23번째 열 평균(결측값 제외)
```

```
[1] 13.89024
```

a.20.1 #결측대체 전 데이터

```
   Rear.seat.room  Luggage.room
10           35.0            18
11           31.0            14
12           25.0            13
13           26.0            14
14           25.0            13
15           28.5            16
16           30.5            NA
17           33.5            NA
18           29.5            20
19             NA            NA
20           31.0            15
```

결측 대체 후 데이터는 다음과 같다. 앞 페이지의 for문을 활용하여 a데이터의 결측값을 대체한 후 확인한 결과는 다음과 같다.

a.20.2<-a[10:20, 23:24]

a.20.2 #결측값 평균 대체 확인

```
   Rear.seat.room  Luggage.room
10       35.00000      18.00000
11       31.00000      14.00000
12       25.00000      13.00000
13       26.00000      14.00000
14       25.00000      13.00000
15       28.50000      16.00000
16       30.50000      13.89024
17       33.50000      13.89024
18       29.50000      20.00000
19       27.82967      13.89024
20       31.00000      15.00000
```

```
#열합계 함수인 colSums를 이용하여, 변수별 결측값 확인
colSums(is.na(a))
```

```
     Manufacturer             Model              Type
                0                 0                 0
        Min.Price             Price         Max.Price
                0                 0                 0
         MPG.city       MPG.highway          AirBags
                0                 0                 0
       DriveTrain         Cylinders        EngineSize
                0                 0                 0
       Horsepower               RPM      Rev.per.mile
                0                 0                 0
 Man.trans.avail  Fuel.tank.capacity       Passengers
                0                 0                 0
           Length        Wheelbase             Width
                0                 0                 0
      Turn.circle     Rear.seat.room     Luggage.room
                0                 0                 0
           Weight            Origin              Make
                0                 0                 0
```

기본 함수로만 결측값을 대체하거나 통계분석을 한다고 해서 문제가 될 일은 전혀 없다. 그러나 for() 함수 외 apply() 함수 종류와 기본적인 if() 함수, while() 함수, repeat() 함수 등 다양한 코드를 사용할 수 있으면 분석을 더욱 원활하게 할 수 있다.

3-5 결측값 대체 응용하기

숫자형 데이터(numeric data)에 대해서 결측값을 평균으로 변환하고자 할 경우 다음과 같은 방식도 가능하다.

```
test<-data.frame(a=c(1,2,3), b=c(NA,5,6), c=c("A","B",NA))
str(test)
```

```
'data.frame':   3 obs. of  3 variables:
 $ a: num  1 2 3
 $ b: num  NA 5 6
 $ c: Factor w/ 2 levels "A","B": 1 2 NA
```

```
test
```

```
  a  b    c
1 1 NA    A
2 2  5    B
3 3  6 <NA>
```

```
test.1<-test
```

이때 다음과 같은 for() 함수를 생각해보자.

```
for (i in 1:length(test)){
    if (is.numeric(test.1[,i])==T){
        test.1[,i][is.na(test.1[,i])==T] <- mean(test.1[,i], na.rm=T)
        }
    }
is.data.frame(test.1)
```

```
[1] TRUE
```

```
str(test.1)
```

```
'data.frame':  3 obs. of 3 variables:
 $ a: num 1 2 3
 $ b: num 5.5 5 6
 $ c: Factor w/ 2 levels "A","B": 1 2 NA
```

```
test.1
```

```
   a   b    c
1  1  5.5    A
2  2  5.0    B
3  3  6.0 <NA>
```

조금 더 복잡하겠지만, 데이터 유형이 문자형(character)이거나 혹은 데이터의 구조가 factor일 경우 최빈값(mode)으로 결측값을 대체하는 방법을 생각해보자. 이에 대한 아이디어를 table() 함수 또는 dplyr 패키지를 이용하여 빈도가 가장 큰 데이터를 확인하고 특정값을 대체하는 방식으로도 고려해볼 수 있다. 정답은 없다. 어떠한 절차를 거쳐 결과를 이끌어낼 것인가는 오로지 사용자의 몫이다.

ch.22 정규성 검정

1 기본 개념

정규성 검정(normality test)은 표본을 활용하는 통계학에서 상당히 중요하다. 정규성은 그래프를 그려서 관찰하는 방법과 검정(test)을 통해서 확인하는 방법이 두루 사용되고 있다.

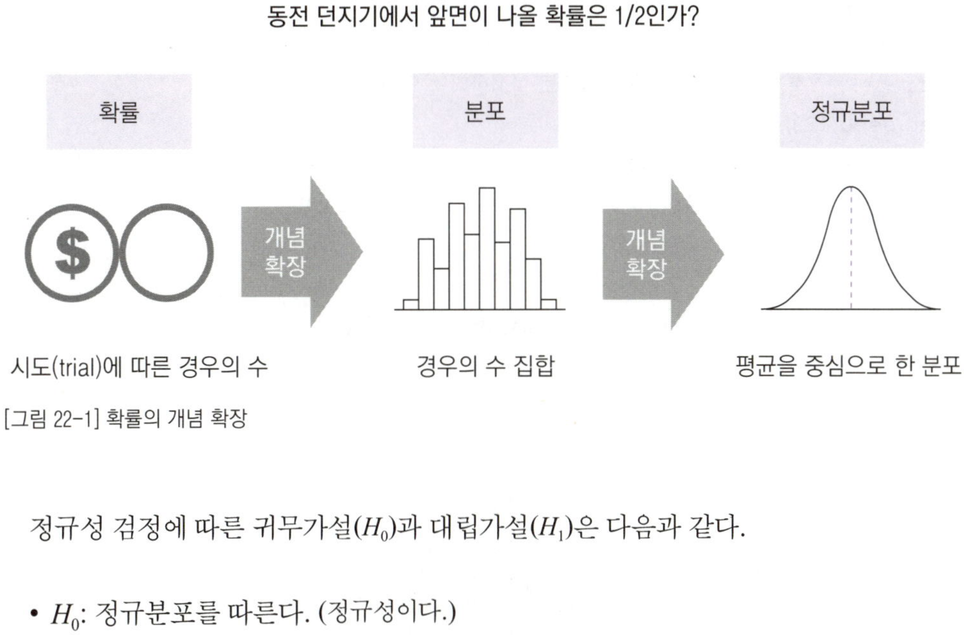

[그림 22-1] 확률의 개념 확장

정규성 검정에 따른 귀무가설(H_0)과 대립가설(H_1)은 다음과 같다.

- H_0: 정규분포를 따른다. (정규성이다.)
- H_1: 정규분포를 따르지 않는다. (정규성이 아니다.)

2 그래프를 통한 정규성 확인

2-1 hist()를 이용한 확인

아래 그래프는 x라는 100개의 랜덤확률변수에 대해서 히스토그램을 그린 후 그 위에 밀도함수의 형태를 빨간색 선으로 표시해준 것이다(여기서는 보라색으로 표시됨). 히스토그램을 그리기 위해 hist()라는 함수를 사용하였으며 freq=F 옵션으로 빈도가 아닌 상대도수로 히스토그램을 그렸다. 이때 breaks= 옵션을 지정하지 않으면 히스토그램의 구간이 자동으로 log2(n)+1로 설정되는데, breaks=100은 히스토그램의 구간을 100등분 하겠다는 것을 의미한다. 그 밖에 col="red"는 확률밀도곡선의 색을 빨간색으로 지정한 것이며, lwd=3은 확률밀도곡선의 두께를 의미하는데 이 숫자가 커질수록 두껍게 그려진다.

```
# col=red 빨간색으로 그리겠다는 의미
# lwd는 두께를 의미
# main은 제목을 의미
# freq=F는 Y축을 빈도가 아닌 확률값으로 설정한다는 의미
set.seed(123)
x<-rnorm(1000, mean = 0, sd = 1)
hist(x, freq=F, breaks=100, main="Density Plot of x")
lines(density(x), col="red", lwd=3)
```

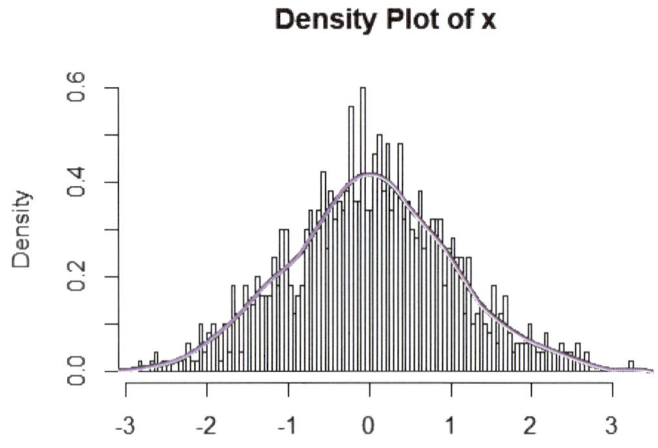

※ 본 절에 제시된 그래프는 색상 제한으로 실제 결과의 색을 반영하지 못한 부분이 있다.

히스토그램을 그린 후에는 그에 따른 확률밀도곡선을 살펴보고 정규분포의 그림과 유사한지 확인함으로써 기본적인 정규성을 확인할 수 있다.

2-2 Q-Q plot을 이용한 정규성 확인

그래프를 이용해 정규성을 확인하는 또 다른 방법을 살펴보자. 출력된 그래프에서 산점도가 대각선 형태에 근접하면 할수록 정규분포에 더 기깝다고 판단한다. 이때 qqnorm()는 산점도의 형태를 그려주고 qqline()은 대각선의 형태를 그려주는 것이다.

```
qqnorm(x) #산점도 표시
qqline(x, col="red") #대각선 표시
```

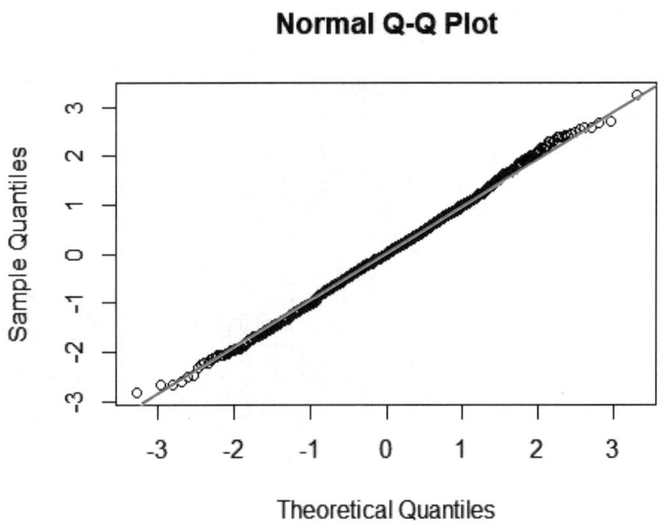

2-3 ggplot2 패키지를 이용한 정규성 확인

```
library(ggplot2)
```

다음과 같이 ggplot2 패키지로도 그래프를 그려 결과를 확인할 수 있다.

```
df.x <- data.frame(x) #dataframe으로 생성
ggplot(df.x, aes(x)) + #df.x의 x축을 x로 설정
#y는 확률밀도, x축을 100등분, 스카이블루로 채우고, 외부선은 검은색
geom_histogram(aes(y=..density..), bins=100, fill="skyblue", col="black") +
geom_density(col = "red", lwd=1) #밀도곡선표시, 빨간색, 두께1
```

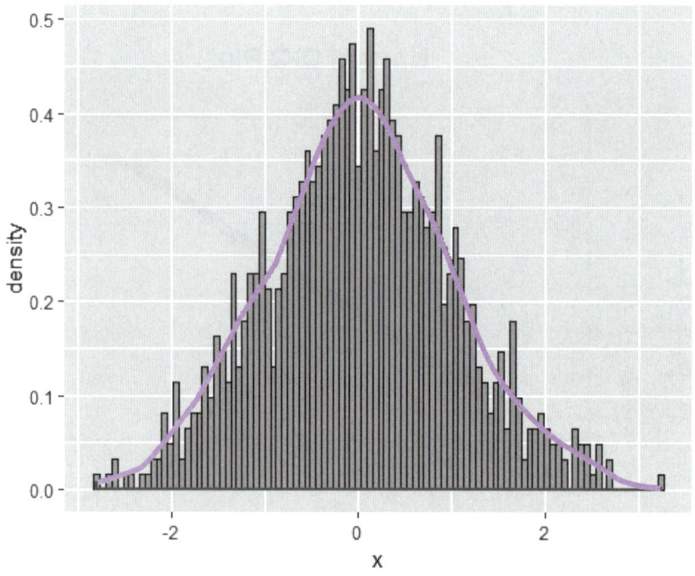

3 기본 함수(stats)를 활용한 정규성 검정

3-1 Kolmogorov-Smirnov test

시드(seed)를 고정한 후 정규분포를 따르는 500개 데이터를 임의(random)로 추출한다.

```
set.seed(123) #랜덤숫자생성에 따른 시드 고정
x <- rnorm(500) #500개의 정규분포를 따르는 랜덤데이터 추출
```

가장 일반적으로 사용하는 정규성 검정은 Kolmogorov-Smirnov test(이하 K-S test)와 Shapiro-Wilk test(이하 S-W test)이다. 먼저 K-S test를 살펴보고자 한다. ks.test() 함수에서 "pnorm"은 정규분포와 비교하겠다는 의미로 K-S test의 경우 기준분포를 설정하고 이를 특정 데이터(혹은 변수)와 비교하는 방식으로 이해하면 된다.

```
ks.test(x, "pnorm")
```

```
 One-sample Kolmogorov-Smirnov test

data: x
D = 0.037245, p-value = 0.4918
alternative hypothesis: two-sided
```

위 결과는 정규분포를 따르는 데이터를 추출한 것이므로 당연한 결과로 보일 수 있겠지만, 유의확률(p)이 0.4918로 나타나 x는 정규분포라고 할 수 있다. ks.test() 함수는 임의의 모수(정규분포의 모수는 평균과 분산)를 사전에 지정하여 지정된 모수가 반영된 분포를 따르는지도 확인할 수 있다.

```
#0은 평균, 2는 분산으로, 특정모수 지정
ks.test(x, "pnorm", 0, 2)
```

```
 One-sample Kolmogorov-Smirnov test

data: x
D = 0.18161, p-value = 9.437e-15
alternative hypothesis: two-sided
```

아울러 앞서 설명한 것처럼 두 데이터의 분포가 서로 동일한지를 확인하기 위해서 다음과 같이 ks.test() 함수를 통해 K-S test를 진행한다.

- H_0: 두 분포는 같다.
- H_1: 두 분포는 다르다.

균일분포에서 300개 데이터를 임의 추출하여 y를 비교해본다.

```
y <- runif(300) #균일분포 300개 데이터 임의 추출
ks.test(x, y) #x, y 분포비교
```

```
 Two-sample Kolmogorov-Smirnov test

data:  x and y
D = 0.49, p-value < 2.2e-16
alternative hypothesis: two-sided
```

그 결과 e-16이 보일 만큼 유의확률(p)이 상당히 작게 나타나며 서로 분포가 같다는 귀무가설을 기각하므로 서로 분포가 다르다고 할 수 있다.

3-2 Shapiro-Wilk test

계속해서 S-W test를 진행해본다. S-W test는 단일표본(one sample)에 대해서 정규성 검정을 하는 것으로 널리 알려져 있다.

```
shapiro.test(x)
```

```
 Shapiro-Wilk normality test

data:  x
W = 0.99812, p-value = 0.8639
```

S-W test 결과에 대한 유의확률(p)을 확인해보면 0.8693으로 귀무가설을 채택하므로 정규성이라고 할 수 있다.

4 nortest 패키지를 활용한 정규성 검정

추가적으로 다양한 정규성 방법을 활용할 수 있는 nortest 패키지를 설치해서 그 결과를 살펴보고자 한다.

```
#install.packages("nortest") #설치
library(nortest) #라이브러리 호출
```

4-1 Anderson-Darling normality test

```
ad.test(x) #Anderson-Darling normality test
```

```
 Anderson-Darling normality test

data: x
A = 0.28042, p-value = 0.6417
```

유의확률(p)이 0.6417로 나타나 귀무가설을 채택하고 정규성이 있는 것으로 판단할 수 있다.

ch.23 비모수 분석

1 개념과 용어

비모수 분석(non-parametric analysis)에서 비는 非(아닐 비)로 평균, 표준편차, 분산 등의 모수를 사용하지 않는다는 의미를 나타낸다. 데이터의 유형(data type)으로 구분하자면, 이산형 데이터(discrete data)를 분석할 때 연속형 데이터(continuous data)임에도 이상치와 같은 극단값이 있어 정규성(nomality, 정규분포의 성질)을 갖지 못하는 데이터를 의미하기도 한다.

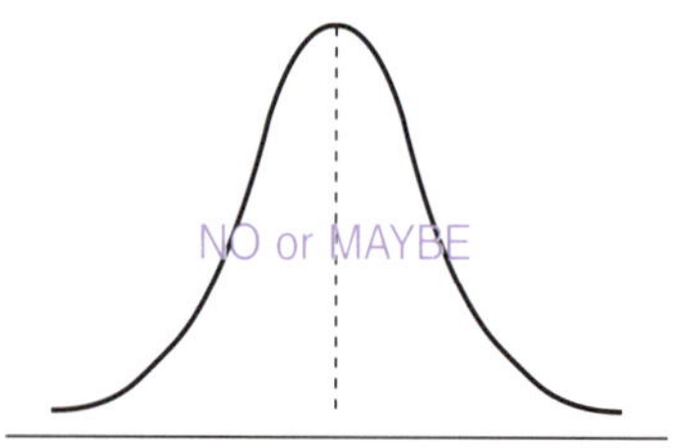

범주	부호	순위	이항	연속
A	+	1	1	20.3
B	-	2	0	25.1
C	+	3	1	24.9
…	…	…	…	…
A	-	20	0	30.7

[그림 23-1] 비모수 데이터의 종류

2 독립 2표본 검정 (독립표본 t검정과 유사)

2-1 집단변수로 구분된 경우

독립표본 t검정은 집단변수의 수준이 2개인 경우 평균을 비교하는 방법이다. 이와 유사한 비모수통계분석인 맨-위트니 검정(Mann-Whitney test) 또한 집단변수의 수준이 2개여야 한다.

분석을 위해 iris 데이터를 임의로 2개 그룹(setosa,versicolor)에 대해서만 다시 추출하여 사용한다.

```
iris.1<-NULL
iris.1<-iris[iris$Species!="virginica",]
```

factor() 함수로 삭제한 virginica에 대한 factor level(요인 수준)을 반영하도록 다음과 같이 실행한다.

```
iris.1$Species<-factor(iris.1$Species)
```

table() 함수로 Species에 대해 살펴보면 virginica가 factor level에서도 삭제된 것을 확인할 수 있다.

```
table(iris.1$Species)
```

```
 setosa versicolor
     50         50
```

x와 y는 모두 Sepal.Length의 값을 추출한 것인데, !=는 not equal을 의미하며 Species가 virginica가 아닌 경우이므로 setosa와 versicolor인 경우만 해당한다. 조건문에서 모든 것을 선택하는 것보다 그 외 나머지를 선택하는 방법이 효율적일 때도 있다.

```
nonp.1<-wilcox.test(Sepal.Length ~ Species, data=iris.1, conf.int=T)
nonp.1
```

```
Wilcoxon rank sum test with continuity correction


data:  Sepal.Length by Species
W = 168.5, p-value = 8.346e-14
alternative hypothesis: true location shift is not equal to 0
95 percent confidence interval:
 -1.1000514 -0.7000116
sample estimates:
difference in location
                  -0.9
```

iris.1$R은 순위를 생성한 것으로 이를 통해 순위합과 평균순위를 산출하고자 한다.

```
library(dplyr)
iris.1 %>%
mutate(R = rank(Sepal.Length)) %>%
group_by(Species) %>%
summarise(n = n(),
          mean_rank = mean(R),
          sum_rank = sum(R)) %>%
select(Species, n, mean_rank, sum_rank)
```

```
# A tibble: 2 x 4
     Species      n   mean_rank   sum_rank
       <fct>  <int>       <dbl>      <dbl>
1     setosa     50       28.9a      1444.
2 versicolor     50        72.1      3606.
```

분석 결과, 유의수준 0.001을 기준으로 붓꽃의 setosa종과 versicolor종은 Sepal. Length(꽃받침 길이)에 대해서 통계적인 차이가 있는 것으로 나타난다.

SPSS 검정 결과와 비교해본 결과 차이가 없는 것으로 나타난다.

순위

	Species	N	평균 순위	순위합
Sepal.Length	setosa	50	28.87	1443.50
	versicolor	50	72.13	3606.50
	전체	100		

검정 통계량[a]

	Sepal.Length
Mann-Whitney의 U	168.500
Wilcoxon의 W	1443.500
Z	-7.468
근사 유의확률(양측)	.000

a. 집단변수: Species

Mann-Whitney 검정 (SPSS)

비모수 분석에서는 평균(mean)이 아닌 중위수(median)를 파악해볼 수 있는 상자그림(box-plot)이 더 적절하다. 기본 함수인 boxplot()과 legend(), text() 함수를 사용하여 다음과 같이 상자그림을 그릴 수 있다.

```
boxplot(Sepal.Length ~ Species, #연속형 ~ 범주형
        data = iris.1, #사용데이터,
        main = "Wilcoxon rank sum test",
        col=c("skyblue", "hotpink2"), #색
        ylab="Sepal.Length", #y축 설명
        xlab="Species") #x축 설명

legend("bottomright", #범례위치
       legend=c("setosa","versicolor"), #범례이름
       fill=c("skyblue", "hotpink2"), #범례 색
       cex=1) #범례 크기

text(x = 1.2, y= 6.8, #텍스트 위치
     labels= paste("Wilcoxon rank sum test : p =",signif(nonp.1$p.value,
2), #텍스트 내용
                  sep=""), #텍스트 구분자(공백)
                  col="hotpink2") #텍스트 색
```

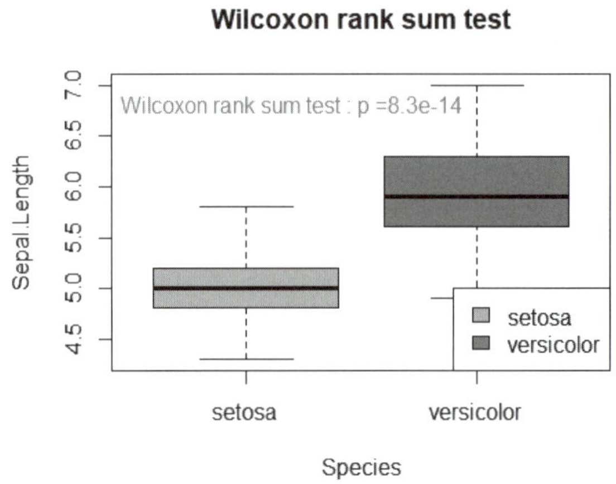

2-2 각각의 열로 데이터가 있는 경우

만약 데이터가 집단변수로 묶이지 않고 각각의 열로 존재한다면 다음과 같이 데이터 분석을 할 수 있다. 이를 위해 임의로 데이터를 변형하여 분석을 진행한다.

```
x<-iris.1[which(iris.1$Species == "setosa"), "Sepal.Length"]
y<-iris.1[which(iris.1$Species == "versicolor"), "Sepal.Length"]
```

두 가지 방법으로 실시한 분석 결과는 모두 차이가 없는 것으로 나타난다.

```
nonp.2<-wilcox.test(x, y, conf.int=T)
nonp.2
```

```
 Wilcoxon rank sum test with continuity correction

data: x and y
W = 168.5, p-value = 8.346e-14
alternative hypothesis: true location shift is not equal to 0
95 percent confidence interval:
 -1.1000514 -0.7000116
sample estimates:
difference in location
                  -0.9
```

3 윌콕슨 부호 순위 검정 (대응표본 t검정과 유사)

윌콕슨 부호 순위 검정(Wilcoxon signed rank test) 결과를 SPSS 분석 결과와 비교해보면 다음과 같다.

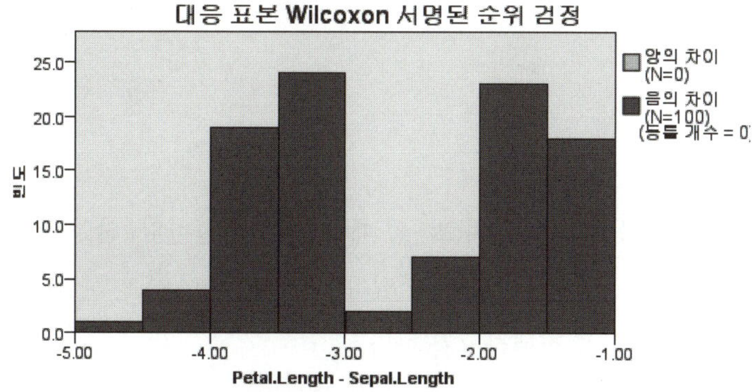

합계 N	100
검정 통계량	.000
표준 오차	290.721
표준화된 검정 통계	-8.685
근사 유의수준 (양쪽검정)	.000

R로 확인한 분석에서는 유의확률(p)과 큰 차이가 없는 것으로 나타난다.

```
nonp.3<-with(iris, wilcox.test(Sepal.Length, Petal.Length, #데이터
              paired=T, #대응분석을 위한 옵션
              alternative = "two.sided", #양측검정
              conf.int=T)) #신뢰구간 표시

nonp.3
```

```
Wilcoxon signed rank test with continuity correction

data: Sepal.Length and Petal.Length
V = 11325, p-value < 2.2e-16
alternative hypothesis: true location shift is not equal to 0
95 percent confidence interval:
 1.800009 2.300050
sample estimates:
(pseudo)median
        2.100089
```

sign() 함수는 +일 때는 1을 반환하고 -일 때는 -1을 반환한다. 만약 0이 포함되어 있다면 0을 그대로 반환하고, 결측값(NA)이 있다면 그대로 NA를 반환한다. 이를 이용해서 윌콕슨 부호 순위 검정을 진행하고자 한다.

```
a<-(-10:-1)
b<-(1:10)
c<-(c(1:9, NA))
sign(a)
```

```
 [1] -1 -1 -1 -1 -1 -1 -1 -1 -1 -1
```

```
sign(b)
```

```
 [1] 1 1 1 1 1 1 1 1 1 1
```

```
sign(c)
```

```
 [1]  1  1  1  1  1  1  1  1  1 NA
```

대응 t검정과 마찬가지로 대응되는 각 데이터의 차이(difference)를 계산하고, 이를 절댓값 기준으로 순위(rank)를 매긴 후 부호(sign)를 바탕으로 검정통계량을 산출하는 방식이다. 이를 위해 다음과 같이 차이(d)를 구한 후 차이에서 0을 제외하고 분석을 진행한다.

```
d <- c(iris$Sepal.Length - iris$Petal.Length)
d <- d[d!=0]
```

차이에 대해 abs() 함수와 rank() 함수를 이용하여 절댓값 기준 순위를 산출하고, 그 값을 바탕으로 차이에 대한 순위에 부호를 곱하여 부호를 추가한다.

```
d.rank <- rank(abs(d))
d.sign.rank <- sign(d) * d.rank
```

조건문을 사용해 차이에 대한 부호 순위를 각각 긍정적 순위(pos.rank)와 부정적 순위(neg.rank)로 하고 그 합계를 계산한다.

```
if (d.sign.rank > 0) {
   pos.rank <- sum(d.sign.rank)
} else {
   neg.rank <- sum(d.sign.rank)
}
```

아래 제시한 V는 양의 부호 순위의 합을 의미하는 것이며, 그에 따른 분석 결과는 유의확률(p)로 해석할 수 있다. 다만, z값을 산출하기 위해서는 공식에 대입하여 별도의 값을 산출해야 하므로 해당 내용에 대해서는 생략하기로 한다.

```
nonp.3$statistic
```

```
    V
11325
```

```
pos.rank
```

```
[1] 11325
```

위 데이터에 대한 상자그림은 다음과 같다.

```
boxplot(Sepal.Length ~ Species, #연속형 ~ 범주형
        data = iris.1, #사용데이터
        main="Wilcoxon signed rank test", #제목
        col=c("skyblue", "hotpink2"), #색
        ylab="Sepal.Length", #y축 설명
        xlab="Species") #x축 설명

legend("bottomright", #범례위치
        legend=c("setosa","versicolor"), #범례이름
        fill=c("skyblue", "hotpink2"), #범례 색
        cex=1) #범례 크기

text(x = 1.2, y= 6.8, #텍스트 위치
     labels= paste("wilcoxon signed rank test : p =",signif(nonp.3$p.
value, 2), #텍스트 내용
                  sep=""), #텍스트 구분자(공백)
                  col="hotpink2") #텍스트 색
```

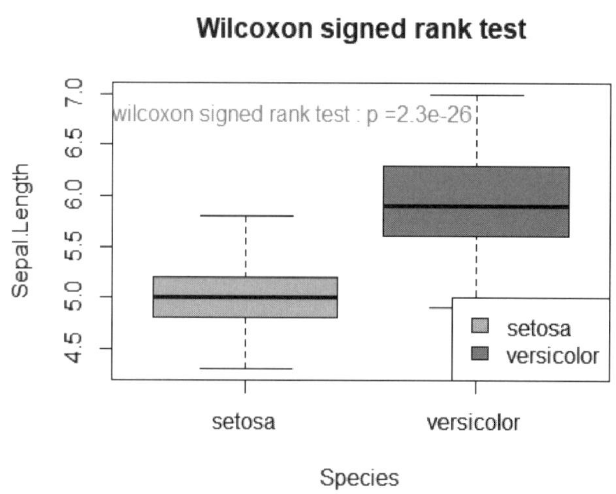

4 3개 이상 표본에 대한 검정 (일원배치분산분석과 유사)

비모수 통계분석에서도 일원배치분산분석(one-way anova)과 같이 3개 이상의 표본에 대한 차이를 확인하고자 하는 경우가 있다. 이때 크러스칼-왈리스 검정(Kruskal-Wallis test)을 실시하면 된다.

```
ks.t<-kruskal.test(Sepal.Length ~ Species, data=iris)
ks.t
```

```
Kruskal-Wallis rank sum test

data:  Sepal.Length by Species
Kruskal-Wallis chi-squared = 96.937, df = 2, p-value < 2.2e-16
```

SPSS 검정 결과와 비교해본 결과 차이가 없음을 알 수 있다.

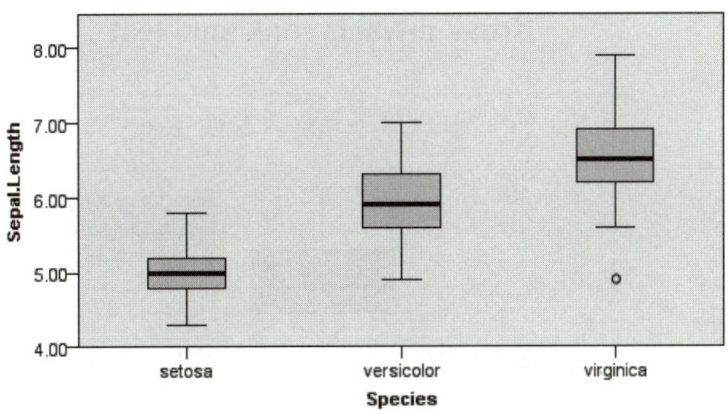

한계 N	150
검정 통계량	96.937
자유도	2
근사 유의수준 (양쪽검정)	.000

Kruskal-Wallis 검정 (SPSS)

이에 대한 상자그림은 다음과 같다.

```
boxplot(Sepal.Length ~ Species, #연속형 ~ 범주형
        data = iris, #사용데이터
        main="Kruskal-Wallis rank sum test", #제목
        col=c("skyblue", "hotpink2", "grey"), #색
        ylab="Sepal.Length", #y축 설명
        xlab="Species") #x축 설명

legend("bottomright", #범례위치
        legend=c(levels(iris$Species)), #범례이름
        fill=c("skyblue", "hotpink2","grey"), #범례 색
        cex=0.8) #범례 크기

text(x = 1.8, y= 7.7, #텍스트 위치
     labels= paste("Kruskal-Wallis rank sum test : p =",signif(ks.t$p.
value, 2), #텍스트 내용
                   sep=""), #텍스트 구분자(공백)
                   col="hotpink2") #텍스트 색
```

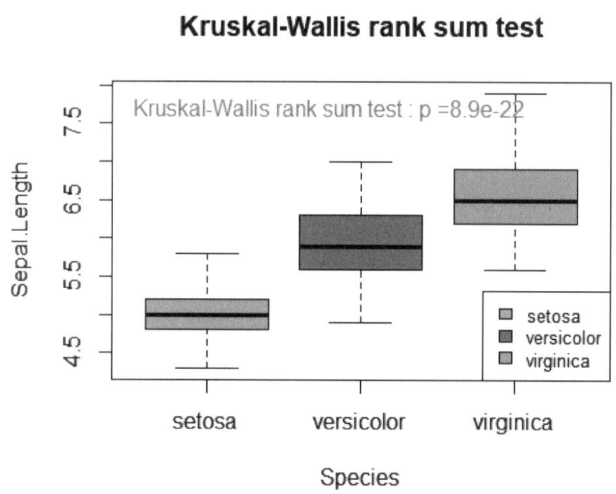

5 프리드만 검정 (3개 집단의 대응표본 t검정)

대응표본 t검정 분석은 관련성 있는 2개의 표본에 관한 평균 비교로, 비모수 버전은 윌콕슨 부호 순위 검정으로 진행한다. 프리드만 검정(Friedman test)은 윌콕슨 부호 순위 검정의 확장된 형태로 이해하면 된다.

iris 데이터에서 임의로 1열부터 3열까지만 선택하여 iris.2로 변환한다. 이때 block을 만들어주기 위해 matrix() 함수와 t() 함수를 사용한다. 실제로 프리드만 검정을 진행하기 위해서는 데이터가 matrix 형태여야 한다. 이를 위해서 임의로 다음과 같이 변환한다.

```
iris.2<-c(t(as.matrix(iris[,1:3])))
```

dim() 함수는 데이터의 행과 열의 개수를 반환하는데, t() 함수를 적용하면 행과 열이 바뀌는 것을 알 수 있다.

```
dim(iris)
```

```
[1] 150   5
```

```
dim(t(iris))
```

```
[1]   5 150
```

프리드만 검정을 하기 위해 iris.3 데이터를 생성한다. 이때 반복에 관한 변수를 time으로 설정하고 총 3회 반복한 것으로 생성한다.

```
iris.3<-matrix(iris.2,
              nrow = 150,
              byrow = T,
              dimnames = list(1:150, c("time1","time2","time3")))

head(iris.3,3)
```

```
  time1  time2  time3
1   5.1    3.5    1.4
2   4.9    3.0    1.4
3   4.7    3.2    1.3
```

friedman.test() 함수는 여러 옵션을 고려하지 않아도 되어 간편하다. 이때 사용하는 데이터는 블록화해야 하는데, 단순하게는 matrix 유형의 데이터로 구성하면 된다. 블록(block)은 실험계획법에서 사용하는 통계적인 용어로 본 예제에서는 3회에 걸쳐서 측정한 상태를 의미한다.

```
fried.t<-friedman.test(iris.3)
fried.t
```

```
 Friedman rank sum test

data: iris.3
Friedman chi-squared = 233.33, df = 2, p-value < 2.2e-16
```

friedman.test() 함수를 이용하여 분석 결과를 살펴보면 R과 SPSS의 결과가 같음을 알 수 있다.

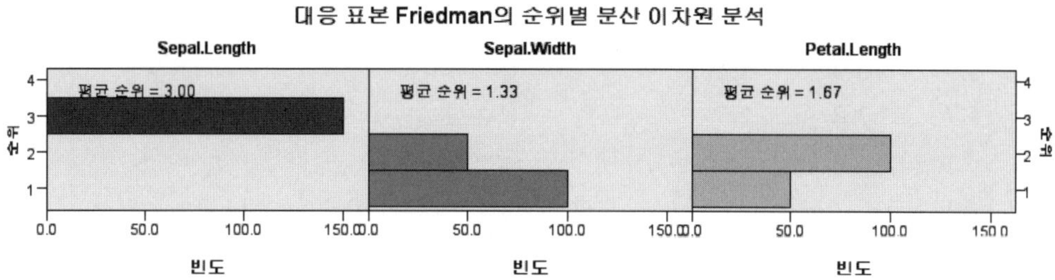

한계 N	150
검정 통계량	233.333
자유도	2
근사 유의수준 (양쪽검정)	.000

데이터가 다음과 같이 세로로 긴(long type) 형태일 경우에는 friedman.test() 함수를 바로 사용할 수 없다. 이를 옆으로 긴(wide type) 형태의 데이터로 구조를 변경한 후 분석해야 한다. reshape2 패키지의 melt 함수는 옆으로 긴 형태의 데이터를 세로로 변형하는 방식이고, 이와 반대로 cast 함수는 세로로 긴 형태의 데이터를 가로로 변형하는 방식이다. reshape2 패키지에 대해서는 추후 소개하고자 하며, 여기서는 기본 내장 함수인 stack()과 unstack() 함수로 데이터를 변형해보고자 한다.

```
iris.new<-iris[,1:3]
colnames(iris.new)<-c("time1","time2","time3")
stack.iris<-stack(iris.new)
head(stack.iris, 3)
```

```
 values    ind
1    5.1   time1
2    4.9   time1
3    4.7   time1
```

```
unstack.iris<-unstack(stack.iris)
head(unstack.iris, 3)
```

```
  time1   time2   time3
1   5.1     3.5     1.4
2   4.9     3.0     1.4
3   4.7     3.2     1.3
```

위 결과에 유의확률(p)이 0.001보다 작은 것으로 나타나 사후검정(post-hoc)을 실시해야 할 것으로 보인다. 이때 비모수분석을 하고 있다는 것에 유념해야 한다. 추가적으로 conf.level 옵션을 사용하면 신뢰수준을 임의로 정할 수 있는데, 이는 유의수준을 조정하는 것과 같다(1-유의수준(α) = 신뢰수준).

이때 본페로니(Bonferroni) 방법론으로 분석하기도 한다. 사후검정의 횟수는 다음과 같이 계산하는데 여기서 k는 요인 수(factor level)를 의미한다. 현재 time1~time3까지 총 3개의 수준을 갖기 때문에 3회 비교를 하면 된다.

$$\frac{k(k-1)}{2} = \frac{3*(2)}{2} = 3$$

이를 위해 다음과 같이 sig.level 값을 별도로 산출하여 분석에 사용한다.

```
(sig.level<-1-(0.05/3))
```

```
[1] 0.9833333
```

```
friedman.1<-with(iris, wilcox.test(Sepal.Length, Sepal.Width, #데이터
            paired=T, #대응분석을 위한 옵션
            alternative = "two.sided", #양측검정
            conf.int=T, #신뢰구간 표시
            conf.level = sig.level)) #신뢰수준설정
friedman.2<-with(iris, wilcox.test(Sepal.Length, Petal.Length, #데이터
            paired=T, #대응분석을 위한 옵션
            alternative = "two.sided", #양측검정
```

```
            conf.int=T, #신뢰구간 표시
            conf.level = sig.level)) #신뢰수준설정
friedman.3<-with(iris, wilcox.test(Sepal.Width, Petal.Length, #데이터
            paired=T, #대응분석을 위한 옵션
            alternative = "two.sided", #양측검정
            conf.int=T, #신뢰구간 표시
            conf.level = sig.level)) #신뢰수준설정
```

사후분석 방법으로 각각 진행하고 유의확률(p)만 산출한 것이다.

```
round(friedman.1$p.value, 4)
```

```
[1] 0
```

```
round(friedman.2$p.value, 4)
```

```
[1] 0
```

```
round(friedman.3$p.value, 4)
```

```
[1] 3e-04
```

비모수분석에서는 상자그림을 그려 중위수(median)를 확인해볼 수 있어 유용하다. 상자그림의 색은 RColorBrewer 패키지의 팔레트를 사용한다.

```
library("RColorBrewer")
boxplot(values ~ ind, #연속형 ~ 범주형
        main = "Box-plot of Friedman-test", #그래프 제목
        data = stack.iris, #데이터
        col=brewer.pal(n=3, name="Set2"), #사용한 팔레트(색지정)
        ylab="values", #y축 설명
        xlab="type") #x축 설명

legend("bottomleft", #범례위치
        legend=c(names(iris[,1:3])), #범례이름
        fill=brewer.pal(n=3, name="Set2"), #범례 색
        cex=1) #범례 크기

text(x = 2, y= 7.5, #텍스트 위치
     labels= paste("Friedman-test : p =",signif(fried.t$p.value, 2), #텍스트 내용
                   sep=""), #텍스트 구분자(공백)
                   col="hotpink2") #텍스트 색
```

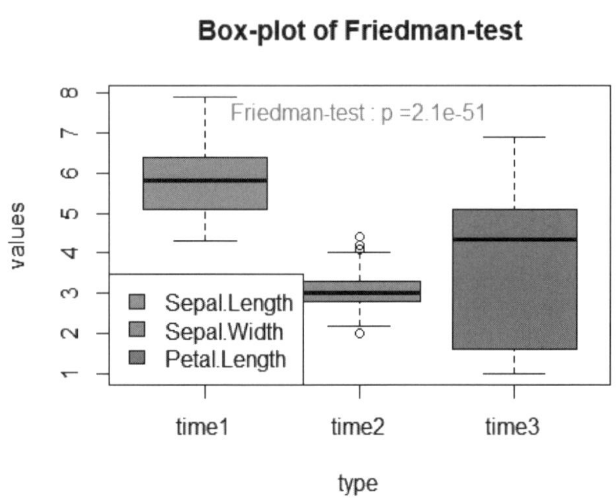

ch.24 데이터 불러오기/저장하기

1 기본 개념

우리가 가장 잘 알고 있는 대표적인 데이터 파일은 엑셀(xls, xlsx) 파일이다. 하지만 모든 파일을 엑셀 형식으로 저장·관리하는 것이 아니기 때문에 다양한 형식의 파일을 불러오고 활용할 수 있어야 한다. R은 많은 사람들에게 알려진 몇 가지 데이터 형식을 불러오고 저장할 수 있는 특정 패키지를 통해 범용성을 확보하고 있다.

- csv(comma-separated values): 콤마로 데이터 값을 구분한 형식으로 확장자는 csv이다.
- txt(text-file): 일반적으로 문자로 구성되어 있는 형식으로 확장자는 txt이다.
- Excel: MS-Excel에서 사용하는 형식으로 확장자는 xls, xlsx이다.
- SPSS(통계소프트웨어): SPSS 데이터 파일의 확장자는 sav이다.
- SAS(통계소프트웨어): SAS 데이터 파일의 확장자는 sas7bdat, sas7bcat이다.
- Stata(통계소프트웨어): Stata의 데이터 파일 확장자는 dta이다.

2 csv 파일 불러오기/저장하기

2-1 csv 파일 불러오기: 직접 파일 위치 선택

수많은 R 서적들이 설명하는 기본적인 csv 유형부터 살펴보자. R을 접하고 가장 많이 사용하는 형태의 데이터는 *.csv이다. 이때 read.csv()라는 함수를 이용하여 데이터를 불러오면 된다.

file.choose()을 실행하면 분석자가 데이터의 위치를 직접 선택할 수 있도록 윈도우 창이 실행된다. getwd()로 현재 작업 중인 폴더를 확인할 수 있고 setwd()로는 작업 폴더를 새롭게 설정할 수 있다. 작업 폴더는 분석자의 지정에 따라 달라질 수 있다.

```
getwd() #현재 작업폴더 확인
```

```
[1] "D:/python/R_3/mdifles"
```

파일선택창이 열리면, 본인이 원하는 csv 파일을 선택하면 된다.

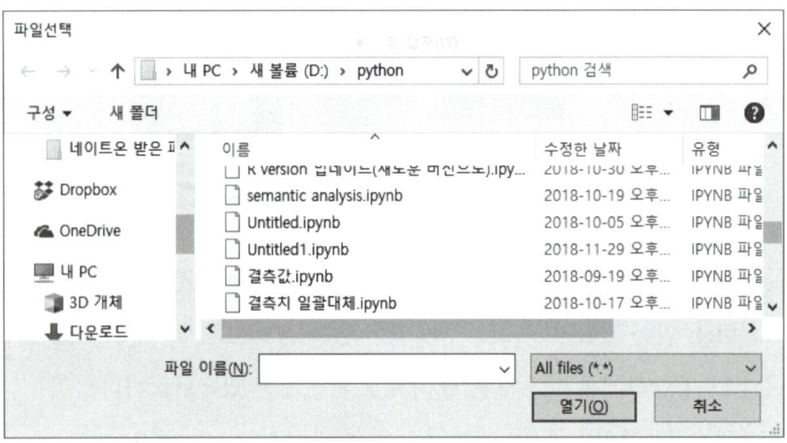


```
csv.file<-read.csv(file.choose())
```

불러온 csv 파일은 csv.file로 저장되므로 바로 분석에 사용할 수 있다. 계속해서, 공공데이터를 손쉽게 이용할 수 있도록 개방해놓은 공공데이터 포털에서 데이터를 불러와보자.

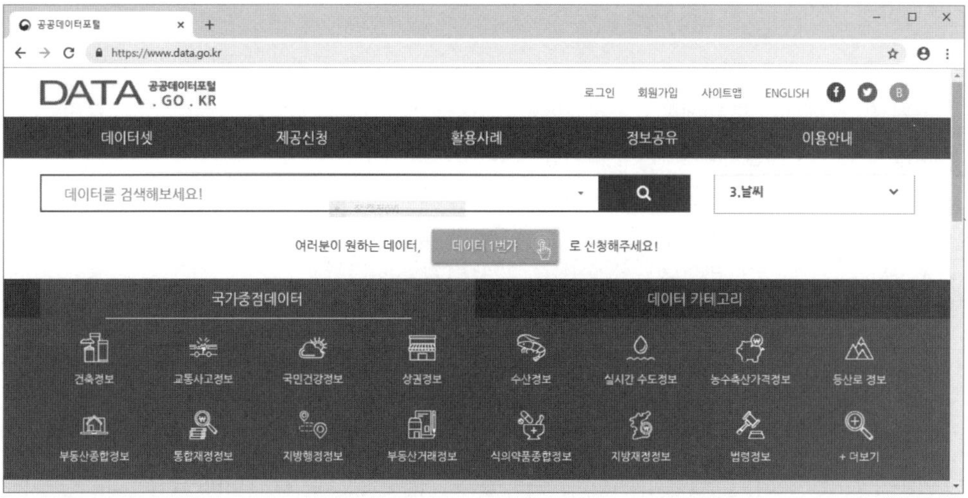

그중에서 중소기업 확인서를 발급받은 기업 데이터를 받아보자.

데이터는 csv 파일로 바로 다운로드 가능하며 보통 다운로드 폴더에 저장된다. 이를 다운로드 받아 다음과 같이 선택하여 해당 위치에서 파일을 불러올 수 있다.

```
small<-read.csv(file.choose())
head(small)
```

```
  소재지          업체명    기업규모     인증일
1 서울시    (주)성정이엔씨   소상공인   20181212
2 서울시    (주)한빛티에스     소기업   20181212
3 서울시  광희점현대자동차     소기업   20181212
4 서울시          금비조경   소상공인   20181212
5 서울시            라인뷰   소상공인   20181212
6 서울시      마이피트니스   소상공인   20181212
```

str() 함수로 데이터의 구조를 확인하면 업체명이 factor로, 인증일이 int(numeric 중 정수)로 설정되어 있는 것을 알 수 있다. 문자형 데이터(character)의 경우에는 데이터를 불러올 때, csv 파일은 기본적으로 factor로 인식하여 불러온다. 이를 stringsAsFactors=F로 지정하면 순수한 문자형 데이터로 불러올 수 있다. 또한 na.strings 옵션을 통해서 결측값이 있다면 특정한 값으로 변환하여 불러올 수 있다. 예를 들어, na.strings="?"는 결측값을 모두 ?로 변경하여 불러오라는 의미이다.

```
str(small)
```

```
'data.frame':   118888 obs. of  4 variables:
 $ 소재지  : Factor w/ 17 levels "강원도","경기도",..: 9 9 9 9 9 9 9 9 9 9 ...
 $ 업체명  : Factor w/ 109972 levels "","       삼신인쇄사",..: 9782 21609 28100 29540 41657 43133 52403 53103 56626 56883 ...
 $ 기업규모: Factor w/ 3 levels "소기업","소상공인",..: 2 1 1 2 2 2 2 2 1 2 ...
 $ 인증일  : int  20181212 20181212 20181212 20181212 20181212 20181212 20181212 20181212 20181212 20181212 ...
```

2-2 csv 파일 불러오기: 위치 지정

파일을 불러오기 할 때 저장된 위치를 지정하여 불러올 수도 있다.

- file: 데이터명이 포함된 데이터 위치(웹 주소)
- header: 데이터 첫 행(row)이 변수명인지 설정하라는 의미
- na.strings: 결측값으로 지정하여 인식하라는 의미
- stringsAsFactors: 문자값을 factor로 인식하라는 의미

다음과 같이 분석자가 불러오기 원하는 파일의 위치를 확인하려면 파일을 우클릭해서 속성을 눌러 참고하면 된다.

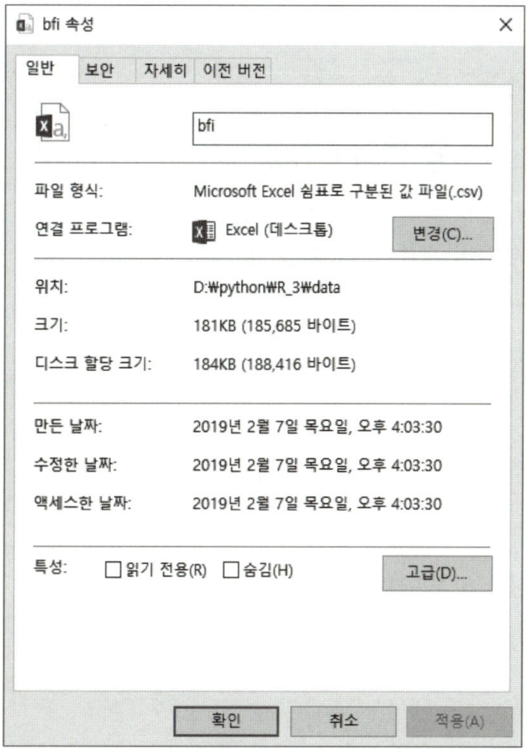

다만, 위치 구분자를 \이 아니라 /으로 변경해야 데이터를 불러올 수 있다.

```
small.0<-read.csv(
  file="C:/Users/jsyoon/Downloads/중소기업확인서_발급현황_20181212_기준.csv",
  header=T, #첫 행 변수명 사용
  stringsAsFactors=F) #character변수를 factor로 불러오지 않음
head(small.0)
```

```
  소재지           업체명    기업규모      인증일
1 서울시     (주)성정이엔씨   소상공인   20181212
2 서울시     (주)한빛티에스     소기업   20181212
3 서울시   광희점현대자동차     소기업   20181212
4 서울시           금비조경   소상공인   20181212
5 서울시             라인뷰   소상공인   20181212
6 서울시         마이피트니스   소상공인   20181212
```

2-3 불러온 파일 변수명 변경 (공통)

불러온 데이터의 변수명이 모두 한글로 표기되어 있다. 다만, R은 한글 전용으로 만들어진 프로그램이 아니므로 colnames() 함수나 names() 함수를 사용하여 영문으로 변수명을 변경하여 사용하는 것이 좋다.

```
small.1<-small.0

#열 이름 변경
colnames(small.1)<-c("location","name","size","valid_day")
```

dplyr 패키지를 이용하여 변수명을 변경하는 방법은 다음과 같다.

```
library(dplyr)
small.2<-small %>% rename("location"="소재지",
                          "name"="업체명",
                          "size"="기업규모",
                          "valid_day"="인증일")
names(small.1) #변수명 변경 확인
```

```
[1] "location" "name"   "size"   "valid_day"
```

```
names(small.2) #변수명 변경 확인
```

```
[1] "location" "name"   "size"   "valid_day"
```

변수명 변경 후 인증일 변수에서 연도(앞 4자리)를 추출하여 지역에 따른 인증년도를 살펴보고자 한다. 이에 dplyr 패키지를 이용하여 인증일 변수에서 앞 4자리를 추출하기 위해 substr() 함수를 이용해서 첫 번째 자리부터 네 번째 자리까지의 범위를 설정하고 mutate() 함수로 start_yr라는 인증년도 정보를 담고 있는 변수를 생성한다.

```
small.2<-small.2 %>% #small.2데이터 사용
mutate(start_yr=substr(valid_day, 1,4))%>% #인증일을 기준으로 인증받은 년도 추출
select_all #전체변수 포함
```

이를 확인하고자 head() 함수를 사용한다.

```
head(small.2) #데이터 첫 6행 확인
```

```
  location          name     size valid_day start_yr
1  서울시      (주)성정이엔씨  소상공인  20181212     2018
2  서울시      (주)한빛티에스    소기업  20181212     2018
3  서울시    광희점현대자동차    소기업  20181212     2018
4  서울시            금비조경  소상공인  20181212     2018
5  서울시              라인뷰  소상공인  20181212     2018
6  서울시          마이피트니스  소상공인  20181212     2018
```

2-4 csv 파일 불러오기: 변수명 일괄 변경

데이터를 불러온 후 변수명을 일괄 적용해서 한 번에 생성하는 방법은 다음과 같다. 출력하고자 하는 결과에 대해 공백 없이 이어 붙여 보여주는 paste0() 함수와 특정 벡터나 데이터의 길이만큼 반복하는 seq_len() 함수를 이용해서 V1, V2, …, Vk까지 해당 데이터가 갖는 변수의 개수만큼 변수명을 일괄적으로 변경할 수 있다. 이때 불러오고자 하는 데이터의 변수 개수를 알고 있을 경우에는 seq_len() 함수에 변수 개수에 해당하는 숫자를 입력하면 된다. 만약 새롭게 데이터를 파생해서 일괄 변경하고자 하는 경우라면 length() 함수를 이용해도 된다.

read.csv 함수가 아닌 read.table() 함수로 불러온 결과도 같다.

```
small.0<-read.csv(
  file="C:/Users/jsyoon/Downloads/중소기업확인서_발급현황_20181212_기준.csv",
  header=T, #첫 행 변수명 사용
  stringsAsFactors=F, #character변수를 factor로 불러오지 않음
  col.name=paste0("V", seq_len(4)))
head(small.0)
```

```
      V1           V2       V3       V4
1 서울시   (주)성정이엔씨 소상공인 20181212
2 서울시   (주)한빛티에스   소기업 20181212
3 서울시   광희점현대자동차   소기업 20181212
4 서울시         금비조경 소상공인 20181212
5 서울시           라인뷰 소상공인 20181212
6 서울시     마이피트니스 소상공인 20181212
```

2-5 불러온 파일의 빈도분석

분석자가 관심을 갖는 데이터나 내용에 따라 추출한 데이터를 table() 함수를 이용하여 빈도분석을 산출하고 데이터의 분포를 확인하거나 기초 통계량을 확인할 수 있다. 다음은 지역별 인증년도 정보를 확인하기 위한 코드이다.

```
table(small.2$location, small.2$start_yr)
```

```
        2016  2017   2018
 강원도    0     5   4406
 경기도    0    56  25434
 경남도    0     8   7103
 경북도    0    11   6210
 광주시    0    13   3593
 대구시    0    16   4843
 대전시    0     4   4909
 부산시    0    16   6598
 서울시    0    52  25898
 세종시    0     2    862
 울산시    1     2   2065
 인천시    0     9   4682
 전남도    0    12   5655
 전북도    0    11   5527
 제주도    0     1   1730
 충남도    0     5   4798
 충북도    0     9   4342
```

만약 추가적으로 날짜 중에서 월이나 일을 추출하고자 한다면, 앞서 진행했던 절차와 방법적으로 큰 차이가 없으므로 dplyr 패키지와 substr() 함수를 이용하면 된다.

```
small.2 %>% #small.2 데이터 사용
group_by(location) %>% #지역별 결과 제시
filter(size %in% c("소기업")) %>% #소기업만 추출
summarise(n=n()) %>% #개수
arrange(desc(n)) %>% #n기준 내림차순으로 추출
select(location, n) #location, n 변수만 추출
```

```
  location        n
     <chr>    <int>
 1    서울시     7409
 2    경기도     6205
 3    경남도     1607
 4    부산시     1563
 5    경북도     1428
 6    전북도     1236
 7    전남도     1234
 8    인천시     1140
 9    충남도     1092
10    대전시     1058
11    강원도     1005
12    대구시     1000
13    충북도      943
14    광주시      639
15    울산시      446
16    제주도      392
17    세종시      158
```

이와 같이 데이터를 불러온 뒤에는 차근차근 데이터를 탐색하고 기초 통계량 등을 산출해서 데이터에 대한 이해를 넓혀야 한다. 이러한 과정을 단계별로 정리하면 다음과 같다.

① 빈도와 %를 통해 전체 분포를 확인
② 평균이나 표준편차 같은 기초 통계량을 산출
③ 기본 그래프를 활용한 시각화
④ 그 외 심화분석을 위한 데이터 정제 및 파생
⑤ 심화분석 실시

2-6 csv 파일 저장하기

csv 파일로 불러온 파일은 R에서만 사용하는 것이 아니라 분석자의 컴퓨터에 csv 파일로 저장할 수 있다.

```
write.csv(저장하고 싶은 R 데이터,
          file=" ", #데이터를 저장할 위치와 파일명 입력
          row.names=F #행 이름이 파일에 포함되지 않음. 반대는 T
          col.names=T #열 이름이 파일에 포함됨. 반대는 F
)
```

read.table() 함수처럼 write.table() 함수도 write.csv() 함수와 사용법에 대해서는 차이가 없다.

```
write.csv(small.1, #저장하고 싶은 R 데이터
          file="d:/python/R_3/data/small.csv", #데이터 저장 위치, 파일명 입력
          row.names=F) #행 이름이 파일에 포함되지 않음. 반대는 T
```

```
write.table(small.1, #저장하고 싶은 R 데이터
            file="d:/python/R_3/data/small.1.csv", #데이터 저장 위치, 파일명 입력
            row.names=F, #행 이름이 파일에 포함되지 않음. 반대는 T
            sep=",", #구분자 사용(csv 구분자는 comma(,))
            col.names=paste0("V", seq_len(length(small.1)))) #변수명 일괄 적용
```

3 foreign 패키지 활용

3-1 SPSS(.sav) 파일 불러오기/내보내기 실습 데이터: one_way_anova.sav

널리 알려진 SPSS, SAS, minitab 통계프로그램 중 SPSS 파일을 불러오기 위해 foreign 패키지를 활용하고자 한다. 이 밖에도 haven 패키지를 이용해 다양한 프로그램의 데이터 파일을 불러올 수 있다.

```
read.spss(file="c:/위치/위치/spss.sav", #불러올 파일의 위치와 이름
          to.data.frame=T, #불러온 데이터를 데이터프레임 구조 사용
          use.missings=T, #SPSS에서 분석자에 의해 지정된 결측값 사용
          use.value.labels=T, #SPSS에서 사용하던 factor의 label 사용
          stringsAsFactors=F) #character변수를 factor변수로 변환 안함
          col.names=c("","") #변수이름 미리지정
```

```
library(foreign)
spss.anova<-read.spss(file="d:/python/R_3/data/one_way_anova.sav", #불
러올 파일의 위치와 이름
          to.data.frame=T, #불러온 데이터를 데이터프레임 구조 사용
          use.missings=T, #SPSS에서 분석자에 의해 지정된 결측값 사용
          use.value.labels=T, #SPSS에서 사용하던 factor의 label 사용
          stringsAsFactors=F, #character변수를 factor변수로 변환 안함
          col.names=c("age","score")) #변수이름 미리 지정
head(spss.anova, 3)
```

```
  age  score
1 20대     34
2 20대     39
3 20대     40
```

col.names 옵션을 다음과 같이 입력하면, 앞서 변수명을 일괄 적용한 것과 동일한 결과를 얻을 수 있다.

```
col.names=paste0("V", seq_len(length(small.1)))
str(spss.anova)
```

```
'data.frame':  14 obs. of 2 variables:
 $ age   : Factor w/ 3 levels "20대","30대",..: 1 1 1 1 2 2 2 2 2 3 ...
 $ score: num 34 39 40 47 38 46 37 43 42 33 ...
 - attr(*, "codepage")= int 51949
```

파일을 불러올 때 file.choose()를 사용하면, 파일의 위치를 직접 설정하여 선택할 수 있는 윈도우 화면이 팝업되어 편리하다. 다만, 반복적인 작업을 할 경우에는 파일의 위치를 지정하는 것이 더 좋다.

```
spss.iris<-read.spss(file.choose(), #불러올 파일의 위치와 이름
           to.data.frame=T, #불러온 데이터를 데이터프레임 구조 사용
           use.missings=T, #SPSS에서 분석자에 의해 지정된 결측값 사용
           use.value.labels=T, #SPSS에서 사용하던 factor의 label 사용
           stringsAsFactors=F) #character변수를 factor변수로 변환 안함
str(spss.iris)
```

```
'data.frame':  150 obs. of 6 variables:
 $ id          : num 1 2 3 4 5 6 7 8 9 10 ...
 $ Sepal.Length: num 5.1 4.9 4.7 4.6 5 5.4 4.6 5 4.4 4.9 ...
 $ Sepal.Width : num 3.5 3 3.2 3.1 3.6 3.9 3.4 3.4 2.9 3.1 ...
 $ Petal.Length: num 1.4 1.4 1.3 1.5 1.4 1.7 1.4 1.5 1.4 1.5 ...
 $ Petal.Width : num 0.2 0.2 0.2 0.2 0.2 0.4 0.3 0.2 0.2 0.1 ...
 $ Species     : Factor w/ 3 levels "setosa","versicolor",..: 1 1 1 1 1 1 1 1 1 1 ...
 - attr(*, "codepage")= int 65001
```

foreign 패키지로도 다음과 같이 다양한 형식으로 파일을 생성할 수 있다.

```
write.foreign(df, #데이터
              datafile, #내보내고 싶은 데이터(data)파일
              codefile, #내보내고 싶은 코드(syntax)파일
              package = c("SPSS", "Stata", "SAS"), ...) #내보낼 형식
```

단, SPSS 파일 중 데이터 파일의 확장자는 sav이고 명령문 확장자는 sps이다.

```
write.foreign(iris,
              datafile = "d:/python/R_3/data_manipulation/spss_iris.sav",
              codefile = "d:/python/R_3/data_manipulation/spss_iris.sps",
              package="SPSS")
```

해당 데이터 파일을 분석자가 원하는 위치와 이름으로 실행해서 산출한 후 SPSS가 설치된 컴퓨터에서 데이터 파일(.sav)을 실행하면 다음과 같은 화면이 실행된다.

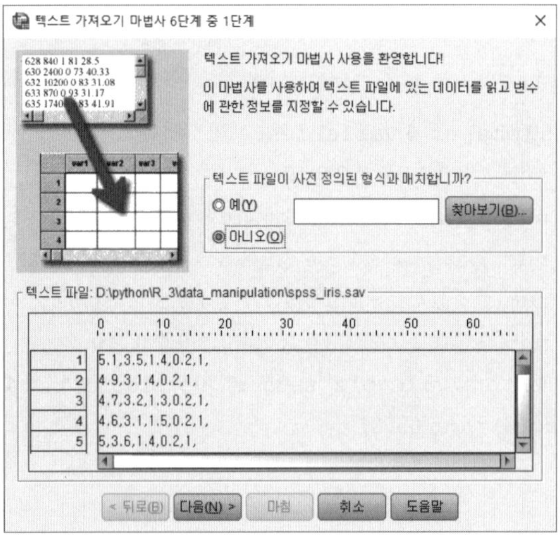

이를 각 단계별로 실행하여 결과화면에서 파일을 불러오면 다음과 같다. 이때 변수 이름은 자동으로 설정되지 않음에 주의해야 한다.

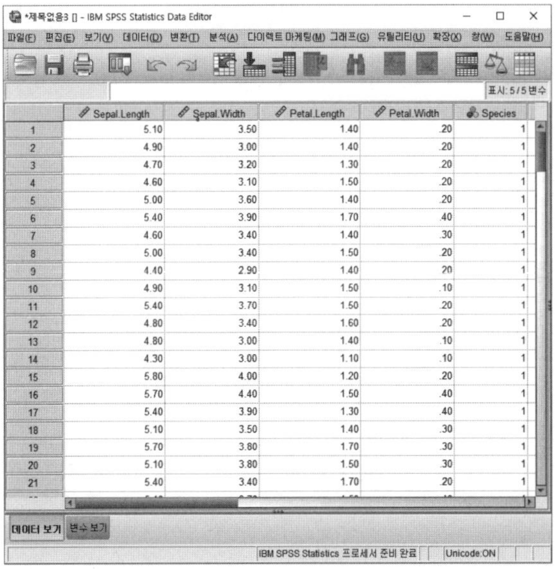

그 후 이와 비슷하게 코드(syntax) 형태로 출력한 .sps파일을 실행해보면 다음과 같은 화면이 나타난다. 이때 전체 코드를 선택한 후 play 버튼을 클릭하면, 코드가 실행되면서 실제 데이터 파일을 불러오게 된다. codefile은 SPSS 프로그램 내에서 추가 실행해야 데이터 파일을 불러올 수 있다.

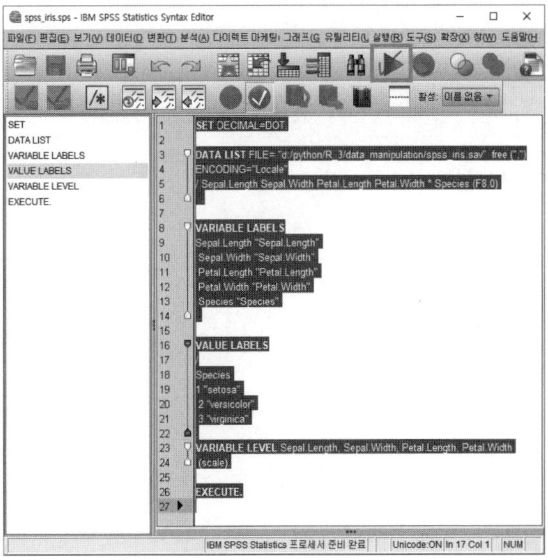

4 haven 패키지 활용

4-1 SPSS 파일 불러오기/내보내기 실습 데이터: iris.1.sav

SPSS의 데이터 파일은 sav와 유사한 read_sav() 함수로 불러올 수 있다.

```
#불러올 파일의 위치와 이름
library(haven)
spss.iris<-read_spss("d:/python/R_3/data/iris.1.sav")

#저장할 파일의 위치와 이름
write_sav(spss.iris, "d:/python/R_3/data/spss.iris.sav")
```

위와 같이 write_sav() 함수를 사용하여 결과를 SPSS 데이터 파일로 간단하게 저장할 수 있다.

	id	Sepal.Length	Sepal.Width	Petal.Length	Petal.Width	Species
1	1	5.10	3.50	1.40	.20	1
2	2	4.90	3.00	1.40	.20	1
3	3	4.70	3.20	1.30	.20	1
4	4	4.60	3.10	1.50	.20	1
5	5	5.00	3.60	1.40	.20	1
6	6	5.40	3.90	1.70	.40	1
7	7	4.60	3.40	1.40	.30	1
8	8	5.00	3.40	1.50	.20	1
9	9	4.40	2.90	1.40	.20	1

haven 패키지를 이용한 sav 파일 저장

4-2 Stata 파일 실습 데이터: iris.dt

Stata의 데이터 파일은 dta와 유사한 read_dta() 함수로 불러올 수 있다.

```
#불러올 파일의 위치와 이름
stata.iris<-read_dta("d:/python/R_3/data/iris.dta")
head(stata.iris, 3) #데이터 3행 확인
```

```
  sepallength  sepalwidth  petallength  petalwidth  species
1        5.10         3.5         1.40       0.200   setosa
2        4.90           3         1.40       0.200   setosa
3        4.70        3.20         1.30       0.200   setosa
```

Stata도 같은 방식으로 write_dta()를 사용하여 파일을 dta 형식으로 저장할 수 있다.

```
#저장할 파일의 위치와 이름
stata.iris<-write_dta(stata.iris, "d:/python/R_3/data/iris.dta")
```

4-3 SAS 실습 데이터: iris.sas7bdat

```
#불러올 파일의 위치와 이름
sas.iris<-read_sas("d:/python/R_3/data/iris.sas7bdat")
head(sas.iris, 3) #데이터 3행 확인
```

```
  Sepal_Length  Sepal_Width  Petal_Length  Petal_Width  Species
1          5.1          3.5           1.4          0.2   setosa
2          4.9            3           1.4          0.2   setosa
3          4.7          3.2           1.3          0.2   setosa
```

```
#저장할 파일의 위치와 이름
write_sas(sas.iris, "d:/python/R_3/data/sas.iris.sas7bdat")
```

5 Excel 파일

5-1 클립보드 활용

클립보드(clipboard)는 엑셀이나 한글, 우리가 사용하는 대부분의 프로그램에서 복사하기나 잘라내기와 같은 기능을 활용할 때 임시로 저장되었다가 사용할 수 있도록 돕는 프로그램을 말한다. 이와 같이 엑셀에서도 클립보드를 이용하여 특정 데이터의 영역을 선택하거나, 데이터 전체 영역을 선택 복사하여 원하는 데이터를 불러올 수 있다. 이때 굳이 엑셀 형식으로 읽어올 필요 없이 read.table() 함수를 이용해서 불러오면 된다.

	A	B	C	D	E
1	ID	고객소득	구매금액	DM발송횟수	구매등급
2	1	212.00	122.00	3.00	1.00
3	2	111.00	44.00	3.00	1.00
4	3	200.00	150.00	3.00	2.00
5	4	323.00	200.00	2.00	2.00
6	5	333.00	213.00	5.00	1.00
7	6	434.00	322.00	4.00	2.00
8	7	500.00	120.00	4.00	1.00
9	8	321.00	100.00	3.00	1.00
10	9	123.00	20.00	4.00	2.00
11	10	234.00	27.00	9.00	2.00
12	11	333.00	327.00	2.00	2.00
13	12	443.00	357.00	4.00	3.00
14	13	543.00	324.00	1.00	3.00
15	14	709.00	300.00	1.00	3.00
16	15	987.00	200.00	9.00	3.00
17	16	200.00	100.00	2.00	3.00
18	17	278.00	232.00	1.00	3.00
19	18	388.00	344.00	3.00	3.00
20	19	199.00	40.00	5.00	1.00
21	20	500.00	234.00	7.00	2.00
22					

```
#복사한 클립보드 불러오기
#첫 행 변수명 설정
clip.borad <- read.table("clipboard", header=F)
head(clip.borad, 3) #데이터 3행 확인
```

5-2 readxl 패키지 활용 실습 데이터: one_way_anova2.xls

```
#install.packages("readxl")
library(readxl)
#데이터 위치
excel.anova<-read_excel("d:/python/R_3/data/one_way_anova2.xls",
                        sheet = "one_way_anova") #불러올 시트이름 또는 숫자
str(excel.anova)
```

```
Classes 'tbl_df', 'tbl' and 'data.frame':   20 obs. of 5 variables:
 $ ID       : num 1 2 3 4 5 6 7 8 9 10 ...
 $ 고객소득  : num 212 111 200 323 333 434 500 321 123 234 ...
 $ 구매금액  : num 122 44 150 200 213 322 120 100 20 27 ...
 $ DM발송횟수: num 3 3 3 2 5 4 4 3 4 9 ...
 $ 구매등급  : num 1 1 2 2 1 2 1 1 2 2 ...
```

Excel 파일을 불러올 때 앞서 제시한 변수명에 대해 일괄 적용을 하고자 할 경우, 다음과 같은 과정을 거칠 수 있다. 이때 col_names = T 옵션은 첫 행을 변수명으로 사용하겠다는 것이다.

```
#파일위치, 이름
excel.anova1<-read_excel("d:/python/R_3/data/one_way_anova2.xls",
                         col_names = T) #첫 행 변수명 사용
names(excel.anova1)<-paste0("V", seq_len(5)) #변수명 일괄변경
names(excel.anova1) #변수명 확인
```

```
[1] "V1" "V2" "V3" "V4" "V5"
```

```
head(excel.anova1, 3)
```

```
   V1   V2   V3   V4   V5
1   1  212  122    3    1
2   2  111   44    3    1
3   3  200  150    3    2
```

col_names = F 옵션을 사용하면 다음과 같이 임의로 변수명이 입력된다. 다만, 첫 행도 데이터로 인식하게 된다. 또한 range = cell_rows(시작행:끝행) 옵션을 통해서 원하는 데이터의 행을 선택하여 불러올 수 있다.

```
#파일위치, 이름
excel.anova2<-read_excel("d:/python/R_3/data/one_way_anova2.xls",
                         col_names = F) #첫 행 변수명 사용
```

```
New names:
* `` -> `..1`
* `` -> `..2`
* `` -> `..3`
* `` -> `..4`
* `` -> `..5`
```

```
head(excel.anova2, 3)
```

```
    ..1      ..2      ..3        ..4      ..5
1   ID   고객소득  구매금액  DM발송횟수  구매등급
2    1      212      122          3        1
3    2      111       44          3        1
```

```
#파일위치, 이름
excel.anova3<-read_excel("d:/python/R_3/data/one_way_anova2.xls",
                         col_names = F, #첫 행 변수명 사용
                         range = cell_rows(02:21)) #행 범위설정
```

```
New names:
* `` -> `..1`
* `` -> `..2`
* `` -> `..3`
* `` -> `..4`
* `` -> `..5`
```

```
head(excel.anova3, 3)
```

```
    ..1    ..2    ..3    ..4    ..5
1     1    212    122      3      1
2     2    111     44      3      1
3     3    200    150      3      2
```

계속해서, 변수명을 일괄 적용하고 데이터의 특정 행 영역을 설정하여 데이터를 불러오는 방법은 다음과 같다. range로 cell_rows()를 시정해준 후 paste0("V", seq_len(원하는 끝 숫자))의 코드를 활용해서 생성하면 다음과 같이 V1부터 시작하는 데이터를 확인할 수 있다.

```
#데이터위치와 이름
excel.anova4<-read_excel("d:/python/R_3/data/one_way_anova2.xls",
                          range = cell_rows(02:21), #행 구간설정
                          col_names = paste0("V", seq_len(5))) #변수명 일괄적용
str(excel.anova4)
```

```
Classes 'tbl_df', 'tbl' and 'data.frame':   20 obs. of 5 variables:
 $ V1: num 1 2 3 4 5 6 7 8 9 10 ...
 $ V2: num 212 111 200 323 333 434 500 321 123 234 ...
 $ V3: num 122 44 150 200 213 322 120 100 20 27 ...
 $ V4: num 3 3 3 2 5 4 4 3 4 9 ...
 $ V5: num 1 1 2 2 1 2 1 1 2 2 ...
```

```
head(excel.anova4, 3)
```

```
     V1     V2     V3     V4     V5
1     1    212    122      3      1
2     2    111     44      3      1
3     3    200    150      3      2
```

col_types() 옵션으로 불러오는 데이터의 유형을 설정할 수 있다. 이때 다음과 같은 유형을 선택할 수 있는데, skip으로 지정된 변수(열)의 경우에는 데이터를 불러올 때 제외되므로 사용 시 주의해야 한다.

- skip(제외)
- logical(논리형)
- date(날짜형)
- list(리스트형)
- guess(자동인식)
- numeric(숫자형)
- text(문자형)

```
excel.anova5<-read_excel("d:/python/R_3/data/one_way_anova2.xls",
                          range = cell_rows(02:21), #행 구간설정
                          col_names = paste0("V", seq_len(5)), #변수명 일괄적용
                          col_type = c("skip", #삭제
                                       "numeric",#숫자형
                                       "logical", #논리형
                                       "date", #날짜형
                                       "text")) #문자형
head(excel.anova5, 3)
```

```
    V2    V3    V4    V5
1  212   122     3     1
2  111    44     3     1
3  200   150     3     2
```

별도로 xlsx 파일에 대한 패키지를 설치하지 않더라도 호환되므로 불러올 수 있다.

```
#파일위치, 이름
excel.anova6<-read_excel("d:/python/R_3/data/one_way_anova3.xlsx",
                          col_names = T) #첫 행 변수명 사용
head(excel.anova6, 3)
```

```
   ID  고객소득  구매금액  DM발송횟수  구매등급
1   1     212      122          3         1
2   2     111       44          3         1
3   3     200      150          3         2
```

코드 정리

- 실습 데이터
  – SPSS: one_way_anova.sav, iris.1.sav
  – Stata: iris.dta
  – SAS: iris.sas7bdat
  – readxl: one_way_anova2.xls
- read.csv()/write.csv(): csv 파일 불러오기/저장하기
- read.table()/write.table(): 다양한 데이터 파일 불러오기/저장하기
- "file.chose()"/"clipboard": 팝업창으로 선택/클립보드 복사 데이터 선택
- dplyr::rename(): 변수명 재설정
- names(): 변수명 설정/확인
- colnames(): 열변수명 설정/확인
- substr(변수, 시작자리, 끝자리): 특정 변수의 시작과 끝 부분을 추출
- paste0("V", seq_len(length(데이터))): 변수명을 번호순으로 일괄 대체
- foreign
  – read.SPSS(): SPSS 파일 불러오기
  – write.foreign(, package=): 원하는 유형으로 파일 저장
- haven
  – read_SPSS()/write_SPSS(): SPSS 파일 불러오기/저장하기
  – read_dta()/write_dta(): Stata 파일 불러오기/저장하기
  – read_sas()/write_sas(): SAS 파일 불러오기/저장하기

코드 정리

- readxl
  - read.excel(): Excel 파일 불러오기
  - col_type =: 변수 유형 설정
  - col_names =: 변수명 설정
  - range = cell_rows(시작:끝): 불러오는 행 영역 설정

참고자료

- help(packages="foreign")
- help(packages="readxl")
- https://haven.tidyverse.org/index.html

ch.25 jupyter notebook을 활용한 파일 변환

1 기본 개념

jupyter notebook은 코드 작성, 테스트 및 디버깅을 보다 쉽게 할 수 있도록 돕는 코딩을 위한 소프트웨어로, 이를 통합개발환경(Integrated Development Environment, IDE)이라고 한다. jupyter notebook은 R, python, Java와 같은 소프트웨어를 각각 구동할 수 있는 다중커널(multiple kernel)을 지원한다.

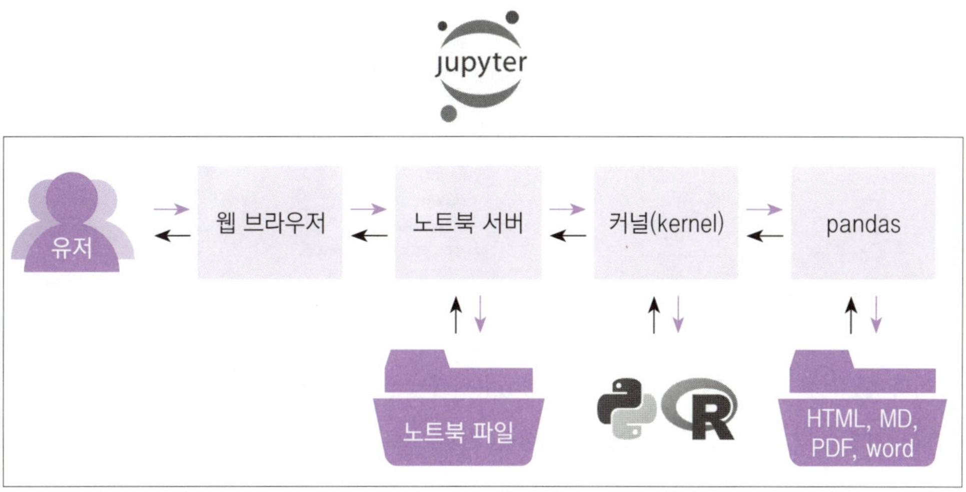

[그림 25-1] jupyter notebook을 활용한 파일 변환

jupyter notebook은 pandas라는 특정 패키지를 활용하여 다양한 형식의 파일로 변환(convert)할 수 있고 다양한 형태의 문서로 내보낼 수 있다. 여기서는 활용성이 높은 워드(*.docx) 파일로 내보내는 것을 실행해보자.

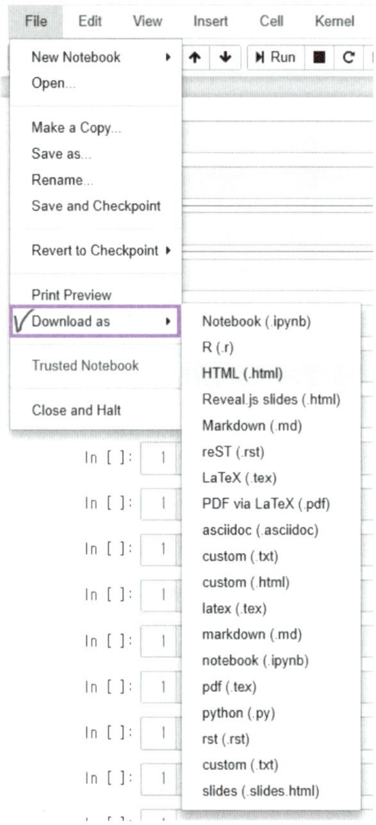

[그림 25-2] jupyter notebook의 메뉴를 활용한 변환

이때 한 번에 변환하는 것이 아니라 html(인터넷문서)/md(markdown) 파일로 먼저 변환한 후 해당 파일을 다시 워드로 변환하는 방식으로 진행하고자 한다.

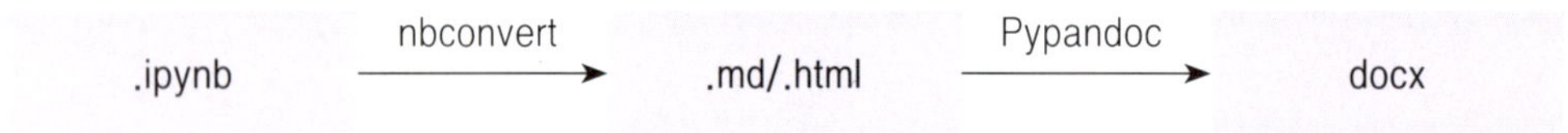

[그림 25-3] jupyter notebook의 파일 변환 과정

먼저, 커널(kernel)을 python으로 바꿔야 한다.

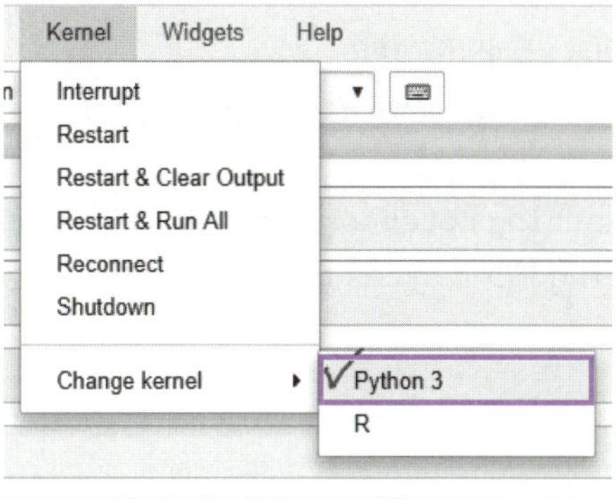

[그림 25-4] jupyter noteook 커널 변경

그러면 이제 코드라인은 모두 R이 아니라 python의 코드를 입력하는 것으로 설정되는데, 상단의 다음과 같은 그림을 확인하면 된다.

[그림 25-5] jupyter notebook 커널 확인

2 python을 활용한 변환

2-1 pandoc 패키지 설치

이후 다음과 같이 python에서 사용하는 pandoc 패키지를 설치하고 진행하면 된다.

```
!pip install pypandoc # 파이썬에서 사용하는 pandoc 패키지 설치
```

'successfully installed'라는 메시지를 확인하면 설치가 완료된 것이다.

2-2 *.ipynb 파일을 *.md로 변환

```
#etc_color.ipynb 파일을 mb파일로 변환
!jupyter-nbconvert --to markdown etc_dplyr.ipynb
```

```
[NbConvertApp] Converting notebook etc_dplyr.ipynb to markdown
[NbConvertApp] Writing 57971 bytes to etc_dplyr.md
```

이때 변환한 파일은 작업폴더(working directory)에 같은 이름인 etc_color.md 파일로 저장된다. 아울러 특정 폴더에 있는 ipynb 파일을 변환하고자 할 때는 경로를 추가적으로 입력하면 되는데, 폴더 구분은 R과 마찬가지로 /으로 해야 한다.

```
python !jupyter-nbconvert --to markdown D:/python/R_3/day1/day1_0_etc_
dplyr.ipynb
```

2-3 *.md 파일을 *.docx로 변환

이제 md 파일로 변환한 것을 다시 docx 파일로 변환하면 되는데 그 방법은 다음과 같다. 앞서 md 파일로 변환한 것과 같이 변환하고자 하는 docx 파일 부분에 원하는 경로와 파일 이름을 지정할 수 있다.

```
#md 파일을 원하는 docx 파일로 변환
!pandoc etc_dplyr.md -t docx -o test.docx
```

같은 방법을 거쳐 html 파일도 docx 파일로 변환할 수 있다.

ch.26 R 패키지 관리

1 패키지 관리는 필요한가?

R은 기본적으로 설치된 패키지를 제외하고는 모두 패키지를 설치해야만 통계분석을 할 수 있는 프로그램이다. 따라서 기본적인 패키지 관리 방법을 익혀둘 필요가 있다. 패키지 관리 함수 중에서 가장 먼저 접하는 함수는 패키지 설치에 관한 install.packages() 함수와 설치한 패키지를 작업공간(workspace)으로 호출하는 library() 함수일 것이다. 이번 장에서는 이와 별도로 다양한 패키지 함수에 대해서 살펴보고자 한다. 다만, R프로그램은 새로운 버전이 계속 출시되고 있기 때문에 패키지만 관리할 것이 아니라 새로운 버전의 R에 대한 관리도 필요하다. 이에 관해서는 새로운 버전의 R 설치를 다룬 장을 참고하기 바란다.

1-1 sessionInfo()

sessionInfo()는 현재 R 버전과 시스템에 대한 정보, os에 대한 정보가 포함되어 있는 함수로 이를 통해 현재 호출된 패키지와 그에 대한 버전 정보를 확인할 수 있다.

```
> sessionInfo()
```

```
R version 3.6.1 (2019-07-05)
Platform: x86_64-w64-mingw32/x64 (64-bit)
Running under: Windows 10 x64 (build 17134)

Matrix products: default

Random number generation:
 RNG    : Mersenne-Twister
 Normal: Inversion
 Sample: Rounding

locale:
[1] LC_COLLATE=Korean_Korea.949 LC_CTYPE=Korean_Korea.949  LC_
MONETARY=Korean_Korea.949
[4] LC_NUMERIC=C                    LC_TIME=Korean_Korea.949

attached base packages:
[1] stats   graphics grDevices utils   datasets methods  base

loaded via a namespace (and not attached):
[1] compiler_3.6.1 tools_3.6.1
```

1-2 버전 확인 함수

R 버전을 확인하는 R.Version() 함수와 패키지의 버전을 확인하는 packageVersion()로 간단하게 버전을 확인할 수 있다. 코드라인에 version을 입력한 후 실행하면 R 버전의 전체적인 정보를 확인할 수 있다.

```
R.Version()[13]
```

```
$version.string
[1] "R version 3.6.1 (2019-07-05)"
```

```
version
```

```
platform       x86_64-w64-mingw32
arch           x86_64
os             mingw32
system         x86_64, mingw32
status
major          3
minor          6.1
year           2019
month          07
day            05
svn rev        76782
language       R
version.string R version 3.6.1 (2019-07-05)
nickname       Action of the Toes
```

```
#패키지 버전 확인
packageVersion("dplyr")
```

```
[1] '0.8.3'
```

```
#설치된 패키지 패키지이름과, 버전 확인
check.p<-installed.packages()[,c(1,3)]
which(check.p[,1] %in% "dplyr")
```

```
[1] 60
```

```
#현재 작업공간에서 구동되는 패키지 확인
search()
```

```
[1] ".GlobalEnv"        "package:stats"     "package:graphics"
[4] "package:grDevices" "package:utils"     "package:datasets"
[7] "package:methods"   "Autoloads"         "package:base"
```

```
#작업공간에서 패키지 언로드(un-load)
library(psych)
detach("package:psych")

#언로드 된 패키지 확인
sum(search() %in% "package:psych")
```

```
[1] 0
```

이 밖에도 다음과 같은 함수로 패키지를 관리할 수 있다.

- install.packages(): 패키지 설치
- remove.packages(): 패키지 삭제
- library()/require(): 패키지 호출
- library(help=" ")/help(package=" "): 패키지 도움말
- update.packages(): 패키지 업데이트

ch.27 최신 버전의 R 사용하기

R은 1년에 2회 업데이트가 진행된다. 그래서 자주 사용하지 않는 이들은 계속 새로운 버전만 설치하는 자신을 발견할지 모른다. 기왕이면 최신 버전의 R을 사용하고 싶다면 아래 소개된 방법과 같이 진행하면 된다. (2019년 12월 12일 3.6.2 버전이 출시됨)

jupyter notebook은 다중커널을 지원하므로 몇 개의 다른 R 버전을 설치하고 자유롭게 바꿔가면서 작업을 할 수 있다. 먼저 R을 업데이트하기 전에 버전을 확인해야 한다. 예를 들어 major는 3이고 minor는 5.0이라는 것은 현재 설치된 R이 3.5.0이라는 의미다. 그렇다고 항상 최신 버전이 필요한 것은 아니다. 경우에 따라 기존에 사용하던 패키지가 최신 버전에는 포함되지 않을 수 있기 때문에 패키지에 따라서 R을 사용하면 되며, 지금처럼 jupyter notebook을 사용할 경우에는 다중커널 방식이기 때문에 여러 개의 R을 사용할 수도 있다.

1 설치하기

```
R.version #r버전 확인
```

```
platform      x86_64-w64-mingw32
arch          x86_64
os            mingw32
system        x86_64, mingw32
status
major         3
minor         6.1
year          2019
```

```
month          07
day            05
svn rev        76782
language       R
version.string R version 3.6.1 (2019-07-05)
nickname       Action of the Toes
```

```
sessionInfo() #R 및 로드된 패키지 정보 출력(패키지별 정보 확인 가능)
```

```
R version 3.6.1 (2019-07-05)
Platform: x86_64-w64-mingw32/x64 (64-bit)
Running under: Windows 10 x64 (build 18362)

Matrix products: default

locale:
[1] LC_COLLATE=Korean_Korea.949
[2] LC_CTYPE=Korean_Korea.949
[3] LC_MONETARY=Korean_Korea.949
[4] LC_NUMERIC=C
[5] LC_TIME=Korean_Korea.949

attached base packages:
[1] stats     graphics grDevices utils    datasets
[6] methods  base

loaded via a namespace (and not attached):
[1] compiler_3.6.1 tools_3.6.1
```

최신 버전의 R을 설치하려면 installr 패키지를 설치한다. repos = "https://cran.seoul.go.kr/"은 설치할 때 파일을 다운로드하는 위치를 지정하는 것으로 특정 위치를 설정하는 이유는 국가별 인터넷 상황에 따라 안정적인 속도로 진행할 수 있기 때문이다. 다만 해당 서버주소는 바뀔 수 있으므로 특정 서버를 선택하고자 할 경우에는 반드시 cran 사이트를 확인하기 바란다.

```
install.packages("installr", repos = "https://cran.seoul.go.kr/")
library(installr)
install.R()
```

2 커널 추가

① Anaconda Prompt로 이동한다.

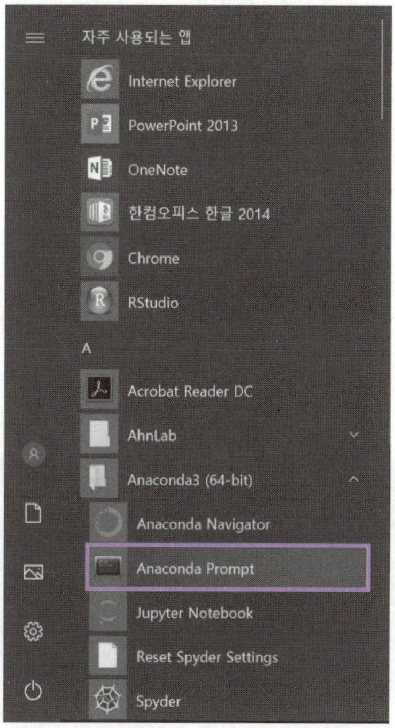

② 새로 설치된 R이 정상적으로 연결되지 않는 경우 anaconda prompt에서 직접 R을 실행하여 처리한다.

다음 화면과 같이 폴더를 하나씩 입력해가면서 이동할 수도 있고 모든 경로를 한 번에 입력하여 해당 폴더로 빠르게 이동할 수도 있다. 여기서는 R이 설치된 폴더로 이동하여 직접 R.exe 파일을 실행하여 prompt에서도 실행하고자 하므로 차근차근 이동하는 것을 추천한다. 그리고 R이 다른 폴더에 설치되어 있다면, 해당 파일의 위치로 찾아가 실행해야 한다. 실행할 때는 간단히 r이라고 입력해주면 된다.

```
cd \
cd program files
cd r
cd r-3.6.1 #단 현재 설치된 버전에 따라 다르다.
cd bin
R #순차적으로 R, enter 순으로 입력하면 `R`이 `prompt`에서 실행된다.
```

그런 다음 아래 명령어를 입력하면 jupyter notebook과 R이 연동된다.

```
installed.packages("devtools") #devtools 패키지 설치
devtools::install_github('IRkernel/IRkernel') #IRkernel 커널 설치
IRkernel::installspec()#IRkernel커널 연결하기
```

연동이 잘 되었는지 확인하기 위해 R을 종료하려면 순차적으로 q()와 n을 입력한다.

③ 계속해서 prompt 화면에서 jupyter kernelspec list라고 입력한다. 해당 코드는 주피터 노트북에 설치된 커널(kernel)의 폴더를 보여준다.

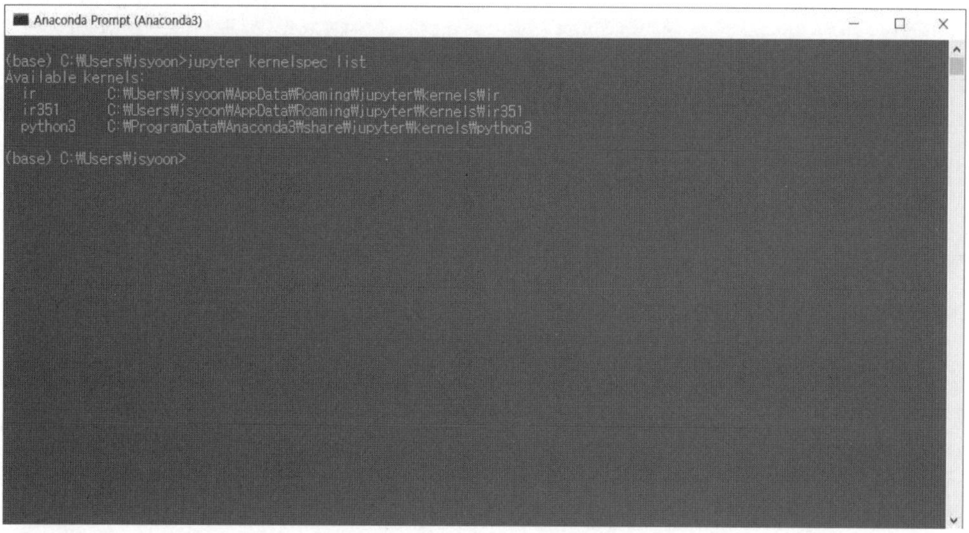

④ 만약 커널 삭제를 원한다면 다음과 같은 코드를 prompt에 입력한다. 해당 코드는 3.5 버전의 R을 주피터 노트북에서 삭제하겠다는 의미다. jupyter kernelspec uninstall ir35 y 또는 N을 입력하면 바로 실행되므로 조심해야 한다.

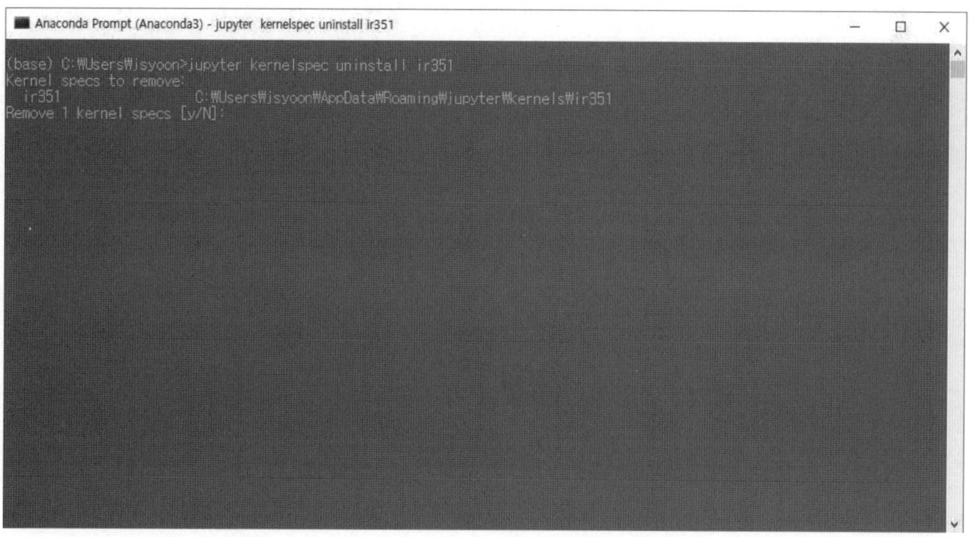

ch.28 데이터에 대한 이해

1 기본 개념

1-1 객체

객체(object)는 철학적 사고를 바탕으로 개념화된 용어로 컴퓨터 프로그래밍에 관심이 있는 사람은 한 번쯤은 듣게 되는 말이지만, 컴퓨터 관련 공부를 해보지 않은 이들에게는 이해하기 어려운 개념 중 하나다. 다만, R이라는 통계프로그램에서 객체라는 것은 그 범위를 좁혀 실제 분석에 활용할 수 있는 데이터 자체로 받아들이면 큰 문제가 없을 것이다. 이러한 이유에서 R은 분석자가 입력한 결과를 출력해주는 방식으로 구성된 대화형 프로그램이자 객체지향형 프로그램으로 정의된다.

R에서 객체는 여러 종류로 구성되어 있어서 다양한 객체의 속성을 이해해야 한다. 데이터 유형(type)은 크게 숫자형, 문자형, 논리형 3가지 형태로 구분하고, R의 객체는 벡터, 요인, 행렬, 배열, 리스트, 데이터프레임 6가지 형태로 구분할 수 있다.

1-2 비정형 데이터와 정형 데이터

정형 데이터는 데이터의 유형이 정해져 있는 것으로 통계학에서 다루는 일반적인 데이터의 개념이다. 반면 비정형 데이터는 말 그대로 정형 데이터의 반대 개념이다(문자, 이미지, 음성 등).

문자 데이터 중 요즘 이슈가 되고 있는 SNS 사용자들의 의견을 통해 여론의 흐름을 파악하고자 한다고 해보자. 무엇보다 먼저 SNS에 올려 있는 각 개인의 의견을 수집(크롤링)하는 과정이 필요하다. 이어서 수집된 문자 데이터를 형태소로 구분하는 과정을 거친다. 형태소는 뜻이 통하는 최소한의 단위를 의미하는데 한글의 경우 주로 동사, 형용사, 명사 정도로 분리해 사용하며 그 후 전치사나 관사, 대명사와 같은 직접적인 의미를 담고 있지 않은 불용어(stopword)를 데이터에서 제외하는 전처리 작업을 한다. 감성분석을 위한 사전을 구축하거나 이미 구축된 사전을 활용하여 긍정/부정에 대한 점수나 성향을 파악하고 이를 예측 가능하게 하는 모델링이나 분류를 하는 모델링을 한다. 이때 형태소에 대한 빈도나 행렬 같은 2차 데이터로 변환하여 분석을 하는데, 이는 결국 비정형 데이터를 정형화시킨 것이다.

2 데이터의 유형

통계분석을 하기 위해서는 데이터를 이미 확보했거나 확보하는 데 전혀 문제가 없어야 한다. 또한 데이터를 목적에 맞게 파생하거나 결측값 대체와 같은 과정을 거쳐야 하는데, 이를 위해서는 먼저 데이터의 유형(type)과 구조(structure)를 이해해야 한다. 데이터 자체를 이해한다는 것은 결국 분석을 위해 함수 사용 시 이용 가능한 데이터 유형이나 구조, 이용 불가능한 것에 대하여 별도의 처리를 해야 한다는 의미다.

[표 28-1] 데이터 유형 예

범주형	범주형	연속형	범주형	범주형
ID	성별	BMI_1	BMI_2	식단만족도
1	1	19.4	2(정상)	5
2	2	26	4(경도비만)	2
3	1	23	3(과체중)	3
...	...	...	...	...
n	2	16	1(저체중)	5

통계학에서 정형 데이터의 유형을 분류하는 고전적인 방법은 이산형 데이터를 다시 범주형, 순서형으로, 연속형 데이터를 등간형, 비율형으로 분류하여 사용하는 것이다. 예를 들어, 고객의 나이를 만으로 직접 작성하게 한 데이터와 연령을 20대, 30대 같이 연령대로 작성한 2가지 다른 형태의 데이터가 있다고 해보자. 만으로 작성된 연령데이터는 연속형 데이터로 이를 사용해 평균과 표준편차를 계산할 수 있고, 그 결과로 의미를 전달할 수 있다. 하지만 순서형 데이터로 작성된 연령대를 선택하는 경우에는 평균과 표준편차를 계산할 수는 있지만 의미를 전달할 수는 없다.

한편, 연속형 데이터는 이산형 데이터로 변환할 수 있다. 20세부터 29세까지를 20대로 만들 수 있다. 또한 40세 미만을 저연령, 40대를 보통, 50세 이상을 고연령으로 구분하여 사용한다면 이산형 데이터를 만들어낼 수 있다. 다만, 데이터를 수집하는 단계에서부터 이산형 데이터로 고정된 경우 연속형 데이터로 변환할 수 없기 때문에 연속형 데이터가 이산형 데이터에 비해 더 많은 정보(information)를 포함하는 것으로 분석 시 선호하는 경향이 있다.

- 이산형 데이터(discrete data): 성별(남/여), 성향(좋다/싫다) 등
- 연속형 데이터(continuous data): 키(cm), 몸무게(kg) 등

R에서 개별 유형에 대해 확인하는 방법은 다음과 같다.

[표 28-2] R 데이터 유형 확인

A: 확인을 원하는 형식 B: 확인 대상 변수
is.A(B)
ex) b데이터에 속한 a변수를 문자형 데이터 확인
is.character(b$a)

데이터 유형 중 숫자형은 통계학에서 정의한 연속형 데이터와 유사하며, 문자형이나 범주형은 이산형 데이터와 유사하다. 논리형은 사실관계에 대한 참(TRUE)과 거짓(FALSE)으로 표현하고 참은 1로 거짓은 0으로 숫자로 표현 가능하다.

- 숫자형(numeric): 실수, 정수 등 (예: 10, 100, 100)
- 문자형(character): 이름, 지역 등 (예: "ABC", "가나다", "Selamat malam")
- 논리형(logical): 참과 거짓의 논리 (예: T, F, True, False)

다음은 R에서 다루는 데이터 유형을 정리한 표이다. 사용빈도를 고려하여 복소수 부분은 표에서 제외하였음을 밝힌다.

[표 28-3] R의 데이터 유형

구분		표현 형식	유형 특성	확인함수
숫자형(numeric)	실수(double)	> 4/3	유리수, 무리수	is.double(변수)
	정수(integer)	> 4/-2	0, 양의 정수, 음의정수	is.integer(변수)
	무한대(infinite)	> 3/-0	양의 무한대, 음의 무한대	is.infinite(변수)
문자형(character)		> "seoul"	문자와 특수기호/ 대소문자 구분	is.character(변수)
논리형(logical)		> TRUE	TRUE(1), FALSE(0)	is.logical(변수)

2-1 숫자형 데이터(numeric)

숫자형 데이터의 경우 기본 산술연산자를 활용해서 우리가 흔히 사용하는 사칙연산과 제곱 형태의 계산을 할 수 있다. 또한 값들에 대하여 나눗셈을 한 후 몫과 나머지 등도 구할 수 있다.

[표 28-4] R의 숫자형 연산자

숫자형 연산자	설명
+	더하기 ex) 1+2
-	빼기 ex) 5-3
*	곱하기 ex)2*2
/	나누기 ex)4/2
^, **	제곱 ex) 3^2, 3**2
%/%	몫 ex) 4%%2
%%	나머지 ex) 5%%3

1) 실수형(double)

```
x<-1.2 #x는 1.2
x
```

```
[1] 1.2
```

```
is.numeric(x) #x는 숫자형인가?
```

```
[1] TRUE
```

```
is.double(x) #x는 실수형인가?
```

```
[1] TRUE
```

```
y<-2.1 #y는 2.1
y
```

```
[1] 2.1
```

```
z<-x+y #x와 y를 더해 z 생성
z
```

```
[1] 3.3
```

```
is.numeric(z) #z는 숫자형인가?
```

```
[1] TRUE
```

```
is.double(z) #z는 실수형인가?
```

```
[1] TRUE
```

```
z+0.7 #z에 0.7 더하기
```

```
[1] 4
```

```
z/3 #z를 3으로 나누기
```

```
[1] 1.1
```

```
z*2 #z에 2 곱하기
```

```
[1] 6.6
```

```
z*pi #z에 pi(원주율) 곱하기
```

```
[1] 10.36726
```

```
#1.2 ~ 1.5 값을 갖는 x1 변수 생성
x1<-c(1.2, 1.3, 1.4, 1.5)
x1
```

```
[1] 1.2 1.3 1.4 1.5
```

```
is.numeric(x) #x1 숫자형 확인
```

```
[1] TRUE
```

```
is.double(x1) #x1 실수형 확인
```

```
[1] TRUE
```

```
x1+0.2 #x1에 0.2 더하기
```

```
[1] 1.4 1.5 1.6 1.7
```

```
x1*10 #x1에 10 곱하기
```

```
[1] 12 13 14 15
```

```
x1/10 #x1을 10으로 나누기
```

```
[1] 0.12 0.13 0.14 0.15
```

```
x1-1 #x1에서 1빼기
```

```
[1] 0.2 0.3 0.4 0.5
```

2) 정수형(integer)

```
a<-1
is.integer(a) #a는 정수형인가?
```

```
[1] FALSE
```

```
is.double(a) #a는 실수형인가?
```

```
[1] TRUE
```

R은 모든 숫자형 데이터를 실수로 받아들인다. 따라서 데이터를 정수로 인식하도록 임의로 설정을 해야만 정수로 인식할 수 있다.

```
a1<-as.integer(a) #a1를 정수로 변환
is.integer(a1) #a1은 정수인가?
```

```
[1] TRUE
```

```
b<-c(1,2,3,4,5)  #b는 1부터 5까지
b
```

```
[1] 1 2 3 4 5
```

```
b1<-(1:5) #b1은 1부터 5까지
b1
```

```
[1] 1 2 3 4 5
```

```
b2<-seq(1,5) #b2는 1부터 5까지
b2
```

```
[1] 1 2 3 4 5
```

```
#b3는 1부터 5까지 0.5씩 증가
b3<-seq(1,5,0.5)
b3
```

```
[1] 1.0 1.5 2.0 2.5 3.0 3.5 4.0 4.5 5.0
```

```
b4<-seq(5,1,-0.5) #b4는 5부터 1까지 0.5씩 감소
b4
```

```
[1] 5.0 4.5 4.0 3.5 3.0 2.5 2.0 1.5 1.0
```

```
b5<-1  #b5는 1
b5
```

```
[1] 1
```

```
b6<-rep(1:2,3) #1b6은 과 2를 3번 반복
b6
```

```
[1] 1 2 1 2 1 2
```

```
#1에서 5까지 1씩 증가하는 정수출력
1:5
```

```
[1] 1 2 3 4 5
```

```
#2에서 5까지 1씩 증가하는 정수출력
2:5
```

```
[1] 2 3 4 5
```

```
#-3에서 3까지 1씩 증가하는 정수출력
-3:3
```

```
[1] -3 -2 -1  0  1  2  3
```

```
#1에서 3까지 숫자를 순차적으로 2회 반복
rep(1:3, times= 2)
```

```
[1] 1 2 3 1 2 3
```

```
#1에서 3까지 숫자를 각각 2회 반복
rep(1:3, each = 2)
```

```
[1] 1 1 2 2 3 3
```

```
#1에서 3까지 숫자 중 처음 2번째까지
rep(1:3, len = 2)
```

```
[1] 1 2
```

```
#1에서 3까지 각 2번 반복, 총 데이터 개수 4로 제한
rep(1:3, each = 2, len = 4)
```

```
[1] 1 1 2 2
```

```
#1에서 3까지 각 2번 반복, 총 데이터 개수 8로 제한
rep(1:3, each = 2, len = 8)
```

```
[1] 1 1 2 2 3 3 1 1
```

```
#1에서 3까지 반복, 총 데이터 개수 12로 제한
rep(1:3, len = 12)
```

```
[1] 1 2 3 1 2 3 1 2 3 1 2 3
```

```
#1에서 3까지 각 2번 반복, 총 데이터 개수 12로 제한
rep(1:3, each = 2, times = 2, len = 12)
```

```
[1] 1 1 2 2 3 3 1 1 2 2 3 3
```

3) 소수점 표현

계산 결과나 분석 후 출력 결과의 숫자가 소수점 자릿수에 맞춰지길 바라는 경우가 많다. 사소하지만 중요한 표현방식이기 때문에 올림(ceiling)과 내림(floor), 반올림(round)에 관한 함수를 알아두면 유용하다. 제시한 함수 모두 digits라는 옵션으로 자릿수를 지정할 수 있다.

```
floor(3.3) #소수점 이하 버림
```

```
[1] 3
```

```
ceiling(3.3) #소수점 이하 올림
```

```
[1] 4
```

```
round(3.4) #소수점 이하 반올림
```

```
[1] 3
```

```
round(3.49) #소수점 이하 반올림
```

```
[1] 3
```

```
round(3.5, digits = 0) #소수점 0의 자리로 반올림
```

```
[1] 4
```

```
round(pi, digits = 2) #소수점 2의 자리로 반올림
```

```
[1] 3.14
```

```
round(1234567, digits = -3) #소수점 3의 자리로 반올림
```

```
[1] 1235000
```

2-2 문자형 데이터(character)

```
LETTERS #알파벳을 출력
```

```
 [1] "A" "B" "C" "D" "E" "F" "G" "H" "I" "J" "K" "L" "M" "N" "O" "P" "Q"
[18] "R" "S" "T" "U" "V" "W" "X" "Y" "Z"
```

```
#알파벳 대문자를 순서대로 1번째부터 10번째까지 출력
LETTERS[1:10]
```

```
 [1] "A" "B" "C" "D" "E" "F" "G" "H" "I" "J"
```

```
#알파벳 소문자를 순서대로 1번째부터 10번째까지 출력
letters[1:10]
```

```
 [1] "a" "b" "c" "d" "e" "f" "g" "h" "i" "j"
```

```
#a2는 1부터 4까지 문자형으로 생성
a2<-c("1", "2", "3", "4")
a2
```

```
[1] "1" "2" "3" "4"
```

```
is.character(a2) #a2는 문자형인가?
```

```
[1] TRUE
```

```
a2<-as.numeric(a2) #a2를 숫자형으로 변환
is.numeric(a2) #a2는 숫자형인가?
```

```
[1] TRUE
```

```
c<-"character"  #c는 character라는 문자값
c
```

```
[1] "character"
```

```
c1<-'character' #c1은 character라는 문자값
c1
```

```
[1] "character"
```

문자(character) 형태의 변수를 직접 입력할 때 큰따옴표와 작은따옴표는 결과에 차이가 없다.

```
#c2는 seoul, daejon, deagu
c2<-c("seoul", "daejon", "deagu")
c2
```

```
[1] "seoul" "daejon" "deagu"
```

```
is.character(c2) # c2가 문자형인가?
```

```
[1] TRUE
```

```
c3<-rep(c2,2) #c3는 c2를 2번 반복
c3
```

```
[1] "seoul" "daejon" "deagu" "seoul" "daejon" "deagu"
```

숫자형과 문자형을 혼합한 변수를 생성할 경우 숫자와 문자 각각으로 인식하지 않는다. 아래와 같이 혼합된 형태에서는 모두 문자형으로 인식한다.

```
#d는 1 부터 3까지와 aaa, bbb
d<-c(1,2,3,"aaa","bbb")
d
```

```
[1] "1"  "2"  "3"  "aaa" "bbb"
```

```
is.numeric(d) #d는 숫자형인가?
```

```
[1] FALSE
```

```
is.character(d) #d는 문자형인가?
```

```
[1] TRUE
```

2-3 요인(factor)

성별을 표현할 때 F, M으로 나타낼 수 있지만 단순히 1, 2와 같이 숫자 형태로 표현하는 경우도 있다. 데이터의 유형(type)을 구분하는 가장 쉬운 방법은 평균값 자체에 대한 의미를 따져보는 것이다. 예를 들어, 성별 데이터를 문자가 아닌 1과 2로 구분한 숫자 데이터를 활용했다고 해보자. 이때 성별 데이터 자체의 평균((1+2)/2)은 의미를 담아 해석하기 어렵다. 이와 같이 동일한 데이터라도 평균과 같은 기술통계량의 의미를 따져본다면 보다 쉽게 데이터의 유형을 확인해볼 수 있다.

```
student_id<-1:15 #1에서 15까지 데이터 생성
student_name<- letters[1:15]
gender<-rep(1:2, len=15) #1과 2를 15개까지 반복
class<-rep(c("a","b","c"), each=5) #a, b, c를 각각 5번씩 반복

set.seed(123) #난수 초기값 고정

#평균 75, 표준편차 15인 정규분포를 따르는 난수 15개 생성
score<-round((abs(rnorm(15, 70, 15))), 2)

#data.1, data.2, data.3을 합한 데이터 생성
data<-data.frame(student_id, student_name, gender, class, score)
data
```

```
   student_id  student_name  gender  class  score
1           1             a       1      a  61.59
2           2             b       2      a  66.55
3           3             c       1      a  93.38
4           4             d       2      a  71.06
5           5             e       1      a  71.94
6           6             f       2      b  95.73
7           7             g       1      b  76.91
8           8             h       2      b  51.02
9           9             i       1      b  59.70
10         10             j       2      b  63.32
11         11             k       1      c  88.36
12         12             l       2      c  75.40
13         13             m       1      c  76.01
14         14             n       2      c  71.66
15         15             o       1      c  61.66
```

student_id는 학생번호이고 gender는 성별로 1은 남자, 2는 여자다. class는 계열로 a는 문과, b는 이과, c는 예체능이며, 마지막으로 score는 제2외국어의 중간고사 점수라고 하자. 해당 데이터를 살펴봤을 때 score를 제외한 모든 데이터는 평균값에 의미를 둘 수 없다. 따라서 socre는 연속형 데이터로 그 외 나머지는 이산형(범주형) 데이터로 이해할 수 있다. 다만, student_id는 숫자형 데이터, student_name은 문자형 데이터로 분석 모형에 직접적으로 사용하지 않는다. gender는 숫자형 데이터이고 class 또한 문자형 데이터이지만, 데이터 자체의 의미가 아니라 어떤 집단이나 특성을 대표하는 유형으로 요인(factor)이라고 한다.

```
is.factor(data$gender) #data의 gender는 factor인가?
```

```
[1] FALSE
```

```
is.factor(data$class) #data의 class는 factor인가?
```

```
[1] TRUE
```

그런데 데이터의 유형을 확인해보면 gender처럼 숫자형으로 입력한 데이터는 요인으로 바로 인식하지 못하는 반면, class처럼 문자형으로 입력한 데이터는 요인으로 인식하는 것을 확인할 수 있다. 이때 숫자형 데이터도 요인으로 인식하게 해서 분석하고자 하는 것이다.

```
data$gender<-as.factor(data$gender) #gender를 fator로 유형 변환
is.factor(data$gender) #data의 gender는 factor인가?
```

```
[1] TRUE
```

이때 1은 m, 2는 f로 보여지도록 바꿔주는 작업을 하면 다음과 같다. factor() 함수는 특정 변수를 요인(factor)으로 변환하고자 할 때 사용하는 것이다. 옵션인 labels=은 요인을 어떤 특정 값으로 바꿀 것인지를 직접 지정해주는 것으로 여러 개를 한 번에 넣기 위해서 c()로 묶어 입력한다.

```
data$gender <- factor(data$gender, labels=c("m","f") )
data
```

```
   student_id  student_name  gender  class  score
1           1             a       m      a  61.59
2           2             b       f      a  66.55
3           3             c       m      a  93.38
4           4             d       f      a  71.06
5           5             e       m      a  71.94
6           6             f       f      b  95.73
7           7             g       m      b  76.91
8           8             h       f      b  51.02
9           9             i       m      b  59.70
10         10             j       f      b  63.32
11         11             k       m      c  88.36
12         12             l       f      c  75.40
13         13             m       m      c  76.01
14         14             n       f      c  71.66
15         15             o       m      c  61.66
```

```
is.factor(data$gender) #gender는 factor인가?
```

```
[1] TRUE
```

2-4 논리형 데이터(logical)

논리형 데이터는 이미 앞에서 숫자형인지 문자형인지 확인하는 과정에서 참(TRUE)과 거짓(FALSE)으로 반환해준다. TRUE는 1로, FALSE는 0으로 숫자 표현도 가능하여 분석에서 특정 값의 조건을 맞춘 데이터의 개수를 반환하거나, 또는 개수를 확인·추출·파생하는 등 다양하게 사용할 수 있다.

[표 28-5] R의 논리형 연산자

논리형 연산자	설명
<	작다(less than)
>	크다(greater than)
<=	작거나 같은(less than or equal to)
>=	크거나 같은(greater than or equal to)
==	같다(equal)
!	아니다(not)
!=	다르다(not equal)
&	동시에(and)
|	또는(or)
%in%	조건에 해당할 때 TRUE, FALSE로 변환

```
1>2 #1이 2보다 큰 가?
```

```
[1] FALSE
```

```
3*4>=12 #3곱하기 4는 12보다 크거나 같은가?
```

```
[1] TRUE
```

```
4/2<=2 #4나누기 2는 2보다 작거나 같은가?
```

```
[1] TRUE
```

```
x+y==z #x+y는 z와 같은가?
```

```
[1] TRUE
```

```
x+y!=z #x+y는 z와 다른가?
```

```
[1] FALSE
```

```
#11 나누기 5는 2인 동시에 4 나누기 2도 값이 2인가?
(11/5) == 2 & (4/2) == 2

[1] FALSE

#계산결과가 FALSE(0)인가?
((11/5) == 2 & (4/2) == 2)==0

[1] TRUE

((11/5) == 2 & (4/2) == 2)==F

[1] TRUE

#11 나누기 5가 2이거나 4 나누기 2가 값이 2인가?
(11/5) == 2 | (4/2) == 2

[1] TRUE

#계산결과가 TRUE(1)이다
((11/5) == 2 | (4/2) == 2)==1

[1] TRUE

((11/5) == 2 | (4/2) == 2)==T

[1] TRUE
```

2-5 데이터 유형 변환

원하는 데이터 형식으로 유형을 변환시킬 수 있다. 다만, 아래와 같은 데이터 변경 규칙에 주의해야 한다.

- 숫자로 입력된 문자형 데이터는 숫자형으로 변환 가능
- 문자로 입력된 문자형 데이터는 숫자형으로 변환 불가
- 숫자형에 포함된 3가지 유형의 데이터는 모두 숫자형으로 인식

- 숫자형 데이터 중 정수형/무한대는 실수형이나 숫자형으로도 인식
- 복소수는 숫자형으로 인식되지 않음
- 숫자형 1, 0은 논리형 TRUE와 FALSE로 변환 가능
- 문자형 T, F는 논리형 TRUE와 FALSE로 변환 가능

[표 28-6] R의 유형 변환

A: 생성 데이터　B: 변환 대상 형식　C: 변환 대상 변수
A <- as.B(C)
ex) b데이터에 속한 a변수를 문자형 데이터로 변환
b$a <- as.character(b$a)

```
L<-c(1,1,0) #L은 1, 1, 0
is.character(L) #L은 문자형인가?
```

```
[1] FALSE
```

```
L1<-as.logical(L) #L을 논리형 L1변수로 변환
is.logical(L1) #L1은 문자형인가?
```

```
[1] TRUE
```

```
L2<-c("T","T","F") #L2는 T, T, F
L3<-as.logical(L2) #L3는 L2를 논리형 변환
L3
```

```
[1]  TRUE  TRUE FALSE
```

R의 특성상 대소문자를 구분하므로 반드시 주의해야 한다.

```
L4<-c("t","t","f") #L4는 t, t, f
L5<-as.logical(L4) #L5는 L4를 논리형 변환
L5
```

```
[1] NA NA NA
```

ch.29 데이터의 구조

1 기본 개념

사실 데이터를 설명하는 데 있어 객체나 클래스, 인스턴스화(instantiation)와 같은 복잡한 개념들을 먼저 설명하고 데이터의 구조를 이해하는 것이 좋을지도 모른다. 그러나 프로그램 개발이 아니라 R을 활용해서 분석하는 데 초점을 두고 있는 경우라면, 데이터의 유형과 구조적으로 다른 형태의 데이터 종류를 확인해보는 것이 효율적일 수 있다. 따라서 이번 장에서는 여러 유형의 구조를 갖는 데이터를 살펴보고 이를 어떻게 활용할 수 있는가에 초점을 두어 설명하고자 한다.

예를 들어, 주거의 목적을 갖는 건축물에는 아파트와 같이 남자와 여자, 어른과 아이, 외국인과 내국인 등 모두를 위한 것이 있는가 하면, 기숙사와 같이 성별이나 학년에 따라 구분된 형태를 지닌 건축물도 있다. 또 은퇴한 노년층의 주거를 위한 실버타운과 같은 건축물도 있다. 데이터도 마찬가지다. 서로 다른 유형의 데이터를 포함할 수 있는 구조를 지닌 형태가 있는가 하면, 같은 유형의 데이터만을 원하거나 개수가 같아야 한다는 특정한 조건을 충족해야 하는 데이터가 있을 수 있다.

이번 장에서는 R에서 사용하는 구조가 다른 데이터 종류 중 다음의 것들에 대해 살펴보겠다.

- 벡터(vector)
- 매트릭스(matrix)
- 배열(array)
- 리스트(list)
- 데이터프레임(dataframe)

R도 결국은 함수를 사용하는 프로그램으로, 구동 가능한 데이터 유형과 구조에 따라 패키지에 딸린 함수가 작동되기도 하지만 작동되지 않기도 한다. 그러므로 데이터 유형에 따른 함수를 사용하고, 필요에 따라 데이터 구조를 넘나들면서 함수를 활용하여 분석을 해야 한다.

R 사용자뿐만 아니라 통계학을 배우는 이들에게 널리 알려진 iris(붓꽃자료)를 살펴보자.

```
data(iris) #iris 데이터 호출
class(iris) #다른 구조의 데이터 확인
```

```
[1] "data.frame"
```

str() 함수의 출력 결과를 살펴보면, 어떤 구조의 데이터인지 확인할 수 있고 몇 개의 관찰값(observation; obs.)과 변수(variables)로 이루어졌는지 볼 수 있다. 또 각 변수(열)의 데이터 유형(type)도 확인할 수 있다.

```
#다른 구조의 데이터 확인 및 데이터 유형 확인
str(iris)
```

```
'data.frame':   150 obs. of 5 variables:
$ Sepal.Length: num 5.1 4.9 4.7 4.6 5 5.4 4.6 5 4.4 4.9 ...
$ Sepal.Width  : num 3.5 3 3.2 3.1 3.6 3.9 3.4 3.4 2.9 3.1 ...
$ Petal.Length: num 1.4 1.4 1.3 1.5 1.4 1.7 1.4 1.5 1.4 1.5 ...
$ Petal.Width  : num 0.2 0.2 0.2 0.2 0.2 0.4 0.3 0.2 0.2 0.1 ...
$ Species       : Factor w/ 3 levels "setosa","versicolor",..: 1 1 1 1 1 1 1 1 1 1 ...
```

따라서 앞으로 있을 분석에서는 데이터를 불러오거나 파생, 변환, 수정, 대체 등의 변환 과정을 거친 후 str() 함수를 적극적으로 이용할 것이다.

1-1 벡터

벡터는 한 개 이상의 자료를 갖는 1차원 형태의 객체로서만 존재할 수 있으며 같은 유형만을 활용하여 만들 수 있다. R에서 벡터를 출력하면 행벡터로 보이지만 실제는 행렬로 표현할 수 없고 행과 열을 구분하는 것이 의미는 없다.

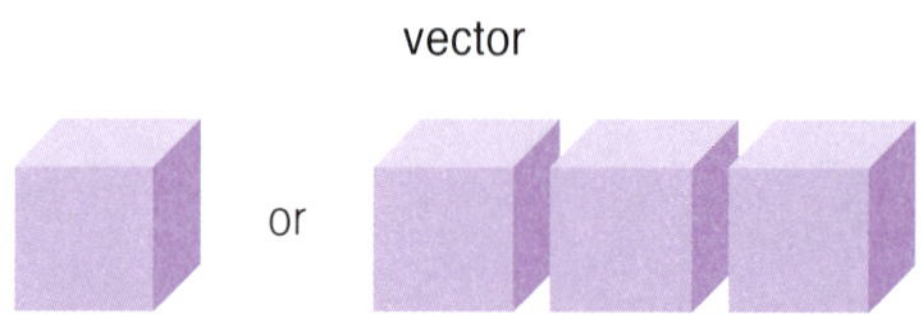


```
last.name <- "yoon" #단일 문자형 벡터
is.vector(last.name)
```

```
[1] TRUE
```

```
abc<-letters[1:3] #문자형 벡터
is.vector(abc) #벡터 확인
```

```
[1] TRUE
```

```
number<-1:5 #숫자형 벡터
is.vector(number) #벡터 확인
```

```
[1] TRUE
```

```
is.numeric(number) #숫자형 확인
```

```
[1] TRUE
```

dim() 함수는 demension의 약자로, 해당 데이터 구조에 대한 차원을 반환해준다. 이때 vector는 단일 차원이므로 행과 열을 반환할 수 없어 NULL(아무것도 없는 상태)을 출력한다.

```
dim(abc) #차원 확인
```

```
NULL
```

다음의 경우를 살펴보자. x.1은 1부터 3까지 숫자형 데이터와 F, G라는 문자형 데이터 유형으로 정의되었다. 또한 x.1이 벡터라는 결과를 산출하였다. 이상한 부분은 숫자와 문자 형태의 데이터를 동시에 사용할 수 있는가이며, 벡터는 분명 같은 유형의 자료만 허용한다고 했다. 계속해서, x.1이 문자형 데이터라는 부분에 주목할 필요가 있다. 숫자형으로 입력을 하더라도 벡터의 특성상 숫자형 데이터도 문자형 데이터로 인지하게 된다는 의미이다. 따라서 하나의 유형으로만 구성되어야 한다는 객체 조건에 위배되지 않는다.

```
#1부터 3까지와 F, G를 x.1로 생성
x.1<-c(1:3, "F", "G")
is.vector(x.1) #벡터 확인
```

```
[1] TRUE
```

```
is.character(x.1) #문자형 확인
```

```
[1] TRUE
```

x.1 중에서 첫 번째부터 세 번째 데이터는 숫자로 입력된 데이터만 따로 추출하여 앞의 결과와 비교하였다. x.1.1은 1, 2, 3 총 3개의 자료를 갖고 있으며 숫자형이 아니라는 결과가 나왔다. 결국 벡터는 단일 유형의 데이터만으로 이뤄진 1차원 형태의 객체라는 것이며, 벡터 자료의 일부를 추출하거나 일부를 추가한다 할지라도 벡터 객체의 유형은 변하지 않는다는 것을 다시 한 번 확인하였다.

```
#x.1에서 첫 번째부터 세 번째 데이터를 추출하여 x.1.1로 생성
x.1.1<-x.1[1:3]
x.1.1
```

```
[1] "1" "2" "3"
```

```
is.numeric(x.1.1) #숫자형 확인
```

```
[1] FALSE
```

```
#x.1과 x.1.1을 결합하여 x.1.2를 생성
x.1.2<-c(x.1, x.1.1)
x.1.2
```

```
[1] "1" "2" "3" "F" "G" "1" "2" "3"
```

```
is.vector(x.1.2) #벡터 확인
```

```
[1] TRUE
```

```
is.numeric(x.1.2) #숫자형 확인
```

```
[1] FALSE
```

```
is.character(x.1.2) #문자형 확인
```

```
[1] TRUE
```

1-2 매트릭스

매트릭스(matrix)는 행렬이다. 행렬은 행(row)과 열(column)로 이뤄진 상자 모양의 객체로, 벡터가 행과 열을 추가적으로 더 갖는 형태로서 벡터에 비해 차원이 증가한 2차원이다. 각 행과 열의 데이터는 벡터와 마찬가지로 동일한 유형의 데이터만을 가질 수 있으므로 숫자형이면 모든 데이터가 숫자형, 문자형이면 문자형으로 통일되어야 한다.

x, y를 새롭게 생성하여 앞서 벡터 설명에서 생성했던 x를 결합하여 m이라는 행렬을 만드는 방법은 아래와 같다. 이때 x는 3개, y는 3개의 데이터를 각각 갖고 있으며, 이를 아래와 같이 행렬로 만들면 6행 1열의 m을 만들 수 있다. 행렬의 단어 그대로 행이 먼저이고 열을 나중에 표현한다. 출력 결과를 보면 [1,]은 1행을 의미하고, 마찬가지로 [5,]는 5행을 의미한다. [,1]은 1열을 의미한다.

```
x <- c(1, 3, 4) #x 벡터 생성
y <- c(3, 5, 7) #y 벡터 생성
m <- matrix(c(x,y)) #x와 y를 결합하여 m martix 생성
m
```

```
     [,1]
[1,]    1
[2,]    3
[3,]    4
[4,]    3
[5,]    5
[6,]    7
```

행렬의 행의 개수와 열의 개수를 각각 확인하는 방법은 아래와 같다. 이를 한 번에 확인하는 방법은 dim(dimension, 차원)이라는 함수를 사용하는 것이다. 행렬의 표현상 6은 행, 1은 열의 개수를 의미한다. 매트릭스에서의 표현은 행이 앞, 열이 뒤라는 것을 기억해야 한다.

```
nrow(m) #행 개수
```

```
[1] 6
```

```
ncol(m) #열 개수
```

```
[1] 1
```

```
dim(m) #행과 열 개수
```

```
[1] 6 1
```

이때 ncol이라는 옵션은 열의 개수를 특정한 숫자로 지정해주며 이를 활용하면 아래와 같이 행렬을 만들 수 있다. 만들어진 행렬은 열이 2개이므로 첫 번째 열에 행의 순서대로 데이터를 넣어주며, 두 번째 열에도 마찬가지 방법으로 데이터를 넣어준다. 이렇게 해서 생성된 데이터는 3행 2열 구조의 행렬을 갖게 된다.

```
#ncol옵션으로 열(column) 개수를 지정하여 행렬 m 생성
(m <- matrix(c(x,y), ncol=2))
```

```
     [,1] [,2]
[1,]    1    3
[2,]    3    5
[3,]    4    7
```

※ R 실행 코드를 ( )로 감싸주면 해당 코드의 결과를 출력해준다.

다시 ncol 옵션을 사용하여 1부터 9까지 열이 3개인 행렬 m.1을 생성한 결과와 byrow 옵션을 추가한 결과를 비교해서 살펴보자. byrow는 행에 관련된 옵션으로, 행을 기준으로 생성하겠다는 의미이다(by + row). 이때 T는 TURE의 논리연산자(항상 논리연산자는 대문자로 표현)인데, 다양한 함수의 옵션에서 논리연산자의 TURE(T)와 FALSE(F)를 확인하고 실행해야 한다.

```
#1에서 9까지 열이 3개인 행렬 m.1을 생성
#열을 채워가는 방식
(m.1 <- matrix(c(1:9), ncol=3))
```

```
     [,1] [,2] [,3]
[1,]    1    4    7
[2,]    2    5    8
[3,]    3    6    9
```

```
#행을 채워가는 방식
(m.2 <- matrix(c(1:9), ncol=3, byrow=T))
```

```
     [,1] [,2] [,3]
[1,]    1    2    3
[2,]    4    5    6
[3,]    7    8    9
```

```
class(m) #데이터 구조 확인
```

```
[1] "matrix"
```

```
is.matrix(m) #matrix 확인
```

```
[1] TRUE
```

```
is.matrix(m.1)
```

```
[1] TRUE
```

```
is.matrix(m.2)
```

```
[1] TRUE
```

아울러 매트릭스를 만들 때는 cbind와 rbind 옵션으로 각각 행과 열 방향으로 데이터를 결합할 수 있다. bind는 묶는다는 의미의 영어 동사이고 c와 r은 column과 row를 의미한다. 따라서 cbind와 rbind는 열과 행으로 묶어낸다는 의미를 나타낸다.

아래 행렬 m.3은 열을 기준으로 데이터를 결합하는 것으로 ncol=2라는 옵션과 동일한 결과가 나타난다. 다만, 각 열(변수)의 이름이 x, y라는 데이터 값으로 생성된 것이 차이가 있다.

```
#열로 합치기
(m.3 <- cbind(x,y))
```

```
     x y
[1,] 1 3
[2,] 3 5
[3,] 4 7
```

행렬 m.4도 이와 같은 방식으로 행을 기준으로 x와 y를 결합한 것이다. 이때 행 이름이 x, y로 생성된 것을 확인할 수 있다. 행렬에 각 이름을 추가하는 방법은 뒤에서 천천히 살펴보자.

```
(m.4 <- rbind(x,y))#행으로 합치기
```

```
  [,1] [,2] [,3]
x  1    3    4
y  3    5    7
```

매트릭스를 생성할 때 데이터의 길이(length, 원소의 개수)가 행이나 열의 범위에 포함되지 않거나 범위를 벗어나는 경우에는 만들 수 없다는 점을 주의해야 한다.

```
#x.1과 y를 결합하여 열이 3개인 행렬 m.5를 생성
(m.5<- matrix(c(x.1, y), ncol=3))
```

```
Warning in matrix(c(x.1, y), ncol = 3): 데이터의 길이[8]가 행의 개수[3]의
배수가 되지 않습니다
    [,1] [,2] [,3]
[1,] "1"  "F"  "5"
[2,] "2"  "G"  "7"
[3,] "3"  "3"  "1"
```

```
length(x.1)
```

```
[1] 5
```

```
length(y)
```

```
[1] 3
```

length() 함수는 벡터의 길이를 반환해주는 함수인데 x.1과 y는 각각 원소의 개수(length)가 5와 3인 벡터다. 이를 결합하여 행렬로 만드는 과정에서 경고가 나타난 것은 총 8개의 원소로 행렬을 만들 때 3개의 열로 만들어내는 것이 행렬의 규칙상 어긋나기 때문이다. 행렬의 [3,3], 즉 3행 3열의 값 1은 x.1 벡터의 첫 번째 원소로 행렬을 만드는 규칙에 부합하기 위해서 임의로 R이 부여한 값이다.

```
#x.1과 y벡터를 결합하여 열이 2개인 행렬 m.5를 생성
(m.5<- matrix(c(x.1, y), ncol=2))
```

```
     [,1] [,2]
[1,] "1"  "G"
[2,] "2"  "3"
[3,] "3"  "5"
[4,] "F"  "7"
```

열의 개수를 2개로 고정한 상태에서는 행렬을 만드는 것이 열에 의해서 먼저 입력된 x.1 벡터의 원소들을 행 순서에 맞춰 구성하는 것임을 확인할 수 있다. ncol 옵션이 있듯이 nrow 옵션도 존재한다.

```
#x.1과 y벡터를 결합하여 행이 2개인 행렬 m.5를 생성
(m.6<- matrix(c(x.1, y), nrow=2))
```

```
     [,1] [,2] [,3] [,4]
[1,] "1"  "3"  "G"  "5"
[2,] "2"  "F"  "3"  "7"
```

매트릭스는 벡터가 행과 열로 확장된 형태이기 때문에 벡터를 매트릭스로 변환하거나 그와 반대로 변환하는 것이 가능하다. 다만, R 객체의 특성상 산술 계산 방식에는 매트릭스와 벡터가 기본적으로 같은 방법도 있고 전혀 다른 방법도 있기 때문에 각 객체의 특성에 따라 다르게 적용되는 방법도 익혀야 한다.

1-3 매트릭스 계산

매트릭스 구조의 데이터를 직접 계산하는 방법에 대해서 살펴보자. 매트릭스에 대해 실제로 계산을 하고 적용하는 영역은 각자 필요에 따라 선택하는 것이 좋을 듯하다. 여기서는 이해를 도울 수 있는 기본적인 방법만 제시하고자 한다.

```
m.1
```

```
   [,1] [,2] [,3]
[1,]  1   4   7
[2,]  2   5   8
[3,]  3   6   9
```

t() 함수는 행과 열을 서로 바꿔주는 전치행렬(transposed matrix)에 대한 코드이다.

```
t(m.1) #transposed matrix
```

```
   [,1] [,2] [,3]
[1,]  1   2   3
[2,]  4   5   6
[3,]  7   8   9
```

매트릭스의 역행렬을 살펴보자.

```
#2부터 5까지 열이 2개인 행렬 m.1을 생성
(m.i <- matrix(2:5, ncol=2))
```

```
   [,1] [,2]
[1,]  2   4
[2,]  3   5
```

```
solve(m.i) #m.1의 역행렬
```

```
     [,1]  [,2]
[1,] -2.5    2
[2,]  1.5   -1
```

```
#행렬 m.i와 행렬 m.i의 역행렬을 곱한 값을 반올림
round(m.i%*%solve(m.i))
```

```
     [,1] [,2]
[1,]    1    0
[2,]    0    1
```

사칙연산 중 곱하기(*)를 제외하고 일반적인 산술계산법과 동일하다. 행렬끼리의 곱하기는 * 대신 %*%를 사용하는 것이 차이점이다. round() 함수는 반올림에 사용하며, 행렬과 그 행렬의 역행렬을 곱하면 단위행렬로 나타나는 성질을 확인하고자 사용한다.

```
#행렬 m.i.1을 단위행렬로 생성
(m.i.1 <- matrix(c(1,0,0,1), ncol=2))
```

```
     [,1] [,2]
[1,]    1    0
[2,]    0    1
```

```
#행렬 m.i와 %*% x(행렬 또는 벡터) = 행렬 m.i.1, 이때, x는?
solve(m.i, m.i.1)
```

```
     [,1] [,2]
[1,] -2.5    2
[2,]  1.5   -1
```

```
solve(m.i) #m.i의 역행렬
```

```
     [,1] [,2]
[1,] -2.5    2
[2,]  1.5   -1
```

```
#행렬 m.i와 행렬 m.i의 역행렬을 곱한 값을 반올림
round(m.i%*%solve(m.i))
```

```
     [,1] [,2]
[1,]    1    0
[2,]    0    1
```

```
m.i+5 #행렬 m.1에 5 더하기
```

```
     [,1] [,2]
[1,]    7    9
[2,]    8   10
```

```
m.i-5 #행렬 m.1에 5 빼기
```

```
     [,1] [,2]
[1,]   -3   -1
[2,]   -2    0
```

```
m.i/5 #행렬 m.1에 5 나누기
```

```
     [,1] [,2]
[1,]  0.4  0.8
[2,]  0.6  1.0
```

```
m.i * 5 #행렬 m.1에 5 곱하기
```

```
     [,1] [,2]
[1,]   10   20
[2,]   15   25
```

```
(m.h <- matrix(c(1:4), ncol=2, byrow=T))
```

```
     [,1] [,2]
[1,]    1    2
[2,]    3    4
```

```
m.i %*% m.h
```

```
     [,1] [,2]
[1,]   14   20
[2,]   18   26
```

다음과 같이 *는 단순히 각 행과 열에 해당하는 값을 그대로 곱한 값으로 나타난다.

```
m.i * m.h
```

```
     [,1] [,2]
[1,]    2    8
[2,]    9   20
```

매트릭스를 사용하는 이유는 보다 복잡하고 정교한 계산을 하기 위함이다. 각 변수들의 관계성을 나타내는 상관행렬이나 공분산행렬, 분산의 변형된 형태인 대각행렬 등은 통계학이나 빅데이터와 같은 영역에서 주로 다뤄지는 것이다.

우리가 알고 있는 가장 간단한 형태의 행렬식은 다음과 같다.

$$\begin{pmatrix} a & b \\ c & d \end{pmatrix} = ad - bc$$

```
det(m.i) #행렬 m.i의 행렬식
```

```
[1] -2
```

```
solve(m.i) #행렬 m.i의 역행렬
```

```
     [,1] [,2]
[1,] -2.5    2
[2,]  1.5   -1
```

```
m.1 #행렬 m.1을 출력
```

```
     [,1] [,2] [,3]
[1,]    1    4    7
[2,]    2    5    8
[3,]    3    6    9
```

```
det(m.1) #행렬 m.I의 행렬식
```

```
[1] 0
```

```
#행렬 m.I의 역행렬 #행렬식이 0이므로 역행렬 계산 불가하다는 경고
solve(m.1)
```

행렬을 계산할 때 단위행렬(unit matrix)과 대각행렬(diagonal matrix)도 필요하다. diag() 함수를 사용하면 단위행렬을 손쉽게 계산해낼 수 있다.

```
diag(3) #3*3 단위행렬 생성
```

```
     [,1] [,2] [,3]
[1,]    1    0    0
[2,]    0    1    0
[3,]    0    0    1
```

```
diag(m.i) #행렬 m.i에서 대각원소를 반환
```

```
[1] 2 5
```

```
diag(m.1) #행렬 m.I에서 대각원소를 반환
```

```
[1] 1 5 9
```

```
sum(diag(m.i)) #m.i trace(대각합) 계산
```

```
[1] 7
```

```
sum(diag(m.1)) #m.1 trace(대각합) 계산
```

```
[1] 15
```

```
library(psych) #psych 패키지 호출
tr(m.i) #m.i trace(대각합) 계산
```

```
[1] 7
```

1-4 어레이

1차원 벡터가 행(row)과 열(column)을 갖게 되어 2차원 형태로 확장된 것이 매트릭스라면, 매트릭스가 여러 겹(fold)으로 구성된 것을 어레이(array)라고 한다. 어레이는 3차원 이상의 개념으로 이해할 수 있는데, 여러 겹으로 된 옷을 겹쳐 입는 것을 떠올리면 이해에 도움이 될 것이다.

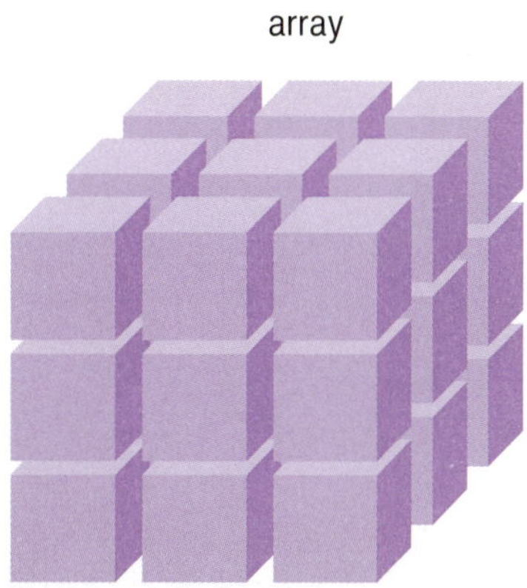

어레이의 성립 조건 첫 번째는 데이터 유형이 모두 같은 형태여야 하는 것이고, 두 번째는 차원을 구성할 때 각 행과 열의 개수가 동일해야 한다는 것이다. 예를 들어, 1에서 24까지의 숫자를 2행 3열의 행렬로 총 4개를 생성하고 해당 행렬을 차곡차곡 쌓은 결과는 아래와 같다. 다만, notebook 화면에서는 이를 표현하는 데 제한이 있어 그 결과가 명확히 나타나지 않는다. 이에 RStudio 화면을 살펴보면 다음과 같다.

```
#1에서 24까지의 숫자를 2행, 3열, 4개의 행렬을 생성
(a.1 <- array(c(1:24), dim=c(2,3,4)))
```

```
, , 1

     [,1] [,2] [,3]
[1,]    1    3    5
[2,]    2    4    6

, , 2
```

```
     [,1] [,2] [,3]
[1,]    7    9   11
[2,]    8   10   12

, , 3

     [,1] [,2] [,3]
[1,]   13   15   17
[2,]   14   16   18

, , 4

     [,1] [,2] [,3]
[1,]   19   21   23
[2,]   20   22   24
```

```
dim(a.1) #차원, 행, 열 확인
```

```
[1] 2 3 4
```

```
class(a.1) #데이터 구조 확인
```

```
[1] "array"
```

```
is.array(a.1)#array 확인
```

```
[1] TRUE
```

1-5 데이터프레임

데이터프레임(datafame)은 R에서 통계분석 시에 가장 많이 사용하는 데이터 구조로, 우리가 흔히 데이터라고 생각하는 일반적인 구조다. 매트릭스나 어레이의 경우 데이터의 유형이 모두 동일해야 하기 때문에 일반적인 구조의 데이터와는 사실 동떨어져 있다고 생각할 수 있다. 데이터 유형이 다르더라도 사용할 수 있는 구조가 데이터프레임이다.

datafame

예를 들어, 어떤 기관에 대한 만족도를 조사한 데이터를 갖고 있다고 해보자. 해당 데이터의 인구학적 문항을 살펴보자면, 조사대상자의 직책은 범주형 변수로 요인(factor)의 구조를 갖고 연령을 직접 기입해야 하는 문항은 연속형 변수가 된다. 이와 같이 하나의 데이터 구조에 서로 다른 데이터 유형이 포함되도록 구성된 개념이 데이터프레임이다.

```
data(iris) #데이터 사용
head(iris) #데이터 6개만 출력
```

```
  Sepal.Length  Sepal.Width  Petal.Length  Petal.Width  Species
1          5.1          3.5           1.4          0.2   setosa
2          4.9          3.0           1.4          0.2   setosa
3          4.7          3.2           1.3          0.2   setosa
4          4.6          3.1           1.5          0.2   setosa
5          5.0          3.6           1.4          0.2   setosa
6          5.4          3.9           1.7          0.4   setosa
```

str() 함수로 데이터 구조를 살펴보면, 가장 상위에 data.frame 및 150 obs(150개의 관찰치), 5 variables(5개의 변수)가 출력되고, numeric과 factor가 각각 혼재되어 있는 것을 확인할 수 있다.

```
str(iris) #데이터 구조 확인
```

```
'data.frame':  150 obs. of 5 variables:
$ Sepal.Length: num 5.1 4.9 4.7 4.6 5 5.4 4.6 5 4.4 4.9 ...
$ Sepal.Width  : num 3.5 3 3.2 3.1 3.6 3.9 3.4 3.4 2.9 3.1 ...
$ Petal.Length: num 1.4 1.4 1.3 1.5 1.4 1.7 1.4 1.5 1.4 1.5 ...
$ Petal.Width  : num 0.2 0.2 0.2 0.2 0.2 0.4 0.3 0.2 0.2 0.1 ...
$ Species      : Factor w/ 3 levels "setosa","versicolor",..: 1 1 1 1 1 1 1 1 1 1 ...
```

```
class(iris) #데이터 유형 확인
```

```
[1] "data.frame"
```

1-6 리스트

앞에서 객체들을 설명하면서 벡터에서 매트릭스로, 다시 어레이로 확장하는 일련의 과정을 살펴봤다. 또한 우리가 가장 많이 사용하는 형태의 데이터프레임도 살펴보았다. 리스트(list)는 앞서 본 다양한 데이터 구조들을 다음 그림과 같이 엮어놓은 형태이다. 보통 R에서 분석 결과를 리스트 형태로 출력한다.

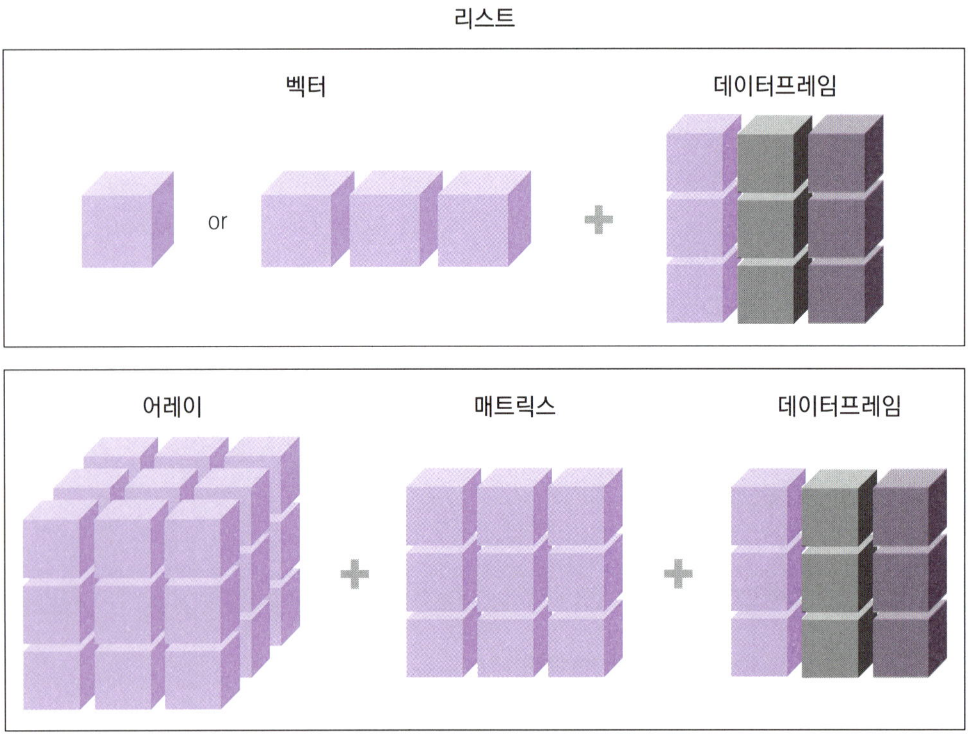

```
result.aov <- aov(Petal.Length ~ Species, data=iris) #분산분석
result.aov #분산분석 결과 출력
```

```
Call:
   aov(formula = Petal.Length ~ Species, data = iris)

Terms:
                 Species  Residuals
Sum of Squares  437.1028    27.2226
Deg. of Freedom        2        147

Residual standard error: 0.4303345
Estimated effects may be unbalanced
```

summary() 함수로 분산분석표를 출력할 수 있다.

```
summary(result.aov) #분산분석표 출력
```

```
             Df  Sum Sq  Mean Sq  F value  Pr(>F)
Species       2   437.1   218.55     1180  <2e-16 ***
Residuals   147    27.2     0.19
---
Signif. codes:  0 '***' 0.001 '**' 0.01 '*' 0.05 '.' 0.1 ' ' 1
```

str() 함수로 데이터 구조 및 변수 유형을 살펴보면 다음과 같다.

```
str(summary(result.aov)) #데이터의 구조 확인
```

```
List of 1
 $ :Classes 'anova' and 'data.frame':   2 obs. of 5 variables:
  ..$ Df      : num [1:2] 2 147
  ..$ Sum Sq  : num [1:2] 437.1 27.2
  ..$ Mean Sq: num [1:2] 218.551 0.185
  ..$ F value: num [1:2] 1180 NA
  ..$ Pr(>F)  : num [1:2] 2.86e-91 NA
 - attr(*, "class")= chr [1:2] "summary.aov" "listof"
```

```
result.aov$call #모형(formula)만 추출
```

```
aov(formula = Petal.Length ~ Species, data = iris)
```

```
#출력결과에 포함된 데이터 구조 이름 확인
names(result.aov)
```

```
 [1] "coefficients"  "residuals"  "effects"   "rank"
 [5] "fitted.values" "assign"     "qr"        "df.residual"
 [9] "contrasts"     "xlevels"    "call"      "terms"
[13] "model"
```

```
result.aov$df.residual
```

```
[1] 147
```

위와 같이 데이터 구조 중 리스트는 직접적으로 분석에 사용되기보다 분석 후 출력되는 내용에 해당한다.

코드 정리

- is.vector(): 벡터 확인
- is.matrix()/matrix(): 매트릭스 확인/정의
- is.list()/list(): 리스트 확인/정의
- is.array()/array(): 어레이 확인/정의
- is.data.frame()/data.frame(): 데이터프레임 확인/정의
- 데이터$변수: 특정 데이터의 변수 선택
- class(): 데이터 구조 확인
- str(): 데이터 유형/구조 확인
- head(): 첫 6행 확인
- dim(): 데이터의 차원(행/열) 확인
- nrow(): 데이터 행 개수 확인
- ncol(): 데이터 열 개수 확인

ch.30 데이터 추출

1 기본 개념

추출(indexing)은 데이터의 행이나 열에 포함된 하나하나의 데이터를 추출하거나 특정 행 또는 특정 변수 등 추가적인 조건을 더해 분석자가 원하는 데이터를 가져올 수 있게 돕는 기본 기능이다. 이때 [ ]로 묶어내면 되는데 [행, 열]의 정보를 넣어야 하고 이를 ,(comma)로 구분한다. 예를 들어 data[1,2]는 data에서 1행, 2열의 데이터를 추출하겠다는 의미가 된다.

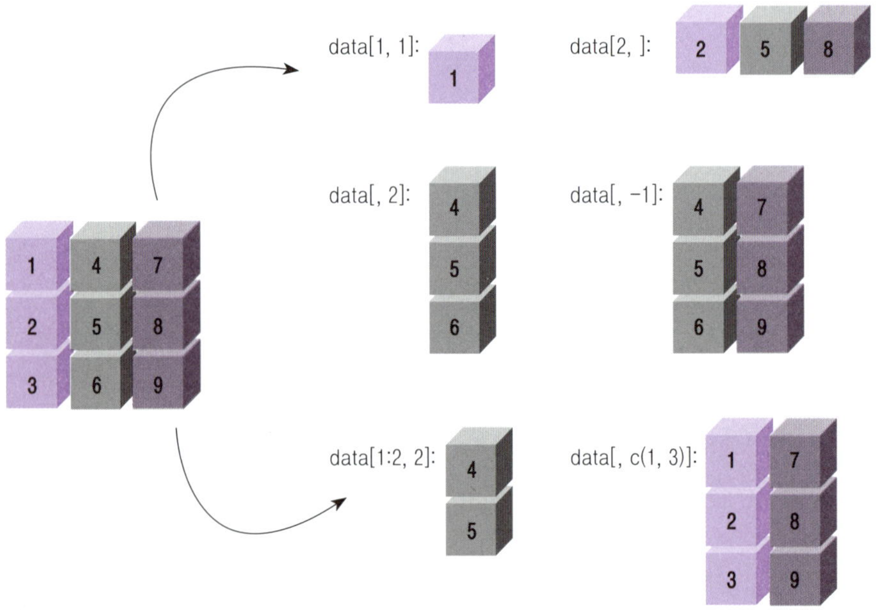

추출은 다양한 데이터 구조에서 가능한데, 보통은 매트릭스(matrix)와 데이터프레임(dataframe), 리스트(list)에서 많이 사용한다.

2 실습

2-1 iris 데이터를 활용한 행/열 추출

```
data(iris) #iris 데이터 호출
```

iris 데이터는 총 150개의 행과 5개의 열(변수)로 구성된 데이터다.

```
str(iris)
```

```
'data.frame':   150 obs. of 5 variables:
 $ Sepal.Length: num 5.1 4.9 4.7 4.6 5 5.4 4.6 5 4.4 4.9 ...
 $ Sepal.Width : num 3.5 3 3.2 3.1 3.6 3.9 3.4 3.4 2.9 3.1 ...
 $ Petal.Length: num 1.4 1.4 1.3 1.5 1.4 1.7 1.4 1.5 1.4 1.5 ...
 $ Petal.Width : num 0.2 0.2 0.2 0.2 0.2 0.4 0.3 0.2 0.2 0.1 ...
 $ Species     : Factor w/ 3 levels "setosa","versicolor",..: 1 1 1 1 1 1 1 1 1 1 ...
```

```
head(iris, 3) #데이터 3개 행 출력
```

```
  Sepal.Length   Sepal.Width   Petal.Length   Petal.Width   Species
1          5.1           3.5            1.4           0.2    setosa
2          4.9           3.0            1.4           0.2    setosa
3          4.7           3.2            1.3           0.2    setosa
```

iris의 첫 번째 열(Sepal.Length) 데이터만 추출하는 방법은 다음과 같다.

```
iris.1<-iris[,1] #iris 첫 열(Sepal.Length) 추출
iris.1
```

```
 [1] 5.1 4.9 4.7 4.6 5.0 5.4 4.6 5.0 4.4 4.9 5.4 4.8 4.8 4.3 5.8 5.7 5.4
[18] 5.1 5.7 5.1 5.4 5.1 4.6 5.1 4.8 5.0 5.0 5.2 5.2 4.7 4.8 5.4 5.2 5.5
[35] 4.9 5.0 5.5 4.9 4.4 5.1 5.0 4.5 4.4 5.0 5.1 4.8 5.1 4.6 5.3 5.0 7.0
[52] 6.4 6.9 5.5 6.5 5.7 6.3 4.9 6.6 5.2 5.0 5.9 6.0 6.1 5.6 6.7 5.6 5.8
[69] 6.2 5.6 5.9 6.1 6.3 6.1 6.4 6.6 6.8 6.7 6.0 5.7 5.5 5.5 5.8 6.0 5.4
```

```
 [86] 6.0 6.7 6.3 5.6 5.5 5.5 6.1 5.8 5.0 5.6 5.7 5.7 6.2 5.1 5.7 6.3 5.8
[103] 7.1 6.3 6.5 7.6 4.9 7.3 6.7 7.2 6.5 6.4 6.8 5.7 5.8 6.4 6.5 7.7 7.7
[120] 6.0 6.9 5.6 7.7 6.3 6.7 7.2 6.2 6.1 6.4 7.2 7.4 7.9 6.4 6.3 6.1 7.7
[137] 6.3 6.4 6.0 6.9 6.7 6.9 5.8 6.8 6.7 6.7 6.3 6.5 6.2 5.9
```

다음과 같이 데이터$ 뒤에 변수명을 입력하면 특정 열(변수)만 추출할 수 있다. 단, 위와 같이 출력할 경우 결과값이 벡터(vector) 형태로 출력됨을 알 수 있다. 데이터프레임 형태를 유지하기 위해서는 drop=F 옵션을 추가하면 된다.

```
iris.1.1<-iris[,1, drop=F] #iris 첫 열(Sepal.Length) 추출
head(iris.1.1, 3) #데이터 3개 행 출력
```

```
 Sepal.Length
1          5.1
2          4.9
3          4.7
```

```
iris.1.2 <- iris["Sepal.Length"] #특정변수이름으로 추출
head(iris.1.2, 3) #데이터 3개 행 출력
```

```
 Sepal.Length
1          5.1
2          4.9
3          4.7
```

```
#iris 첫번째(Sepal.Length), 두번째(Sepal.Width) 열 추출
iris.2<-iris[,1:2]
head(iris.2, 3) #데이터 3개 행 출력
```

```
  Sepal.Length  Sepal.Width
1          5.1          3.5
2          4.9          3.0
3          4.7          3.2
```

c()는 묶어낸다(combine)는 의미로, 특정 열이나 행을 묶어 한 번에 표현하고자 할 때 자주 사용하는 코드이다.

```
#c() 함수로 묶어 특정 변수 이름으로 추출
iris.2.1<-iris[c("Sepal.Length","Sepal.Width")]
head(iris.2.1, 3) #데이터 3개 행 출력
```

```
  Sepal.Length  Sepal.Width
1          5.1          3.5
2          4.9          3.0
3          4.7          3.2
```

특정 열을 제외하는 방법은 다음과 같다.

```
iris.3<-iris[,-5] #5번째 열(Species) 제외
head(iris.3, 3) #데이터 3개 행 출력
```

```
  Sepal.Length  Sepal.Width  Petal.Length  Petal.Width
1          5.1          3.5           1.4          0.2
2          4.9          3.0           1.4          0.2
3          4.7          3.2           1.3          0.2
```

만약 첫 번째 열과 세 번째 열을 제외하고 싶다면 다음과 같이 실행하면 된다.

```
#첫번째 열(Sepal.Length), 세번째 열(Petal.Length)제외한 열 출력
iris.4<-iris[,-c(1, 3)]
head(iris.4, 3) #데이터 3개 행 출력
```

```
  Sepal.Width  Petal.Width  Species
1         3.5          0.2   setosa
2         3.0          0.2   setosa
3         3.2          0.2   setosa
```

2-2 특정 조건에 맞는 행/열 추출

iris 데이터에서 Sepal.Width가 4보다 큰 경우만 출력하는 방법은 다음과 같다.

```
iris[iris$Sepal.Width>4,] #조건문으로 추출
```

```
   Sepal.Length  Sepal.Width  Petal.Length  Petal.Width  Species
16          5.7          4.4           1.5          0.4   setosa
33          5.2          4.1           1.5          0.1   setosa
34          5.5          4.2           1.4          0.2   setosa
```

&(and)와 |(or)를 추가하여 다양한 조건을 삽입하여 행을 추출할 수 있다.

```
iris[iris$Sepal.Width>4 & iris$Sepal.Length>5.4, ] #다양한 조건 추출
```

```
   Sepal.Length  Sepal.Width  Petal.Length  Petal.Width  Species
16          5.7          4.4           1.5          0.4   setosa
34          5.5          4.2           1.4          0.2   setosa
```

특정 데이터 구조가 갖고 있는 이름을 알고 있으면 추출하기 좀 더 편하다. 이를 확인하는 방법에는 names() 함수를 이용하거나 attributes() 함수를 이용하여 메타정보를 확인하는 방법이 있다.

```
names(iris) #데이터 구조의 이름(변수명) 확인
```

```
[1] "Sepal.Length" "Sepal.Width"  "Petal.Length" "Petal.Width"
[5] "Species"
```

```
attributes(iris) #메타정보 확인
```

```
$names
[1] "Sepal.Length" "Sepal.Width" "Petal.Length" "Petal.Width"
[5] "Species"

$class
[1] "data.frame"

$row.names
  [1]   1   2   3   4   5   6   7   8   9  10  11  12  13  14  15  16  17
 [18]  18  19  20  21  22  23  24  25  26  27  28  29  30  31  32  33  34
 [35]  35  36  37  38  39  40  41  42  43  44  45  46  47  48  49  50  51
 [52]  52  53  54  55  56  57  58  59  60  61  62  63  64  65  66  67  68
 [69]  69  70  71  72  73  74  75  76  77  78  79  80  81  82  83  84  85
 [86]  86  87  88  89  90  91  92  93  94  95  96  97  98  99 100 101 102
[103] 103 104 105 106 107 108 109 110 111 112 113 114 115 116 117 118 119
[120] 120 121 122 123 124 125 126 127 128 129 130 131 132 133 134 135 136
[137] 137 138 139 140 141 142 143 144 145 146 147 148 149 150
```

2-3 특정값(value) 포함 여부 확인

%in%는 match() 함수보다 직관적으로 사용할 수 있는 함수로 TRUE(1)와 FALSE(0)의 논리연산자 결과를 출력한다. 분석 시에 특정값이 있는지 확인하거나, 결측값을 확인할 때도 사용 가능하다. %in%는 ==(equal)과 달리 특정값이 포함되었는지를 확인하는 데 사용하는 함수이며 다음과 같이 사용한다.

```
(확인이 필요한 데이터 %in% 확인하고 싶은 값)
```

다음의 코드는 왼쪽의 1에서 3까지 정수에 대해서 오른쪽의 (1, 3, NA)가 포함되었는지를 확인하는 코드이다. 1에서 3까지의 정수이므로 결과는 왼쪽 기준에 의해서 총 3개가 출력된다.

```
1:3 %in% c(1,3,NA)
```

```
[1] TRUE FALSE TRUE
```

1에서 3이 아닌 2까지 수정하고, 그 외는 모두 위 코드와 동일하게 확인해보면 %in% 연산자는 총 2개의 결과를 출력한다. 그러므로 왼쪽의 데이터에 포함되었는지만 확인하는 것으로 이해할 수 있다.

```
1:2 %in% c(1,3,NA)
```

```
[1] TRUE FALSE
```

이번에는 오른쪽 확인하고 싶은 값을 NA로 수정하여 다음을 실행해본다.

```
1:2 %in% c(NA)
```

```
[1] FALSE FALSE
```

문자에 대해서도 확인해보자. 문자의 경우 다음과 같은 데이터가 있다고 해보자.

```
check.in <- c("ccc","abc","B","bbb","c",NA, "a")
check.in %in% c(letters, LETTERS)
```

```
[1] FALSE FALSE TRUE FALSE TRUE FALSE TRUE
```

이를 특정값과 매칭되는 경우에만 다음과 같이 출력해보자.

```
check.in[check.in %in% c(letters, LETTERS)]
```

```
[1] "B" "c" "a"
```

만약 출력되는 값을 순서대로(오름차순, 내림차순) 출력하고 싶다면 sort() 함수를 활용하면 된다.

```
sort(check.in[check.in %in% c(letters, LETTERS)])
```

```
[1] "a" "B" "c"
```

내용 요약

- data[행,열]: 행과 열을 입력
- data[,열]: 열(변수) 추출
- data[행,]: 행 추출
- data[a==1 | b==2,]: or 조건 행 추출
- data[a==1 & b==2,]: and 조건 행 추출
- data %in% 조건: 조건 확인 후 논리연산자 산출
- data[data %in% 조건]: 조건 확인 후 일치하는 값 산출
- sort(data[data %in% 조건]): 조건 확인 후 일치하는 값 순서대로 산출

ch.31 dplyr 패키지를 이용한 데이터 조작 처리

1 기본 개념

데이터가 언제든 준비된 상태로 주어지는 것은 아니다. 분석자는 분석 전에 데이터를 분석에 필요한 상태로 준비해야 한다. 데이터 조작 처리 단계에서 분석자는 어떤 데이터를 활용할 것인지를 명확히 하고 분석에 적합하게 준비해야 한다. 이 과정을 처음 준비하는 이들은 데이터 분석보다 오히려 더 어려움을 느끼기도 한다. 데이터 조작 처리 과정을 잘 수행하기 위해서는 데이터의 생성과 수집에 따른 방식이나 역사를 이해하는 것도 중요하지만, 데이터의 구조와 유형을 먼저 이해하고 이를 활용하여 데이터를 조작할 수 있어야 한다.

2 왜 dplyr 패키지를 사용하는가?

dplyr 패키지는 현존하는 data manipulation 영역에서 가장 빠른 속도를 제공하지는 않는다. 하지만 응용이 쉽고 직관적이어서 많은 사람들이 사용하는 패키지다. 혹시나 SQL을 접해본 적이 있는 이들은 아주 빠르게 습득할 수 있으며, 비슷한 코드를 사용하기 때문에 응용하는 데 이점이 있다. 그리고 체인 연산자(chain operator, pipe operator)라는 강력한 연산자를 이용해 다수의 명령코드를 한 번에 실행하고 그 결과를 산출할 수 있다. 또한 dplyr 패키지는 RStudio에서 제공하는 다양한 cheetsheet(컨닝페이퍼, 내용을 자세한 설명보다는 직관적으로 요약해놓은 것으로 분량이 적음)를 제공한다. 다시 말해 많은 사람들이 사용하기 때문에 활용할 수 있는 코드가 상당히 많다.

예를 들어, 엑셀은 행을 삭제하거나 열을 삭제하는 방식으로 어떻게든 데이터를 만들어낼 수 있다. 사실 데이터가 적당한 크기(예를 들면 10MB 이하)라면, 게다가 분석을 제외한 거의 모든 면에서 R 사용이 서툰 경우라면 엑셀이 보다 편하고 좋다. 하지만 엑셀은 늘 같은 수동의 반복 작업을 해야 한다. 물론 R 역시 코드를 수정하고 실행한다는 면에서 반복되는 면이 있으나 시간 대비 효율성을 따지면 R이 반복을 최소화할 수 있는 대안이 될 수 있다.

Cars93 데이터에서 type에 따라 price의 평균을 확인하고 싶다면 어떻게 해야 할까? 우리가 알고 있는 기본 함수를 이용한다면 다음과 같이 할 수 있다.

```
#repo는 다운로드 서버 설정
#install.packages("dplyr", repos='https://cran.seoul.go.kr/')
```

MASS 패키지의 Cars93 데이터를 활용해서 dplyr의 사용법을 정리해보자.

```
library(MASS)
library(dplyr)
car<-Cars93
head(car[,1:5], 3) #car의 첫 3행(row)만 출력
```

```
  Manufacturer   Model    Type  Min.Price  Price
1        Acura Integra   Small       12.9   15.9
2        Acura  Legend Midsize       29.2   33.9
3         Audi      90 Compact       25.9   29.1
```

```
# Type이 Compact인 데이터 중에서 Price의 평균을 계산
sapply(subset(car, Type=="Compact", Price), mean)
```

```
  Price
18.2125
```

결과를 나타내는 방법은 분석자의 성향이나 코드를 작성하는 것에 따라 다를 수 있으나 결과는 항상 같아야 한다.

```
#car의 Type변수에 따른 Price의 결측을 제외한 평균값 출력
mean(car$Price[car$Type=="Compact" & !is.na(car$Price)])
```

```
[1] 18.2125
```

위와 같이 특정한 변수들을 요약하고 이를 데이터로 만들어낼 수 있어야 실제 분석을 진행할 수 있다. 실제 분석에서 사용하는 데이터는 1차 데이터가 아니라 한 번 더 요약 · 정리 · 파생된 형태의 2차 데이터인 경우가 거의 대부분이기 때문이다. 분석자가 해당 코드를 만들어내고 활용하는 데까지의 처리 속도 또한 무시할 수 없는 부분이다.

다음의 내용을 살펴보자. 위에 제시한 평균을 구한 것처럼 코드를 복잡하게 작성하지 않고 집단마다의 통계량을 산출하기 위해 aggregate 함수를 사용하면 다음과 같은 결과를 얻을 수 있다.

```
#car의 Type변수에 따른 Price의 결측을 제외한 평균값 출력
aggregate(Price ~ Type, data=car, mean, na.rm=T)
```

```
     Type    Price
1 Compact 18.21250
2   Large 24.30000
3 Midsize 27.21818
4   Small 10.16667
5  Sporty 19.39286
6     Van 19.10000
```

mean 함수 대신 sum이나 median을 사용하면 추가적인 통계량값을 산출할 수 있고, 최빈값(mode)은 기본 함수에 내장되어 있지 않아 별도의 함수를 설치하거나 직접 계산하는 등의 과정을 통해 산출할 수 있다. 아래의 함수를 적용해서 살펴보자.

- mean: 평균
- median: 중앙값(중위수)
- sd: 표준편차
- max: 최댓값
- min: 최솟값
- quantile: 사분위수

앞서 제시한 방법보다 좀 더 효율적인 의미로 보일 것이다. 그런데 여기에서 추가적으로 평균뿐만 아니라 타입별 데이터 개수와 표준편차를 새로운 열에 추가해야 하는 상황일 경우에는 어떻게 처리하겠는가?

```
new.0<-aggregate(Price ~ Type, data=car, mean, na.rm=T)
new.1<-aggregate(Price ~ Type, data=car, length)
new.2<-aggregate(Price ~ Type, data=car, sd, na.rm=T)
new.3<-data.frame(new.0,new.1[,2],new.2[,2])
new.3
```

```
     Type    Price new.1...2. new.2...2.
1 Compact 18.21250         16  6.686890
2   Large 24.30000         11  6.337507
3 Midsize 27.21818         22 12.264841
4   Small 10.16667         21  1.953288
5  Sporty 19.39286         14  7.974716
6     Van 19.10000          9  1.878164
```

```
names(new.3)<-c("Type","mean","n","sd")
new.3
```

```
     Type     mean  n        sd
1 Compact 18.21250 16  6.686890
2   Large 24.30000 11  6.337507
3 Midsize 27.21818 22 12.264841
4   Small 10.16667 21  1.953288
5  Sporty 19.39286 14  7.974716
6     Van 19.10000  9  1.878164
```

이와 유사한 방식으로 하나씩 차근차근 만들어야 2차 데이터 형태를 취할 수 있다. 그래서 다음과 같이 dplyr 패키지를 사용해서 보다 직관적으로 코드를 사용하면 분석의 효율성을 높일 수 있다.

```
new.4<-car %>% #car 데이터 사용
filter(!is.na(Price)) %>% #Price 변수의 결측이 없는 경우만 사용
group_by(Type) %>% #Type 별로 결과출력
summarize(n = length(Type), #Type 데이터 갯수
          mean = mean(Price, na.rm=T), #Price변수 결측제외 평균
          sd = sd(Price, na.rm=T)) #Price변수 결측제외 표준편차
new.4
```

```
  Type      n  mean   sd
1 Compact  16  18.2  6.69
2 Large    11  24.3  6.34
3 Midsize  22  27.2  12.3
4 Small    21  10.2  1.95
5 Sporty   14  19.4  7.97
6 Van       9  19.1  1.88
```

2-1 dplyr 패키지의 주요 함수

dplyr에 사용하는 다양한 함수들의 기능을 아는 것도 중요하지만, 주로 많이 쓰는 것들을 명확히 사용할 수 있어야 한다.

- filter(): 원하는 행 추출
- select(): 원하는 열 추출
- chain operation(%>%; 단축키 ctrl+shift+M): 연결 실행자
- group_by(): 특정 변수 기준 집단화
- summarize(): 기초통계량(평균, 표준편차 등) 산출
- mutate(): 새로운 열을 생성

- transmute(): 새로운 열을 생성하고 해당 열만 출력
- arrange(): 정렬(오름차순: 작은 값 ~ /내림차순: 큰 값 ~)
- sample_n(): 데이터 중 일부를 추출
- sample_frac(): 데이터 중 일부를 비율(%)로 추출

그 외의 기능들은 제시한 함수를 충분히 실습한 후에 살펴볼 것이다.

```
새로운 데이터<- 사용하는 데이터 %>%
filter(변수 또는 조건) %>%
group_by(변수 또는 조건) %>%
summarize(새로운 변수 = 함수(변수),
          새로운 변수 = 함수(변수),
          새로운 변수 = 함수(변수))
...
```

3 dplyr 함수 다루기

3-1 filter() 함수

filter()는 특정 조건에 맞는 행을 출력해주는 함수로 &(and;shift + 7)와 |(or;shift + ₩) 연산자를 사용할 수 있다.

- filter(데이터, 변수 또는 조건)

다음의 코드는 직접 입력한 후 결과를 살펴보길 바란다.

```
filter(car,Price>=40) #Price가 40 이상 추출하기
```

```
#Price가 20 이상 동시에 Rear.seat.room 25 초과 추출하기
filter(car, Price>=20 & Rear.seat.room<25)
```

```
#Price가 30 초과 동시에 Rear.seat.room 3 초과 추출하기
filter(Cars93, Price>30 & Passengers<3)
```

3-2 select() 함수

select()은 특정 열이나 행을 선택·출력하도록 돕는 함수로 select_all을 입력하면 모든 행과 열을 포함하도록 한다.

```
select <- dplyr::select #함수선언(함수명이 중복인 경우 특정 패키지로 한정)
#car의 Type과 Price 선택, 5개 행 출력
head(select(car, Type, Price),5)
```

```
     Type  Price
1   Small   15.9
2 Midsize   33.9
3 Compact   29.1
4 Midsize   37.7
5 Midsize   30.0
```

```
#car의 Type과 Price 선택, 5개 행 출력
head(select(car, Type:Price), 5)
```

```
     Type  Min.Price  Price
1   Small       12.9   15.9
2 Midsize       29.2   33.9
3 Compact       25.9   29.1
4 Midsize       30.8   37.7
5 Midsize       23.7   30.0
```

select() 함수의 Error in function: unused arguments 해결 방법은 다음과 같다.

① MASS 패키지도 select() 함수가 있다.
② library()로 가장 마지막에 불러온 패키지를 인식하므로 패키지를 로딩하는 순서에 따라 달라질 수 있다.
③ 이는 패키지 간 충돌이 발생하는 것이므로 함수에 대한 선언이 필요하다.
④ pylr 패키지의 summarise() 함수, stats 패키지의 filter() 함수도 대표적으로 dplyr 패키지 함수와 충돌할 수 있다.

3-3 chain operator(%〉%) 사용

%>%는 다른 언어(language)에서도 찾아볼 수 있는 연산자로 다양한 함수를 연결하여 실행할 수 있도록 돕는 역할을 한다. 단축키는 ctrl + shift + M이다.

```
car %>%
filter(Price>30 & Passengers>3) %>%
select(Type, Price, Model)
```

```
      Type  Price        Model
1  Midsize   33.9       Legend
2  Midsize   37.7          100
3    Large   34.7      DeVille
4  Midsize   40.1      Seville
5  Midsize   47.9          Q45
6  Midsize   35.2        SC300
7  Midsize   34.3  Continental
8    Large   36.1     Town_Car
9  Compact   31.9         190E
10 Midsize   61.9         300E
```

3-4 group_by() 함수

group_by()는 데이터나 출력 결과를 집단(group)별로 출력할 수 있도록 돕는 함수로, 기초통계량이나 새롭게 파생한 데이터에 대해 집단별 결과를 출력하기 위해 주로 많이 사용한다.

```
car %>%
filter(Price>30 & Passengers>3) %>%
select(Model,Type,Price) %>%
group_by(Model,Type)
```

```
   Model         Type     Price
 1 Legend        Midsize   33.9
 2 100           Midsize   37.7
 3 DeVille       Large     34.7
 4 Seville       Midsize   40.1
 5 Q45           Midsize   47.9
 6 SC300         Midsize   35.2
 7 Continental   Midsize   34.3
 8 Town_Car      Large     36.1
 9 190E          Compact   31.9
10 300E          Midsize   61.9
```

```
car %>%
filter(Price>30 & Passengers>3) %>%
select(Manufacturer,Model,Type,Price) %>%
group_by(Manufacturer,Model,Type)
```

```
  Manufacturer    Model       Type     Price
 1 Acura          Legend      Midsize   33.9
 2 Audi           100         Midsize   37.7
 3 Cadillac       DeVille     Large     34.7
 4 Cadillac       Seville     Midsize   40.1
 5 Infiniti       Q45         Midsize   47.9
 6 Lexus          SC300       Midsize   35.2
 7 Lincoln        Continental Midsize   34.3
 8 Lincoln        Town_Car    Large     36.1
 9 Mercedes-Benz  190E        Compact   31.9
10 Mercedes-Benz  300E        Midsize   61.9
```

3-5 summarize() 함수

summarize()는 기초통계량(평균, 표준편차 등)을 산출할 수 있는 함수로 주로 group_by() 함수와 같이 사용한다.

- mean()
- sd()
- min()
- max()

⋮

```
car %>%
filter(!is.na(Rear.seat.room)) %>%
group_by(Type) %>%
summarize(mean = mean(Price, na.rm=T),
     n = n()) %>%
select(Type, n, mean)
```

```
  Type        n   mean
1 Compact    16   18.2
2 Large      11   24.3
3 Midsize    22   27.2
4 Small      21   10.2
5 Sporty     12   16.8
6 Van         9   19.1
```

3-6 mutate() 함수

mutate()는 dplyr을 이용해서 ID와 같은 새로운 변수를 파생하는 데 사용하는 함수이다. 코드에서 만든 변수를 즉시 활용할 수 있어 상당히 편리하다. 단, 새롭게 생성한 변수는 데이터 마지막에 위치한다는 점을 유의해야 한다. 그리고 위치를 변경하기 위해서는 select() 함수를 사용하여 순서를 조정해야 한다.

```
car %>%
select (Model, Type, Price) %>%
mutate(ID = row_number()) %>%
head(5)
```

```
   Model     Type      Price   ID
1  Integra   Small      15.9    1
2  Legend    Midsize    33.9    2
3  90        Compact    29.1    3
4  100       Midsize    37.7    4
5  535i      Midsize    30.0    5
```

```
car %>%
mutate(ID = row_number()) %>%
select (ID, Model, Type, Price) %>%
head(5)
```

```
  ID Model   Type    Price
1 1  Integra Small    15.9
2 2  Legend  Midsize  33.9
3 3  90      Compact  29.1
4 4  100     Midsize  37.7
5 5  535i    Midsize  30.0
```

3-7 transmutate() 함수

transmutate()는 새롭게 생성한 열(변수)만 출력하고 기존의 열(변수)은 데이터에서 사라지게 하는 함수이다. 원자료(raw data)에서 특정 변수만을 파생하고 싶은 경우에 사용한다. 다음의 결과는 car 데이터에서 ID라는 변수만 생성한 결과로 기존에 존재하던 다른 변수는 모두 사라진 것을 알 수 있다.

```
car %>%
transmute(ID = row_number()) %>%
head(5)
```

```
  ID
1 1
2 2
3 3
4 4
5 5
```

3-8 arrange() 함수

arrange()는 데이터의 순서를 정렬하는 함수이다. 오름차순(작은 값부터 큰 값 순으로)은 defualt로 실행되며, 내림차순(큰 값부터 작은 값 순으로)은 desc() 함수를 이용하면 된다.

```
car %>%
arrange(Price) %>% #Price 오름차순 정렬
select(Model:Price) %>%
head(5)
```

```
  Model    Type   Min.Price  Price
1 Festiva  Small        6.9    7.4
2 Excel    Small        6.8    8.0
3 323      Small        7.4    8.3
4 Metro    Small        6.7    8.4
5 Justy    Small        7.3    8.4
```

```
car %>%
arrange(desc(Price)) %>% #Price 오름차순 정렬
select(Model:Price) %>%
head(5)
```

```
  Model     Type     Min.Price  Price
1 300E      Midsize       43.8   61.9
2 Q45       Midsize       45.4   47.9
3 Seville   Midsize       37.5   40.1
4 Corvette  Sporty        34.6   38.0
5 100       Midsize       30.8   37.7
```

3-9 sample_n() 함수

sample_n()는 표본을 추출하게 하는 함수로 size= 옵션으로 추출하고자 하는 표본의 수를 지정할 수 있다. 기본 옵션인 replace=F는 비복원추출을 의미하며 replace=T는 복원추출을 의미한다.

```
sample_n(car, size=5, replace = T) #5개 표본추출
```

```
  Manufacturer Model       Type    Min.Price Price Max.Price MPG.city
1 Chrylser     Concorde    Large        18.4  18.4      18.4       20
2 Chevrolet    Lumina_APV  Van          14.7  16.3      18.0       18
3 Honda        Civic       Small         8.4  12.1      15.8       42
4 Chrylser     Concorde    Large        18.4  18.4      18.4       20
5 Pontiac      Grand_Prix  Midsize      15.4  18.5      21.6       19

  Passengers Length Wheelbase Width Turn.circle Rear.seat.room
1          6    203       113    74          40           31.0
2          7    178       110    74          44           30.5
3          4    173       103    67          36           28.0
4          6    203       113    74          40           31.0
5          5    195       108    72          41           28.5
  Luggage.room  Weight  Origin   Make
1           15    3515  USA      Chrylser Concorde
2           NA    3715  USA      Chevrolet Lumina_APV
3           12    2350  non-USA  Honda Civic
4           15    3515  USA      Chrylser Concorde
5           16    3450  USA      Pontiac Grand_Prix
```

3-10 sample_frac() 함수

sample_frac()는 표본 추출 시 size= 옵션으로 원하는 비율을 선택할 수 있는 함수이다. 기본 옵션으로 replace=F가 설정되어 있다.

```
sample_frac(car, size=0.05) #5% 표본추출
```

	Manufacturer	Model	Type	Min.Price	Price	Max.Price	MPG.city
1	Geo	Storm	Sporty	11.5	12.5	13.5	30
2	Pontiac	Bonneville	Large	19.4	24.4	29.4	19
3	Chrysler	Imperial	Large	29.5	29.5	29.5	20
4	Audi	90	Compact	25.9	29.1	32.3	20
5	Lexus	SC300	Midsize	34.7	35.2	35.6	18

다음의 코드는 직접 실행해서 결과를 살펴보길 바란다. dplyr에서 난수의 발생을 일정하게 하기 위해서는 seed(시드)를 다음과 같이 고정할 수 있다.

```
#set.seed(원하는 숫자) #시드고정
car %>%
group_by(Type) %>% #집단별 지정한 비율대로 추출 가능(층화개념)
sample_frac(size=0.05)
```

ch.32 기본 함수를 이용한 데이터 결합

1 기본 개념

1-1 데이터 결합을 왜 하는가?

데이터 결합은 일반적인 데이터 관리 방식에서 그 이유를 찾을 수 있다. 모든 데이터를 하나로 관리하는 것이 효율적이라고 생각하는가? 반대로 중복되더라도 분산하는 형태의 데이터를 만들어 관리하는 것이 효율적이라고 생각하는가? 대부분의 기업에서는 데이터를 개별적인 형태로 수집하거나 관리하는 것에 익숙해 있다. 이처럼 주제나 목적에 맞도록 데이터를 구성한 형태를 데이터 마트(data mart)라고 한다. 데이터 마트는 보안과 처리속도의 문제로부터 자유롭기 위해서 자연스럽게 발전된 데이터 관리방식이다. 따라서 설문조사와 같은 데이터를 제외하고 거의 대부분의 데이터 분석은 별도의 데이터 결합 과정을 거쳐야 한다. 다만, 데이터를 파생하여 새롭게 추가하는 형태도 데이터 결합으로 볼 수 있겠으나 근본적으로는 기본 데이터와 다른 데이터를 결합하는 형태가 아니라 파생하는 형태이므로 구분이 필요하다.

다음과 같은 특정 쇼핑 사이트의 고객 데이터를 갖고 있다고 해보자. 단순한 고객정보로는 단순한 마케팅 활동만 할 수 있다. 그러나 다양한 데이터를 축적해서 예측모형을 만들고, 특정 조건에 반응을 보인 고객들을 세분화하여 이를 단계별로 마케팅 방법에 적용한다면 효율적인 마케팅 활동을 펼칠 수 있다.

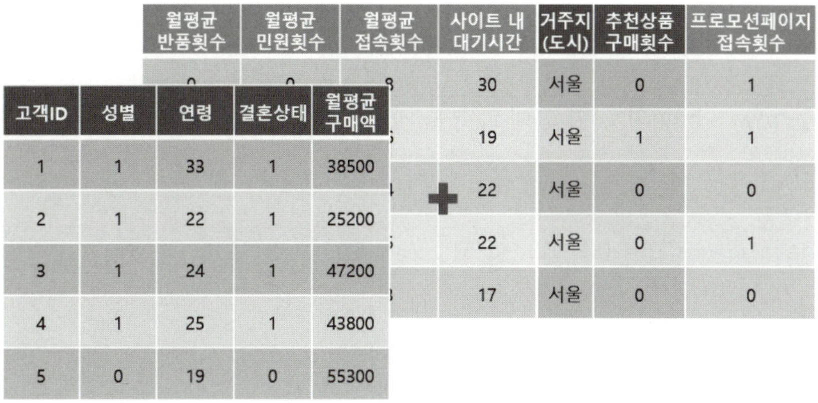

[그림 32-1] 데이터 결합 예시_고객 마케팅 데이터

2 단순한 결합 (행으로, 열로 합치기)

rbind()는 데이터를 위아래로 쌓는 것이다(row(행) + bind(묶기)). 벽돌을 위아래로 차곡차곡 쌓는다고 생각해보자. 이때 기본 조건으로 변수명이 같아야 하고 변수의 개수도 동일해야 한다.

cbind()는 데이터를 옆으로 이어 붙인 것이다(colum(열) + bind(묶기)). 벽돌을 옆으로 이어 붙여 길게 구조물을 만든다고 생각해보자. 이때 기본 조건으로 변수명이 달라야 하고 변수의 개수는 동일해야 한다.

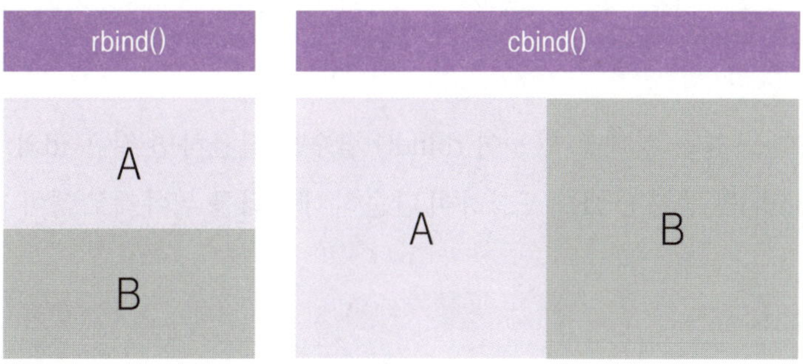

[그림 32-2] rbind()와 cbind()

2-1 rbind()

rbind()는 row + bind의 의미 그대로 행을 기준으로 데이터를 붙여 새롭게 만들어주는 함수이다.

```
(x <- data.frame(id=c(LETTERS[1:5]), v1=1:5))
```

```
  id v1
1 A  1
2 B  2
3 C  3
4 D  4
5 E  5
```

```
(y <- data.frame(id=c(LETTERS[3:7]), v2=6:10))
```

```
  id v2
1 C  6
2 D  7
3 E  8
4 F  9
5 G 10
```

x와 y는 각각 id라는 같은 이름의 변수가 있지만 각각의 v1, v2와 같은 변수는 이름이 다르다. 그래서 다음과 같이 rbnid() 함수를 사용하면 행에 따라서 데이터가 쌓이지 않는다.

```
rbind(x,y)
```

또한 변수명을 같은 상태로 만들어 rbind() 함수를 활용하면 같은 id의 중복이 발생하더라도 rbind()는 중복된 id를 포함하여 단순히 데이터를 위아래로 쌓아 만들게 된다.

```
(names(x)[2]<-"x")
```

```
[1] "x"
```

```
(names(y)[2]<-"x")
```

```
[1] "x"
```

변수의 이름을 같은 이름으로 변경하고 rbind() 함수를 실행하면 데이터가 순서대로 붙는다.

```
rbind(x,y)
```

```
  id x
1  A 1
2  B 2
3  C 3
4  D 4
5  E 5
6  C 6
7  D 7
8  E 8
9  F 9
10 G 10
```

2-2 cbind()

cbind()는 column + bind의 의미 그대로 열을 기준으로 데이터를 붙여 새롭게 만들어 주는 함수이다.

```
cbind(x,y[2])
```

```
 id x x
1 A 1 6
2 B 2 7
3 C 3 8
4 D 4 9
5 E 5 10
```

다음은 알파벳에서 추출한 문자형 데이터와 숫자형 데이터를 데이터프레임(dataframe) 형태로 합친 결과다.

```
(z <- data.frame(id=c(LETTERS[5:9]), v3=7:11))
```

```
  id v3
1 E  7
2 F  8
3 G  9
4 H 10
5 I 11
```

다음과 같이 cbind() 함수는 여러 개의 열을 동시에 합칠 수 있다.

```
cbind(x,y[2],z[2])
```

```
  id x x v3
1 A 1 6  7
2 B 2 7  8
3 C 3 8  9
4 D 4 9 10
5 E 5 10 11
```

열을 옆으로 이어 붙여 데이터를 옆으로 길게 만드는 작업이다.

```
(z.1 <- data.frame(id=c(LETTERS[5:10]), v3=7:12))
```

```
  id v3
1 E  7
2 F  8
3 G  9
4 H 10
5 I 11
6 J 12
```

다만, merge와는 다르게 기준변수에 따라서 지정된 값을 결합하는 것이 아니라 기준변수와 관계없이 옆으로 붙이는 것이다. 따라서 데이터의 개수(행 개수)가 다르면 경고가 출력된다.

```
cbind(x,y[2],z.1[2])
```

3 데이터 결합의 일반적인 종류

데이터를 결합하는 방식은 참으로 다양하다. 그중 다음과 같은 방식이 가장 많이 사용되는 결합 방식이다. 거의 모든 데이터는 단독으로 쓰일 수 없다.

- 거의 모든 데이터는 별도의 테이블로 관리되며 별도의 테이블에는 기준이 되는 키, 즉 키변수(primary key, PK)가 포함되어 있다.
- 기본키(primary key)를 사용하여 데이터를 합치는데 이 키값을 갖는 변수를 키변수라고 한다.
- 우리가 사용하는 주민등록번호가 기본키라고 생각하면 쉽다. 이러한 기본키는 일정한 규칙(출생지역, 성별 등)이 포함된 정형화된 방법으로 생성되며, 중복이 없는 것을 원칙으로 한다.
- JOIN(결합): 2개 데이터만 결합하는 방식
- 교집합(inner-join): 공통 데이터만 결합
- 합집합(full-join): 모든 데이터 결합
- 여집합(left-join, right-join): 한쪽 데이터 기준으로만 결합

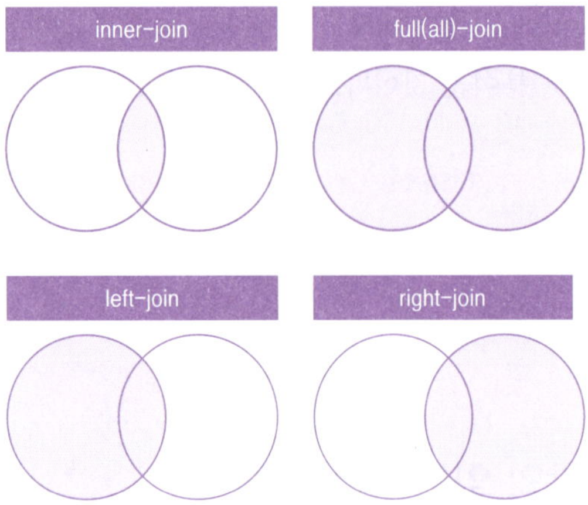

[그림 32-3] 데이터 결합 방식

3-1 기본 함수로 left-join

예제로 사용할 데이터를 다음과 같이 생성한다.

```
one <- data.frame(id=c(LETTERS[1:5]), x=1:5)
two <- data.frame(id=c(LETTERS[3:7]), y=6:10)

one
```

```
  id x
1  A 1
2  B 2
3  C 3
4  D 4
5  E 5
```

```
two
```

```
  id  y
1  C  6
2  D  7
3  E  8
4  F  9
5  G 10
```

3-2 left-join

가장 많이 사용하는 결합방식으로, 먼저 특정 데이터를 기준으로 지정하여 결합하며 그 뒤 지정하는 데이터가 자연스럽게 따라붙는 방식이다. 예를 들어, one을 기준으로 two 데이터가 결합하는 방식이 되며 one의 id를 기준으로 결합된다. 이때 two 데이터는 첫 번째 데이터와 동일한 id가 없기 때문에 NA로 처리되어 나타난다.

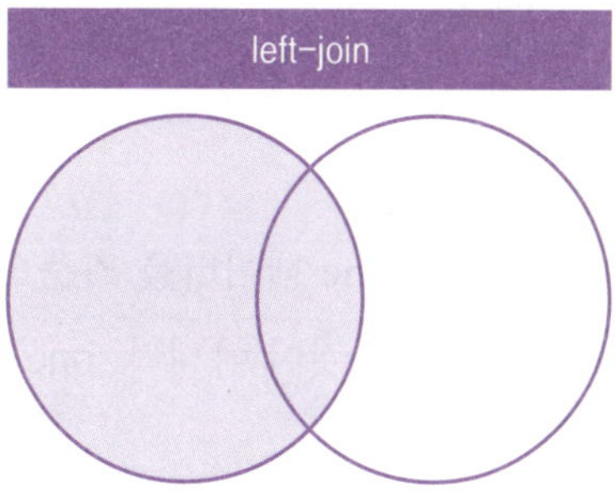


```
(left.join <- merge(one, two, by="id", all.x=T))
```

```
  id x  y
1 A 1 NA
2 B 2 NA
3 C 3  6
4 D 4  7
5 E 5  8
```

다시 two를 먼저 놓고, one을 뒤로 배치하고 all.x=T 옵션을 그대로 사용해보면 다음과 같다.

```
(left.join <- merge(two, one, by="id", all.x=T))
```

```
  id  y  x
1 C  6  3
2 D  7  4
3 E  8  5
4 F  9 NA
5 G 10 NA
```

결국 all.x=T라는 옵션은 x라는 변수의 모든 것을 의미하는 것이 아니라, 단지 첫 번째로 지정한 기준데이터의 모든 값을 표현하겠다는 의미가 된다.

```
(left.join <- merge(one, two, by="id", all.y=T))
```

```
  id  x  y
1 C   3  6
2 D   4  7
3 E   5  8
4 F NA  9
5 G NA 10
```

이때 all=T로 변경하면 다음과 같이 one 데이터를 기준으로 two와 동일하게 존재하는 id의 값에 해당하는 데이터만 합치는 것이 아니라, one과 two 모두에 있는 id를 포함하여 합치게 된다.

```
(left.join <- merge(one, two, by="id", all=T))
```

```
  id  x  y
1 A   1 NA
2 B   2 NA
3 C   3  6
4 D   4  7
5 E   5  8
6 F NA  9
7 G NA 10
```

by 옵션에도 .x와 .y를 넣을 수 있다. .x는 left-join이기 때문에 첫 번째 데이터가 기준이 되는 것이다. 만약 .y라고 설정한다면 두 번째 데이터를 기준으로 결합을 진행하겠다는 의미가 된다.

```
(left.join <- merge(one, two, by.x="id", all.x=T))
```

```
  id x  y
1 A 1 NA
2 B 2 NA
3 C 3  6
4 D 4  7
5 E 5  8
```

```
(left.join <- merge(one, two, by.y="id", all.y=T))
```

```
 id  x  y
1 C  3  6
2 D  4  7
3 E  5  8
4 F NA  9
5 G NA 10
```

결합에 포함되는 변수명이 같을 경우에는 어떻게 해야 할까. 이를 확인하기 위해 base::names() 함수를 이용해 two 데이터의 두 번째 변수명을 y에서 x로 변경하였다.

```
names(two)[2] <- "x"
```

변수명을 변경하고 id 기준으로 왼쪽 결합을 실행한다.

```
(left.join <- merge(one, two, by="id", all.y=T))
```

```
 id x.x x.y
1 C   3   6
2 D   4   7
3 E   5   8
4 F  NA   9
5 G  NA  10
```

결과에서 보듯이 x.x, x.y와 같이 변수명이 자동적으로 생성되어 나타난다. 그런데 2개의 데이터만 결합하는 것이 아니라, 동시에 3개 이상의 데이터도 같이 결합하고자 하는 경우를 생각해보자.

```
three<-data.frame(id=c("C", "D", "H", "I", "J"), y=11:15)
```

새롭게 생성한 three 데이터를 왼쪽 결합을 시도한다.

```
(left.join <- merge(one, two, three, by="id", all=T))
```

이상하게도 3개를 한 번에 결합하려면 에러 메시지가 나타난다. 기본 함수에서 merge는 오직 2개 데이터에 대해서만 결합이 가능하다. 따라서 merge 함수를 여러 번 실행하는 방식이 필요하다.

기준변수명이 다를 때는 어떻게 결합해야 할까. 각각의 데이터 중 변수이름만 서로 다르고 의미하는 바가 같은 경우를 생각해보자. 예를 들어, one 데이터의 id와 two 데이터의 code가 같은 의미를 가진 변수라고 할 경우 2가지 방법이 가능하다.

① 변수명을 통일(동일하게 수정)하여 결합한다.

```
one.1 <- data.frame(id=c(LETTERS[1:5]), x=1:5)
two.1 <- data.frame(no=c(LETTERS[3:7]), y=6:10)
```

base::names()를 이용해서 먼저 변수명을 동일하게 변경한다.

```
names(two.1)[1] <- "id"
two.1
```

```
 id y
1 C 6
2 D 7
3 E 8
4 F 9
5 G 10
```

one.1은 A부터 순서대로 E까지 id변수와 1부터 5까지의 x변수가 합쳐진 형태이고, two.1은 C부터 G까지 id변수와 6부터 10까지의 y변수로 구성되었기 때문에 모든 데이터가 일치하지 않는다. 따라서 각각의 데이터에 존재하지 않는 경우는 NA로 지정되고 결합된다.

```
(name.merge <- merge(one.1, two.1, by = "id", all=T))
```

```
  id  x  y
1 A  1 NA
2 B  2 NA
3 C  3  6
4 D  4  7
5 E  5  8
6 F NA  9
7 G NA 10
```

② 각각 다른 변수명에 대한 옵션 설정으로 결합한다.

여기서부터 by.x와 by.y를 지정하여 변수명이 다르더라도 같은 변수로 인식하여 결합할 수 있다. 계속해서 one.1과 two.1 데이터를 이용해서 다음과 같이 실행한 경우를 살펴보자.

```
names(two.1)[1] <- "no"
```

이때 one.1 데이터와 two.1 데이터는 각각 겹치는 기준변수가 B, C, D로 3개이며 그 외 값에 대해서는 NA가 표시되어 결합된다.

```
(name.merge <- merge(one.1, two.1, by.x = "id", by.y = "no", all=T))
```

```
  id  x  y
1 A  1 NA
2 B  2 NA
3 C  3  6
4 D  4  7
5 E  5  8
6 F NA  9
7 G NA 10
```

3-3 기본 함수를 통한 inner-join

merge 함수에 대해서 양쪽 데이터 모두에 있는 값을 기준으로 결합하는 형태로, 교집합 개념이라고 생각하면 쉽다.

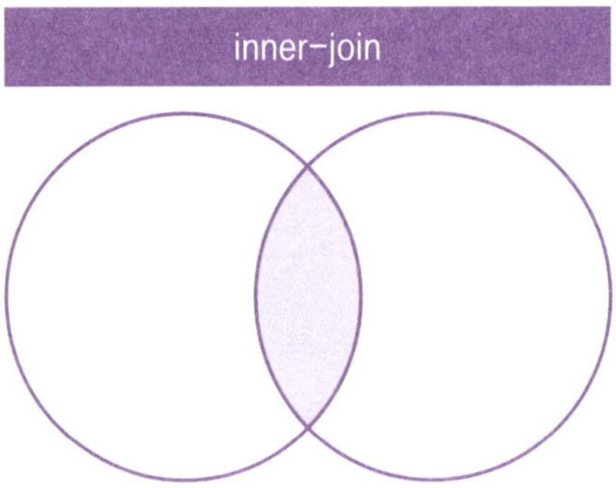

교집합과 같이 공통 부분에 대해서만 결합한 결과는 다음과 같다.

```
(inner.join<- merge(one, two, by="id"))
```

```
 id x.x x.y
1 C   3   6
2 D   4   7
3 E   5   8
```

데이터 순서를 다음과 같이 지정할 경우, 먼저 나온 데이터를 기준으로 결합이 진행된다. 따라서 데이터 순서를 지켜야 하며 다른 결합(join) 함수도 마찬가지다.

```
(inner.join<- merge(two, one, by="id"))
```

```
 id x.x x.y
1 C   6   3
2 D   7   4
3 E   8   5
```

all=T를 추가한 경우 by에서 설정한 모든 id값이 결합에 사용된다. 기준이 되는 첫 번째 데이터인 two가 앞부분에 놓이고, 그 뒷부분에 one의 데이터가 쌓인다.

```
(inner.join<- merge(two, one, by="id", all=T))
```

```
  id x.x x.y
1 C   6   3
2 D   7   4
3 E   8   5
4 F   9  NA
5 G  10  NA
6 A  NA   1
7 B  NA   2
```

당연히 all.x=T는 첫 번째 데이터인 two를 기준으로만 결합된다.

```
(inner.join<- merge(two, one, by="id", all.x=T))
```

```
  id x.x x.y
1 C   6   3
2 D   7   4
3 E   8   5
4 F   9  NA
5 G  10  NA
```

3-4 기본 함수를 통한 right-join

left-join과 반대되는 방법으로 오른쪽 데이터를 기준으로 결합하는 방식이다. 이때 all.y=의 옵션은 모든 y, 즉 순서로 보면 뒤에 위치한 데이터를 기준으로 결합을 하라는 의미이다.

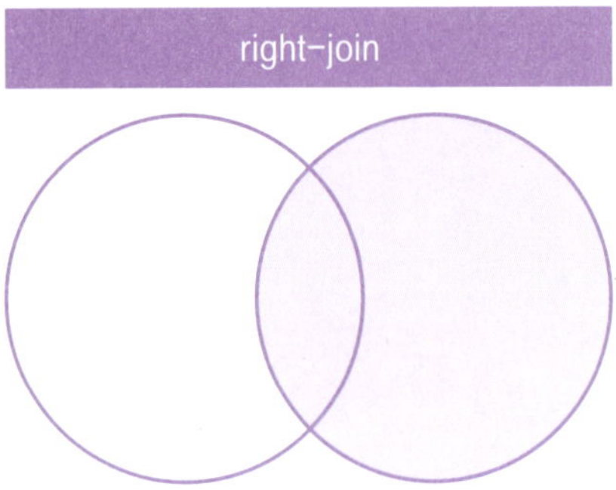


```
(right.join <- merge(one, two, by="id", all.y=T))
```

```
 id x.x x.y
1 C   3   6
2 D   4   7
3 E   5   8
4 F  NA   9
5 G  NA  10
```

all.x= 옵션은 모든 x, 즉 순서로 보면 앞에 위치한 데이터를 기준으로 결합을 하라는 의미이다.

```
(right.join <- merge(one, two, by="id", all.x=T))
```

```
 id x.x x.y
1 A   1  NA
2 B   2  NA
3 C   3   6
4 D   4   7
5 E   5   8
```

3-5 기본 함수를 통한 all-join(full-join)

2개의 데이터 중 기준변수를 지정하는 by 옵션의 모든 부분을 참고하는 결합 방식이다.

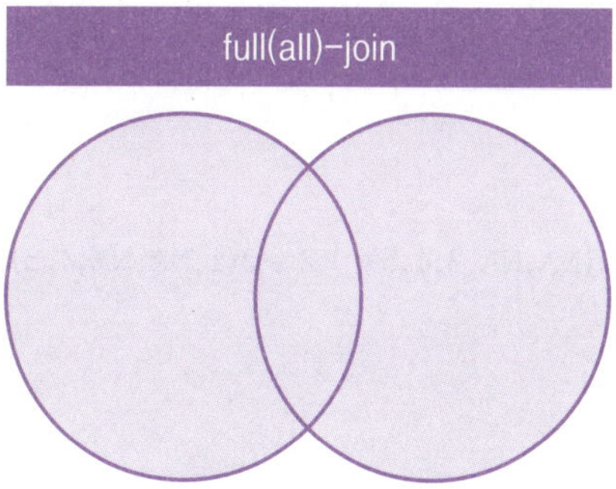


```
(all.join <- merge(one, two, by="id", all=T))
```

```
  id x.x x.y
1 A   1  NA
2 B   2  NA
3 C   3   6
4 D   4   7
5 E   5   8
6 F  NA   9
7 G  NA  10
```

4 base::merge 추가 예제

4-1 incomparables = NA 옵션

기준변수에 결측값이 존재하는 경우는 해당 결측값에 대하여 결합을 하지 않겠다는 의미다.

```
(x <- data.frame(k1 = c(NA,NA,3,4,5), k2 = c(1,NA,NA,4,5), data = 1:5))
```

```
  k1 k2 data
1 NA  1    1
2 NA NA    2
3  3 NA    3
4  4  4    4
5  5  5    5
```

```
(y <- data.frame(k1 = c(NA,2,NA,4,5), k2 = c(NA,NA,3,4,5), data = 1:5))
```

```
  k1 k2 data
1 NA NA    1
2  2 NA    2
3 NA  3    3
4  4  4    4
5  5  5    5
```

x와 y 데이터에서 변수명이 k1을 기준으로 데이터를 결합하면 다음과 같다. x, y 데이터 순으로 결합하고자 하였으므로 .x가 붙은 변수명은 기준데이터를 의미하고 .y가 붙은 변수명은 다른 데이터를 의미한다. 그런데 x 데이터에서 k1 변수는 3, 4, 5가 있고 y 데이터에서 k1 변수는 2, 4, 5가 있으므로 중복 값이 4, 5로 나타난다. 따라서 결합한 데이터에서 k1은 4, 5만 나타나고 나머지는 모두 결측값으로 나타난다.

```
merge(x, y, by = "k1")
```

```
   k1  k2.x  data.x  k2.y  data.y
1   4     4       4     4       4
2   5     5       5     5       5
3  NA     1       1    NA       1
4  NA     1       1     3       3
5  NA    NA       2    NA       1
6  NA    NA       2     3       3
```

기준변수를 c()로 묶어내면 2개 이상의 기준변수를 고려하여 결합을 할 수 있다. 이때 k1, k2 모두에 공통적으로 존재하는 결측값이 x에서는 2, y에서는 1이므로 각각 2와 1이 포함되어 결합된 결과는 다음과 같다.

```
merge(x, y, by = c("k1","k2"))
```

```
   k1  k2  data.x  data.y
1   4   4       4       4
2   5   5       5       5
3  NA  NA       2       1
```

이때 incomparables = NA를 사용함으로써 결합에서 제외하고 진행할 수 있다. 키변수가 결측값이라면 매칭(matching) 자체가 의미가 없기 때문이다.

```
merge(x, y, by = "k1", incomparables = NA)
```

```
  k1  k2.x  data.x  k2.y  data.y
1  4     4       4     4       4
2  5     5       5     5       5
```

단, incomparables = NA는 by 옵션에서 단일한 변수를 선택했을 때만 적용 가능하므로 주의해야 한다.

4-2 sort 옵션

sort 옵션은 결합한 데이터를 순서대로 정렬하기 위한 옵션이다.

```
merge(x, y, by = "k1", sort("k2"), incomparables = NA)
```

```
  k2   k1  data.x  k2.y  data.y
1  4    4       4     4       4
2  5    5       5     5       5
```

```
merge(x, y, by = "k1", sort("data"), incomparables = NA)
```

```
  data   k1  k2.x  k2.y  data.y
1    2   NA    NA    NA       2
2    4    4     4     4       4
3    5    5     5     5       5
```

ch.33 dplyr 패키지를 이용한 데이터 결합

1 기본 개념

앞서 merge() 함수나 join 함수로 다뤘던 데이터 결합 방식은 오로지 2개의 데이터에 대해서 결합하는 방식이다. 3개 이상의 데이터는 purrr::reduce() 함수나 Reduce() 함수로 결합할 수 있다.

- mutating-join(신규 결합): inner-join, full-join, left-join, right-join
- filter-join(선택 결합): semi-join, anti-join

예제 데이터는 다음과 같이 생성한다. 데이터 결합을 위해 dplyr 패키지를 호출한다.

```
#결합에 필요한 데이터 생성
(x <- data.frame(id=c(LETTERS[1:5]), v1=1:5))
```

```
 id v1
1 A  1
2 B  2
3 C  3
4 D  4
5 E  5
```

```
(y <- data.frame(id=c(LETTERS[3:7]), v2=6:10))
```

```
  id v2
1 C  6
2 D  7
3 E  8
4 F  9
5 G 10
```

```
(z <- data.frame(id=c(LETTERS[5:9]), v3=11:15))
```

```
  id v3
1 E 11
2 F 12
3 G 13
4 H 14
5 I 15
```

```
library(dplyr) #패키지 호출
```

2 결합

2-1 bind_rows()와 bind_cols()

bind_rows()와 bind_cols()는 앞 장에서 살펴본 rbind, cbind와 동일한 의미로 사용하는 함수로 각각 행 결합과 열 결합을 의미한다.

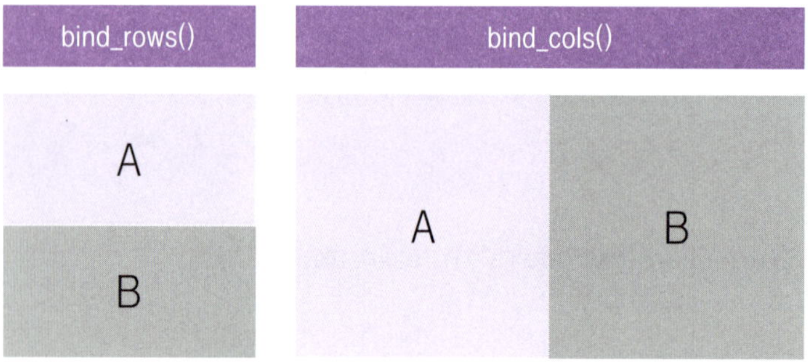

y 데이터의 v2 변수를 x 데이터와 같은 x1으로 변경하기 위해서 다음과 같이 dplyr::rename으로 변수명을 변경하고 진행한다.

```
y<-y %>%
rename("v1"="v2")
y
```

```
 id v1
1 C  6
2 D  7
3 E  8
4 F  9
5 G 10
```

bind_rows() 함수를 활용해서 x를 먼저, y를 나중에 오도록 하여 데이터를 위아래로 길게 쌓는다.

```
bind_rows(x,y)
```

```
  id v1
1  A  1
2  B  2
3  C  3
4  D  4
5  E  5
6  C  6
7  D  7
8  E  8
9  F  9
10 G 10
```

bind_cols() 함수를 활용할 때는 다음과 같이 y 데이터를 기준으로 z 데이터의 두 번째 요소인 v3 변수(열)를 옆으로 이어 붙이는 방식으로 데이터를 결합한다.

```
bind_cols(y,z[2])
```

```
  id v1 v3
1 C   6 11
2 D   7 12
3 E   8 13
4 F   9 14
5 G  10 15
```

2-2 dplyr의 중복(값)처리

중복(값)을 처리한다는 것은 동일한 값이 여러 번 존재할 경우 하나의 값으로 보여준다는 의미이다.

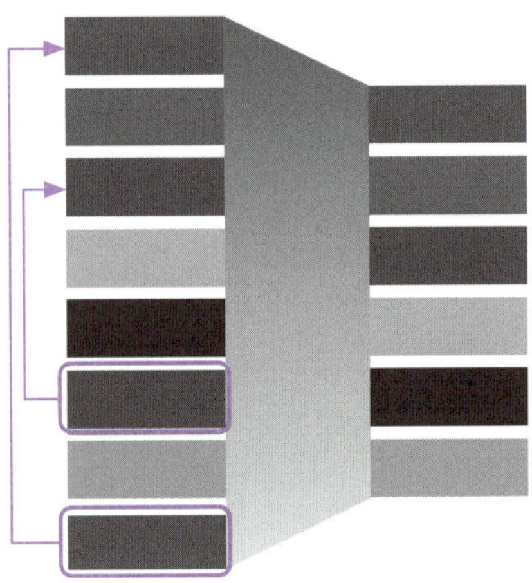

```
b_xy<-bind_rows(x,y)
b_xy
```

```
  id v1
1  A  1
2  B  2
3  C  3
4  D  4
5  E  5
6  C  6
7  D  7
8  E  8
9  F  9
10 G 10
```

다음은 x, y를 위아래로 결합한 b_xy를 생성하고, summarize() 함수를 이용하여 데이터의 개수를 확인하는 n()과 id의 중복을 제외한 데이터의 개수를 확인하는 n_distinct(id)를 이용하여 중복 숫자를 확인한 결과다.

```
b_xy %>% group_by(id) %>%
summarise(n=n(),
          n_dist=n_distinct(id)) %>% #id 중복 확인
select (id ,n, n_dist)
```

```
 id  n  n_dist
1 A  1       1
2 B  1       1
3 C  2       1
4 D  2       1
5 E  2       1
6 F  1       1
7 G  1       1
```

실제 분석에서 중복이 발생한 경우에는 대부분 중복을 제거하는데, 먼저 개수로 확인하고 판단하기도 한다.

```
b_xy %>% distinct(id) #id중복 확인
```

```
  id
1 A
2 B
3 C
4 D
5 E
6 F
7 G
```

이때 group_by() 함수를 사용하여 select 함수에서 id만 지정하는 방식도 distinct() 함수와 같은 결과를 얻을 수 있다.

2-3 3개 데이터 결합

3개의 데이터를 한 번에 합치는 방식을 진행해보자. 이때 list 함수를 이용하여 다음과 같이 새로운 데이터를 생성한다. 이와 같은 방식으로 데이터를 합치는 경우 경고 메시지가 출력된다. 이유는 각각의 x, y, z의 변수명 중 id는 모두 동일하나 관찰값이 모두 v1, v2, v3로 다르기 때문이다. 다만 출력 결과를 살펴보면 첫 번째 데이터인 x를 기준으로 v1이라는 변수로 합쳐진 것을 확인할 수 있다.

```
list_b_xyz<-bind_rows(list(x,y,z))
```

```
  id v1
1  A  1
2  B  2
3  C  3
4  D  4
5  E  5
6  C  6
7  D  7
8  E  8
9  F  9
10 G 10
11 E  7
12 F  8
13 G  9
14 H 10
15 I 11
```

계속해서 id 개수와 중복된 id 개수를 산출하여 데이터 정보를 확인한다.

```
list_b_xyz %>% group_by(id) %>%
summarise(n=n(),
          n_dist=n_distinct(id)) %>%
select (id ,n, n_dist)
```

```
 id  n n_dist
1 A  1      1
2 B  1      1
3 C  2      1
4 D  2      1
5 E  3      1
6 F  2      1
7 G  2      1
8 H  1      1
9 I  1      1
```

중복 횟수가 2 이상인 것을 선택하고자 할 때는 다음과 같이 한다.

```
list_b_xyz %>% group_by(id) %>%
summarise(n=n(),
          n_dist=n_distinct(id)) %>%
filter(n>1) %>%
select (id ,n, n_dist)
```

```
 id  n  n_dist
1 C  2       1
2 D  2       1
3 E  3       1
4 F  2       1
5 G  2       1
```

3 Pk를 이용한 dplyr::join

연습용 데이터는 base::merge에서 사용한 데이터와 동일하다.

```
one <- data.frame(id=c(LETTERS[1:5]), x=1:5)
two <- data.frame(id=c(LETTERS[3:7]), y=6:10)

one
```

```
 id x
1 A 1
2 B 2
3 C 3
4 D 4
5 E 5
```

```
two
```

```
 id y
1 C  6
2 D  7
3 E  8
4 F  9
5 G 10
```

3-1 left-join

왼쪽 결합을 하면 base::merge() 함수에서 all.x=T라는 옵션을 지정한 것과 같은 결과가 나타난다. 즉 one을 기준으로 two에서 동일한 id인 C, D, E와 그에 해당하는 y변수(열)가 옆으로 결합된다. 이때 two의 id에는 A와 B가 없으므로 y는 NA로 표기된다.

```
l.join<-left_join(one, two, by="id")
l.join
```

```
 id x  y
1 A 1 NA
2 B 2 NA
3 C 3  6
4 D 4  7
5 E 5  8
```

3-2 inner-join

one의 모든 데이터를 기준으로 two 데이터가 합쳐질 때 동일한 값을 갖는 id에서 C, D, E뿐만 아니라 y도 같이 결합된다. 다만, inner-join은 left-join과 다르게 one 데이터와 two 데이터의 교집합에 해당하는 데이터만 결합된다.

```
i.join<-inner_join(one, two, by="id")
i.join
```

```
 id x y
1 C 3 6
2 D 4 7
3 E 5 8
```

3-3 semi-join

semi-join은 two와 일치(match)하는 one의 값만을 제시(filter 역할)한다. 다시 말해 semi-join은 inner-join과 유사해 보이나, two 데이터의 y는 같이 결합하지 않고 one 데이터를 기준으로 결과값을 제시한다. 이때 two 데이터와 공통으로 존재하는 one 데이터의 id에서 C, D, E와 같은 행에 위치한 데이터만 보여준다. one 데이터를 위한 일종의 filter로 two 데이터는 결과에 반영되지 않는다.

```
s.join<-semi_join(one, two, by="id")
s.join
```

```
 id x
1 C 3
2 D 4
3 E 5
```

3-4 anti-join

anti-join은 two와 일치(match)하는 one의 값을 제외(filter 역할)한다. anti는 사전적 의미 그대로 반대라는 의미를 지닌다. 결국 anti-join은 one을 기준으로 two에 대한 결합을 하고자 할 때, 공통적으로 갖고 있는 것이 아니라 one 기준으로만 존재하는 행을 추출하는 것이다. semi-join과 마찬가지로 one 데이터를 위한 일종의 filter로 two 데이터는 결과에 반영되지 않는다.

```
an.join<-anti_join(one, two, by="id")
an.join
```

```
 id x
1 A 1
2 B 2
```

3-5 right-join

right-join은 left-join과 반대되는 개념으로 사용하는 결합이다. two를 기준으로 one을 결합하는 방식이다.

```
r.join<-right_join(one, two, by="id")
r.join
```

```
 id  x y
1 C  3 6
2 D  4 7
3 E  5 8
4 F NA 9
5 G NA 10
```

3-6 all(full)-join

all(full)-join은 앞서 merge() 함수에서 all=T라는 옵션을 실행한 경우와 결과가 같다. 예제로 생성한 one과 two 데이터 모두에 있는 값들을 기준으로 데이터를 결합하는 방식이다.

```
f.join<-full_join(one, two, by="id")
f.join
```

```
  id  x  y
1 A  1 NA
2 B  2 NA
3 C  3  6
4 D  4  7
5 E  5  8
6 F NA  9
7 G NA 10
```

4 Pk가 다른 경우 dplyr::join

결합하고자 하는 각각의 데이터 키변수의 이름이 다를 때는 어떤 방법을 사용해야 할까. 다음과 같이 키변수(PK)가 다른 경우를 생각해보자.

PK

ID	V1	V2		No	V3	V4
1				1		
2				2		
3				3		
...				...		
n				n		

base::merge() 함수에서 다룬 것과 같은 연습용 데이터를 사용하고자 한다.

```
one.1 <- data.frame(id=c(LETTERS[1:5]), x=1:5)
two.1 <- data.frame(no=c(LETTERS[3:7]), y=6:10)

one.1
```

```
 id x
1 A 1
2 B 2
3 C 3
4 D 4
5 E 5
```

```
two.1
```

```
 no  y
1 C  6
2 D  7
3 E  8
4 F  9
5 G 10
```

by=c("id"="no")와 같이 id 옵션에서 각기 다른 기준변수에 대해서 =로 같음을 지정해주고 결합을 진행하면 된다.

```
join<-left_join(one.1, two.1, by=c("id"="no"))
join
```

```
 id x  y
1 A 1 NA
2 B 2 NA
3 C 3  6
4 D 4  7
5 E 5  8
```

ch.34 apply() 함수

1 기본 개념

apply문은 주로 기초통계량과 같은 기본 함수(base function)를 반복적으로 적용하고자 할 때 사용한다. 그런데 기본 함수의 적용 방법은 다양하기 때문에 꼭 apply문을 써야 하는가에 대한 원론적인 질문으로 이어질 수 있다. 따라서 왜 apply문을 써야 하는지 명확한 이유가 있어야 한다.

1-1 apply() 함수를 왜 사용하는가?

apply() 함수를 사용하는 이유는 크게 두 가지로 생각해볼 수 있다. 첫 번째는 하나의 함수 또는 코드에 다수의 반복문(for, while, repeat)을 사용하면 데이터 크기에 따라 처리 속도가 느려지기 때문이다. 두 번째는 apply() 함수를 사용하면 반복문보다 직관적인 코드 사용이 가능해 효율적이기 때문이다.

다음은 apply() 함수에 대한 기본 적용 방법이다.

```
apply(데이터, 행(1) 또는 열(2), 함수(FUN))
```

apply() 함수 중 주로 사용하는 몇 가지에 대해 살펴보자.

1-2 apply() 함수 살펴보기

```
library(MASS)
car<-Cars93
```

car 데이터에서 4~6번째 변수(열)에 대해서 각각 평균을 계산한다고 해보자. 이때 아래와 같은 방식으로 평균을 계산하는 것이 가장 단순한 방식이라 할 수 있다.

```
mean(car[,4])
```

```
[1] 17.12581
```

```
mean(car[,5])
```

```
[1] 19.50968
```

```
mean(car[,6])
```

```
[1] 21.89892
```

또는 다음과 같이 for문을 사용하여 결과를 산출할 수 있다.

```
for(i in 4:6) {
   mean<-mean(car[,i])
   print(mean)
}
```

```
[1] 17.12581
[1] 19.50968
[1] 21.89892
```

그렇다면 마지막으로 apply() 함수를 고려해보자. 훨씬 간결하면서도 빠르게 코드를 구성해 결과를 이끌어낼 수 있다. apply는 행렬(matrix), 어레이(arry), 데이터프레임(dataframe)에서 모두 공통적으로 사용할 수 있으며 결과를 벡터(vector)로 내보낸다. 따라서 산출된 결과를 분석자가 원하는 특정 구조로 사용하고자 할 때는 구조 변경이 필수적이다.

```
> apply(car[,4:6], 2, mean)
```

```
Min.Price     Price  Max.Price
 17.12581  19.50968   21.89892
```

2 apply() 함수 적용

2-1 매트릭스에서 apply() 함수 적용하기

```
#1 부터 12까지 2행, 3열의 `a`라는 matrix를 생성
m <- matrix(c(1:12), ncol=3)
m
```

```
     [,1] [,2] [,3]
[1,]    1    5    9
[2,]    2    6   10
[3,]    3    7   11
[4,]    4    8   12
```

apply() 함수를 사용하여 열 평균을 산출하면 다음과 같다.

```
m.cm<-apply(m, 2, mean)
m.cm
```

```
[1]  2.5  6.5 10.5
```

colMeans() 함수로 apply() 함수와 비교하면 다음과 같다.

```
# `열` 평균 확인
colMeans(m)
```

```
[1] 2.5 6.5 10.5
```

산출한 데이터가 벡터라는 것을 알 수 있다.

```
is.vector(m.cm)
```

```
[1] TRUE
```

2-2 어레이에서 apply() 함수 적용하기

```
#1 부터 12까지 2행, 3열, 2차원의 `a`라는 array를 생성
a <- array(c(1:12), dim=c(2,3,2))
a
```

```
, , 1

     [,1] [,2] [,3]
[1,]    1    3    5
[2,]    2    4    6

, , 2

     [,1] [,2] [,3]
[1,]    7    9   11
[2,]    8   10   12
```

```
#apply 함수를 사용하여 `열` 의 평균을 계산
a.cm<-apply(a, 2, mean)
a.cm
```

```
[1] 4.5 6.5 8.5
```

```
# `열` 평균 확인
colMeans(a)
```

```
   [,1] [,2]
[1,] 1.5  7.5
[2,] 3.5  9.5
[3,] 5.5 11.5
```

어레이 유형의 특성상 1, 2, 7, 8은 각 차원의 첫 번째 열이다. 앞서 산출된 값과 비교하기 위해서 평균값을 산출한다.

```
mean(c(1, 2, 7, 8))
```

```
[1] 4.5
```

산출 결과 데이터가 벡터인지 확인한다.

```
#벡터 확인
is.vector(a.cm)
```

```
[1] TRUE
```

2-3 데이터프레임에서 apply() 함수 적용하기

데이터 유형 중 데이터프레임에 대한 apply() 함수는 다음과 같이 적용한다.

```
#1 부터 12까지 2행, 3열의 `a`라는 matrix를 생성
d <- matrix(c(1:12), ncol=3)
d <-data.frame(d)
d
```

```
 X1 X2 X3
1 1  5  9
2 2  6 10
3 3  7 11
4 4  8 12
```

apply() 함수를 사용하여 열 평균을 산출하면 다음과 같다.

```
d.cm<-apply(d, 2, mean)
d.cm
```

```
 X1  X2   X3
2.5 6.5 10.5
```

colMeans() 함수로 열 평균을 산출한 결과와 차이가 없다.

```
colMeans(d)
```

```
 X1  X2   X3
2.5 6.5 10.5
```

앞서 살펴본 매트릭스, 어레이 유형과 마찬가지로 데이터프레임 유형에서도 apply() 함수를 적용하면 벡터 유형으로 산출됨을 알 수 있다.

```
#벡터확인
is.vector(d.cm)
```

```
[1] TRUE
```

3 그 밖의 응용 apply() 함수 적용

3-1 sapply() 함수

sapply()는 행렬과 데이터프레임에 사용하는 함수로 주로 for() 함수를 대체할 때 많이 사용한다.

```
sapply(데이터, 함수(FUN))
```

car 데이터에서 가격에 해당하는 변수만 추출하여 행렬로 유형을 변경한다.

```
head(car[,4:6], 3)
```

```
  Min.Price  Price  Max.Price
1      12.9   15.9       18.8
2      29.2   33.9       38.7
3      25.9   29.1       32.3
```

```
car.m<-matrix(car[,4:6])
class(car.m)
```

```
[1] "matrix"
```

변경한 car.m 데이터에 대한 평균을 산출한다.

```
s.1<-sapply(car.m, mean)
s.1
```

```
[1] 17.12581 19.50968 21.89892
```

```
is.vector(s.1)
```

```
[1] TRUE
```

이번에는 데이터프레임 유형으로 데이터를 추출한다.

```
car.d<-data.frame(car[,4:6])
class(car.d)
```

```
[1] "data.frame"
```

같은 방법으로 car.d 데이터에 대한 평균을 산출한다. 위의 매트릭스로 변환하여 분석한 결과와 데이터프레임으로 변환한 결과에 차이가 없는 것으로 나타난다.

```
s.2<-sapply(car.d, mean)
s.2
```

```
 Min.Price     Price  Max.Price
  17.12581  19.50968   21.89892
```

```
is.vector(s.2)
```

```
[1] TRUE
```

1) sapply() 응용하기

car 데이터에서 유형이 숫자형(numeric)인 것만 추출한다.

```
# sapply 함수 사용하여 만들기
car.n1 <- car[, sapply(car, is.numeric)]
head(car.n1,3)
```

```
  Min.Price  Price  Max.Price  MPG.city  MPG.highway  EngineSize  Horsepower
1      12.9   15.9       18.8        25           31         1.8         140
2      29.2   33.9       38.7        18           25         3.2         200
3      25.9   29.1       32.3        20           26         2.8         172
   RPM  Rev.per.mile  Fuel.tank.capacity  Passengers  Length  Wheelbase  Width
1  6300         2890                13.2           5     177        102     68
2  5500         2335                18.0           5     195        115     71
3  5500         2280                16.9           5     180        102     67
  Turn.circle  Rear.seat.room  Luggage.room  Weight
1          37            26.5            11    2705
2          38            30.0            15    3560
3          37            28.0            14    3375
```

이에 대한 데이터 유형을 확인해보면 다음과 같이 데이터프레임이다.

```
class(car.n1)
```

```
[1] "data.frame"
```

2) sapply() 응용하기

car 데이터에서 4부터 6열까지, 24열, 25열을 추출하고 해당 열에 대한 평균을 산출한다. 결측값에 대해서는 평균 계산에 반영하지 않도록 na.rm=T 옵션을 사용한다.

```
sapply(car[,c(4:6, 24:25)],mean, na.rm=T)
```

```
 Min.Price      Price   Max.Price  Luggage.room      Weight
   17.1258   19.50968    21.89892      13.89024  3072.90323
```

3-2 lapply() 함수

lapply()는 결과를 리스트(list)로 산출하는 apply() 함수의 한 종류이다.

```
lapply(데이터, 함수(FUN))
```

벡터 유형에 대한 평균을 산출할 때 lapply() 함수를 사용하면 그 결과는 다음과 같다.

```
s.3<-lapply(car.m, mean)
s.3
```

```
[[1]]
[1] 17.12581

[[2]]
[1] 19.50968

[[3]]
[1] 21.89892
```

산출된 결과가 리스트로 반환됨을 알 수 있다.

```
is.list(s.3)
```

```
[1] TRUE
```

데이터프레임 유형에 대한 평균을 산출할 때 lapply() 함수를 사용한 결과이다.

```
s.4<-lapply(car.d, mean)
s.4
```

```
$Min.Price
[1] 17.12581

$Price
[1] 19.50968

$Max.Price
[1] 21.89892
```

마찬가지로, lapply() 함수로 산출한 결과가 리스트로 반환됨을 알 수 있다.

```
is.list(s.4)
```

```
[1] TRUE
```

3-3 tapply() 함수

tapply()는 특정 집단을 기준으로 결과를 산출할 때 주로 사용하는 apply() 함수이다.

```
tapply(벡터(연속형), 벡터(요인), mean) #요인별 연속형 벡터의 평균산출
```

tapply() 함수를 이용해서 type(집단)에 따른 price(연속형)의 평균을 산출한다.

```
data.frame(price_mean=tapply(car$Price, car$Type, mean))
```

```
##         price_mean
Compact    18.21250
Large      24.30000
Midsize    27.21818
Small      10.16667
Sporty     19.39286
Van        19.10000
```

with() 함수를 사용하여 데이터명에 대한 중복적인 코드 입력을 줄이고자 한다. 경우에 따라 attach(), detach() 함수를 특정 데이터를 지정하여 사용하면 with() 함수와 같은 효과를 얻을 수 있다.

```
data.frame(price_mean=with(car, tapply(Price, Type, mean)))
```

```
##        price_mean
Compact    18.21250
Large      24.30000
Midsize    27.21818
Small      10.16667
Sporty     19.39286
Van        19.10000
```

해당 내용을 function() 함수를 이용하여 자신만의 기초통계량을 산출하는 함수로 만들어볼 수 있다.

```
b=as.data.frame(
  with(iris,
       cbind(
         N=round(tapply(iris[,2], iris[,5], length),2),
         min=round(tapply(iris[,2], iris[,5], min),2),
         max=round(tapply(iris[,2], iris[,5], max),2),
         mean=round(tapply(iris[,2], iris[,5], mean),2),
         sd=round(tapply(iris[,2], iris[,5], sd),2)
     )
   )
)

b
```

```
              N  min  max  mean   sd
setosa       50  2.3  4.4  3.43  0.38
versicolor   50  2.0  3.4  2.77  0.31
virginica    50  2.2  3.8  2.97  0.32
```

3-4 어떤 apply() 함수를 사용할 것인가?

apply() 함수를 사용하는 데 있어 똑같은 결과를 산출할 수 있다면 어떤 함수를 사용할 것인가? 우리가 사용한 함수는 어떤 의미가 되는가? 다음 결과를 통해 생각해보자.

```
apply(car[,4:6],2,mean)
```

```
Min.Price      Price   Max.Price
  17.12581  19.50968     21.89892
```

apply() 함수와 결과가 같음을 알 수 있다.

```
sapply(car[,4:6],mean)
```

```
Min.Price      Price   Max.Price
  17.12581  19.50968     21.89892
```

lapply() 함수는 결과값을 리스트로 반환한다.

```
lapply(car[,4:6],mean)
```

```
$Min.Price
[1] 17.12581

$Price
[1] 19.50968

$Max.Price
[1] 21.89892
```

ch.35 함수 만들기

1 기본 개념

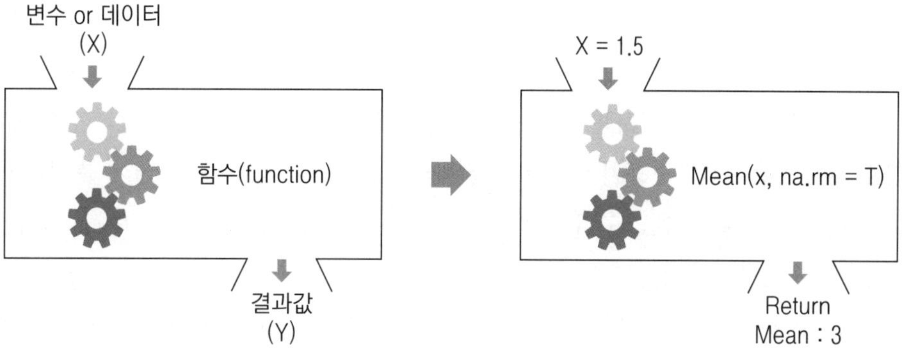

어떤 이들은 함수라고 하면 일차방정식이나 이차방정식을 떠올리고, 또 어떤 이들은 자판기에 비유하기도 한다. 함수를 숫자 형태로 이해하는 이들은 함수를 풀어내고 함수에 얽힌 관계에 대해 탐구하길 원한다. 그러나 함수가 어떤 메커니즘을 지닌 일이나 활동이라면 함수에 바라는 것은 아주 명확해진다.

다음과 같이 1부터 5까지 데이터가 있다고 해보자. 이에 대한 평균을 구하기 위해서는 그 값을 더하고 개수로 나눠야 한다.

```
(1+2+3+4+5)/5
```

```
[1] 3
```

그런데 이렇게 일일이 코드를 입력해서 계산하는 것은 번거롭고 불편하다. 그래서 다음과 같이 mean()이라는 함수를 사용한다.

```
mean(1:5)
```

```
[1] 3
```

1-1 함수를 만드는 데 필요한 규칙

왜 우리만의 함수를 만들어야 할까? 내 입맛에 맞는 결과물을 출력하고 싶은데 기존의 패키지에 포함된 함수들이 내가 원하는 것과 차이가 있다면 '차라리 내가 함수를 만들어 볼까' 하고 생각할 수 있다. 그런데 함수를 만들 때는 몇 가지 규칙이 필요하다. 함수는 코드를 축약한 형태로 가공하는 것이므로 우선 쉽게 기억할 수 있는 함수명이 필요하다.

함수를 만드는 데 익숙하지 않은 이들은 함수로 다양한 결과를 한 번에 출력하기보다는 하나의 기능을 함수로 구현하고 새로운 기능을 추가하는 방식으로 만들어나갈 것을 권한다. 예를 들어, 기술통계량을 쉽게 출력하는 함수를 만들고 싶다고 해보자. 먼저 합계나 평균 같이 간단한 형태를 출력하도록 구성할 수 있어야만 나중에 첨도나 왜도 등과 같은 다양한 통계량이 보이도록 추가할 수 있다.

함수를 만들 때는 기본으로 제공되는 함수뿐만 아니라 널리 알려진 패키지의 함수를 활용하여 새롭게 본인만의 함수를 만드는 방식도 충분히 고려할 만하다. 예를 들어, R을 실행했을 때 library()로 패키지를 호출하지 않더라도 사용할 수 있는 함수와 apply() 함수 계열, 해들리 위컴(Hadley Wickham)이 개발한 다양한 타이디버스(tidyverse) 패키지(ggplot, dplyr 등)를 이해한다면 보다 효율적인 함수를 만들 수 있다.

어쩌면 기존에 만들어져 있는 함수를 사용하는 것이 분석자에게 오히려 더 높은 생산성을 이끌어낼 수 있을지도 모른다. 그만큼 함수를 만드는 것은 어렵고 많은 고민이 따르는 도전이다. 그러나 한편으로는 데이터의 유형이나 구조를 넘어 R에 대한 전반적인 이해를 넓히고, 분석자 자신이 출력하고자 하는 것에 대해 명확히 정립할 수 있는 의미 있는 작업이기도 하다. 함수를 직접 만들어보면 분명 R과 더욱 친해질 수 있는 계기가 될 것이다.

1-2 조건에 따른 결과 출력을 위한 if-else()

함수를 만들 때 가장 많이 사용하는 것 중 하나는 특정 조건을 만족시키면 실행되도록 하는 if 관련 함수들이다. if() 함수는 다음과 같이 사용할 수 있다.

```
if(조건1) { #조건1 참일 때, 실행구문1
     실행구문1
 }
 else if(조건2) { #조건2 참일 때, 실행구문2
     실행구문2
 }
 else { #조건1과 조건2가 아닌 모든 경우, 실행구문3
     실행구문3
 }
 return()
}
```

if() 함수보다 실행 속도가 더 빠르다고 알려진 것은 ifelse() 함수로 다음과 같이 사용한다.

```
ifelse(조건1, 참일 때 실행구문, 거짓일 때 실행구문)
```

이를 응용하면 다음과 같다.

```
ifelse(조건1, 조건1 참일 때 실행구문,
        ifelse(조건2, 조건2 참일 때 실행구문, 모든 조건 아닐 때 실행구문)
```

2 함수 만들기

2-1 확장

앞서 함수를 만들 때 그 기능을 확장하면서 만드는 것을 추천하였다. 가장 간단한 평균을 구하는 함수를 만든다고 해보자. 함수를 만들기 위해서는 다음과 같은 방식으로 그 구조를 만들 수 있다. 보통은 다음과 같이 함수이름을 가장 먼저 정의하고, 함수에 사용되는 변수를 필요한 만큼 정의한 후 return()을 통해서 그 결과를 출력하는 순으로 만든다. 이때 구문은 쉼표가 아니라 줄바꿈 된 상태로 함수가 실행되어야 한다.

```
함수이름 <-function(함수 사용변수1, 함수 사용변수2, ...) {
    함수에 필요한 계산이나 구문1 #기본함수이외, if(), for()등이 쓰인다.
    함수에 필요한 계산이나 구문2
    함수에 필요한 계산이나 구문3
    ...
    return() #반환
}
```

다음은 평균을 계산하고 그 결과를 소수점 두 자리로 반환해주는 pyungun() 함수를 만든 것이다.

```
#mean을 계산하고 이를 반환하도록 함
pyungun<-function(x,...){
    mean=round(mean(x), 2)
    return(mean)
}
pyungun(1:5) #함수적용
```

```
[1] 3
```

2-2 if-else() 및 stop()를 활용한 함수

추가적으로, pyungun.1() 함수는 데이터 유형이 숫자형(numeric)인 경우에만 평균을 계산하도록 하고 그렇지 않을 때는 오류(error) 메시지가 출력되도록 한다. 이에 stop() 안에 출력하고자 하는 메시지를 추가하고, 입력한 데이터가 숫자형일 경우에는 데이터 프레임(dataframe) 형태로 결과를 출력하도록 한다.

```
pyungun.1<-function(x,...) {
     if(!is.numeric(x)) {
        stop("data-type should be numeric")
     }
     value=data.frame(mean=round(mean(x), 2))
     return(value)
}
pyungun.1(1:5)
```

```
 mean
1   3
```

pyungun.1() 함수에 letters라는 소문자 알파벳을 입력해 실행하면 다음과 같다. 이때 letters는 소문자 알파벳을 의미하며, 데이터 유형이 숫자형이 아닌 문자형이기 때문에 오류 메시지가 출력되면 함수가 정상 작동하는 것이다.

```
pyungun.1(letters)
```

stop() 함수가 아니라 if-else()를 이용하여 오류 메시지를 출력할 수도 있다.

```
pyungun.1.1<-function(x,...) {
    if(is.numeric(x)) {
       value=data.frame(mean=round(mean(x), 2))
    }
    else{
    print("error : data-type should be numeric")
       }
    return(value)
}
pyungun.1.1(letters)
```

2-3 warning()을 활용한 함수

stop()은 오류 메시지를 출력하도록 하는 것이고 warning()은 경고 메시지(warning messages)를 출력하도록 하는 함수이다. 오류 메시지의 경우 함수의 실행이 멈춰지지만, 경고 메시지는 함수가 온전히 기능하되 원하는 값이 산출되지 않는 특징이 있다.

```
pyungun.1.2<-function(x,...) {
    if(!is.numeric(x)) {
       warning("data-type should be numeric")
    }
    value=data.frame(mean=round(mean(x), 2))
    return(value)
}
pyungun.1.2(letters)
```

```
Warning in pyungun.1.2(letters): data-type should be numeric
Warning in mean.default(x): argument is not numeric or logical: returning
NA
 mean
1  NA
```

계속해서, 데이터 유형이 숫자형이 아닐 때 table() 함수를 이용해서 빈도표를 출력하도록 하고, 출력 결과는 데이터프레임으로 설정한 함수는 다음과 같다.

```
pyungun.2<-function(x,...) {
    if(!is.numeric(x)) {
      value=data.frame(table(x))
    }
    else {
    value=data.frame(round(mean(x), 2))
    }
    return(value)
}
pyungun.2(letters[1:3])
```

```
  x Freq
1 a    1
2 b    1
3 c    1
```

2-4 swich()를 활용한 함수

분석자만의 함수를 생성할 때 유용하게 사용할 수 있는 switch() 함수에 대해 알아보자. 입력한 값(또는 기준)이 각 조건(condition)과 같을 때 해당 함수를 실행하도록 한다.

```
switch(기준,

조건1 = 명령문1,
조건2 = 명령문2,
...

조건n = 명령문n)
```

다음 함수는 기초통계량을 산출하되 분석자가 특정 통계량만 산출하도록 선택할 수 있는 기능을 지닌 함수이다.

```
basic <- function(x, type, ...){
    if(!is.numeric(x)) {
      stop("error : data-type should be numeric")
    }
    else {
    switch(type,
           sd = data.frame(sd=round(sd(x, na.rm=T), digits=2)),
           mean = data.frame(mean=round(mean(x, na.rm=T), digits=2)),
           median = data.frame(round(median(x, na.rm=T), digits=2)),
           all = data.frame(sd=round(sd(x, na.rm=T), digits=2),
                            mean=round(mean(x, na.rm=T), digits=2),
                            median=round(median(x, na.rm=T), digits=2)
                            )
           )
    }
}
basic(1:5, "all")
```

```
    sd  mean  median
1 1.58     3       3
```

MASS 패키지의 Cars93 데이터 중에서 price만 추출하여 새롭게 데이터프레임을 생성한다.

```
price <- MASS::Cars93$Price
```

이에 대해서 basic() 함수를 적용하면 그 결과가 다음과 같다. 만약 Cars93 데이터에서 type 변수를 추출한 경우는 어떻게 출력될까? 다음 결과를 직접 확인해보자.

```
basic(price, "all")
```

```
     sd    mean    median
1  9.66    19.51      17.7
```

```
type <- MASS::Cars93$Type
basic(type, "all")
```

그런데 우리가 굳이 함수를 만들지 않더라도 기초통계량을 바로 확인할 수 있는 패키지가 아주 다양하게 존재한다. 그중 대표적인 패키지가 psych::describe() 함수이다.

```
psych::describe(price)
```

```
   vars  n mean   sd median trimmed mad min  max range skew kurtosis se
X1    1 93 19.51 9.66   17.7    18.29 8.3  7.4 61.9  54.5 1.48     3.05  1
```

요컨대 함수를 만들기 전에 먼저 우리가 구체적으로 필요로 하는 것이 무엇인지 이해하고, 누군가 미리 만들어놓은 함수가 있는지 찾아보기를 권한다. R은 현재 1만 개 이상의 패키지가 있으므로 함수를 찾을 때 in r이라는 검색어만 추가해도 원하는 거의 모든 함수를 찾을 수 있을 것이다.

ch.36 색과 그래프 옵션

1 색상

누군가를 설득하고 이해시키는 데 표와 그래프는 상당히 강력하다. 특히 그래프는 결과에 대해 직관적으로 공유할 수 있다는 장점이 있다. 이번 장에서는 그래프를 더욱 효율적으로 활용할 수 있는 색과 몇 가지 옵션에 대해 살펴보고자 한다.

일반적으로 컴퓨터 프로그램에서는 RGB(red, green, blue) 영역 내에서 혼합된 형태의 색을 다루는데, 통계 프로그램인 R이 기본적으로 제공하는 색상은 657개다.

```
length(colors()) #color의 개수
```

```
[1] 657
```

R에서 흰색 계열의 색상만 추출해보면 14개가 나타나는데, 상당히 많은 종류이므로 어떤 색을 써야 할지 선택에 어려움이 있을 수 있다.

```
#흰색계열의 개수를 확인
length(grep("white", colors(), value = F))
```

```
[1] 14
```

흰색 계열의 이름을 살펴보면 다음과 같다.

```
#흰색계열의 이름 중 6개 출력
head(data.frame(white.k=grep("white",colors(), value = T)))
```

```
        white.k
1         white
2  antiquewhite
3 antiquewhite1
4 antiquewhite2
5 antiquewhite3
6 antiquewhite4
```

계속해서, 다음과 같이 16진수 형태로도 색상을 표현할 수 있다.

```
barplot(c(3,5), col=c("#3333FF", "#FF0033"))
```

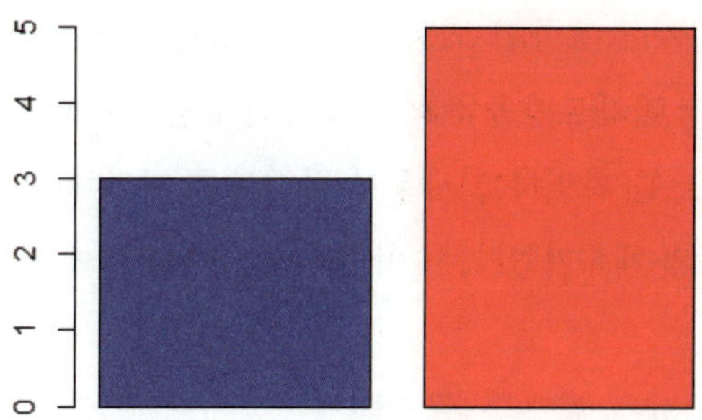

1-1 RColorBrewer 패키지

처음 R을 다뤄보거나 익숙하지 않은 분석자는 각 색상의 이름이나 16진수 표현식을 외워서 사용하기 힘들다. 따라서 특정 색을 모아놓은 팔레트(palette)를 사용해 그래프를 표현하는 방식을 추천한다.

가장 대표적인 RColorBrewer 패지키를 통해서 팔레트의 사용 방법에 대해서 살펴보자. RColorBrewer 패지키는 3가지 유형으로 팔레트가 구성되어 있다.

- Sequential palettes(순차 팔레트): 시계열 또는 연속형 데이터에 적합
- Qualitative palettes(범주 팔레트): 범주형 데이터에 적합
- Diverging palettes(발산 팔레트): 극단값 또는 연속형 데이터에 적합

```
library("RColorBrewer") #패키지 호출
display.brewer.all() #모든 팔레트 보이기
```

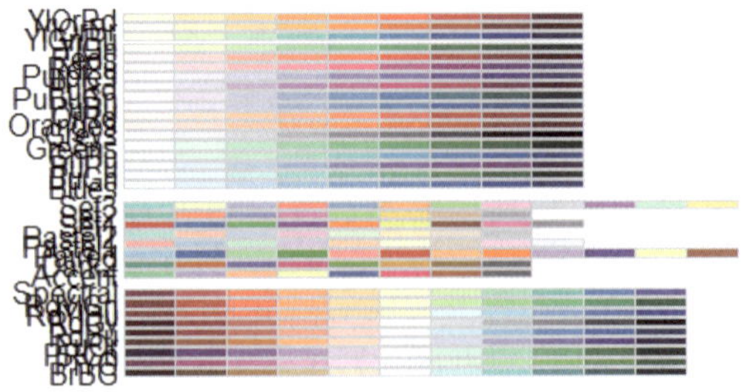

RColorBrewer 패키지에 포함된 모든 팔레트를 display.brewer.all() 함수로 화면에서 확인할 수 있다. 특정 팔레트만을 선택해서 화면에 출력할 때는 display.brewer.pal() 함수로 개별적인 팔레트를 확인하고 사용할 팔레트를 지정하면 된다. 단, 팔레트가 최초 포함하고 있는 색상의 개수가 있어서 이를 벗어나는 경우에는 경고문이 출력된다.

```
display.brewer.pal(n=5, #5개의 색을 출력
                   name = "팔레트이름") #팔레트 지정
#Set3 팔레트 중 5개 색을 추출하여 화면에 표기
display.brewer.pal(n=5, name = "Set3")
```

Set3 (qualitative)

위에서 확인한 Set3 팔레트를 사용하려면 다음과 같이 brewer.pal() 함수를 사용하면 된다. 이때 name=Set3으로 설정하고 n=은 원하는 팔레트의 개수를 설정하면 된다. 단, 그래프를 그릴 때 지정한 팔레트 내 색의 개수(n=)를 표현하고자 하는 그래프보다 작게 입력하면 반복적인 색으로 표현되고, 그와 반대로 지정한 팔레트 색을 더 크게 입력하면 그래프의 개수에 따라 반응하게 된다.

```
barplot(1:5, col=brewer.pal(n=5, name="Set3"))
```

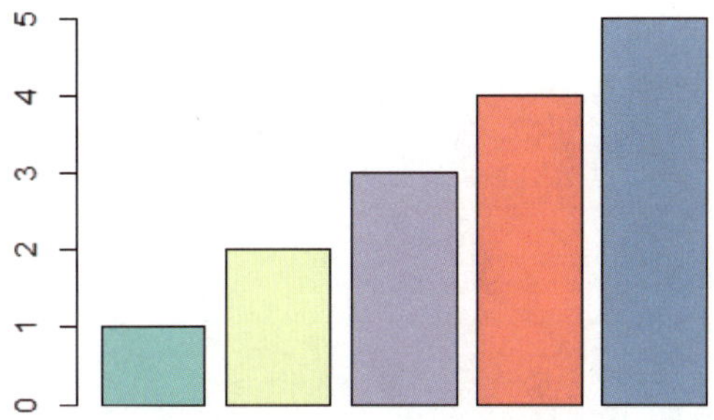

보다 정확하게 팔레트별 정보를 확인하기 위해서는 brewer.pal.info를 실행하면 된다. brewer.pal.info는 함수가 아닌 변수이기에 바로 그 결과를 확인해볼 수 있다.

```
head(brewer.pal.info)
```

```
     maxcolors  category  colorblind
BrBG        11       div        TRUE
PiYG        11       div        TRUE
PRGn        11       div        TRUE
PuOr        11       div        TRUE
RdBu        11       div        TRUE
RdGy        11       div       FALSE
```

계속해서, colorspace 패키지를 호출하고 다음과 같이 choose_palette() 함수를 실행하면 팔레트를 직접 수정·생성할 수 있다.

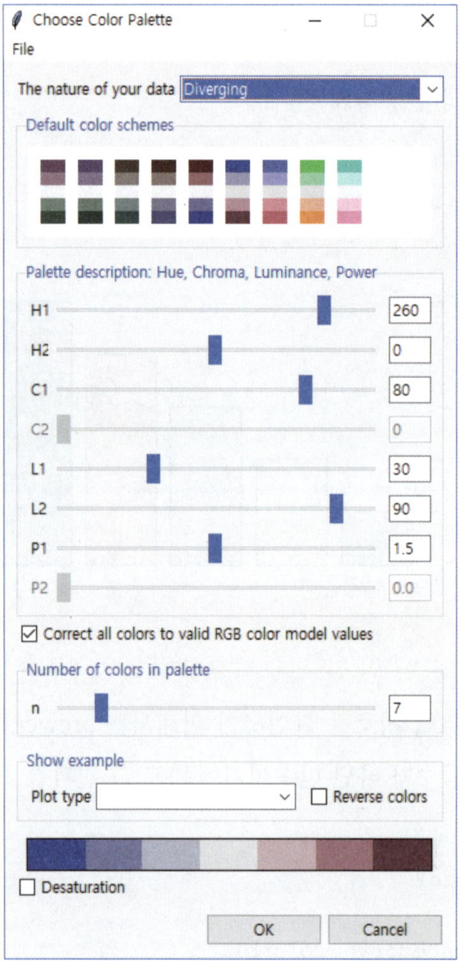


```
library("colorspace")
#install.packages("dichromat")
pal <- choose_palette()
```

2 그 밖의 설정

2-1 pch(point shapes)

pch는 R에서 연속형 데이터나 시계열 데이터, 산점도와 같은 개별 데이터를 하나씩 표현하는 그래프를 그려야 할 때 설정하면 된다.

```
#아래 pch를 한 번에 표현하기 위한 함수1

R.pch<-function(){
  oldPar<-par()
  par(font=2, mar=c(0.5,0,0,0))
  y=rev(c(rep(1,6),rep(2,5), rep(3,5), rep(4,5), rep(5,5)))
  x=c(rep(1:5,5),6)
  plot(x, y, pch = 0:25, cex=1.5, ylim=c(1,5.5), xlim=c(1,6.5),
       axes=FALSE, xlab="", ylab="", bg="red")
  text(x, y, labels=0:25, pos=3)
  par(mar=oldPar$mar,font=oldPar$font )
}
R.pch()
```

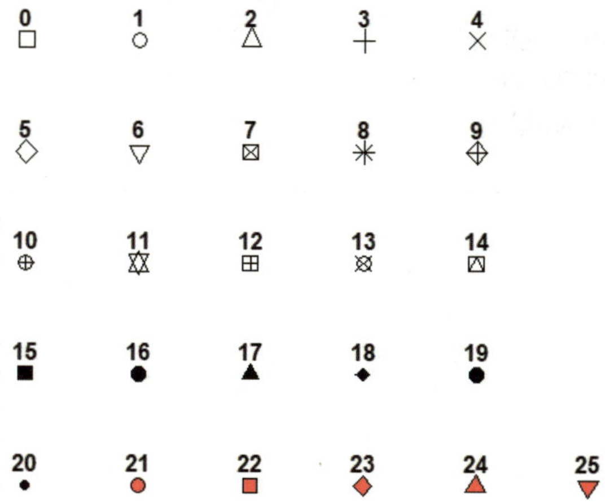

1 참고: http://www.sthda.com

위의 내용을 응용하여 다음과 같이 그래프를 표현할 수 있다. 이때 pch="p" 옵션을 특정 번호가 아닌 문자나 특수문자로도 표현할 수 있다.

```
set.seed(123) #난수 시드 고정
plot(x=rnorm(30), y=rnorm(30), #30개씩의 정규분포를 따르는 난수 생성
        pch="p", #모양을 문자로 대체
        cex=2, #모양의 크기 설정
        col="red") #점에 대한 색 지정
```

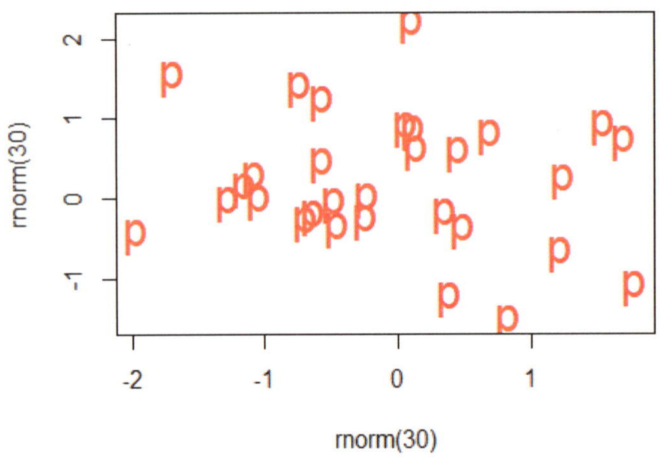


```
set.seed(123) #난수 시드 고정
plot(x=rnorm(30), y=rnorm(30), #30개씩의 정규분포를 따르는 난수 생성
        pch="點", #모양을 한자로 대체
        cex=1.2, #모양의 크기 설정
        col="skyblue") #점에 대한 색 지정
```

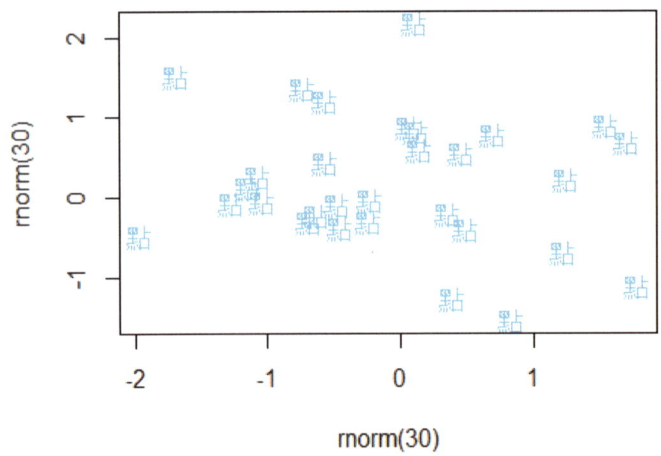

그 밖에도 다음과 같은 옵션을 추가하여 그래프를 그릴 수 있다.

- lty: 점과 점을 잇는 선의 종류를 설정함
- col: 점에 대한 색상을 지정함
- bg: 21번째에서 25번째 점에 대해서만 외곽선의 색을 지정함
- type: 점과 선의 모양으로, lty와 다르게 점의 모양도 변화됨
- cex: 점 모양에 대한 크기를 의미하며 숫자가 커질수록 커짐
- lwd: 점 모양과 연결된 선의 두께를 의미하며 숫자가 커질수록 두꺼워짐

```
#그래프의 기본 설정을 한 번에 표현하기 위한 코드2

par(mar=c(3,3,3,3))
num=0 ; num1=0

plot(0,0 , xlim=c(0,21) , ylim=c(0.5,6.5), col="white" , yaxt="n" , ylab="" ,
xlab="")

#fill the graph
for (i in seq(1,20)){
  points(i,1 , pch=i , cex=3)
  points(i,2 , col=i , pch=16 , cex=3)
  points(i,3 , col="black" , pch=16 , cex=i*0.25)

 #lty
 if(i %in% c(seq(1,18,3))){
      num=num+1
    points(c(i,i+2), c(4,4) , col="black" , lty=num , type="l" , lwd=2)
       text(i+1.1 , 4.15 , num)
       }
```

2 참고: https://www.r-graph-gallery.com/colors/

```
 #type and lwd
 if(i %in% c(seq(1,20,5))){
    num1=num1+1
    points(c(i,i+1,i+2,i+3), c(5,5,5,5) , col="black" , type=c("p","l","b","o")
[num1] , lwd=2)
    text(i+1.1 , 5.2 , c("p","l","b","o")[num1] )
    points(c(i,i+1,i+2,i+3), c(6,6,6,6) , col="black" , type="l", lwd=num1)
    text(i+1.1 , 6.2 , num1 )

    }
 }

#add axis
axis(2, at = c(1,2,3,4,5,6), labels = c("pch" , "col" , "cex" , "lty", "type" , "lwd" ),
     tick = TRUE, col = "black", las = 1, cex.axis = 0.8)
```

참고자료

- http://www.sthda.com
- https://www.nceas.ucsb.edu/~frazier/RSpatialGuides/colorPaletteCheatsheet.pdf
- https://www.r-graph-gallery.com/colors/
- help("RColorBrewer")

ch.37 RStudio 사용법

순수하게 R GUI를 사용하던 때에 이를 보다 편하게 활용하도록 돕던 통합개발환경(IDE)은 RStudio이다. jupyter notebook은 python의 다양한 이점이 널리 알려지고 사용자가 늘어나면서 자연스럽게 소개된 IDE의 한 종류이다. 따라서 분석자 성향에 따라 R을 사용한 통계분석이 주된 목적이라면, 굳이 python의 IDE를 사용하는 것이 불필요하게 느껴질 수도 있다. 따라서 이번 장에서는 널리 알려진 RStudio에 대한 사용법을 살펴보자.

1 설치 및 실행

RStudio 설치는 다음과 같은 단계로 진행한다.

① 설치를 위한 페이지(https://www.rstudio.com/products/rstudio/download/)에 접속하여 RStudio Desktop Open Source License에 있는 다운로드 버튼을 클릭한다.

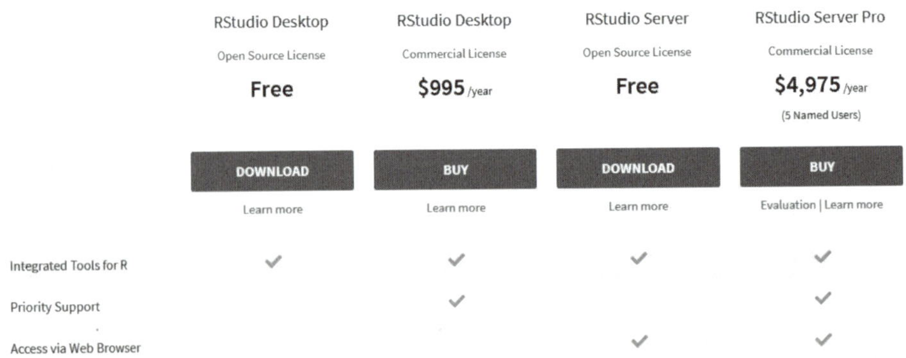

② 컴퓨터의 사용환경(OS)에 맞는 설치 파일을 선택한다.

Installers for Supported Platforms

Installers	Size	Date	MD5
RStudio 1.2.5001 - Ubuntu 18/Debian 10 (64-bit)	105.43 MB	2019-09-19	f108e4d5c1b6c19690378b3ca0990249
RStudio 1.2.5001 - Debian 9 (64-bit)	105.70 MB	2019-09-19	23dca12a5e0a0849522f05b4a8600ce8
RStudio 1.2.5001 - Fedora 28/Red Hat 8 (64-bit)	120.90 MB	2019-09-19	45eab0baf8d0504d183f09c8d40ae704
RStudio 1.2.5001 - macOS 10.12+ (64-bit)	126.86 MB	2019-09-19	a4d8ee737818158b272450eaad4bdc4f
RStudio 1.2.5001 - SLES/OpenSUSE 12 (64-bit)	99.04 MB	2019-09-19	ca94a9bb7e7f5474eedd233ddeef14d6
RStudio 1.2.5001 - OpenSUSE 15 (64-bit)	107.12 MB	2019-09-19	2a40768fdc5c5f97cd1d40628bf8aaad
RStudio 1.2.5001 - Fedora 19/Red Hat 7 (64-bit)	120.27 MB	2019-09-19	14bc52d6f78bc4ee22abff2298be919f
RStudio 1.2.5001 - Ubuntu 14/Debian 8 (64-bit)	96.93 MB	2019-09-19	c19b0ece90130bed7248c1bf6001c647
RStudio 1.2.5001 - Windows 10/8/7 (64-bit)	149.83 MB	2019-09-19	c54d8779f363ec9636c7831e577521bd
RStudio 1.2.5001 - Ubuntu 16 (64-bit)	104.88 MB	2019-09-19	4ff58a08c305207729feb65eb145a5a2

③ 설치 파일을 직접 실행하거나, 원하는 폴더에 다운로드한 후 설치한다.

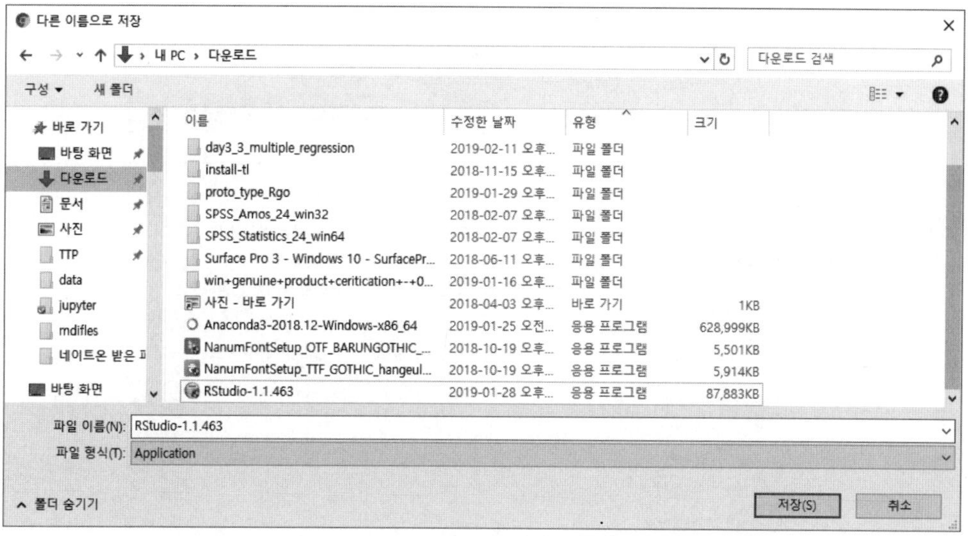

④ RStudio 설치 파일을 실행하고 설치를 진행한다.

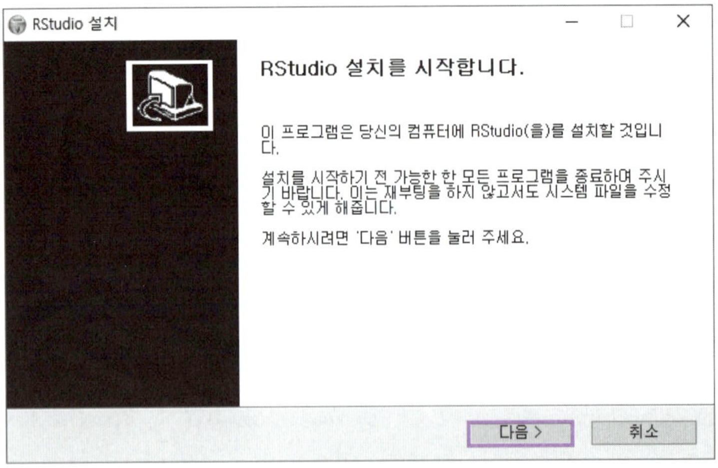

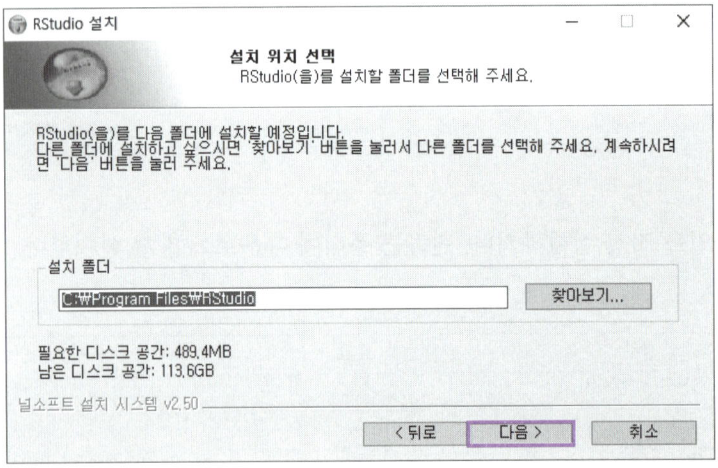

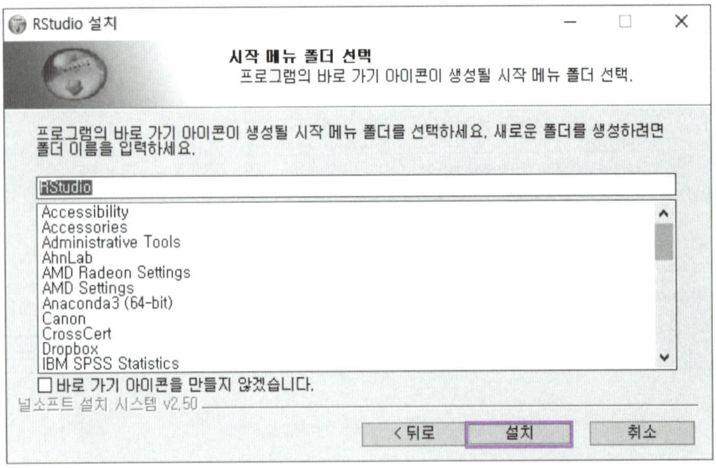

⑤ 설치를 완료하고 RStudio를 실행한다. 바로가기 아이콘을 클릭하거나 C:\Program Files\RStudio\bin 위치로 이동해서 RStudio를 실행하면 된다.

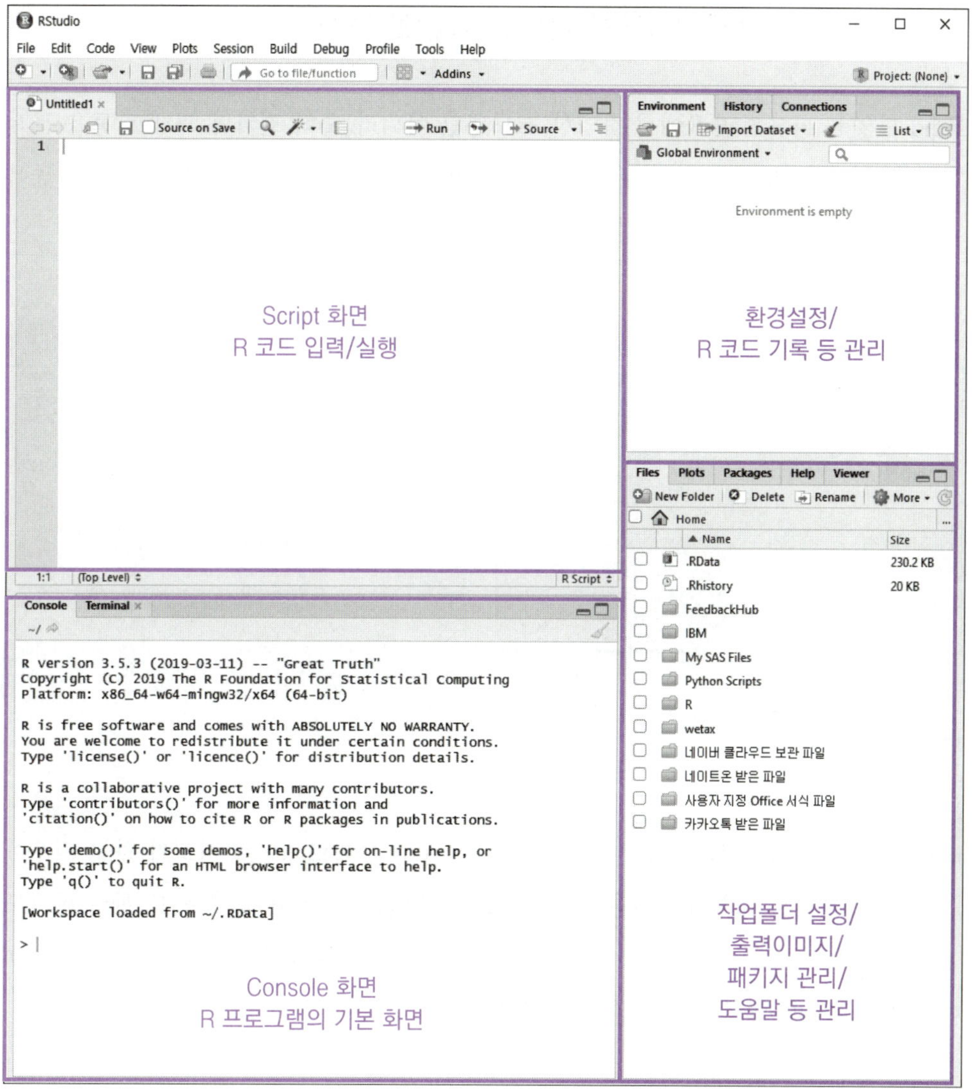

RStudio 기본 화면

2 RStudio에서 문서 만들기

2-1 Rmarkdown(Rmd)으로 만드는 다양한 문서

Rmd 파일을 활용하면 R에서 작업한 코드뿐만 아니라 출력 결과와 그래프 등을 문서화할 수 있다. help 메뉴의 치트시트(cheetsheetes, 컨닝페이퍼)를 보면 사용 빈도가 높은 패키지들에 대한 간단한 사용설명서들이 구성되어 있다.

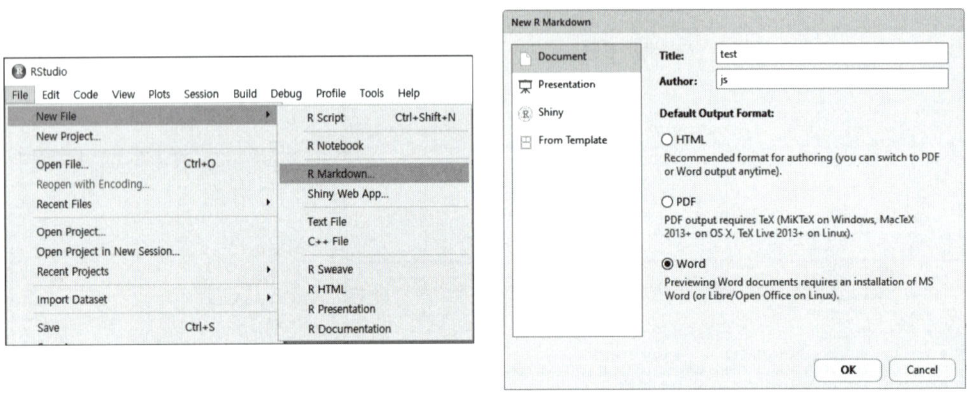

rmarkdown 실행하기

html, pdf, word 형태의 문서화가 가능하다. pdf 형태로 문서화하고자 하는 경우에는 MikTex(https://miktex.org)와 같은 latex 프로그램을 설치해야 한다. 또 한글 폰트도 설치해줘야 한다. 한글 폰트는 네이버에서 제공하는 나눔글씨체(https://hangeul.naver.com/2017/nanum)를 사용하는 것을 추천한다.

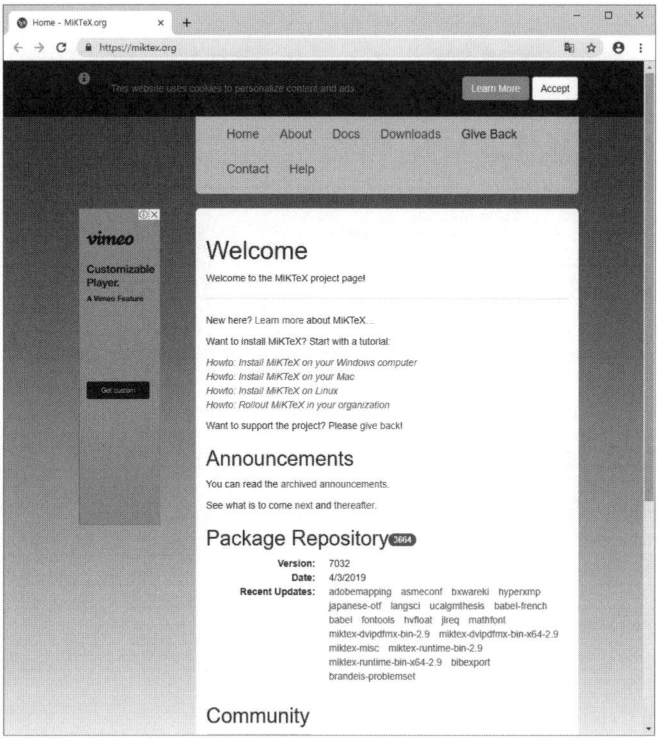

MikTex 설치하기

추가적으로 모두 설치가 되었다면 다음과 같은 코드를 YAML에 추가해야 한다. mainfont는 어떤 폰트를 받아 사용하는지에 따라 다르게 작성하면 된다.

```
latex_engine: xelatex
mainfont: NanumGothic
```

이어서 word로 변환하는 내용을 살펴보자. 다음 화면은 jupyter notebook의 new kernel과 유사하다. jupyter notebook은 코드라인이 구분되어 각 영역을 변환하면서 입력하는 형태라면, Rmd의 경우 기본이 markdown 문서이며 R을 구동하기 위해서 code chunk에 코드를 입력하는 방식이다.

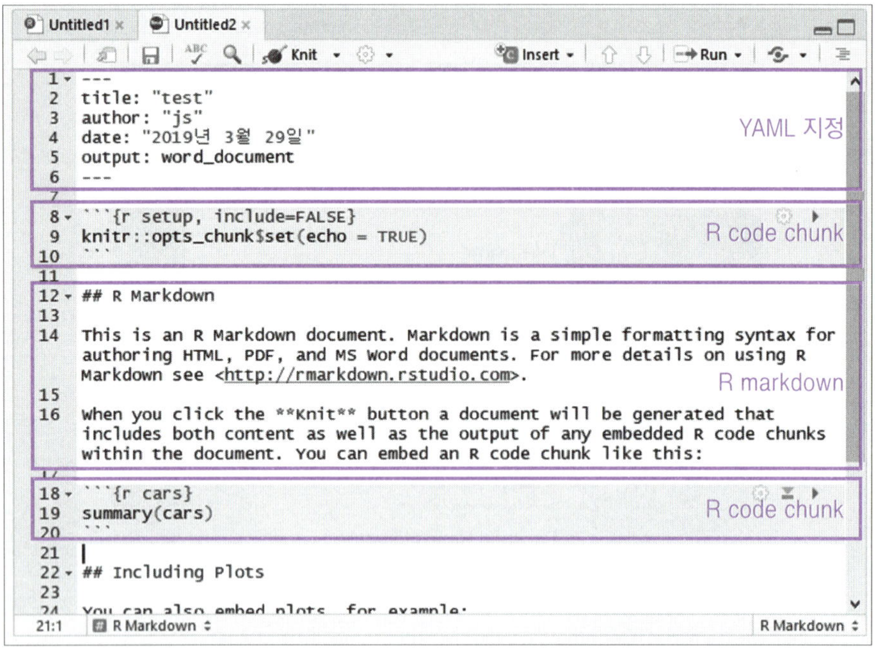

문서의 제목이나 저자, 문서 작성 날짜, 문서 유형 등을 지정하고 관리하는 코드가 YAML(YAML Ain't Markup Language)이다.[1]

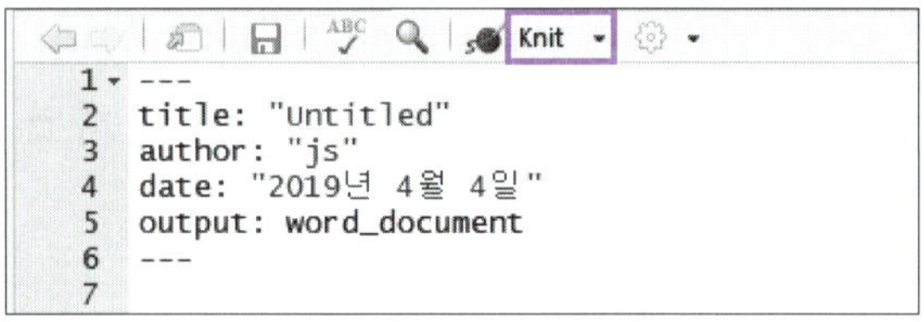

YAML 설명

위와 같이 제목(title), 저자(author), 날짜(date)를 입력한 상태에서 Knit 버튼을 클릭하면 다음과 같은 형태의 word 파일이 생성된다.

1 https://en.wikipedia.org/wiki/YAML

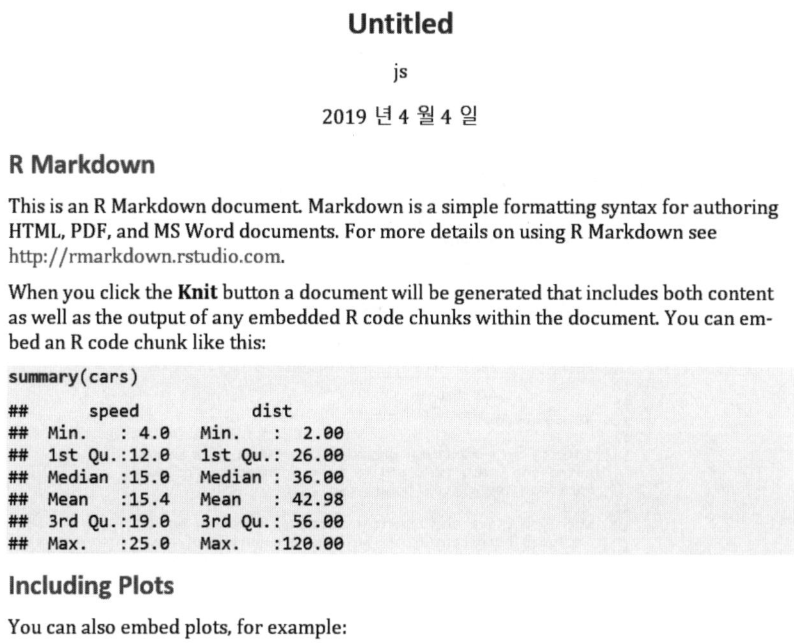

Untitled

js

2019 년 4 월 4 일

R Markdown

This is an R Markdown document. Markdown is a simple formatting syntax for authoring HTML, PDF, and MS Word documents. For more details on using R Markdown see http://rmarkdown.rstudio.com.

When you click the **Knit** button a document will be generated that includes both content as well as the output of any embedded R code chunks within the document. You can embed an R code chunk like this:

```
summary(cars)

##      speed           dist       
##  Min.   : 4.0   Min.   :  2.00  
##  1st Qu.:12.0   1st Qu.: 26.00  
##  Median :15.0   Median : 36.00  
##  Mean   :15.4   Mean   : 42.98  
##  3rd Qu.:19.0   3rd Qu.: 56.00  
##  Max.   :25.0   Max.   :120.00
```

Including Plots

You can also embed plots, for example:

Rmarkdown으로 변환한 워드 파일

code chunk[2]는 말 그대로 코드 덩어리를 의미한다. R이나 그 외 코드들에 대해서 실행하기 위한 영역을 지정해주는 것으로 단축키를 사용하는 것이 편하다(Ctrl + Alt + I). 코드 청크에는 옵션이 있다. 다양한 청크 옵션을 모두 다루는 것은 한계가 있으므로 그 중 사용 빈도가 높은 옵션 위주로 설명하고자 한다.

- include = F: 코드와 결과가 문서에 포함되지 않음
- echo = F: 코드만 문서에 포함되지 않도록 하고, 결과와 그림(그래프)은 포함됨
- message = F: 코드에 의해 생성된 메시지가 문서에 포함되지 않음
- warning = F: 코드에 의해 생성된 경고가 문서에 포함되지 않음
- fig.cap = " ": 그림(그래프)에 캡션을 추가함

2 https://rmarkdown.rstudio.com/lesson-3.html

코드 청크와 Rmarkdown에 대한 입력이 완료된 경우 메뉴 상단에 Knit를 클릭하고 원하는 유형으로 문서화할 수 있다.

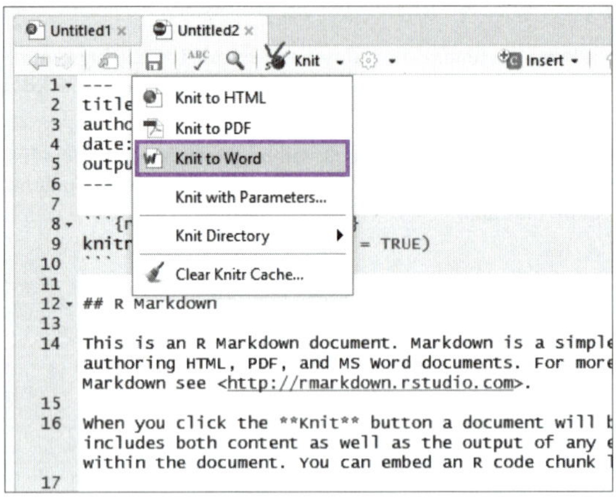

Knite 패키지를 이용한 문서화

문서화에 대한 결과는 word 파일로 저장되며 다음과 같은 형태로 나타난다.

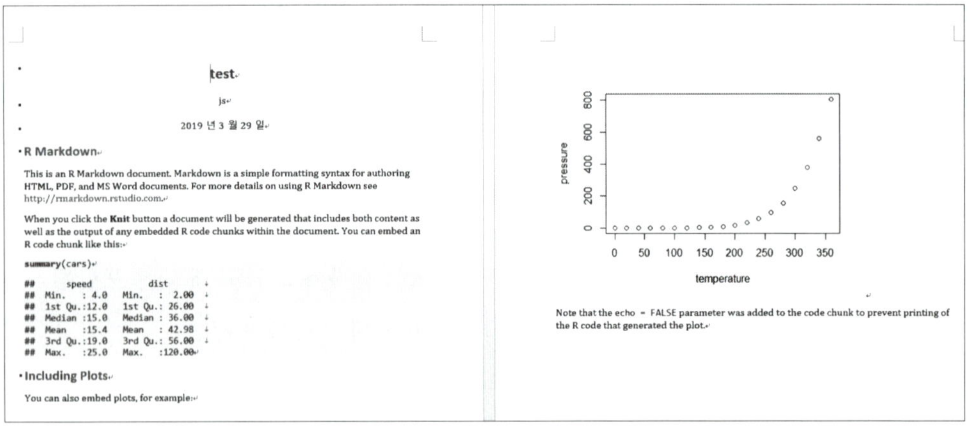

워드 파일 예시

2-2 깔끔하게 정리된 치트시트

help 메뉴의 치트시트(cheatsheet)를 활용하면 사용 빈도가 높은 패키지들에 대하여 간단한 사용설명서들을 볼 수 있다.

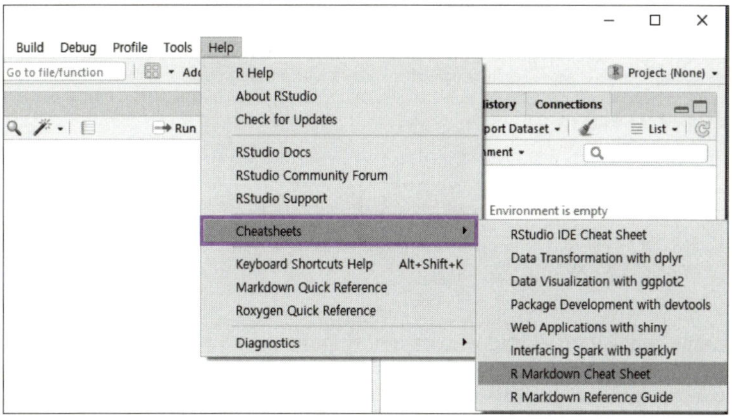

치트시트 불러오기

다음과 같이 특정 패키지나 기능에 대한 설명이 간단한 예제로 되어 있어 직관적으로 바로 사용해야 하는 기능에 쉽게 접근할 수 있다. 한글 버전도 구글링(googling)을 통해서 쉽게 구할 수 있다.

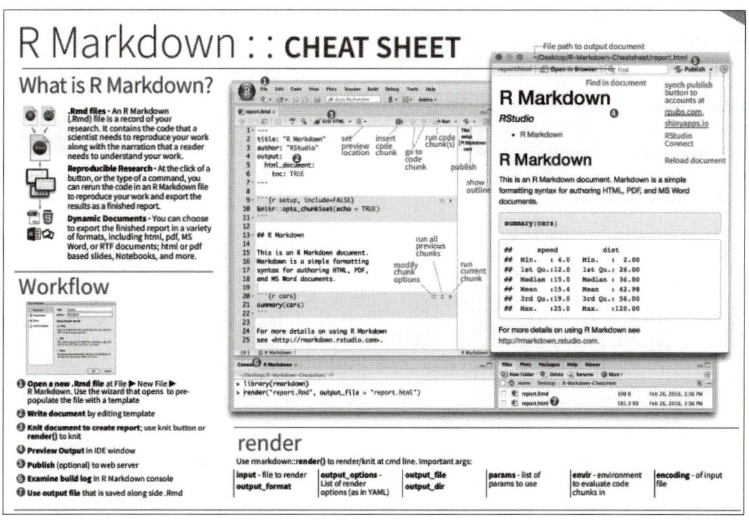

Rmarkdown 치트시트

공식적인 한글 번역본에 대해서는 다음과 같이 사이트 접속 후 찾아볼 수 있다.

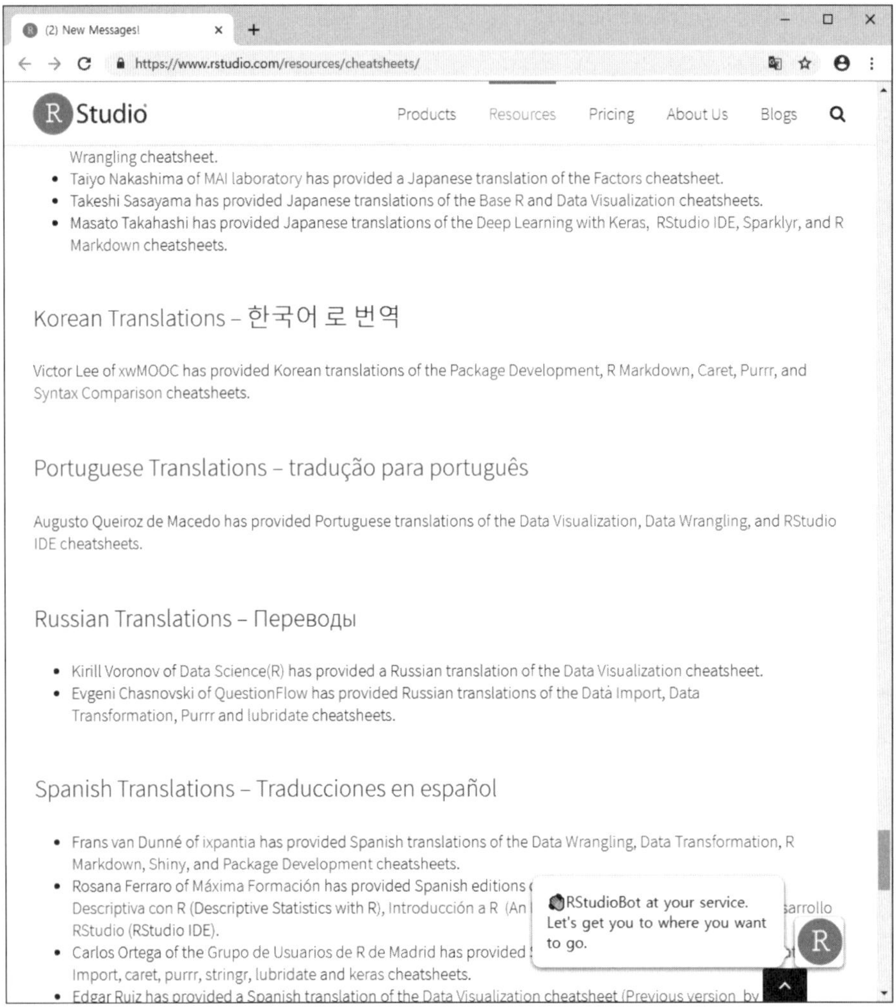

RStudio 홈페이지 치트시트 설명

다음과 같이 ?rmarkdown::word_document 코드 라인에 입력하면 markdown에 관련된 정보 중 word 파일에 관련된 옵션과 내용을 확인할 수 있다.

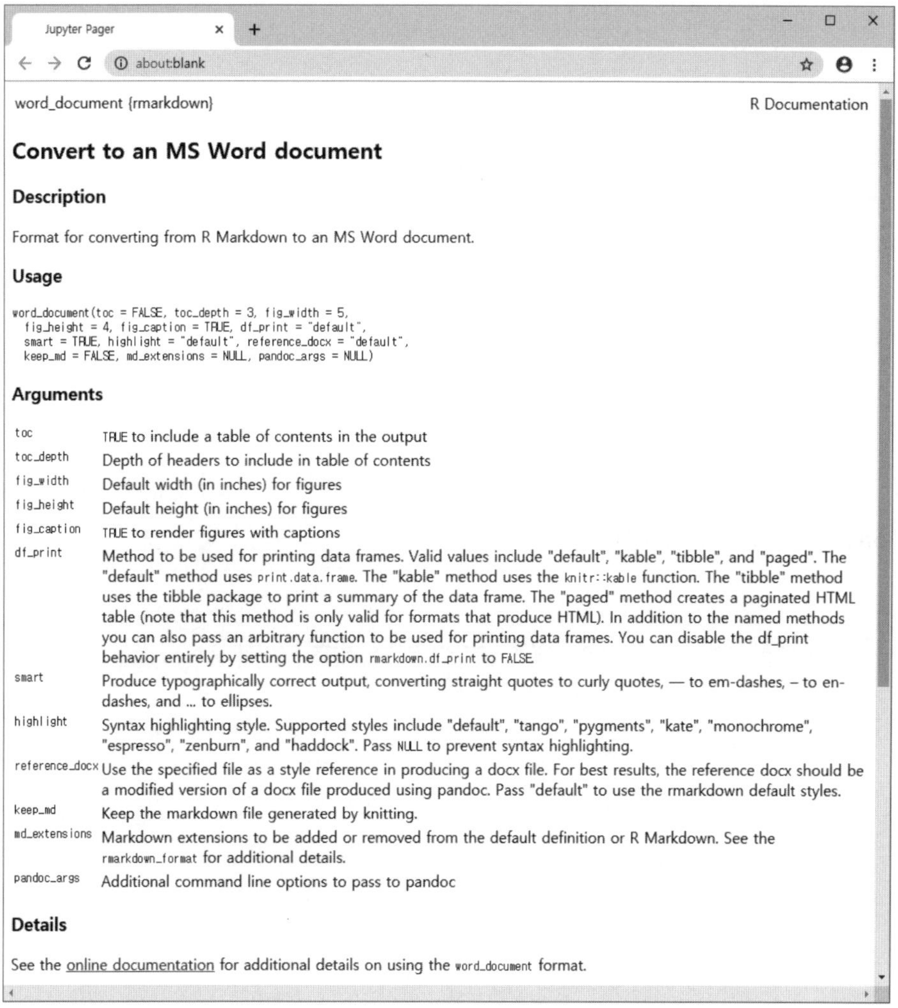

Jupyter Pager

about:blank

word_document {rmarkdown} R Documentation

Convert to an MS Word document

Description

Format for converting from R Markdown to an MS Word document.

Usage

```
word_document(toc = FALSE, toc_depth = 3, fig_width = 5,
  fig_height = 4, fig_caption = TRUE, df_print = "default",
  smart = TRUE, highlight = "default", reference_docx = "default",
  keep_md = FALSE, md_extensions = NULL, pandoc_args = NULL)
```

Arguments

toc	TRUE to include a table of contents in the output
toc_depth	Depth of headers to include in table of contents
fig_width	Default width (in inches) for figures
fig_height	Default height (in inches) for figures
fig_caption	TRUE to render figures with captions
df_print	Method to be used for printing data frames. Valid values include "default", "kable", "tibble", and "paged". The "default" method uses print.data.frame. The "kable" method uses the knitr::kable function. The "tibble" method uses the tibble package to print a summary of the data frame. The "paged" method creates a paginated HTML table (note that this method is only valid for formats that produce HTML). In addition to the named methods you can also pass an arbitrary function to be used for printing data frames. You can disable the df_print behavior entirely by setting the option rmarkdown.df_print to FALSE.
smart	Produce typographically correct output, converting straight quotes to curly quotes, — to em-dashes, – to en-dashes, and ... to ellipses.
highlight	Syntax highlighting style. Supported styles include "default", "tango", "pygments", "kate", "monochrome", "espresso", "zenburn", and "haddock". Pass NULL to prevent syntax highlighting.
reference_docx	Use the specified file as a style reference in producing a docx file. For best results, the reference docx should be a modified version of a docx file produced using pandoc. Pass "default" to use the rmarkdown default styles.
keep_md	Keep the markdown file generated by knitting.
md_extensions	Markdown extensions to be added or removed from the default definition or R Markdown. See the rmarkdown_format for additional details.
pandoc_args	Additional command line options to pass to pandoc

Details

See the online documentation for additional details on using the word_document format.

Rmarkdown 도움말

Rmd를 사용하여 문서화하기 위해서는 2가지 형태를 활용할 수 있어야 한다. 첫 번째는 R 코드로 plot을 산출하거나 외부 그림이나 그래프를 활용하는 것이며, 두 번째는 출력 결과를 표 형태로 출력하여 활용하는 것이다.

1) 그래프에 관한 옵션

외부 이미지나 그래프를 첨부하여 문서화하고자 할 때 다음과 같은 옵션을 사용할 수 있다. 이때 echo=T 옵션은 R 코드를 보여달라는 의미이므로 실제 작업에서는 echo=F로 하면 코드가 문서화되지 않는다.

```
{r, echo=T, message = F, out.width="50%", fig.align="center", fig.
cap="Rstudio-Logo"}
knitr::include_graphics("C:/Users/jsyoon/Dropbox/jupyter/RStudio-
Logo.png")
```

2) R 코드에 의해 출력된 plot

다음과 같이 출력 그래프의 크기를 전체적으로 조절하는 것도 가능한데, 이는 output options에서도 설정할 수 있다.

```
knitr::opts_chunk$set(fig.width=12, fig.height=8)
```

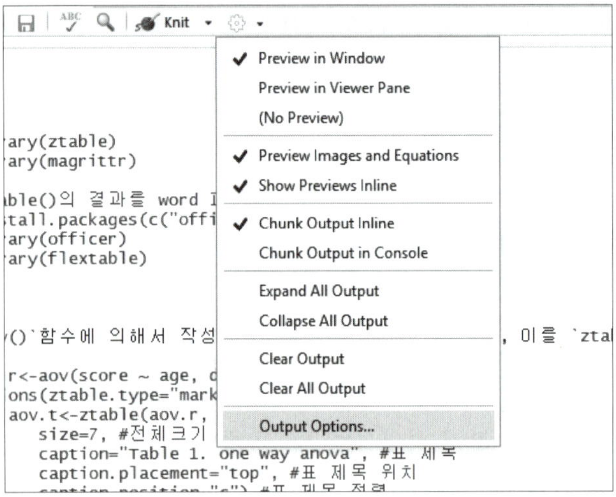

Kinte 출력 결과 옵션 메뉴

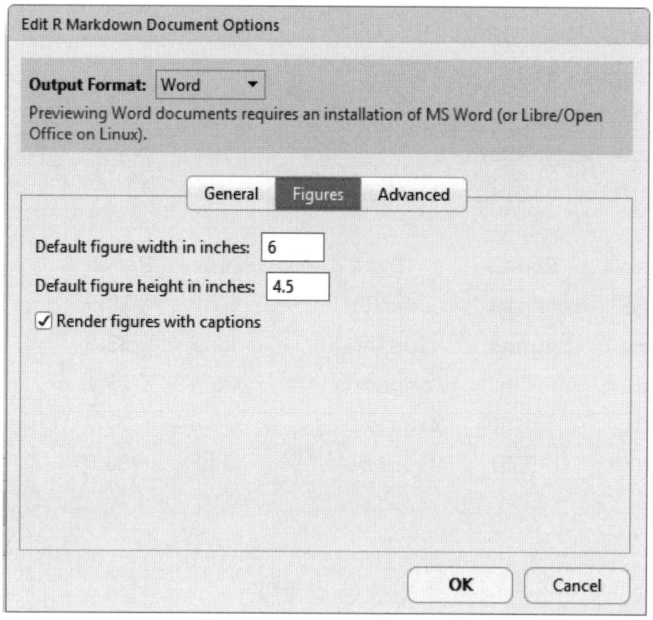

Kinte 출력 결과 옵션 설정

3) 표 작성

본서에서는 kableExtra 패키지와 ztable 패키지를 이용하는 2가지 방법을 각 분석마다 제시하였다. Rmd의 경우 워드 파일로 바로 표를 내보내는 것에 한계가 있기 때문에 kableExtra 패키지는 format=markdown으로 설정해야 한다. 그리고 ztable 패키지의 경우 RStudio rmarkdown에서 표를 워드 파일로 변환하기 위해서 officer와 flextable 패키지를 활용해야 한다.

```
#테이블 변환 패키지
#install.packages(c("kableExtra", "ztable"))

#ztable()의 결과를 word 파일로 변환하기 위한 패키지
#install.packages(c("officer", "flextable"))
```

패키지가 설치되었다면 다음과 같이 간단하게 연습해볼 수 있다. kable()에 사용하는 함수는 jupyter notebook과 동일하다.

```
car<-MASS::Cars93
library(kableExtra)
kable(head(car[,1:5],5),
      format = "markdown",
      main = "test table for kable(kableExtra)")
```

Manufacturer	Model	Type	Min.Price	Price
Acura	Integra	Small	12.9	15.9
Acura	Legend	Midsize	29.2	33.9
Audi	90	Compact	25.9	29.1
Audi	100	Midsize	30.8	37.7
BMW	535i	Midsize	23.7	30.0

다음은 ztable()을 이용하여 표를 산출한 결과다.

```
library(ztable)
library(officer)
library(flextable)
options(ztable.type="pdf") # 출력결과 html
test.ztable<-ztable(head(car[,1:5],5), #데이터
       size=7, #전체크기
       caption="Table 1. one way anova", #표 제목
       caption.placement="top", #표 제목 위치
       caption.position="c") #표 제목 정렬

ztable2flextable(test.ztable)#word 용 테이블로 변환
```

Table 1. one way anova

rowname	Manufacturer	Model	Type	Min.Price	Price
1	Acura	Integra	Small	12.90	15.90
2	Acura	Legend	Midsize	29.20	33.90
3	Audi	90	Compact	25.90	29.10
4	Audi	100	Midsize	30.80	37.70
5	BMW	535i	Midsize	23.70	30.00

ch.38 jamovi 프로그램 소개

1 기본 개념

1-1 왜 jamovi를 사용해야 하는가?

R은 무료 소프트웨어라는 점에서 사용자들의 이목을 끌지만 코드를 직접 입력해야 하는 작업환경 때문에 진입장벽이 상대적으로 높은 프로그램으로 알려져 있기도 하다. 그런데 이를 기존의 상용프로그램과 같은 방식으로 사용하도록 돕는 형태가 있다. SPSS(Statistical Packages for the Social Science)는 사회과학을 위한 데이터 분석 도구로서 클릭으로 프로그램을 실행하는 메뉴 방식(GUI, Graphic User Interface)이 잘 갖춰진 상용 소프트웨어다. rcommander(사용을 위해서는 Rcmdr 패키지 설치가 필수)가 나름대로 그 역할을 해왔으며, 최근에는 논문을 위한 기본적인 분석들을 다루고 있는 jamovi 패키지가 널리 알려지고 있다. 이에 본서에서도 jamovi를 활용하는 방법을 공유하고자 한다.

2 jamovi 사용하기

2-1 설치 및 실행

① jamovi 홈페이지(https://www.jamovi.org)에 접속하면 다음과 같은 메인화면을 볼 수 있다.

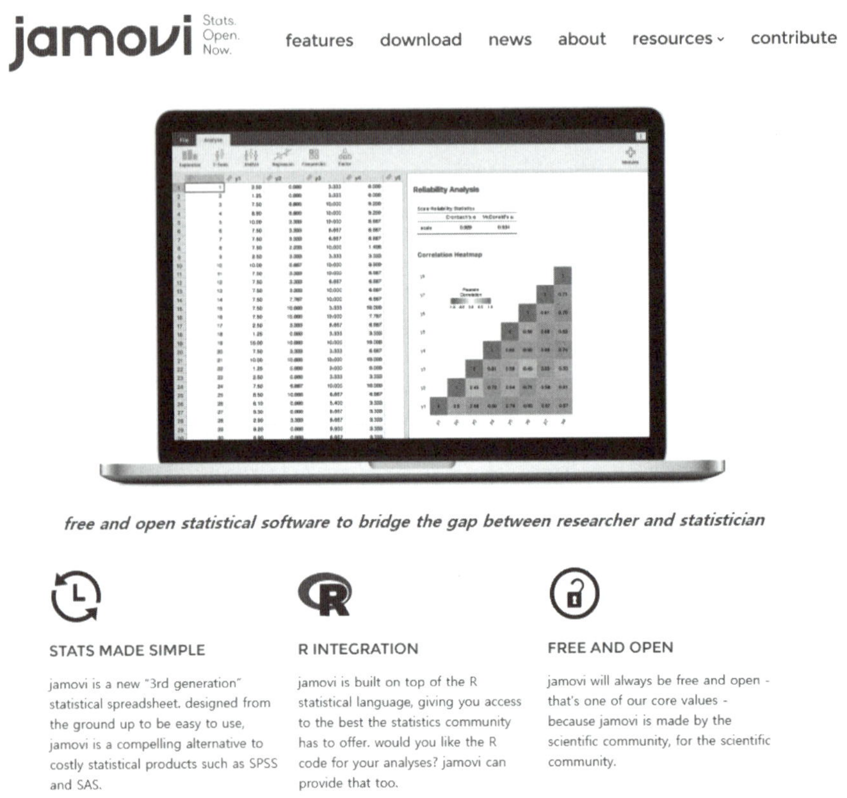

② 다운로드 페이지에서 원하는 버전을 설치한다.

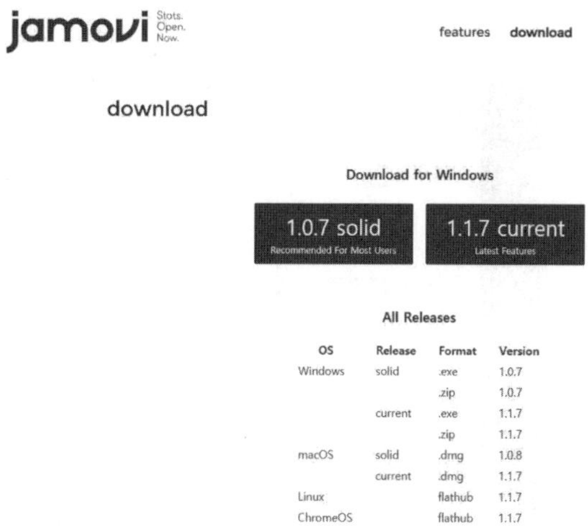

③ 최신 버전을 선택하고 설치하면 다음과 같이 진행된다. 이때 관리자 권한으로 다운로드 받은 파일을 설치하지 않으면 윈도우 보안프로그램이 차단할 수도 있다. 그럴 경우 '자세히(detail)'를 누르고 진행하면 된다.

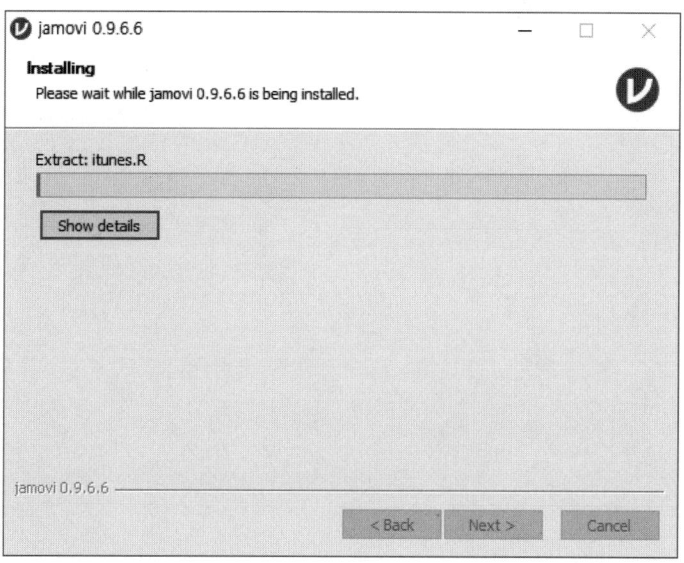

④ 윈도우 화면에서 검색어에 jamovi를 입력하여 관리자 권한으로 실행하거나, 또는 해당 파일 위치를 열 수 있다.

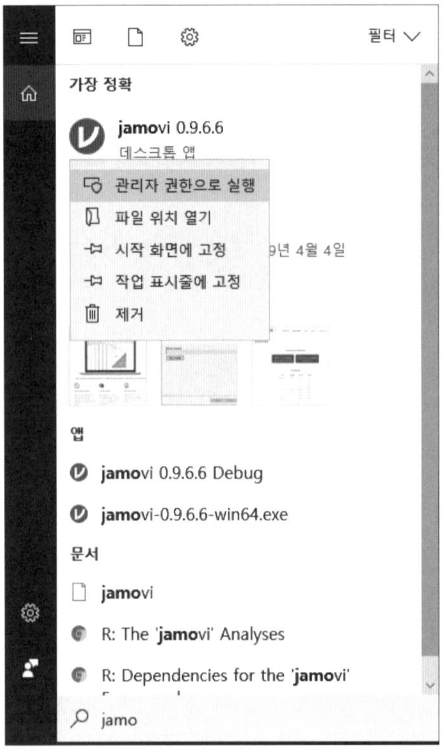

2-2 jamovi 화면 구성

jamovi를 실행하면 다음과 같은 메인 화면이 나타난다. 기본적으로 analysis 메뉴에서는 기술통계량과 평균 비교(t-test, anova), 회귀분석, 빈도분석, 요인분석이 제공된다.

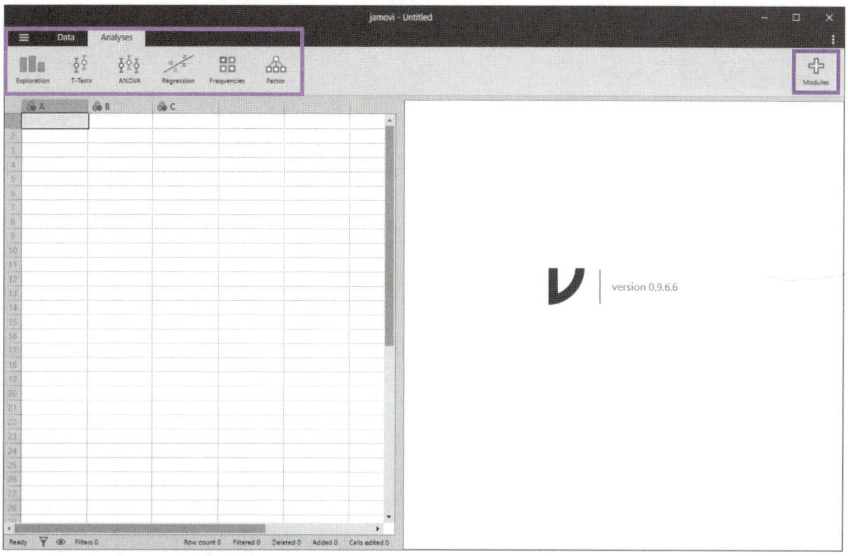

메인 화면 상단 오른쪽 모듈(modules)의 버튼을 클릭하면 다음과 같은 화면이 나타난다. 이에 추가적인 모듈을 설치하고 어떤 모듈이 설치되었는지 확인할 수 있다.

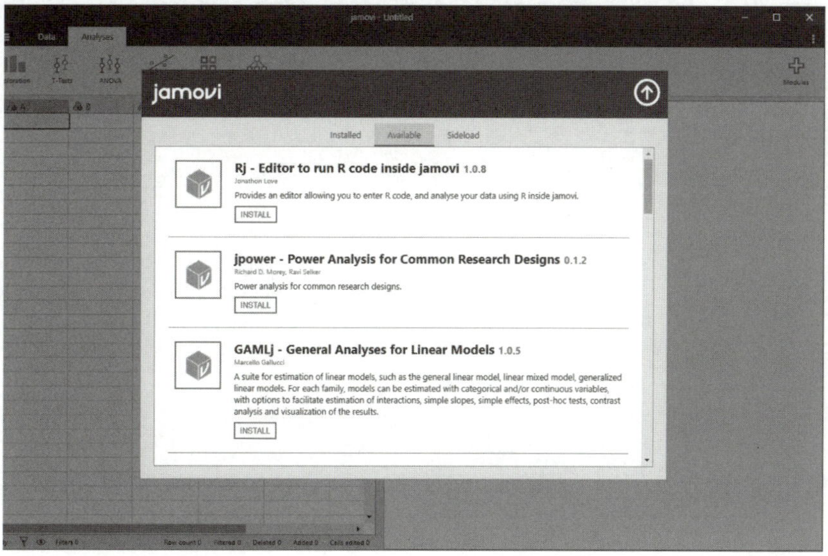

2-3 데이터 불러오기

jamovi에서는 CSV, SPSS, Stata, SAS의 데이터 파일을 활용할 수 있다. open에서 This PC를 선택하고 원하는 파일을 불러오면 된다.

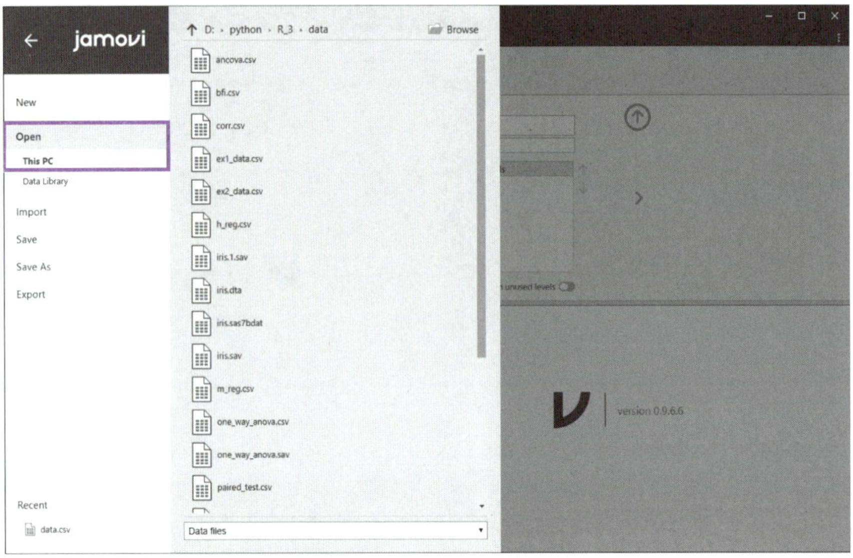

Data Library 중 마지막에 있는 iris 데이터를 불러온 경우이다.

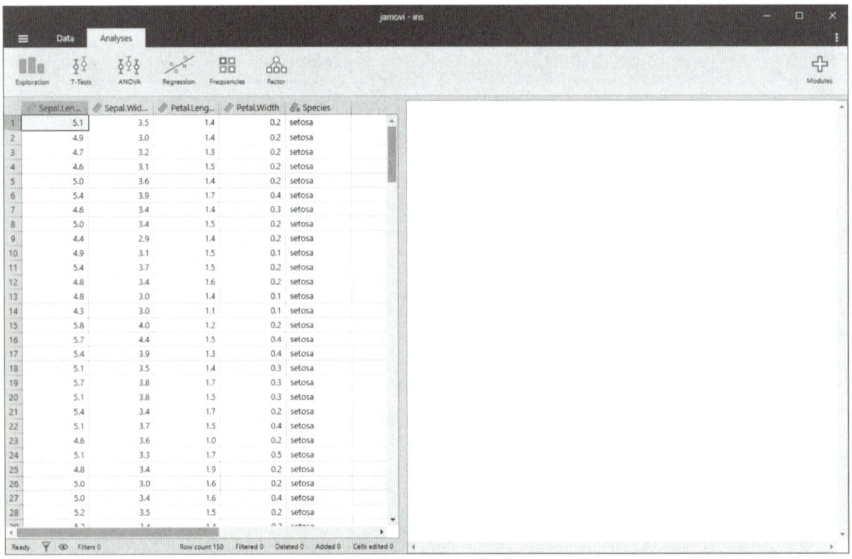

3 분석하기

1) 기술통계량

가장 기본적인 기술통계량을 살펴보고 해당하는 분석을 진행해보고자 한다. 이를 위해 순차적으로 Analysis > Exploration > Descriptives를 선택하고 분석하고자 하는 변수를 이동하면 결과가 왼쪽편과 같이 실시간으로 나타난다.

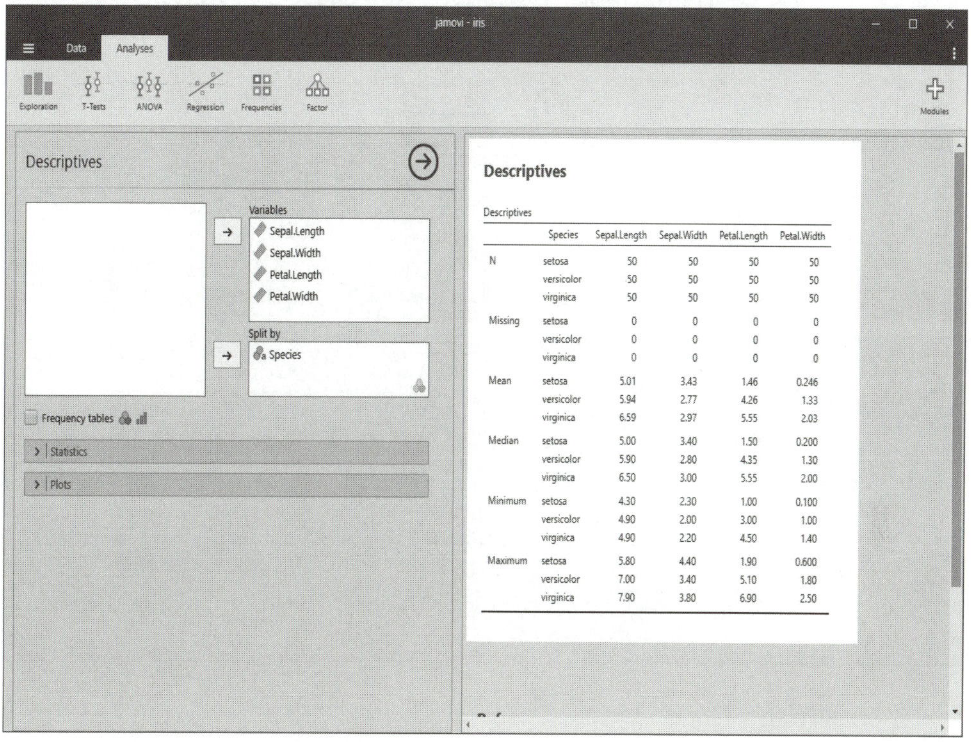

2) 출력 결과 활용

화면 왼쪽의 출력 결과물에 마우스를 옮기고 우클릭을 하면 다음과 같은 작업을 진행할 수 있다. copy는 말그대로 워드와 같은 문서프로그램으로 결과물을 복사하고자 할 때 사용하는 기능이고, duplicate는 출력 결과물 자체를 한 번 더 복사하는 기능을 말한다. save는 pdf와 html 형태로 저장 가능한 기능이며, remove는 출력 결과를 삭제하는 기능이다.

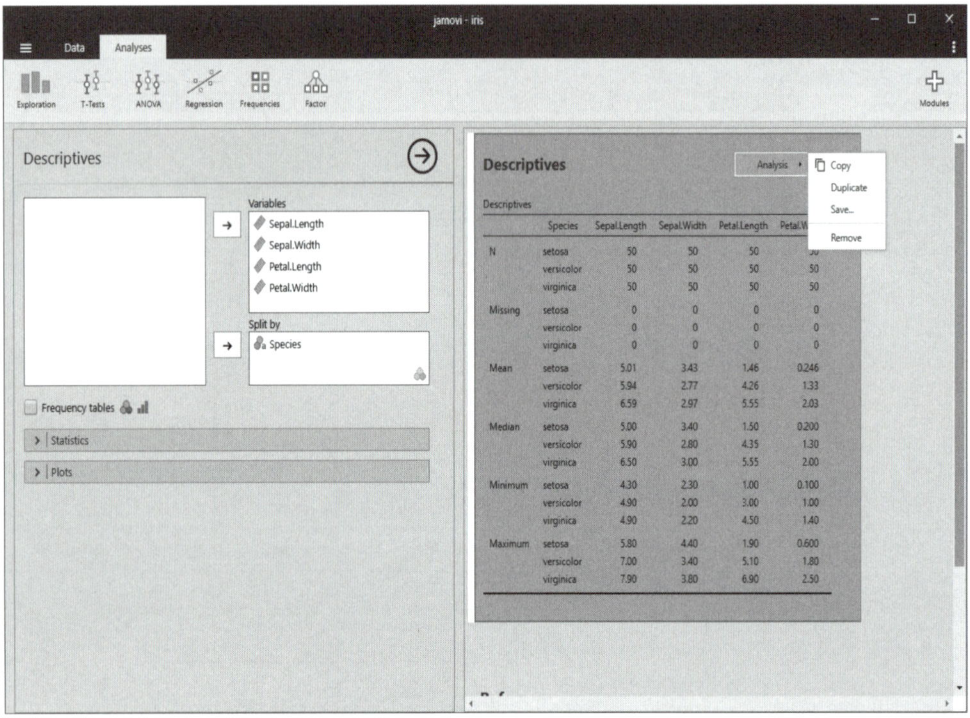

3) 기술통계량 그래프

freauency tables는 variables에도 범주형 데이터가 추가되었을 경우에 선택하면 빈도표를 산출해주는 역할을 하며, statistics를 선택하면 다음과 같이 각 데이터의 개수와 결측값, 사분위수를 산출할 수 있다. cut points for ~ equal groups은 집단을 동일한 크기로 나눌 때 요긴하게 사용할 수 있는 옵션으로 4개로 나누면 결국 사분위수와 같은 값이 산출된다. 중심 경향(central tendency)을 나타내는 옵션은 평균, 중위수, 최빈값, 합계로 구성되어 있으며, 데이터의 퍼짐 정도인 산포(dispersion)를 나타내는 값에는 표준편차, 분산, 범위, 최댓값, 최솟값, 평균오차를 추가할 수 있다. 분포(distribution)에 관한 옵션은 첨도(kurtosis)와 왜도(skewness)로 구성되어 있으며, 정규성검정(nomality test) 방법 중 Shapiro-Wilk 검정이 포함되어 있다.

plot을 보면 히스토그램과 밀도함수를 각각 그릴 수 있으며, 상자그림과 데이터를 겹쳐 그릴 수 있도록 구성되어 있다. 또한 막대그래프(범주형)와 정규성에 관한 Q-Q plot도 제공하고 있다.

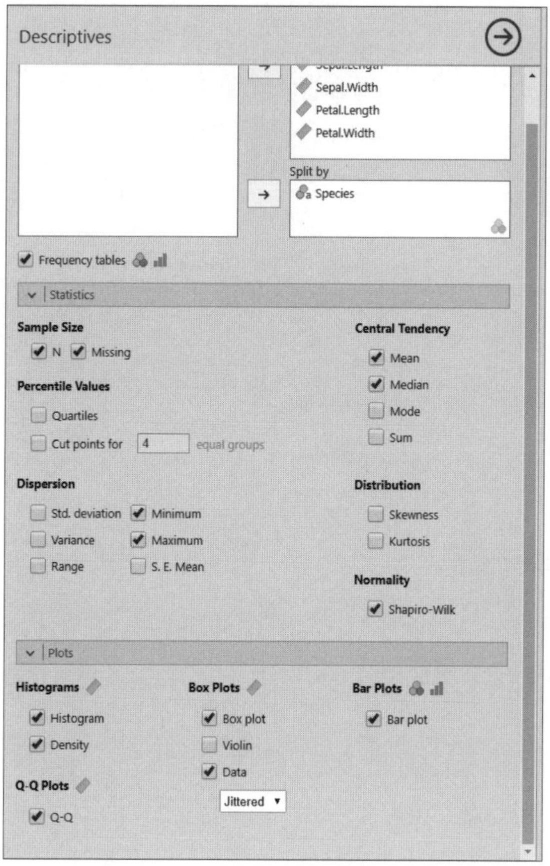

4) 출력 결과 옵션 설정

modulse 버튼 위에 있는 아이콘을 클릭하면 다음과 같은 화면이 나타난다. 화면의 크기를 조절(zoom)한 후 결과에서 소수점 자리와 유의확률(p)의 소수점 자리를 지정하고, 출력 결과에 등장하는 프로그램 출처에 대한 reference를 보이게 할지 숨길지 선택하며, syntax mode로 작업할 경우 출력 결과 화면에 R script가 출력되는 방식으로 보여줄지를 지정할 수 있다. 그 외 plot 테마와 사용할 팔레트를 선택하고, 데이터를 불러올 때(import) 결측값을 NA로 표시할지 임의로 변경할지를 택할 수 있다. 아울러 추가적으로 화면(screen)을 캡처할 수 있도록 마련된 도구를 선택하는 옵션까지 다양하게 설정할 수 있다.

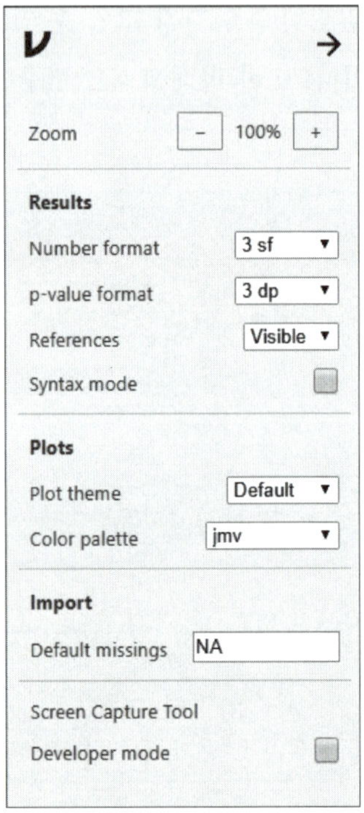

해당 결과를 추가적으로 내보내면 다음과 같은 형식으로 워드로 복사할 수 있다. 마우스 우클릭으로 save 옵션을 활용하면 pdf 또는 html 형식으로도 출력할 수 있다.

Descriptives

	Species	Sepal.Length	Sepal.Width	Petal.Length	Petal.Width
N	setosa	50	50	50	50
	versicolor	50	50	50	50
	virginica	50	50	50	50
Missing	setosa	0	0	0	0
	versicolor	0	0	0	0
	virginica	0	0	0	0
Mean	setosa	5.01	3.43	1.46	0.246
	versicolor	5.94	2.77	4.26	1.33
	virginica	6.59	2.97	5.55	2.03
Median	setosa	5.00	3.40	1.50	0.200
	versicolor	5.90	2.80	4.35	1.30
	virginica	6.50	3.00	5.55	2.00
Minimum	setosa	4.30	2.30	1.00	0.100
	versicolor	4.90	2.00	3.00	1.00
	virginica	4.90	2.20	4.50	1.40
Maximum	setosa	5.80	4.40	1.90	0.600
	versicolor	7.00	3.40	5.10	1.80
	virginica	7.90	3.80	6.90	2.50
Shapiro-Wilk p	setosa	0.460	0.272	0.055	< .001
	versicolor	0.465	0.338	0.158	0.027
	virginica	0.258	0.181	0.110	0.087

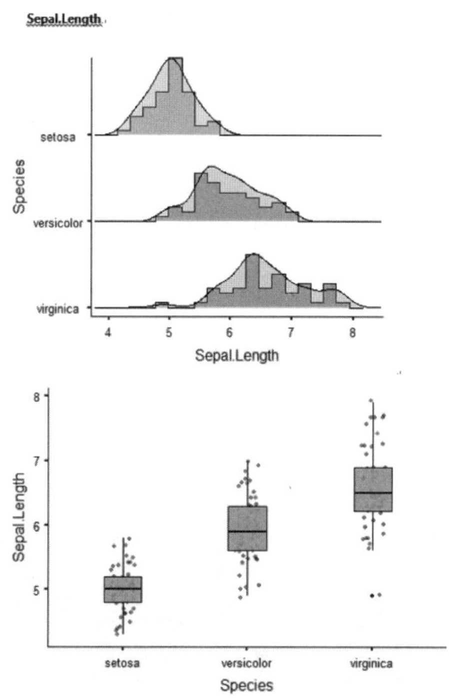

5) 일원배치분산분석

일반적인 일원배치분산분석으로 평균 비교를 진행하면 다음과 같다. 등분산인 상황과 그렇지 않은 상황에 대한 분산분석표를 제시해주고, 기초통계량 표와 그래프를 그려주며, 결측값 포함 여부에 따른 옵션을 선택할 수 있다. 통계적 가정인 정규성(Shapiro test, Q-Q plot)을 출력하고, 등분산 검정을 실시할 수 있다. 추가 옵션으로 사후검정(post-hoc tests)도 진행할 수 있는데, 아쉽게도 등분산인 경우와 등분산이 아닌 경우 간단한 형태의 사후검정만을 제공한다. 통계량은 평균 차이와 유의확률(p)을 산출하고 별도로 *를 표시할 수 있는 옵션도 제공한다.

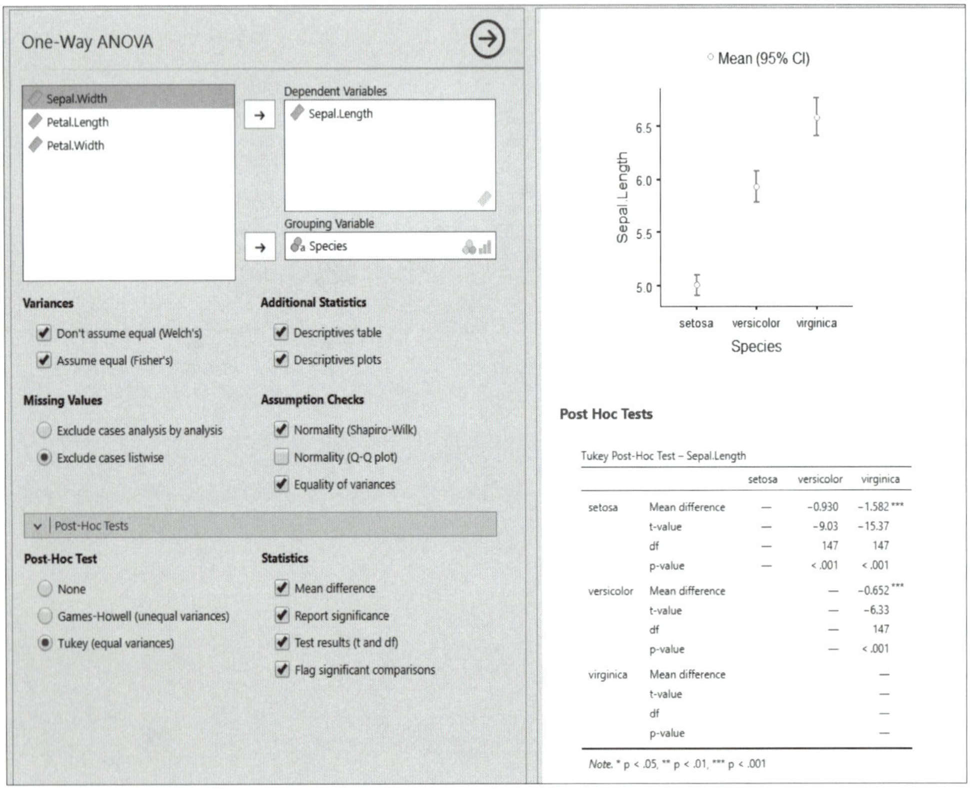

		setosa	versicolor	virginica
setosa	Mean difference	—	-0.930	-1.582 ***
	t-value	—	-9.03	-15.37
	df	—	147	147
	p-value	—	< .001	< .001
versicolor	Mean difference		—	-0.652 ***
	t-value		—	-6.33
	df		—	147
	p-value		—	< .001
virginica	Mean difference			—
	t-value			—
	df			—
	p-value			—

6) 신뢰도 분석

신뢰도 분석도 다음과 같이 실행할 수 있다. 기본적으로 크론바흐 알파(Cronbach's α)가 선택되어 있으며, 항목제거 시 척도(if item is dropped)에 대한 옵션도 제공한다. 추가적으로, 상관관계에 대한 그래프(heatmap)와 역문항(reverse scaled items)에 대한 처리도 한 화면에서 바로 실행할 수 있도록 구성되어 있다.

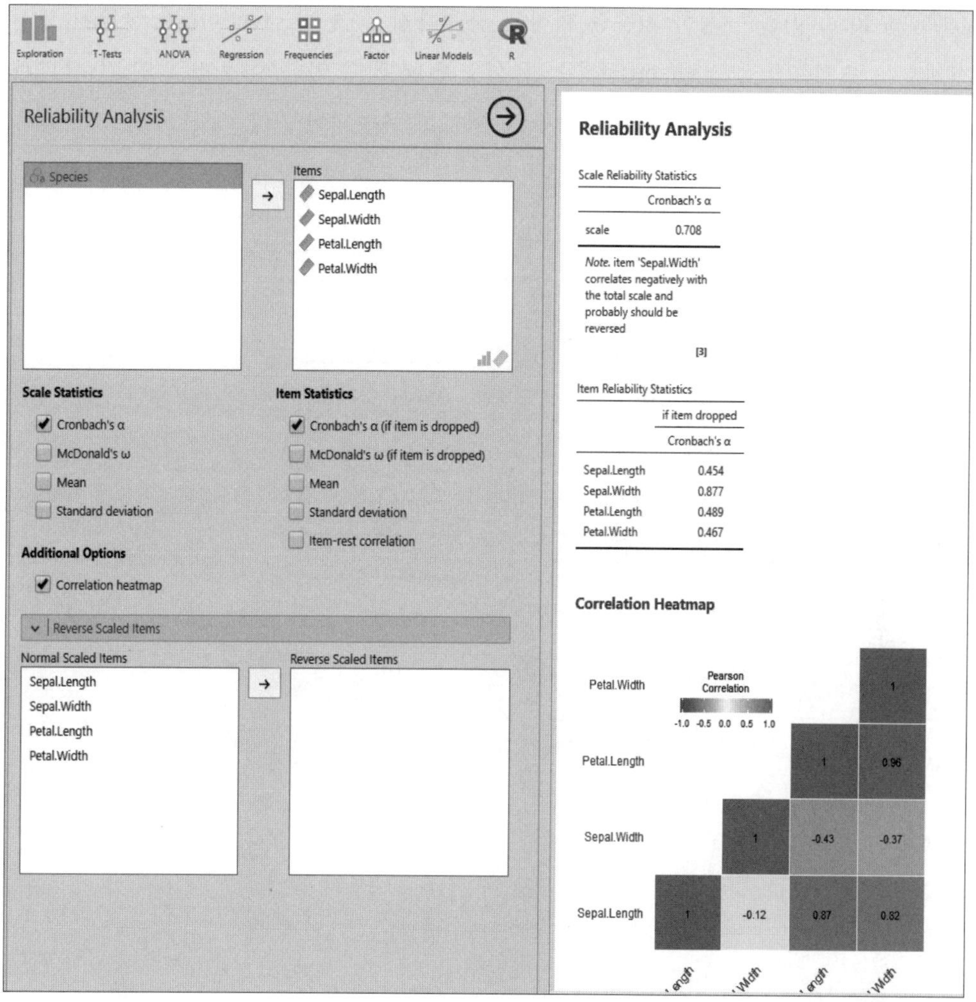

7) 요인분석::EFA

요인분석(factor analysis)은 탐색적 요인분석(EFA)과 확인적 요인분석(CFA) 2가지 옵션을 제공한다. 요인분석 방법(extraction)과 회전 방법(rotation)을 선택할 수 있으며, 구형성 검정(Bartlett's test)과 표본 적합성에 관한 KMO분석을 제공한다. 요인의 수를 결정하는 방법으로는 고윳값(eigenvalue)이 1 이상인 경우 요인으로 묶는 방법과 특정한 고윳값의 기준을 설정하여 요인으로 묶는 방법이 모두 가능하다. 추가적으로 요인적재값(factor loading)을 특정한 기준값 이하는 출력하지 않는 기능(cut-off)과 산출된 요인적재값을 크기순으로 정렬(sort)해주는 옵션도 선택할 수 있다. 아울러 요인 간 상관관계와 스크리도표(scree plot) 등도 출력할 수 있도록 구성되어 있다.

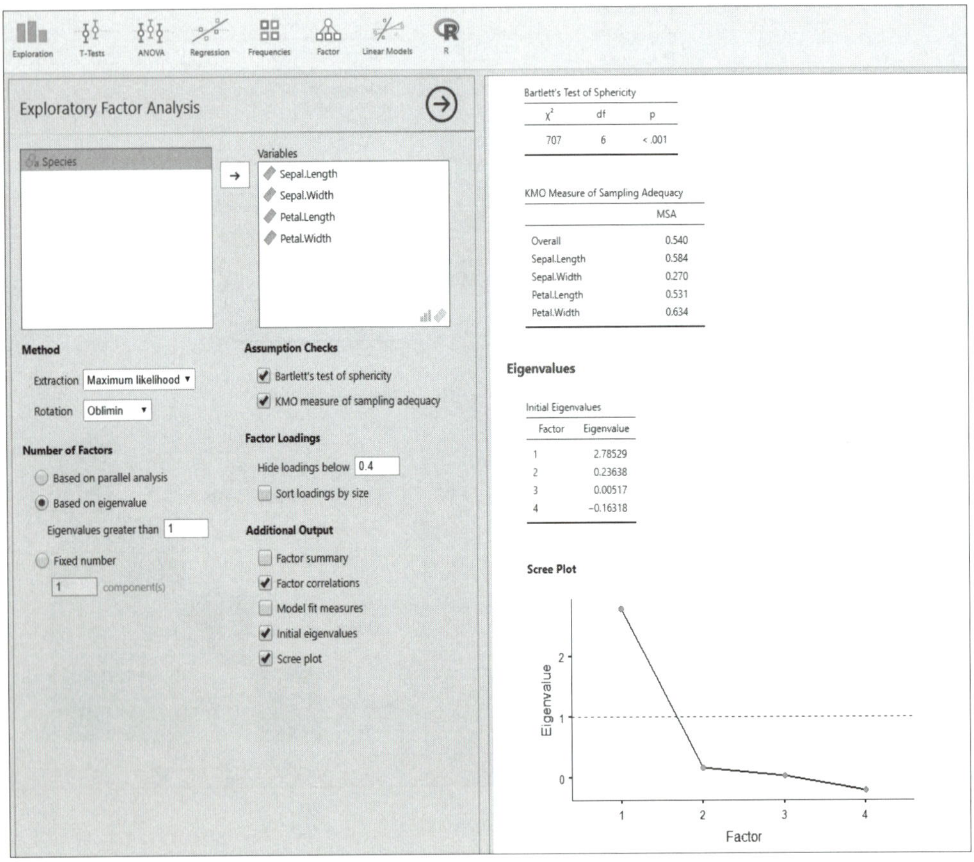

8) 요인분석::CFA

확인적 요인분석의 경우에도 적합도(goodness of fit)에 관련된 다양한 지수(index)를 산출할 수 있으며, 표준화 계수(standardized estimate)와 같은 기본적인 수치들도 출력하도록 구성되어 있다.

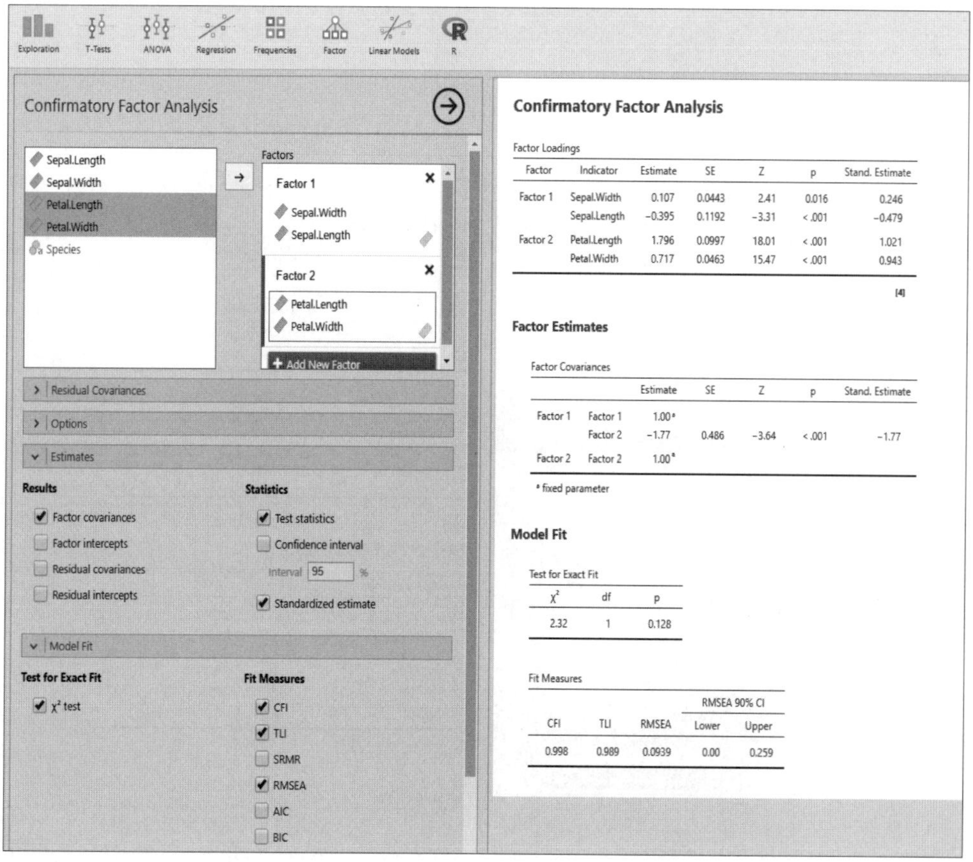

9) 회귀분석

많은 분석자들이 사용하는 다중선형 회귀분석을 실행해보면 다음과 같은 통계량과 결과를 얻을 수 있다. 범주형 변수를 분석하기 위해 임의로 더미변수로 변환하지 않더라도 분석이 가능하도록 되어 있으며, Model Builder에서 독립변수를 각각의 블록(block)으로 처리하여 위계적 회귀분석(hierarchical regression)도 처리할 수 있도록 구성되어 있다.

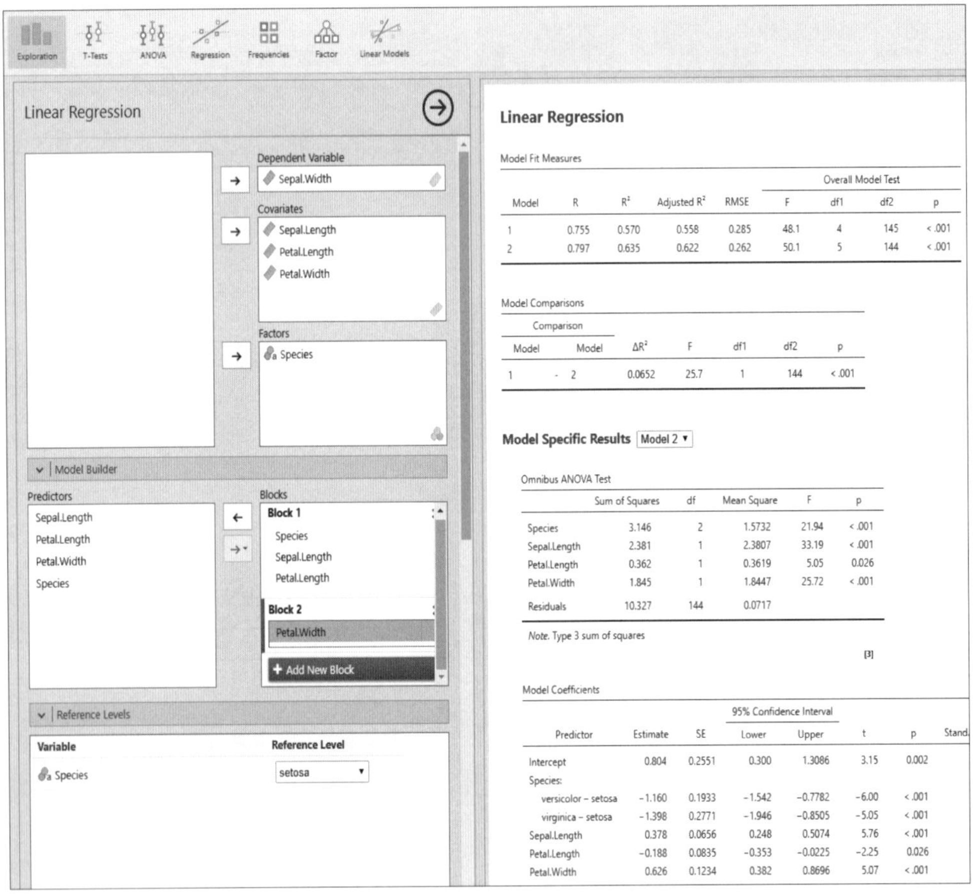

통계적 가정(assumption checks)에서는 1차 자기상관관계를 위한 더빈-왓슨 통계량(Durbin-Watson Statistics)과 다중공선성에 관한 분산팽창지수(VIF)값을 산출할 수 있다. 잔차(residuals)에 대한 Q-Q plot과 잔차 그래프를 출력할 수 있으며 이상치 탐지를 위한 쿡의 거리 통계량도 확인할 수 있다.

R^2과 같은 모형의 적합도에 관련된 통계량을 산출할 수 있고 전체적인(overall) 분산분석표를 산출할 수 있다. 회귀계수(model coefficients)에서는 각 변수들의 평균제곱합을 모두 확인할 수 있는(omnibus) 분산분석표와 예측값에 대한 95% 신뢰구간, 표준화계수와 표준화 신뢰구간을 산출할 수 있다.

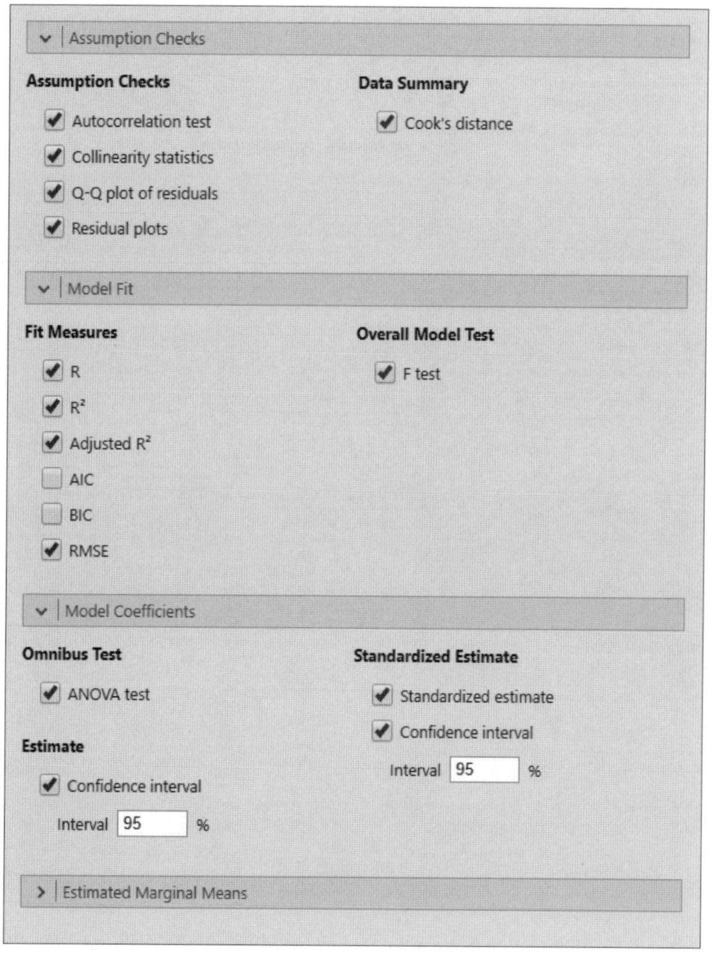

10) 로지스틱 회귀분석

이항 로지스틱 회귀분석(binomial logistic regression)뿐만 아니라 다항 로지스틱 회귀분석(multinomial logistic regression)도 가능하다. 기본적인 옵션 구성은 회귀분석과 다르지 않으며, model fit에서는 전체 로지스틱 모형에 대한 적합도(overall model test)와 유사 설명력(Pseudo, R^2)에 대한 옵션도 포함되어 있다. 회귀계수(model coefficients)에서는 우도비 검정(likelihood ratio test), 예측값(ln)과 신뢰구간, 오즈비(odds ratio)와 신뢰구간을 설정하도록 되어 있다.

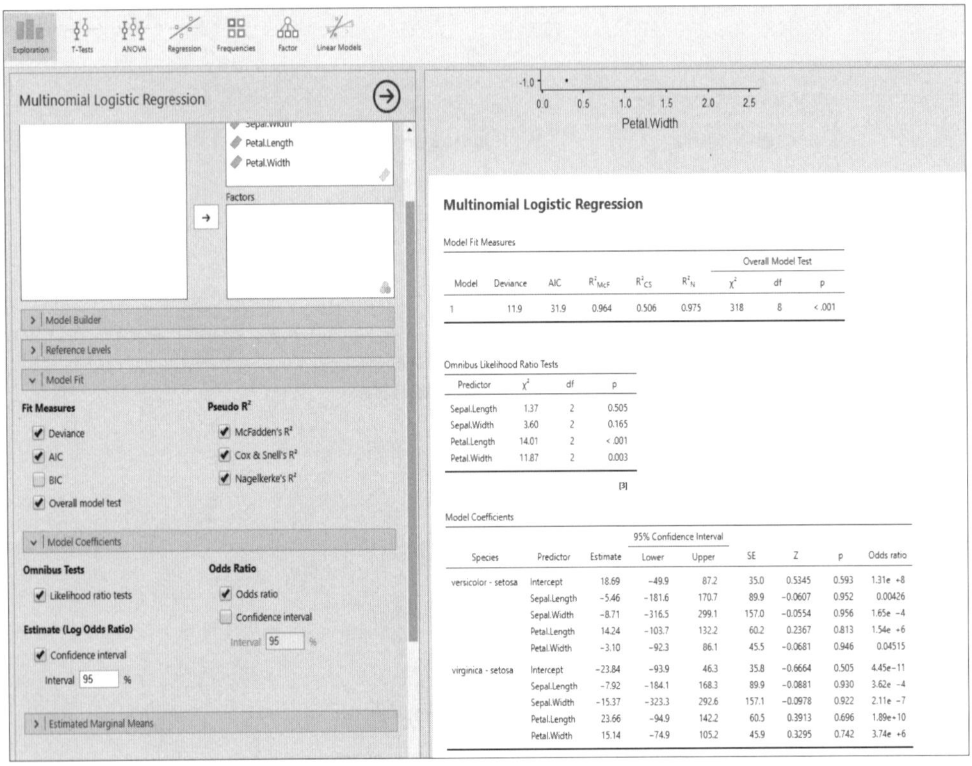

11) 모듈 추가하기

모듈(modules) 중 mediation anlysis를 추가 설치하고 다음과 같이 매개효과와 조절효과를 분석할 수 있다.

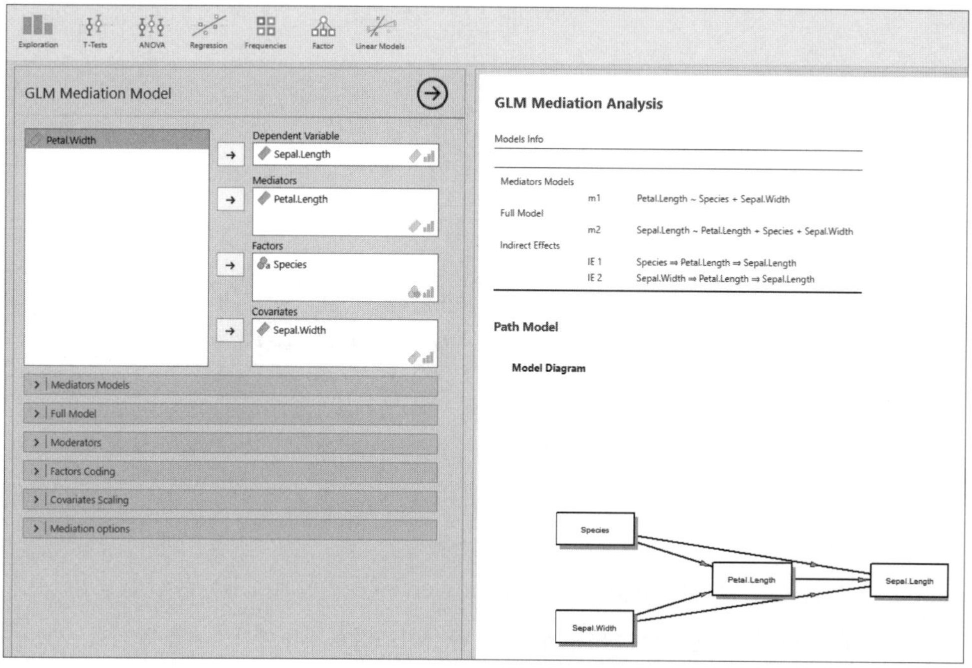

Rj(직접 R로 분석할 수 있도록 돕는 모듈)를 사용하면 다음과 같이 jmovi 화면에서도 R을 실행할 수 있다(라인별 실행은 ctrl + shift + enter).

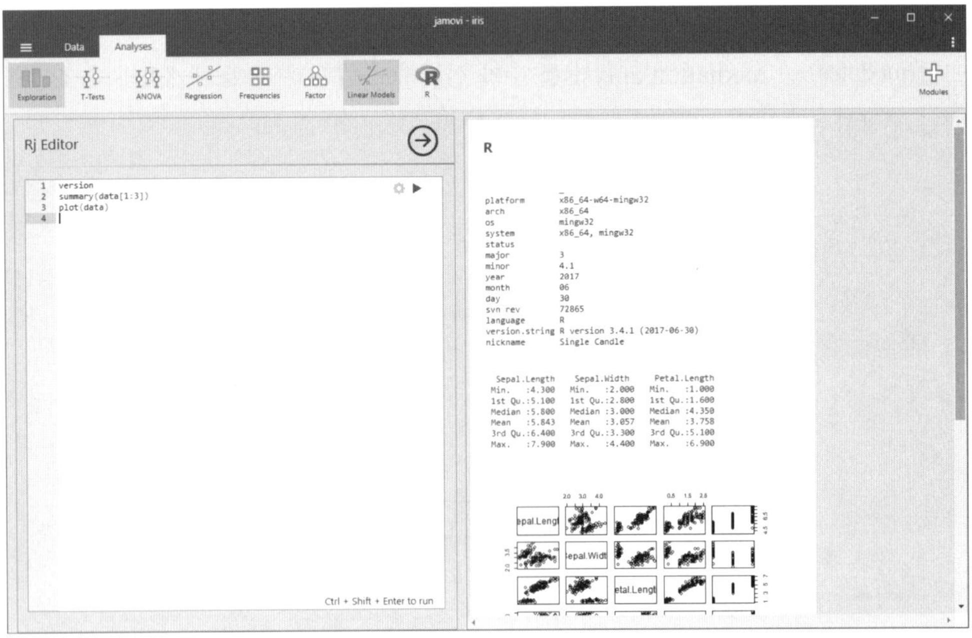

12) jamovi에 관해서

jamovi에는 앞에서 살펴본 것뿐만 아니라 jpower(표본 수 설계 모듈), GAMLj(일반선형모형, 일반화선형모형을 분석할 수 있는 모듈), jAMM(조절효과와 매개효과를 분석할 수 있는 모듈), MAJOR(메타분석 모듈), Death Watch(생존분석 모듈), scatr(산점도와 파레토를 그리는 모듈) 등 다양한 모듈이 존재한다. 이를 활용하면 우리가 원하는 분석을 대부분 실행할 수 있을 것으로 기대된다.

jamovi도 결국은 통계 소프트웨어이므로 기본적인 통계분석에 대한 배경지식을 필요로 한다. 만약 R에서 단순히 jamovi에 사용된 패키지만 활용하고자 한다면 jmv를 설치하여 사용하면 된다(p. 226 'jmv 패키지 활용' 부분 참조).

jamovi가 당장에 SPSS나 SAS와 같은 상용 프로그램의 수준과 동일한 편의성을 갖기는 힘들 것이다. 상용 프로그램처럼 적극적으로 오류(bug)를 해결하거나 지원이 신속히 이루어지지 않을 수도 있다. 그럼에도 불구하고 필자가 jamovi를 전반적으로 살펴본 후 느낀 점은 사용편의성이 훌륭하다는 것이다. 구체적으로 GUI와 output(table, plot)은 R 코드를 어려워하는 분석자들에게 큰 도움이 될 것으로 보인다.

PART 4.

실전문제

실전문제 1

1 사용 데이터

사용한 파일은 서울연구원에서 조사한 2015 서울복지실태조사 연구의 데이터다. 파일 중 일부 변수를 추출하여 일반적인 사회과학 분야나 공공기관 설문연구에 필요한 수치를 산출하고 활용하는 방법을 살펴보고자 한다. 자세한 내용은 해당 인터넷 페이지(http://data.si.re.kr/sisurvey2015er17)를 참고하기 바란다.

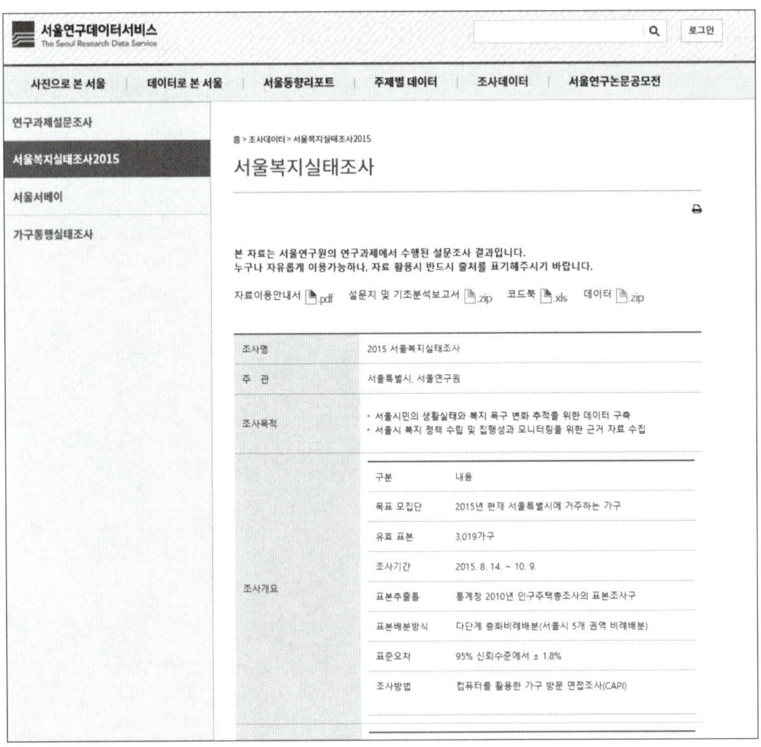

서울복지실태조사 데이터

2 코드북

코드북(code book)은 변수의 유형, 구체적인 설명, 라벨링 등에 대한 복합적인 정보를 확인할 수 있는 문서이다. 우리는 코드북을 먼저 파악하여 분석하고자 하는 목적을 이끌어낼 아이디어를 조정하고, 구체적인 결과표나 그래프 등을 사전에 충분히 생각할 수 있어야 한다. 따라서 주제와 가설 등의 구체적인 목적을 명확하게 설정하는 단계에서 코드북을 가장 먼저 살펴보고 적극적으로 활용해야 한다.

변수명	기본유형	변수 설명	항목	항목 설명
area	factor	5권역	1	도심권(종로구, 중구, 용산구)
			2	동북권(성동구, 광진구, 동대문구, 중랑구, 성북구, 강북구, 도봉구, 노원구)
			3	서북권(은평구, 서대문구, 마포구)
			4	서남권(양천구, 강서구, 구로구, 금천구, 영등포구, 동작구, 관악구)
			5	동남권(서초구, 강남구, 송파구, 강동구)
A1_3_1	factor	A1-3. 성별_가구원1	1	남자
			2	여자
A1_4_1_1	numeric	A1-4. 태어난 연도_가구원1		
B4	numeric	B4. 2014년 총 지출 세금(연/만원)	9999	모름/무응답
B8	numeric	B8. 서울에서 살아가는데 필요한 최소한의 생활비(월평균/만원)	9999	모름/무응답
B10_1	numeric	B10-1). 2014년 연간 총 가구 소득_근로소득(연간총/만원)	999999	모름/무응답
B10_Total	numeric	B10). 2014년 연간 총 가구 소득_총액(연간총/만원)	999999	모름/무응답
B17	numeric	B17. 가구 보유 총 부채(만원)	9999999	모름/무응답
C2	factor	C2. 국민건강보험가입여부	1	그렇다
			2	아니다
C2_type	factor	C2. 건강보험유형	1	국민건강보험-직장가입
			2	국민건강보험-지역가입
			3	의료급여 1종
			4	의료급여 2종

서울복지실태조사 코드북

3 실전문제

Q1 ex1_data.csv 파일을 ex1로 불러오고 데이터의 구조와 유형, 결측값과 기초통계량을 산출하여 분석 준비를 하시오.

Q2 권역별 연간 총 가구소득의 평균을 산출하시오.

Q3 권역별 연간 총 세금의 평균을 산출하시오.

Q4 앞의 Q2에서 세금의 평균이 가장 많은 지역을 추출하여 가구원 1의 성별을 기준으로 건강보험 유형에 대해 빈도와 %를 산출하시오.

Q5 권역별 연간 총 가구소득의 최솟값을 산출하고, 가장 낮은 최솟값을 갖는 권역과 그 금액을 계산하시오.

Q6 건강보험 유형에 따른 총 지출의료비의 평균을 산출하시오.

Q7 가족생활 만족도가 만족(매우 만족, 대체로 만족)인 경우와 불만족(매우 불만족, 대체로 불만족)인 경우의 만족도 차이에 대한 가설 검정을 하시오.

Q8 서울에서의 최소한의 생활비를 1년 기준으로 변경하시오.

Q9 연간 총 가구 소득 총액과 Q7의 차이를 구하고, 그 차이가 월 평균 100만 원 이상인 가구의 수를 제시하시오.

Q10 가구 보유 총 부채를 1억 미만/1억~2억 미만/2억 이상으로 구분하고, 해당 가구의 수와 연간 총 가구의 근로소득에 대한 평균과 표준편차를 산출하시오.

Q11 복지에 대한 1차적 책임이 국가라고 응답한 가구 중에서 서울시에서 가장 역점을 두어야 할 정책분야 1순위 중 상위 3개에 대한 빈도와 %를 산출하시오.

4 해답

Q1 ex1_data.csv 파일을 ex1로 불러오고 데이터의 구조와 유형, 결측값과 기초통계량을 산출하여 분석 준비를 하시오.

① 데이터 불러오기

na.strings=는 특정한 값(들)을 결측값으로 인식하도록 하는 옵션이다.

```
ex1<-read.csv("D:/python/R_3/data/ex1_data.csv", #불러올 파일
              header=T, #첫행 변수명 사용
              na.strings = c(9999,99999,999999,9999999)) #결측값 지정
attributes(ex1)[1:2] #행이름과 데이터 구조 확인
```

```
$names
 [1] "ID"        "area"    "A1_3_1"     "A1_4_1_1" "B4"
 [6] "B8"        "B10_1"   "B10_Total"  "B17"      "C2"
[11] "C2_type"   "C3"      "D1"         "D13"      "F6"
[16] "F11_1"

$class
[1] "data.frame"
```

```
str(ex1) #데이터 구조 및 데이터 크기(행과 열) 확인
```

```
'data.frame':   3019 obs. of 16 variables:
$ ID         : int 1 2 3 4 5 6 7 8 9 10 ...
$ area       : int 3 5 3 3 3 3 3 3 3 3 ...
$ A1_3_1     : int 1 1 1 1 2 1 2 2 1 1 ...
$ A1_4_1_1   : int 1954 1950 1964 1962 1966 1938 1957 1966 1965 1965 ...
$ B4         : int 150 NA 500 270 150 200 150 200 250 300 ...
  ⋮
$ C3         : int 50 NA 200 70 8 800 10 15 50 30 ...
$ D1         : int 4 4 4 3 3 3 3 2 3 3 ...
$ D13        : int 1 3 5 3 3 2 3 3 2 2 ...
$ F6         : int 1 2 1 5 1 1 1 1 2 1 ...
$ F11_1      : int 1 4 7 5 1 3 5 5 3 4 ...
```

② 요인(factor)으로 지정하기

다음과 같이 for()문을 이용하여 한 번에 변수를 특정 유형으로 변경할 수 있다. 다만, factor는 labeling 과정을 거치고 사용해야 데이터에 대한 설명이 원활하기 때문에 데이터에 대한 유형만 변경했다고 해서 바로 분석에 사용하는 것은 주의해야 한다.

```
f.col<-c(1:3, 10:11, 14:16)

for (i in 1:length(f.col)) {
    ex1[,f.col[i]]<-as.factor(ex1[,f.col[i]])
}
```

```
ex1$area<-factor(ex1$area)
levels(ex1$area)<-c("도심권", "동북권", "서북권", "서남권","동남권")

ex1$A1_3_1<-factor(ex1$A1_3_1)
levels(ex1$A1_3_1)<-c("남", "여")

ex1$C2<-factor(ex1$C2)
levels(ex1$C2)<-c("그렇다", "아니다")

ex1$C2_type<-factor(ex1$C2_type)
levels(ex1$C2_type)<-c("직장가입","지역가입",
                        "의료급여1종", "의료급여2종", "국가유공자 무료진료",
                        "미가입")

ex1$D13<-factor(ex1$D13)
levels(ex1$D13)<-c("혼자", "가족(친척포함)과함께", "친구(연인포함)과함께",
                    "직장동료","동호회(종교단체등포함)회원과함께","기타")

ex1$F6<-factor(ex1$F6)
levels(ex1$F6)<-c("자기자신","가족과친척", "지역사회공동체",
                   "민간복지시설이나단체", "국가")

ex1$D13<-factor(ex1$D13)
levels(ex1$D13)<-c("복지",
                   "경제",
                   "교육",
                   "보건의료, 건강분야",
                   "여가, 문화, 예술",
                   "교통",
                   "주택정책",
                   "도시안전",
                   "환경오염",
                   "공원/녹지문제",
                   "도시계획/개발",
                   "기타")
```

이때 한글 형태의 변수명으로 바꾸고자 한다면 다음과 같이 dplyr::rename() 함수를 사용해 변경할 수 있다. 그러나 한글 변수명의 경우 분석에서 일일이 입력해야 하는 번거로움이 있고, R 자체가 영어에 보다 편하게 만들어진 프로그램으로 예상치 못한 오류가 발생할 수 있어 되도록이면 영문으로 변수명을 작성하길 권한다.

```
str(ex1)
```

```
'data.frame':   3019 obs. of 16 variables:
 $ ID          : Factor w/ 3019 levels "1","2","3","4",..: 1 2 3 4 5 6 7 8 9 10 ...
 $ area        : Factor w/ 5 levels "도심권","동북권",..: 3 5 3 3 3 3 3 3 3 3 ...
 $ A1_3_1      : Factor w/ 2 levels "남","여": 1 1 1 1 2 1 2 2 1 1 ...
 $ A1_4_1_1    : int  1954 1950 1964 1962 1966 1938 1957 1966 1965 1965 ...
 $ B4          : int  150 NA 500 270 150 200 150 200 250 300 ...
 $ B8          : int  300 500 500 270 200 200 250 300 300 300 ...
 $ B10_1       : int  0 NA NA 2400 4000 0 400 250 150 150 ...
 $ B10_Total   : int  0 NA NA 5450 5800 50 400 400 450 450 ...
 $ B17         : int  0 0 6000 0 1500 500 3500 3500 3000 4000 ...
 $ C2          : Factor w/ 2 levels "그렇다","아니다": 1 1 1 1 1 1 1 1 1 1 ...
 $ C2_type     : Factor w/ 6 levels "직장가입","지역가입",..: 1 1 1 2 2 2 1 2 2 2 ...
 $ C3          : int  50 NA 200 70 8 800 10 15 50 30 ...
 $ D1          : int  4 4 4 3 3 3 3 2 3 3 ...
 $ D13         : Factor w/ 12 levels "복지","경제",..: 1 3 5 3 3 2 3 3 2 2 ...
 $ F6          : Factor w/ 5 levels "자기자신","가족과친척",..: 1 2 1 5 1 1 1 1 2 1 ...
 $ F11_1       : Factor w/ 12 levels "1","2","3","4",..: 1 4 7 5 1 3 5 5 3 4 ...
```

③ 기초통계량 산출

데이터 유형 중 연속형 데이터에 대해서는 기술통계량을 산출하여 그 결과를 확인함으로써 데이터에 대한 이해를 확장할 수 있다.

```
library(psych)
round(describe(ex1), 2)
```

	vars	n	mean	sd	⋯	range	skew	kurtosis	se
ID*	1	3019	1510.00	871.65	⋯	3018	0.00	-1.20	15.86
area*	2	3019	3.16	1.35	⋯	4	-0.09	-1.27	0.02
A1_3_1*	3	3019	1.28	0.45	⋯	1	1.01	-0.99	0.01
A1_4_1_1	4	3019	1963.03	13.24	⋯	77	0.07	-0.41	0.24
B4	5	2848	224.41	263.07	⋯	5000	7.17	93.14	4.93
B8	6	3011	224.38	105.80	⋯	850	1.11	2.60	1.93
B10_1	7	2963	3431.56	3871.71	⋯	80000	7.76	117.44	71.13
B10_Total	8	2936	4530.21	4858.80	⋯	108000	9.37	146.28	89.67
B17	9	2990	2048.98	4525.01	⋯	60000	4.64	35.07	82.75
C2*	10	3019	1.03	0.18	⋯	1	5.24	25.51	0.00
C2_type*	11	3019	1.47	0.79	⋯	5	3.15	13.90	0.01
C3	12	2959	79.75	164.31	⋯	4000	11.70	218.44	3.02
D1	13	3019	2.52	1.62	⋯	5	-0.67	-1.13	0.03
D13*	14	3019	2.15	0.95	⋯	4	0.70	0.48	0.02
F6*	15	3019	3.06	1.66	⋯	4	-0.06	-1.61	0.03
F11_1*	16	3019	2.71	2.10	⋯	11	1.57	1.93	0.04

이를 보다 쉽게 만들어주는 moonBook이라는 패키지가 있다.

```
#if(!require(devtools)) install.packages("devtools")
#devtools::install_github("cardiomoon/moonBook")
library(moonBook)
head(mytable(ex1), 10)
```

```
    Descriptive Statistics
-------------------------------------------
             N             Total
-------------------------------------------
ID          3019 unique values 3019
area        3019
 - 도심권                   380 (12.6%)
 - 동북권                   770 (25.5%)
 - 서북권                   482 (16.0%)
 - 서남권                   762 (25.2%)
 - 동남권                   625 (20.7%)
A1_3_1      3019
 - 남                      2188 (72.5%)
 - 여                       831 (27.5%)
-------------------------------------------
```

④ 결측값 확인

```
colSums(is.na(ex1))
```

```
        ID      area    A1_3_1    A1_4_1_1      B4      B8     B10_1
         0         0         0           0     171       8        56
B10_Total        B17        C2     C2_type      C3      D1       D13
        83        29         0           0      60       0         0
        F6     F11_1
         0         0
```

Q2 권역별 연간 총 가구소득의 평균을 산출하시오.

```
library(dplyr)
ex1 %>%
group_by(area) %>%
summarise("총가구소득"=mean(B10_Total, na.rm=T))
```

```
  area  총가구소득
1 도심권      5039.
2 동북권      4089.
3 서북권      4496.
4 서남권      3914.
5 동남권      5544.
```

Q3 권역별 연간 총 세금의 평균을 산출하시오.

```
ex1 %>%
group_by(area) %>%
summarise(mean=mean(B4, na.rm = T))
```

```
  area   mean
1 도심권   219.
2 동북권   194.
3 서북권   212.
4 서남권   213.
5 동남권   287.
```

Q4 앞의 Q2에서 세금의 평균이 가장 많은 지역을 추출하여 가구원1의 성별을 기준으로 건강보험 유형에 대해 빈도와 %를 산출하시오.

```
q4<-ex1 %>%
filter(area=="동남권") %>%
group_by(A1_3_1,C2_type) %>%
summarise(n=n(),
          "n%"=round((n() / nrow(subset(ex1,area=="동남권")))*100, 2))

q4
```

```
   A1_3_1   C2_type              n    `n%`
 1 남       직장가입            353   56.5
 2 남       지역가입            104   16.6
 3 남       의료급여1종           1    0.16
 4 남       의료급여2종           1    0.16
 5 남       국가유공자 무료진료   1    0.16
 6 남       미가입                3    0.48
 7 여       직장가입             90   14.4
 8 여       지역가입             58    9.28
 9 여       의료급여1종           1    0.16
10 여       의료급여2종           1    0.16
11 여       국가유공자 무료진료   3    0.48
12 여       미가입                9    1.44
```

Q5 권역별 연간 총 가구소득의 최솟값을 산출하고, 가장 낮은 최솟값을 갖는 권역과 그 금액을 계산하시오.

```
ex1 %>%
group_by(area) %>%
summarise(min=min(B10_Total,na.rm = T))
```

```
  area  min
1 도심권  150
2 동북권   20
3 서북권    0
4 서남권   55
5 동남권   30
```

그런데 이상한 것은 최솟값에 0원이 있다는 것이다. 가구소득이 없다는 것은 쉽게 납득되지 않는 데이터인데, 현재 사용하는 예제데이터가 전체 데이터가 아니라 일부의 변수만을 추출한 것으로 그 외 정보에 대해서는 추가적인 내용이 있을 수 있다. 그럼에도 분석 시에는 이상한 부분이나 납득되지 않는 데이터가 발견될 경우 반드시 확인하고 점검해보는 것이 필요하다.

```
which(ex1$B10_Total==0)
```

```
[1] 1
```

```
head(ex1,1)
```

```
 ID area A1_3_1 A1_4_1_1  B4  B8 B10_1 B10_Total B17   C2 C2_type C3
1  1 서북권     남     1954 150 300     0         0   0 그렇다  직장가입 50
 D1 D13       F6 F11_1
1  4  복지 자기자신     1
```

Q6 건강보험 유형에 따른 총 지출의료비의 평균을 산출하시오.

```
ex1 %>%
group_by(C2_type) %>%
summarise(mean=mean(C3,na.rm=T)) %>%
arrange(desc(mean))
```

```
  C2_type            mean
1 직장가입            82.9
2 지역가입            77.8
3 국가유공자 무료진료  49.8
4 미가입              48.0
5 의료급여2종          30
6 의료급여1종         27.3
```

Q7 가족생활 만족도가 만족(매우 만족, 대체로 만족)인 경우와 불만족(매우 불만족, 대체로 불만족)인 경우의 만족도 차이에 대한 가설 검정을 하시오.

```
family_sati<-ifelse(ex1$D1== 1 | ex1$D1== 2, "not_sati",
                ifelse(ex1$D1== 4 | ex1$D1== 5, "sati",NA))
table(ex1$D1)
```

```
  0   1   2   3    4   5
797  15 167 945 1053  42
```

```
table(family_sati)
```

```
family_sati
not_sati  sati
     182  1095
```

```
q7<-data.frame(family_sati, D1=ex1$D1)
q7<-na.omit(q7)
dim(q7)
```

```
[1] 1277   2
```

```
var.test(D1~family_sati, data=q7)
```

```
F test to compare two variances

data:  D1 by family_sati
F = 2.0597, num df = 181, denom df = 1094, p-value = 3.813e-12
alternative hypothesis: true ratio of variances is not equal to 1
95 percent confidence interval:
 1.662969 2.597534
sample estimates:
ratio of variances
          2.059736
```

```
t.test(D1 ~ family_sati, var.equal=T, data=q7)
```

```
Two Sample t-test

data:  D1 by family_sati
t = -128.55, df = 1275, p-value < 2.2e-16
alternative hypothesis: true difference in means is not equal to 0
95 percent confidence interval:
 -2.153138 -2.088409
sample estimates:
mean in group not_sati    mean in group sati
              1.917582              4.038356
```

Q8 서울에서의 최소한의 생활비를 1년 기준으로 변경하시오.

```
ex1 %>%
mutate(min_year = 12*B8) %>%
select(min_year) %>%
head()
```

```
 min_year
1      3600
2      6000
3      6000
4      3240
5      2400
6      2400
```

Q9 연간 총 가구 소득 총액과 Q7의 차이를 구하고, 그 차이가 월 평균 100만 원 이상인 가구의 수를 제시하시오.

```
ex1 %>%
group_by (area) %>%
mutate(min_year = 12*B8,
        d = min_year - B10_Total) %>%
filter(d >= 100) %>%
summarise(n=n()) %>%
select (area, n)
```

```
  area    n
1 도심권   88
2 동북권  136
3 서북권  115
4 서남권  153
5 동남권   97
```

Q10 가구 보유 총 부채를 1억 미만/1억~2억 미만/2억 이상으로 구분하고, 해당 가구의 수와 연간 총 가구의 근로소득에 대한 평균과 표준편차를 산출하시오.

```
q10<-ex1 %>%
mutate(gubun=ifelse(B17>=20000 & !is.na(B17),"상",
                    ifelse(B17<10000 & !is.na(B17),"하","중"))) %>%
group_by(gubun) %>%
summarise(n=n(),
          mean=mean(B10_1, na.rm = T),
          sd=sqrt(sd(B10_1,na.rm = T))) %>%
select(gubun, n, mean, sd)

q10
```

```
  gubun    n mean   sd
1 상      34 4012. 57.4
2 중     221 5405. 88.4
3 하    2764 3281. 58.1
```

Q11 복지에 대한 1차적 책임이 국가라고 응답한 가구 중에서 서울시에서 가장 역점을 두어야 할 정책분야 1순위 중 상위 3개에 대한 빈도와 %를 산출하시오.

```
q11 <- ex1 %>%
filter(F6=="국가") %>%
group_by(F11_1) %>%
summarise(n=n()) %>%
mutate("n%"=round((n/sum(n))*100),2) %>%
arrange(desc(n)) %>%
select(F11_1, n, "n%") %>%
head(3)

q11
```

```
  F11_1    n `n%`
1 1      389   38
2 2      306   30
3 3      114   11
```

5 생각해볼 문제

- 분석 후 내용을 정리하여 보고서 형태로 표현할 수 있는가?
- 어떤 가설이나 아이디어로 정리하여야 하는가?
- 최초에 분석하고자 했던 내용이 모두 반영되었는가?
- 삭제해도 되는 내용이 있는가?
- 이 밖에도 추가적으로 더 고려해보면 좋을 만한 내용이 있는가?

실전문제 2

1 사용 데이터

사용한 파일은 '중고령자 삶의 만족도'에 관한 연구로서 일반적인 사회과학 분야의 설문조사 연구 중 요인분석을 포함한 정성적인 연구의 방법론을 적용해볼 수 있는 대표적인 유형으로 구성되어 있다. 해당 설문의 내용은 다음과 같다.

1) 연구모형

연구모형은 다음과 같이 삶의 만족도(Y)에 영향을 주는지 확인하는 것이며, 이에 대한 통제변수는 인구학적 문항을 설정하였다.

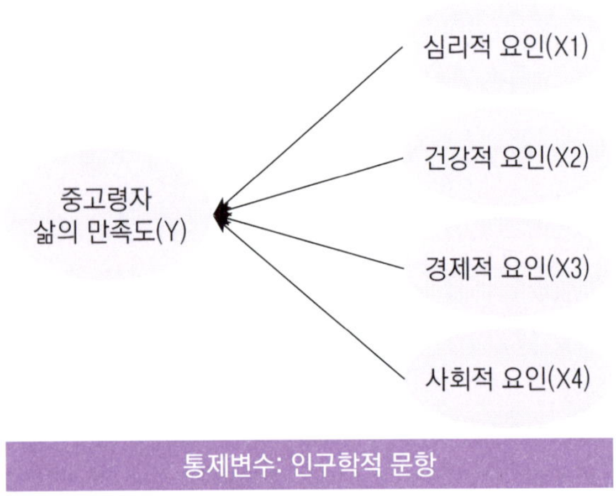

2 설문지

사용된 설문지는 다음과 같다.

NO			

"중고령자 삶의 만족도에 대한 영향요인" 에 관한 설문지

안녕하십니까?

귀하의 귀중한 시간을 허락해 주셔서 감사합니다. "중고령자 삶의 질에 대한 영향요인"에 대한 연구를 진행하고 있습니다.

본 설문은 앞으로의 00000의 바람직한 방안을 모색하는데, 귀중한 자료로 사용될 것입니다. 귀하께서 응답하시는 내용은 연구 이외에 다른 용도로 절대 사용되지 않으며, 통계법 34조에 의거 개인에 대한 비밀이 철저히 보장됩니다.

바쁘시더라도 성의 있는 답변을 부탁 드립니다. 설문에 협조해 주셔서 다시 한 번 진심으로 감사 드립니다.

2000년 00월
연 구 자 : 000

Ⅰ. 심리적 요인

*** 다음은 귀하께서 생각하고 계신 것을 알아보기 위한 항목을 나열한 것입니다. 천천히 읽어보신 후, 해당번호에 √표 해주시기 바랍니다.**

항 목	전혀 아니다	아니다	보통	그렇다	매우 그렇다
1. 나는 정신적으로 불안정 하다.	①	②	③	④	⑤
2. 나는 외로움을 느낀다.	①	②	③	④	⑤
3. 나는 불안함을 느낀다.	①	②	③	④	⑤
4. 나는 우울하다.	①	②	③	④	⑤
5. 나는 작은 일에도 쉽게 집중할 수가 없다.	①	②	③	④	⑤
6. 나는 쉽게 흥분한다.	①	②	③	④	⑤

II. 건강적 요인

* 다음은 귀하의 건강에 관련된 항목을 나열한 것입니다. 천천히 읽어보신 후, 해당번호에 √표 해주시기 바랍니다.

항 목	전혀 아니다	아니다	보통	그렇다	매우 그렇다
1. 나는 전반적으로 건강하다고 생각한다.	①	②	③	④	⑤
2. 나는 건강에 대해서 자신감이 있다.	①	②	③	④	⑤
3. 나는 현재 식생활에 만족한다.	①	②	③	④	⑤
4. 나의 현재 수면 상태에 만족한다.	①	②	③	④	⑤
5. 나는 일상생활에서 기운이 넘친다.	①	②	③	④	⑤
6. 나는 건강관리법을 알고 규칙적 운동을 한다.	①	②	③	④	⑤

III. 경제적 요인

* 다음은 귀하의 경제에 관련된 문항을 나열한 것입니다. 천천히 읽어보신 후, 해당번호에 √표 해주시기 바랍니다.

항 목	전혀 아니다	아니다	보통	그렇다	매우 그렇다
1. 현재의 수입원에 만족한다.	①	②	③	④	⑤
2. 일한만큼 재정적인 보상을 받고 있다.	①	②	③	④	⑤
3. 우리가족의 소득으로 어렵지 않게 생활할 수 있다.	①	②	③	④	⑤
4. 소비생활에 어려움을 느끼지 않는다.	①	②	③	④	⑤
5. 현재 안정된 수입원을 갖고 있다.	①	②	③	④	⑤
6. 노후생활 및 미래를 안정적으로 준비하고 있다.	①	②	③	④	⑤

IV. 사회적 요인

* 다음은 귀하의 사회에 관련된 활동 문항을 나열한 것입니다. 천천히 읽어보신 후, 해당번호에 √표 해주시기 바랍니다.

항 목	전혀 아니다	아니다	보통	그렇다	매우 그렇다
1. 나는 동창회 활동을 하고 있다.	①	②	③	④	⑤
2. 나는 지역 활동(반상회 · 부녀회 등 포함)을 하고 있다.	①	②	③	④	⑤
3. 나는 각종 친목단체 활동을 하고 있다.	①	②	③	④	⑤
4. 나는 문화 · 취미 동호회 활동을 하고 있다.	①	②	③	④	⑤
5. 나는 자원 봉사 활동을 하고 있다.	①	②	③	④	⑤

Ⅴ. 삶의 만족도

* 다음은 귀하의 삶의 만족도에 관한 문항을 나열한 것입니다. 천천히 읽어보신 후, 해당번호에 √표 해주시기 바랍니다.

항 목	전혀 아니다	아니다	보통	그렇다	매우 그렇다
1. 나는 내가 원했던 삶과 가깝게 살고 있다.	①	②	③	④	⑤
2. 나는 내 삶에서 원하는 것을 대체로 얻어 왔다.	①	②	③	④	⑤
3. 나는 내 인생에 만족한다.	①	②	③	④	⑤
4. 나는 좋은 조건에서 살고 있다.	①	②	③	④	⑤
5. 나는 현재 삶에 대한 보람을 느낀다.	①	②	③	④	⑤

Ⅵ. 다음 문항은 귀하의 일반적인 사항에 관한 질문입니다. 해당번호에 √표 해주시기 바랍니다.

(1) 귀하의 연령은 어떻게 되십니까?
① 50~55세 ② 56~60세 ③ 61~65세 ④ 66세이상

(2) 귀하의 성별은 어떻게 되십니까?
① 남성 ② 여성

(3) 귀하의 교육수준(최종학력)은 어디에 해당되십니까?
① 초등학교 이하 ② 중졸 ③ 고졸 ④ 대졸 ⑤ 대학원이상

(4) 귀하의 한 달에 소득은 어느 정도 되십니까?
① 100만원 미만 ② 100만원 이상~200만원 미만
③ 200만원 이상~300만원 미만 ④ 300만원 이상~400만원 미만
⑤ 400만원 이상

(5) 귀하의 현재 결혼 상태는 무엇입니까?
① 배우자와 동거 ② 사별 ③ 별거 ④ 이혼 ⑤ 기타

(6) 귀하의 종교는 무엇입니까?
① 기독교 ② 불교 ③ 천주교 ④ 무교 ⑤ 기타( )

(7) 귀하는 현재 취업 (경제활동) 상태입니까?
① 그렇다 ② 아니다
* '그렇다'라고 대답하신 분은 다음 질문으로 넘어가 주세요.

(8) 귀하는 현 직장에 어떤 형태로 고용되어 있습니까?
① 정규직 ② 임시직 ③ 일용직 ④ 기타

3 실전문제

Q1 데이터를 불러온 후 데이터의 구조와 유형, 결측값과 기초통계량을 산출하여 분석 준비를 하시오.

Q2 연구 모형을 바탕으로 독립변수로 사용하고자 하는 요인들에 대하여 요인분석을 하시오.

Q3 Q2에서 진행한 요인분석에 대하여 개별적인 신뢰도 분석을 하시오.

Q4 인구학적 문항 중 연령과 성별에 따라 삶의 만족도(Y)에 대한 평균 비교를 하시오.

Q5 신뢰도 분석까지 마친 요인에 대해서 상관분석을 하고 상관도표를 출력하시오.

Q6 연구 모형에 맞는 다중선형회귀분석을 실시하시오.

Q7 Q6에서 통제변수로 연령을 더미변수로 추가하여 다중선형회귀분석을 실시하시오.

4 해답

Q1 데이터를 불러온(ex2_data.csv 파일을 ex2로 불러오고) 후 데이터의 구조와 유형, 결측값과 기초통계량을 산출하여 분석 준비를 하시오.

① 데이터 불러오기

```
ex2<-read.csv("D:/python/R_3/data/ex2_data.csv", #불러올 파일
              header=T, #첫행 변수명 사용
              na.strings = c(9999,99999,999999,9999999)) #결측값 지정
attributes(ex2)[1:2] #행이름과 데이터 구조 확인
```

```
$names
 [1] "id"        "A1"    "A2"       "A3"       "A4"        "A5"
 [7] "A6"        "B1"    "B2"       "B3"       "B4"        "B5"
[13] "B6"        "C1"    "C2"       "C3"       "C4"        "C5"
[19] "C6"        "D1"    "D2"       "D3"       "D4"        "D5"
[25] "E1"        "E2"    "E3"       "E4"       "E5"        "age"
[31] "gender"    "edu"   "income"   "married"  "religion"  "emp"
[37] "emp_type"

$class
[1] "data.frame"
```

```
str(ex2) #데이터 구조 및 데이터 크기(행과 열) 확인
```

```
'data.frame':   313 obs. of  37 variables:
$ id        : int 1 2 3 4 5 6 7 8 9 10 ...
$ A1        : int 2 3 1 2 1 1 1 1 1 2 ...
$ A2        : int 3 3 1 2 1 1 1 1 4 2 ...
$ A3        : int 3 3 1 2 1 1 1 1 1 2 ...
$ A4        : int 3 3 1 2 1 1 1 1 1 2 ...
$ A5        : int 3 3 3 2 1 2 1 1 1 2 ...
$ A6        : int 3 3 3 2 1 2 1 1 1 2 ...
  ⋮
$ age       : int 2 2 3 2 3 1 3 2 2 1 ...
$ gender    : int 2 2 1 2 1 2 1 2 1 1 ...
$ edu       : int 4 3 3 4 5 4 5 5 5 3 ...
$ income    : int 3 1 2 4 5 1 3 1 1 2 ...
$ married   : int 1 1 1 1 1 1 1 5 5 1 ...
$ religion  : int 1 1 1 3 1 1 1 1 1 1 ...
$ emp       : int 1 2 1 1 1 2 1 2 1 2 ...
$ emp_type: int 1 NA 4 1 3 NA 1 NA 4 NA ...
```

② 요인(factor) 지정하기

다음과 같이 for()문을 이용하여 변수를 한 번에 특정 유형으로 변경할 수 있다. 다만, 요인(factor)은 라벨링(labeling) 과정을 거치고 사용해야 데이터에 대한 설명이 원활하기 때문에 데이터 유형만 변경했다고 해서 바로 분석에 사용하는 것은 주의해야 한다.

```
f.col<-c(30:37)

for (i in 1:length(f.col)) {
    ex2[,f.col[i]]<-as.factor(ex2[,f.col[i]])
}
str(ex2)
```

```
'data.frame':  313 obs. of 37 variables:
 $ id       : int 1 2 3 4 5 6 7 8 9 10 ...
 $ A1       : int 2 3 1 2 1 1 1 1 1 2 ...
 $ A2       : int 3 3 1 2 1 1 1 1 4 2 ...
 $ A3       : int 3 3 1 2 1 1 1 1 1 2 ...
 $ A4       : int 3 3 1 2 1 1 1 1 1 2 ...
 $ A5       : int 3 3 3 2 1 2 1 1 1 2 ...
 $ A6       : int 3 3 3 2 1 2 1 1 1 2 ...
   ⋮
 $ age      : Factor w/ 4 levels "1","2","3","4": 2 2 3 2 3 1 3 2 2 1 ...
 $ gender   : Factor w/ 2 levels "1","2": 2 2 1 2 1 2 1 2 1 1 ...
 $ edu      : Factor w/ 5 levels "1","2","3","4",..: 4 3 3 4 5 4 5 5 5 3 ...
 $ income   : Factor w/ 5 levels "1","2","3","4",..: 3 1 2 4 5 1 3 1 1 2 ...
 $ married  : Factor w/ 5 levels "1","2","3","4",..: 1 1 1 1 1 1 1 5 5 1 ...
 $ religion : Factor w/ 5 levels "1","2","3","4",..: 1 1 1 3 1 1 1 1 1 1 ...
 $ emp      : Factor w/ 2 levels "1","2": 1 2 1 1 1 2 1 2 1 2 ...
 $ emp_type: Factor w/ 4 levels "1","2","3","4": 1 NA 4 1 3 NA 1 NA 4 NA ...
```

```
ex2$age<-factor(ex2$age)
levels(ex2$age)<-c("50~55", "56~60", "61~65", "65<")

ex2$gender<-factor(ex2$gender)
levels(ex2$gender)<-c("남", "여")

ex2$edu<-factor(ex2$edu)
levels(ex2$edu)<-c("초졸", "중졸", "고졸", "대졸", "대학원<")

ex2$income<-factor(ex2$income)
levels(ex2$income)<-c("100>","100~199","200~299", "300~399", "400<")

ex2$married<-factor(ex2$married)
levels(ex2$married)<-c("동거", "사별", "별거", "이혼", "기타")

ex2$religion<-factor(ex2$religion)
levels(ex2$religion)<-c("기독교", "불교", "천주교", "무교", "기타")

ex2$emp<-factor(ex2$emp)
levels(ex2$emp)<-c("그렇다", "아니다")

ex2$emp_type<-factor(ex2$emp_type)
levels(ex2$emp_type)<-c("정규직", "임시직", "일용직", "기타")
str(ex2[30:37])
```

```
'data.frame':   313 obs. of  8 variables:
 $ age       : Factor w/ 4 levels "50~55","56~60",..: 2 2 3 2 3 1 3 2 2 1 ...
 $ gender    : Factor w/ 2 levels "남","여": 2 2 1 2 1 2 1 2 1 1 ...
 $ edu       : Factor w/ 5 levels "초졸","중졸",..: 4 3 3 4 5 4 5 5 5 3 ...
 $ income    : Factor w/ 5 levels "100>","100~199",..: 3 1 2 4 5 1 3 1 1 2 ...
 $ married   : Factor w/ 5 levels "동거","사별",..: 1 1 1 1 1 1 1 5 5 1 ...
 $ religion  : Factor w/ 5 levels "기독교","불교",..: 1 1 1 3 1 1 1 1 1 1 ...
 $ emp       : Factor w/ 2 levels "그렇다","아니다": 1 2 1 1 1 2 1 2 1 2 ...
 $ emp_type  : Factor w/ 4 levels "정규직","임시직",..: 1 NA 4 1 3 NA 1 NA 4 NA ...
```

③ 기초통계량 산출

```
library(psych)
round(describe(ex2[,1:29]), 2)
```

```
   vars   n   mean    sd  median … skew kurtosis   se
id    1 313 157.00 90.50     157 … 0.00    -1.21 5.12
A1    2 313   2.34  1.00       2 … 0.31    -0.81 0.06
A2    3 313   2.61  1.03       3 … 0.13    -0.83 0.06
A3    4 313   2.52  1.00       2 … 0.14    -0.85 0.06
A4    5 313   2.38  0.96       2 … 0.35    -0.58 0.05
A5    6 313   2.42  0.90       2 … 0.48    -0.13 0.05
A6    7 313   2.60  0.95       3 … 0.26    -0.39 0.05
 ⋮    ⋮   ⋮      ⋮     ⋮       ⋮      ⋮        ⋮    ⋮
E1   25 313   2.73  0.91       3 … 0.19    -0.52 0.05
E2   26 313   2.82  0.86       3 … 0.23    -0.42 0.05
E3   27 313   2.87  0.94       3 … 0.22    -0.48 0.05
E4   28 313   2.74  0.93       3 … 0.26    -0.44 0.05
E5   29 313   2.97  0.93       3 … 0.08    -0.50 0.05
```

```
library(moonBook)
head(mytable(ex2), 10)
```

```
  Descriptive Statistics
--------------------------------
            N    Total
--------------------------------
id        313 157.0 ± 90.5
A1        313
  - 1            70 (22.4%)
  - 2           117 (37.4%)
  - 3            79 (25.2%)
  - 4            45 (14.4%)
  - 5             2 (0.6%)
A2        313
  - 1            45 (14.4%)
  - 2           107 (34.2%)
--------------------------------
```

④ 결측값 확인

```
colSums(is.na(ex2))
```

```
  id      A1       A2        A3   A4       A5    A6      B1
   0       0        0         0    0        0     0       0
  B2      B3       B4        B5   B6       C1    C2      C3
   0       0        0         0    0        0     0       0
  C4      C5       C6        D1   D2       D3    D4      D5
   0       0        0         0    0        0     0       0
  E1      E2       E3        E4   E5      age gender     edu
   0       0        0         0    0        0     0       0
income married religion    emp emp_type
   0       0        0         0    9
```

```
table(ex2$emp)
```

```
그렇다 아니다
  274    39
```

Q2 연구모형을 바탕으로 독립변수로 사용하고자 하는 요인들에 대하여 요인분석을 하시오.

① 역문항 처리

```
library(dplyr)
ex2.1<-ex2
range(ex2.1$A1)
```

```
[1] 1 5
```

```
ex2.1<-ex2.1 %>% mutate(A1=6-A1,
                        A2=6-A2,
                        A3=6-A3,
                        A4=6-A4,
                        A5=6-A5,
                        A6=6-A6) %>%
select_all
describe(ex2[,2:7])[,1:4]
```

```
   vars   n  mean   sd
A1    1 313  2.34 1.00
A2    2 313  2.61 1.03
A3    3 313  2.52 1.00
A4    4 313  2.38 0.96
A5    5 313  2.42 0.90
A6    6 313  2.60 0.95
```

② 요인분석

```
library(GPArotation)
```

요인 회전 및 요인적재값에 대한 정보는 다음과 같다.

```
efa.ex2<-principal(ex2.1[,2:29], nfactors = 5, rotate = 'varimax')
print(efa.ex2$loadings, sort=T, cutoff = 0.5)
```

```
Loadings:
      RC1    RC2    RC4    RC5    RC3
C1   0.689
C2   0.766
C3   0.777
C4   0.651
C5   0.754
C6   0.729
A1          0.835
A2          0.829
A3          0.853
A4          0.834
A5          0.711
A6          0.672
B1                 0.773
B2                 0.790
B3                 0.699
B4                 0.654
B5                 0.691
B6                 0.616
E1                        0.678
E2                        0.756
E3                        0.772
E4                        0.610
E5                        0.730
D1                               0.638
D2                               0.762
D3                               0.815
D4                               0.800
D5                               0.502

                    RC1     RC2     RC4     RC5     RC3
SS loadings        4.268   4.188   3.691   3.346   2.929
Proportion Var     0.152   0.150   0.132   0.119   0.105
Cumulative Var0.1520.3020.434 0.553   0.658
```

고윳값(eigen value)도 다음과 같이 산출할 수 있다.

```
evalues.ex2<-data.frame(values=efa.ex2$values)
head(evalues.ex2, 5)
```

```
    values
1 10.089309
2  3.462023
3  1.877868
4  1.772944
5  1.219522
```

요인분석 후 각 변수에 대한 공통성을 다음과 같이 산출할 수 있다.

```
communality.ex2<-data.frame(communality=efa.ex2$communality)
head(communality.ex2, 5)
```

```
  communality
A1     0.7452794
A2     0.7185249
A3     0.8062734
A4     0.7600051
A5     0.5233866
```

표본의 적절성에 대한 확인을 위한 과정으로 KMO(Kaiser-Meyer-Olkin)값이 최소 0.6 이상, 일반적인 기준인 0.8 이상인 경우 활용한다.

```
KMO(ex2.1[,2:29])
```

```
Kaiser-Meyer-Olkin factor adequacy
Call: KMO(r = ex2.1[, 2:29])
Overall MSA =  0.92
MSA for each item =
  A1   A2   A3   A4   A5   A6   B1   B2   B3   B4   B5   B6   C1   C2   C3
0.92 0.91 0.90 0.91 0.89 0.90 0.90 0.90 0.93 0.92 0.94 0.93 0.94 0.93 0.95
  C4   C5   C6   D1   D2   D3   D4   D5   E1   E2   E3   E4   E5
0.95 0.93 0.95 0.90 0.88 0.86 0.85 0.91 0.95 0.94 0.93 0.93 0.94
```

현재 데이터로 요인분석을 수행하는 데 문제가 없는지 적합성을 확인하는 검정으로, 각 변수들 간에 공통 요인(상관관계)이 존재하는지를 확인하고자 하는 검정이다. 이때 유의확률이 0.05보다 작다면 통계적으로 요인분석에 적합한 것으로 받아들인다.

```
cortest.bartlett(ex2.1[,2:29])
```

```
R was not square, finding R from data
$chisq
[1] 5384.878

$p.value
[1] 0

$df
[1] 378
```

Q3 Q2에서 진행한 요인분석에 대하여 개별적인 신뢰도 분석을 하시오.

역문항은 앞서 요인분석에서 이미 처리하여 새롭게 ex2.1 데이터를 생성하였으므로 추가적으로 변환할 필요가 없다. 다음과 같은 psych::alpha() 함수를 이용하여 신뢰도 분석을 실시하면 된다.

```
#심리적요인에 대한 신뢰도 분석
round(psych::alpha(ex2.1[,2:7])$total$raw_alpha, 3)
```

```
[1] 0.899
```

Q4 인구학적 문항 중 연령과 성별에 따라 삶의 만족도(Y)에 대한 평균 비교를 하시오.

삶의 만족도에 대해서 평균을 비교하기 위해서는 먼저 요인분석과 신뢰도분석의 결과를 확인해야 한다. 그런 다음 변수를 추가로 생성하여 분석을 해야 한다.

```
which(names(ex2.1)=="E1") #E1의 열 위치 확인
```

```
[1] 25
```

```
ex2.2 <- ex2.1 %>%
mutate(Y = rowMeans(ex2.1[,25:29], na.rm=T)) %>%
select_all

head(ex2.2$Y)
```

```
[1] 3.0 1.2 3.0 2.0 1.0 4.0
```

① 일원배치분산분석

lawstat::levene.test() 함수를 활용해서 일원배치분산분석(one-way anova)을 하기 전 등분산 검정을 실시한다.

```
library(lawstat)
levene.test(ex2.2$Y, ex2.2$age,
            location="mean",
            correction.method="zero.correction")
```

```
classical Levene's test based on the absolute deviations from the
mean ( zero.correction not applied because the location is not
set to median )

data: ex2.2$Y
Test Statistic = 0.85285, p-value = 0.4659
```

등분산 가정이 확인되었기 때문에 분산분석을 실시한다. 기본 설치된 stats 패키지를 활용하면 일원배치분산분석을 할 수 있다. 연령대에 따라서 삶의 만족도(Y)에 대해 일원배치분산분석을 실시한 결과, 유의수준 0.05를 기준으로 통계적으로 유의한 평균 차이가 없는 것으로 나타났다. 따라서 추가적인 사후분석을 실시할 필요가 없다. 사후분석에 대해서는 일원배치분산분석 부분을 참고하기 바란다.

```
aov.ex2<-aov(Y ~ age, data=ex2.2)
anova(aov.ex2)
```

```
Analysis of Variance Table

Response: Y
           Df   Sum Sq   Mean Sq   F value   Pr(>F)
age         3    2.009   0.66964    1.0604   0.3661
Residuals 309  195.126   0.63147
```

② 독립 t검정

등분산 검정 결과 유의확률(p)이 0.05보다 크기 때문에 등분산이라고 할 수 있다.

```
var.test(Y~gender, data=ex2.2)
```

```
 F test to compare two variances

data:  Y by gender
F = 0.91646, num df = 109, denom df = 202, p-value = 0.6177
alternative hypothesis: true ratio of variances is not equal to 1
95 percent confidence interval:
 0.6637848 1.2864448
sample estimates:
ratio of variances
         0.9164583
```

이에 따라 독립 t검정을 실시한 결과, 유의수준 0.05를 기준으로 성별에 따라 삶의 만족도(Y)에 대해 통계적으로 유의한 평균 차이가 없는 것으로 나타났다.

```
t.test(Y ~ gender, var.equal=T, data=ex2.2)
```

```
 Two Sample t-test

data:  Y by gender
t = -0.64761, df = 311, p-value = 0.5177
alternative hypothesis: true difference in means is not equal to 0
95 percent confidence interval:
 -0.2463468  0.1243406
sample estimates:
mean in group 남 mean in group 여
        2.787273         2.848276
```

Q5 신뢰도 분석까지 마친 요인에 대해서 상관분석을 하고 상관도표를 출력하시오.

앞서 신뢰도 분석의 방법을 적용하고 각 요인에 대한 크론바흐 알파 계수(Cronbach Alpha Coefficient)를 산출한 결과를 확인해야 하며(Q3), 추가적으로 요인들에 대해 새롭게 변수를 파생하는 과정(Q4)을 거쳐야 한다.

① 요인 계산

```
ex2.2 <- ex2.2 %>%
mutate(X1 = rowMeans(ex2.2[,2:7], na.rm=T),
       X2 = rowMeans(ex2.2[,8:13], na.rm=T),
       X3 = rowMeans(ex2.2[,14:19], na.rm=T),
       X4 = rowMeans(ex2.2[,20:24], na.rm=T)) %>%
select_all
```

② 요인에 대한 상관분석

피어슨의 상관계수에 대한 상관분석 결과 각각의 요인은 삶의 만족도(Y)에 대해서 유의수준 0.05를 기준으로 통계적으로 유의한 상관관계가 있는 것으로 나타난다. 다음 코드에서 probability values는 유의확률(p)을 의미한다.

```
corr.ex2<-corr.test(ex2.2[,38:42],
        use = "pairwise",
        method="pearson",
        alpha=.05)

corr.ex2
```

```
Call:corr.test(x = ex2.2[, 38:42], use = "pairwise", method = "pearson",
     alpha = 0.05)
Correlation matrix
        Y    X1    X2    X3    X4
Y    1.00  0.41  0.60  0.69  0.41
X1   0.41  1.00  0.39  0.29  0.08
X2   0.60  0.39  1.00  0.52  0.37
X3   0.69  0.29  0.52  1.00  0.43
X4   0.41  0.08  0.37  0.43  1.00
Sample Size
[1] 313
Probability values (Entries above the diagonal are adjusted for multiple
tests.)
     Y   X1  X2  X3   X4
Y    0 0.00   0   0 0.00
X1   0 0.00   0   0 0.14
X2   0 0.00   0   0 0.00
X3   0 0.00   0   0 0.00
X4   0 0.14   0   0 0.00

 To see confidence intervals of the correlations, print with the
short=FALSE option
```

이에 대한 상관관계 그래프를 간단히 그려보면 다음과 같다.

```
plot(ex2.2[,38:42], #데이터
     lower.panel = NULL, #기본값은 모두 표시, 반대는 upper.panel=NULL
     main="correlation plot") #제목
```

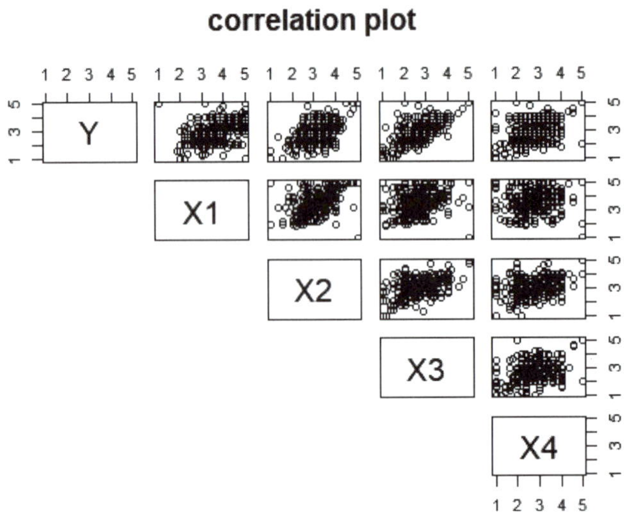

Q6 연구 모형에 맞는 다중선형회귀분석을 실시하시오.

상관분석을 마친 후 다중선형회귀분석을 통해서 삶의 만족도(Y)에 영향을 주는 요인에 대해 찾아보고, 어떤 요인이 가장 큰 영향을 주는지 확인하고자 한다.

```
m.result<-lm(Y ~ ., data=ex2.2[,38:42])#종속변수 Y, 독립변수 그외 모두

summary(m.result) #회귀계수 및 분석 결과 확인
```

```
Call:
lm(formula = Y ~ ., data = ex2.2[, 38:42])

Residuals:
     Min        1Q    Median       3Q      Max
-1.32945  -0.31058  -0.05139  0.26854  2.02400

Coefficients:
            Estimate  Std. Error  t value   Pr(>|t|)
(Intercept) -0.31067     0.17507   -1.775     0.077 .
X1           0.16317     0.04069    4.010  7.61e-05 ***
X2           0.30084     0.05468    5.502  7.90e-08 ***
X3           0.50631     0.04946   10.236   < 2e-16 ***
X4           0.10830     0.04425    2.447     0.015 *
---
Signif. codes:  0 '***' 0.001 '**' 0.01 '*' 0.05 '.' 0.1 ' ' 1

Residual standard error: 0.5175 on 308 degrees of freedom
Multiple R-squared:  0.5816, Adjusted R-squared:  0.5761
F-statistic:  107 on 4 and 308 DF,  p-value: < 2.2e-16
```

다중선형회귀분석 결과, 유의수준 0.05를 기준으로 회귀모형이 통계적으로 유의한 것으로 나타나며 수정된 결정계수(adj. R^2)는 0.576으로 나타난다.

```
anova(m.result) #회귀분석 결과에 대한 분산분석표 출력
```

```
Analysis of Variance Table

Response: Y
           Df  Sum Sq  Mean Sq   F value    Pr(>F)
X1          1  32.345   32.345  120.7712   < 2e-16 ***
X2          1  44.681   44.681  166.8338   < 2e-16 ***
X3          1  36.017   36.017  134.4825   < 2e-16 ***
X4          1   1.604    1.604    5.9889   0.01495 *
Residuals 308  82.488    0.268
---
Signif. codes:  0 '***' 0.001 '**' 0.01 '*' 0.05 '.' 0.1 ' ' 1
```

① 변수 선택

단계선택(stepwise) 방법으로 회귀분석을 실시하기 위해 MASS 패키지와 car 패키지를 호출한다. stepAIC() 함수로 결과를 살펴보면 제거된 독립변수가 없는 것으로 나타난다. 따라서 전체 독립변수는 모두 삶의 만족도(Y)에 영향을 주는 것을 알 수 있다.

```
library(MASS)
library(car)
step.s <- stepAIC(m.result, #회귀분석 모형식
                  direction="both") #both는 stepwise(단계선택)
```

```
Start: AIC=-407.4
Y ~ X1 + X2 + X3 + X4

        Df   Sum of Sq      RSS       AIC
<none>                   82.488   -407.40
- X4     1      1.6039   84.092   -403.37
- X1     1      4.3074   86.795   -393.47
- X2     1      8.1079   90.596   -380.06
- X3     1     28.0630  110.551   -317.75
```

② 표준화 회귀계수

절대적인 영향력 정도를 파악하기 위해서 표준화 회귀계수를 산출하고자 하며, 이를 위해 scale() 함수로 표준화 과정을 거쳐 다시 회귀분석을 진행한 결과는 다음과 같다. 가장 영향을 많이 주는 것은 X3(경제적 요인), X2(건강적 요인), X1(심리적 요인), X4(사회적 요인) 순으로 나타났다.

```
m.s.reg<-data.frame(scale(ex2.2[,38:42]))
m.s.result<-lm(Y ~ ., data=m.s.reg)
summary(m.s.result)
```

```
Call:
lm(formula = Y ~ ., data = m.s.reg)

Residuals:
     Min       1Q    Median       3Q      Max
-1.67251  -0.39072  -0.06465  0.33783  2.54628

Coefficients:
              Estimate   Std. Error  t value   Pr(>|t|)
(Intercept) -1.692e-17    3.680e-02    0.000      1.000
X1           1.627e-01    4.057e-02    4.010   7.61e-05 ***
X2           2.540e-01    4.616e-02    5.502   7.90e-08 ***
X3           4.670e-01    4.562e-02   10.236    < 2e-16 ***
X4           1.024e-01    4.186e-02    2.447      0.015 *
---
Signif. codes:  0 '***' 0.001 '**' 0.01 '*' 0.05 '.' 0.1 ' ' 1

Residual standard error: 0.6511 on 308 degrees of freedom
Multiple R-squared:  0.5816, Adjusted R-squared:  0.5761
F-statistic:  107 on 4 and 308 DF,  p-value: < 2.2e-16
```

③ VIF 및 더빈-왓슨 산출

다중공선성을 확인하는 값인 VIF가 모두 10 이하의 값으로 나타나 독립변수들 간 상관관계에 따른 다중공선성의 문제가 없다는 것을 알 수 있다.

```
round(vif(step.s), 3)
```

```
   X1     X2     X3     X4
1.211  1.569  1.532  1.290
```

또한 오차항의 1차 자기상관관계를 살펴보는 더빈-왓슨 통계량을 살펴보면, 유의확률(p)이 0.05보다 크므로 1차 자기상관관계가 없음을 알 수 있다.

```
durbinWatsonTest(step.s)
```

```
lag   Autocorrelation   D-W Statistic   p-value
  1         0.1414831         1.71399      0.01
Alternative hypothesis: rho != 0
```

Q7 Q6에서 연령을 통제변수(더미변수 처리)로 하고 다중선형회귀분석을 실시하시오.

더미변수를 추가하기 위해서는 먼저 데이터 유형을 factor로 변형한 후 진행해야 하며, stats::model.matrix() 함수나 sjmisc::to_dummy() 함수를 사용하는 방법이 있다. 이때 인구학적 문항 중에서 연령(age)을 활용한 분석을 진행하고자 한다.

```
library(sjmisc)
ex2.3<- ex2.2 %>%
to_dummy(age, suffix = "label") %>%
bind_cols(ex2.2[,38:42]) %>%
select_all
```

더미회귀분석을 하기 전에 더미변수 중 기준값(reference)을 50~55세로 정하고 분석을 진행하고자 한다.

```
head(ex2.3[,-1])
```

```
  age_56~60   age_61~65 age_65<  Y      X1        X2     X3  X4
1    1            0        0    3.0  3.166667  3.000000  2.5  3.2
2    1            0        0    1.2  3.000000  2.166667  1.0  2.0
3    0            1        0    3.0  4.333333  3.166667  3.0  3.2
4    1            0        0    2.0  4.000000  3.000000  2.0  2.8
5    0            1        0    1.0  5.000000  1.000000  1.0  1.0
6    0            0        0    4.0  4.666667  4.000000  3.0  3.8
```

```
dummy_reg<-lm(Y~., data=ex2.3)
summary(dummy_reg)
```

```
Call:
lm(formula = Y ~ ., data = ex2.3)

Residuals:
     Min        1Q    Median       3Q      Max
-1.29107  -0.31456  -0.03207  0.27154  1.99738

Coefficients: (1 not defined because of singularities)
            Estimate  Std. Error  t value  Pr(>|t|)
(Intercept) -0.38066     0.19382   -1.964    0.0504 .
`age_50~55`  0.05428     0.10726    0.506    0.6132
`age_56~60`  0.12116     0.10750    1.127    0.2606
`age_61~65`  0.11450     0.10451    1.096    0.2741
`age_65<`         NA          NA       NA        NA
X1           0.16108     0.04079    3.949  9.74e-05 ***
X2           0.30227     0.05514    5.482  8.82e-08 ***
X3           0.50794     0.04962   10.236   < 2e-16 ***
X4           0.10150     0.04497    2.257    0.0247 *
---
Signif. codes: 0 '***' 0.001 '**' 0.01 '*' 0.05 '.' 0.1 ' ' 1

Residual standard error: 0.5184 on 305 degrees of freedom
Multiple R-squared: 0.5842, Adjusted R-squared: 0.5747
F-statistic: 61.22 on 7 and 305 DF, p-value: < 2.2e-16
```

```
anova(dummy_reg)
```

```
Analysis of Variance Table

Response: Y
               Df   Sum Sq   Mean Sq   F value     Pr(>F)
`age_50~55`     1    1.158     1.158    4.3091    0.03875 *
`age_56~60`     1    0.041     0.041    0.1512    0.69764
`age_61~65`     1    0.810     0.810    3.0146    0.08353 .
X1              1   31.585    31.585  117.5234    < 2e-16 ***
X2              1   44.396    44.396  165.1930    < 2e-16 ***
X3              1   35.806    35.806  133.2296    < 2e-16 ***
X4              1    1.369     1.369    5.0934    0.02472 *
Residuals     305   81.970     0.269
---
Signif. codes:  0 '***' 0.001 '**' 0.01 '*' 0.05 '.' 0.1 ' ' 1
```

분석자에 따라 그 외 추가 분석을 진행할 수 있다.

5 생각해볼 문제

- 분석 후 내용을 정리하여 보고서 형태로 표현할 수 있는가?
- 어떤 가설이나 아이디어로 정리하여야 하는가?
- 최초에 분석하고자 했던 내용이 모두 반영되었는가?
- 삭제해도 되는 내용이 있는가?
- 이 밖에도 추가적으로 더 고려해보면 좋을 만한 내용이 있는가?

ㄴ

ㄷ

ㄹ

ㅁ

ㅂ

ㅅ

ㅇ

ㅈ

ㅊ

ㅋ

ㅌ

ㅍ

ㅎ